JN418555

譯註 思政殿訓義 資治通鑑綱目 16

晉 安帝 隆安 3년 ~ 晉 恭帝 元熙 원년

編著 朱熹

訓義 思政殿(朝鮮 世宗)

책임번역 成百曉

공동번역 成昌勳

전통문화연구회

飜譯委員

企劃編輯　東洋古典飜譯編輯委員會
責任飜譯　成百曉
共同飜譯　成昌勳
常任原文校閱　吳圭根
飜譯研究管理　南賢熙
潤　文　南賢熙
校　訂　李孝宰
出　版　白俊哲 趙顯碩
裝　幀　김진디자인

飜譯管理

弘報管理　白漢基
普　及　徐源英
古典情報化　東洋古典情報化研究室

思政殿訓義 資治通鑑綱目을 발간하며

본회가 東洋古典의 飜譯과 敎育, 情報化 등 古典現代化 사업을 시작한 지 어느덧 25년이 지났다. 그간 많은 어려움이 있었으나 1988년 본회가 발족한 뒤 동양고전 번역사업에 착수하여 四書三經을 註까지 懸吐完譯함으로써 東洋學과 韓國學 전공자들의 필독서가 되어 敎育界와 文化界까지 많은 영향을 주었다.

본회에서는 四書三經, 十三經 등 儒家의 핵심 경전을 번역하는 동시에 동양고전의 한 축인 歷史 고전에도 눈을 돌려 ≪通鑑節要≫, ≪國語≫, ≪戰國策≫뿐만 아니라, 동양 역사 철학의 진수가 담긴 ≪春秋左氏傳≫을 완역함으로써 東洋學과 韓國學 연구에 礎石과 架橋를 마련하였다. 이러한 성과를 바탕으로 經史一體의 모범인 ≪資治通鑑綱目≫ 완역을 기획하여 번역에 착수하였다.

'經史一體'란 經典과 歷史가 하나라는 동양의 독특한 관념인데, 이는 기록을 통해 인물과 사건을 도덕적으로 평가하는 풍토를 낳았다. 이러한 기록문화의 중시는 다른 문화권에서는 엄두도 못 낼 막대한 역사 기록을 남기게 하는 배경이 되었다. 굳이 중국 역사서를 언급할 것 없이 ≪朝鮮王朝實錄≫, ≪承政院日記≫, ≪日省錄≫ 같은 방대한 우리의 역사문헌은 이를 잘 보여준다. 이러한 우리 선조들의 역사 서술에 큰 영향을 미친 책이 바로 朱熹의 ≪資治通鑑綱目≫이다.

≪資治通鑑綱目≫은 조선시대 經筵에서 가장 많이 읽은 역사서이자 우리나라 역사 서술에 가장 큰 영향을 미쳤다는 점에서 현재 韓國學 硏究에 필수적인 동양 역사 고전이라 할 수 있다. 비록 중국의 역사서이지만, 우리 先學들이 중국의 性理學을 독자적으로 계승 발전시킨 것처럼 ≪資治通鑑綱目≫ 역시 우리의 입장에서 보다 정밀하고 종합적으로 읽고자 하였다. 그 결실이 바로 世宗朝 때 간행된 思政殿訓義本 ≪資治通鑑綱目≫이다.

동양의 대표적 역사서는 紀傳體의 ≪史記≫, 編年體의 ≪資治通鑑≫, 綱目體의 ≪資治通鑑綱目≫으로 대변된다. 北宋 때의 司馬光은 帝王이 여가에 친람하여 정치에 도움이 되게 할 목적으로 ≪資治通鑑≫을 편찬하였고, 朱熹는 ≪資治通鑑≫을 바탕으로 이를 압축적으로 정리하여 보다 읽기 쉽게 하면서 유교적 褒貶을 엄정히 내렸다는 점에서, 이 책들은 제왕의 정치교과서 역할을 하였다. 이런 ≪資治通鑑≫과 ≪資治通鑑綱目≫에 대해 조선조 문화군주였던 세종의 주도하에 연구가 진행되었으며, 그 결과물이 바로 思政殿訓義本 ≪資治通鑑≫과 ≪資治通鑑綱目≫이다.

思政殿은 景福宮의 便殿으로, 세종이 이곳에서 당대 뛰어난 문신들을 참여시켜 ≪資治通鑑≫과 ≪資治通鑑綱目≫에 대한 訓義의 편찬을 주도하였다. 訓義는 의미를 해석한다는 뜻으로, 思政殿訓義는 기존 중국에서 이루어진 ≪資治通鑑≫과 ≪資治通鑑綱目≫의 주석을 集大成하고 군주와 신하들이 읽기 쉽도록 우리만의 주석서를 만든 것이다. 중국 이외 나라에서 ≪資治通鑑≫과 ≪資治通鑑綱目≫ 전체에 주석을 단 것은 조선이 처음일 것이다.

현재까지도 ≪資治通鑑≫과 ≪資治通鑑綱目≫을 원전으로 읽기 위해서는 중국의 연구 성과에 의지하여야 했다. 비록 ≪資治通鑑≫은 중국, 일본, 한국에서 번역되었으나 주석까지 완역되지 못하였고, ≪資治通鑑綱目≫도 중국에서 본문만 번역된 상황이다. 이번 우리나라의 독자적인 주석서인 思政殿訓義本 ≪資治通鑑綱目≫의 완역을 통해 기존에 잊혔던 세종 시기의 ≪資治通鑑綱目≫에 대한 연구 성과를 알리는 동시에, 이를 동양학과 한국학 연구에 활용할 수 있는 기반을 마련하고자 한다. 아울러 이를 통해 古典現代化의 水準을 높이고 融合的이고 自生的인 학문연구가 이루어질 수 있기를 바라는 바이다.

끝으로 이번 思政殿訓義本 ≪資治通鑑綱目≫의 번역에 참여하여 헌신하시는 모든 분들께 무한한 감사를 드린다. 또한 고전현대화에 대한 政府의 지대한 關心과 支援에 감사를 드리며, 그간 직간접으로 지도편달하여 주신 학계와 교육계 및 문화계 인사 여러분께 심심한 謝意를 표하며, 앞으로도 따뜻한 관심과 엄정한 叱正을 부탁드리며 내내 평강과 행복을 기원한다.

社團法人 傳統文化硏究會 理事長 李啓晃

凡 例

1. 본서는 南宋 때 朱熹가 編著하고, 朝鮮 世宗 때 思政殿에서 訓義한 ≪資治通鑑綱目≫을 번역한 것으로 ≪譯註 思政殿訓義 資治通鑑綱目≫ 제16책이다.
2. 본서의 底本은 서울대학교 규장각 소장본(奎7500, 藍書 口訣)이며, 규장각(奎7512, 朱書 口訣)과 국립중앙도서관(한古朝50-5, 墨書 口訣) 소장본을 참조하였다. 이들은 모두 木版本으로, 大字(綱)는 晉陽大君(世祖)이 써서 鑄造한 丙辰字, 中小字(目, 訓義 등)는 甲寅字로 되어 있다.

   이 밖에도 嚴文儒와 顧宏義가 校點한 ≪資治通鑑綱目≫(≪朱子全書≫ 8~11, 上海古籍出版社·安徽教育出版社, 2002), 文淵閣四庫全書 ≪御批資治通鑑綱目≫, 朝鮮 世宗 때 간행된 思政殿訓義 ≪資治通鑑≫(국립중앙도서관 일산古221-43), 標點資治通鑑小組에서 標點한 ≪資治通鑑≫(中華書局, 1992(제5판)) 등을 참고하였다.
3. 綱과 目의 원문에는 규장각(奎7500, 奎7512)과 국립중앙도서관(한古朝50-5)의 口訣本을 참조하여 懸吐하였고, 訓義는 한국에서 재래로 사용해오던 표점방식을 보완하여 文理의 이해를 돕는 수준에서 간략히 標點하였다.
4. '綱'과 '目'을 구분하기 위해 각각 번역문 앞에 【綱】과 【目】을 표기하였다. 目은 내용이 길 경우 의미 단락별로 分節하였다. 訓義는 저본에 위치하는 곳에 따라 해당 원문에 ①, ②, ③ 등으로 표기하고 綱이나 目 아래에 번역문과 원문을 배치하였다.

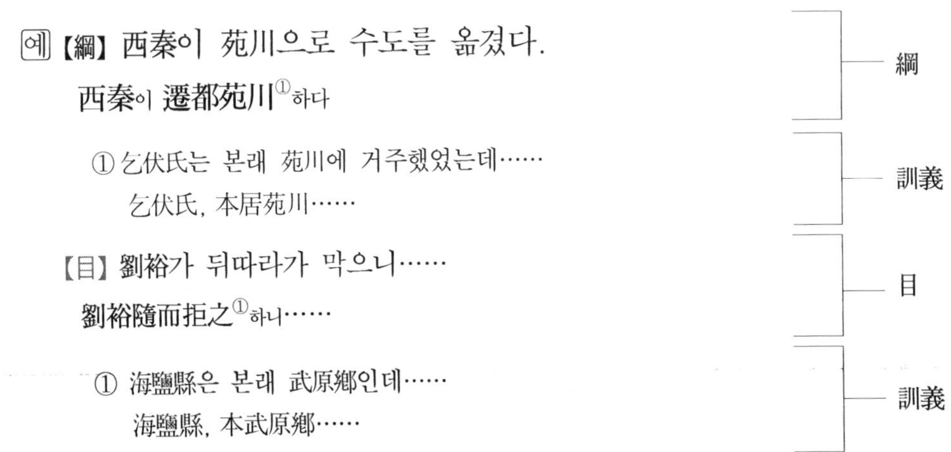

5. 번역문은 한글과 한자를 혼용하였으며, 맞춤법과 띄어쓰기는 한글 맞춤법과 표준어 규정을 따랐다.
6. 원문이나 번역문의 한자 중에 僻字나 讀音이 특수한 글자는 한글로 音을 달아주었다.
7. 譯註는 校勘, 人物, 制度, 官職, 역사적 사건, 인용문의 出典, 異說, 故事, 전문용어, 難解語 등에 관한 사항을 밝혔다.
8. 校勘은 원문의 誤字, 脫字, 衍文, 倒文 등을 대상으로 하였다.
9. 본서에 대한 독자의 이해를 돕고자 본서의 해설을 실었다.
10. 附錄에 실린 年表는 綱을 중심으로 ① 君王의 즉위와 사망, 年號, 改元 ② 정치, 경제, 사회, 문화의 주요 사건 ③ 주요 인물의 행적과 사망 등을 서술하되, 東洋史 학술 연표들을 참고하였다.(參考書目 年表 관련 자료 참조)
11. 본서의 校勘에 사용된 符號는 다음과 같다.
   ( )〔 〕: (저본의 誤字)〔교감한 正字〕
   〔 〕: 저본의 脫字 보충
   ( ) : 저본의 衍字 표시
12. 본서에 사용한 주요 부호는 다음과 같다.
   " " : 인용
   ' ' : " " 안의 재인용
   「 」: ' ' 안의 재인용
   『 』: 「 」 안의 재인용
   ( ) : 원문의 讀音 및 번역문의 間註
   〔 〕: 번역문의 이해를 돕기 위한 原文의 漢字나 句節 표기, 譯註에서 인용한 원문표기
   ≪ ≫ : 書名
   〈 〉: 篇章名, 作品名, 補充譯
   【 】: 綱과 目의 표시
   ◑, ○ : 저본에 사용된 부호 遵用
13. 본서 訓義에 사용한 標點은 다음과 같다.
   . : 문장의 종결
   , : 한 문장 안에서 句나 節의 구분이 필요한 곳
   · : 대등한 명사나 구절의 병렬
   " " : 인용
   ' ' : " " 안의 재인용
   「 」: ' ' 안의 재인용

目 次

≪思政殿訓義 資治通鑑綱目 16≫ 解說

≪資治通鑑綱目≫은 중국 宋나라 때 朱熹가 司馬光의 ≪資治通鑑≫을 바탕으로 綱目體로 편찬한 책이다. 조선시대 학자들에게 절대적 영향을 미쳤으며, 經筵에서 講讀된 대표적 史書이다. ≪思政殿訓義 資治通鑑綱目≫은 朝鮮 世宗이 大臣들과 學士들에게 명하여 ≪자치통감강목≫과 관련된 서적을 모아 연구하여 주석하게 한 것이다. '思政殿'은 景福宮의 便殿이고, '訓義'는 '의미를 해석한다'는 뜻으로 '思政殿訓義'는 세종이 思政殿에서 대신·학사들과 더불어 ≪자치통감강목≫을 읽고 주석을 단 것을 가리킨다.

≪思政殿訓義 資治通鑑綱目 16≫은 저본의 제23권 상·하와 제24권 상에 해당하며, 시기적으로 東晉 安帝 隆安 3년(399)에서 東晉 恭帝 元熙 원년(419)까지를 다루고 있다.

중국의 양자강 이남에 건국된 東晉은 북방 여러 나라들에게 침입을 당하였는데, 이를 막아내면서 西府軍과 北府軍이라는 군벌이 성장하게 된다. 한편 안제의 숙부인 司馬道子와 그 아들 司馬元顯이 조정을 장악하고 전횡하면서 민심이 악화되고 이에 五斗米教를 중심으로 孫恩이 반란을 일으켜 수도 建康을 공격하기에 이른다. 손은의 반란을 진압하면서 성장한 인물이 바로 북부군 劉牢之 휘하의 劉裕이다. 또한 서부군을 장악한 桓溫의 아들 桓玄은 반란을 일으켜 건강을 장악하고 북부군의 유뇌지를 죽이고 칭제하는 데 이르나 유유가 군대를 일으켜 환현을 물리치고 안제를 복위시키면서 유유의 시대가 열리게 된다.

중국 화북 지역에서는 5胡 16國의 혼란이 점차 가속되었는데, 특히 중국 서북방 지역의 涼州에는 後涼의 呂氏, 南涼의 禿髮氏, 北涼의 沮渠蒙遜, 西涼의 李暠, 夏나라 赫連勃勃, 西秦의 乞伏氏 등이 난립하였다. 화북 지역은 서쪽의 後秦, 동쪽의 北魏로 나누어졌으며, 현재의 산동성 지역은 南燕이 장악하게 된다.

동진의 정치적 혼란이 유유에 의해 안정되자, 평민 출신인 유유는 군사적 업적을 통해 황제에 자리에 오르고 싶어 하였다. 이에 유유는 계속된 화북 지역의 분열을 틈타 북벌을 감행하여 남연을 멸망시켰고, 다시 후진을 멸망시켜 古都인 洛陽과 長安을 수복하게 된다. 그는 易姓革命을 위해 수도인 건강으로 돌아오게 되는데, 이 틈을 노리고 하나라가 장안으로 진격하면서 다시 장안을 잃게 된다.

思政殿訓義 資治通鑑綱目 제23권 상

-晉 安帝 隆安 3년(399)~晉 安帝 元興 3년(404)-

≪資治通鑑綱目≫ 제23권은 己亥年 晉나라(東晉) 安帝의 隆安 3년(399)에서 시작하여 庚戌年 晉나라 安帝의 義熙 6년(410)까지이니, 모두 12년이다.

起己亥晉安帝隆安三年하여 盡庚戌晉安帝義熙六年하니 凡十二年이라

己亥年(399)

【綱】 晉나라(東晉) 孝安皇帝 隆安 3년이다.

三年이라

【目】 燕主(後燕) 慕容盛 長樂 원년이고, 秦主(後秦) 姚興 弘始 원년이고, 魏나라(北魏) 太祖 道武帝 拓跋珪 天興 2년이고, 涼主(後涼) 呂纂의 咸寧 원년이고, 北涼王 段業 天璽 원년이다.

燕長樂元이요 秦弘始元이요 魏天興二年이요 涼主呂纂咸寧元이요 北涼天璽元年이라

【綱】 봄 정월에 南涼이 樂都로 治所를 옮겼다.

春正月에 南涼이 徙治樂都하다

【目】 南涼王 禿髮烏孤가 신하들에게 이르기를 "隴右와 河西는 본래 몇 郡의 땅이었는데, 난리를 만나 10여 개국으로 분열되었다. 呂氏와 乞伏氏와 段氏가 가장 강성한데 지금 이들을 취하고자 하노니, 셋 중에 누구를 먼저 공격해야 하는가?" 하니, 楊統이 다음과 같이 말하였다.

"걸복씨는 본래 우리의 부락이니 결국에는 마땅히 우리에게 복종할 것이고, 단씨는 書生이니 근심이 되지 못하고 또 우리와 우호를 맺고 있으니, 그를 공격하는 것은 의롭지 못합니다. 呂光은 나이가 들어 노쇠하고 혼몽한데 嗣子가 미약하며 呂纂과 呂弘이 비록 재주가 있으나 속으로 서로를 시기하니, 만약 浩亹(고문)[1]과 廉川 지역으로 하여금 빈틈을 노려 번갈아 출병하게 하면 저들은 반드시 명령에 달려가기에 지쳐서 2년이 못 되어 병사는 수고롭고 백성은 곤궁할 것입니다. 이렇게 되면 後涼의 도성인 姑臧을 점령할 수 있고, 고장이 함락되면 나머지 두 도적은 공격할 것도 없이 복종할 것입니다."

이에 독발오고가 "좋다." 하였다.

南涼王禿髮烏孤 謂群臣曰 隴右, 河西는 本數郡之地①로되 遭亂分裂하여 至十餘國하니 呂氏, 乞伏氏, 段氏最彊이어늘 今欲取之하노니 三者何先고 楊統曰 乞伏은 本吾部落이니 終當服從②이요 段氏는 書生이니 無能爲患이요 且結好於我하니 攻之不義니이다 呂光은 衰耄하고 嗣子微弱③하고 纂, 弘이 雖有才나 而內相猜忌④하니 若使浩(亹)〔亹〕[2], 廉川으로 乘虛迭出하면 彼必疲於奔命하여 不過二年에 兵勞民困이리니 則姑臧을 可圖也⑤요 姑臧擧면 則二寇를 不待攻而服矣리이다 烏孤曰 善타하다

① 漢나라 때 隴右에 隴西와 金城 2개 郡을 설치하고 河西에 武威, 張掖,酒泉, 敦煌의 4개 郡을 설치하였다.
漢時, 隴右置隴西・金城二郡, 河西置武威・張掖・酒泉・敦煌四郡.
② 乞伏氏와 禿髮氏는 모두 鮮卑族이다.
乞伏與禿髮氏, 皆鮮卑也.
③〈'嗣子微弱'은〉 呂光이 아들 呂紹를 후사로 삼은 것을 말한 것이다.
謂光以子紹爲嗣也.
④ 呂弘은 呂纂의 아우이다.
弘, 纂之弟也.
⑤ 浩亹은 樂都의 동쪽에 있다. 禿髮烏孤가 從叔인 禿髮吐若을 합문에 남아 진주하게 하고, 從弟인 禿髮洛回를 廉川에 진주하게 하였다. 姑臧은 呂光이 도읍한 곳이다.
浩(亹)〔亹〕, 在樂都之東. 烏孤以從叔吐若, 留鎭浩(亹)〔亹〕, 從弟洛回鎭廉川. 姑臧, 呂光所都.

1) 浩亹(고문) : 물 이름으로 閤門河라고도 하는데, 지금은 大通河라고 한다. 그 근원이 祁連山 동쪽 산맥에서 나와 南山과 大通山 사이를 거쳐 동남쪽으로 흘러 甘肅省과 靑海省 변경을 지나 民和縣 享堂에서 湟水로 들어간다. 浩亹을 '합문'으로 읽는 경우도 있는데, 《漢書》〈地理志〉 顔師古 注에는 浩의 음이 '誥'라 하였고, 《資治通鑑》 胡三省 注에 음이 '告'로 되어 있는 것을 따랐다.
2) (亹)〔亹〕 : 저본에는 '亹'으로 되어 있으나, 《資治通鑑》에 의거하여 '亹'으로 바로잡았다. 아래도 같다.

【綱】 2월에 魏主(北魏) 拓跋珪가 高車[3]를 습격하여 크게 격파하였다.

二月에 魏主珪 襲高車하여 大破之하다

【目】 魏主 拓跋珪가 북쪽을 순행할 적에 여러 장수에게 나누어 명하여 세 갈래의 길로 高車를 기습하게 해서 고차의 30여 부락을 크게 격파하고 포로 7만여 명과 말 30여만 필을 사로잡았으며, 위왕 탁발의는 별도로 3만 기병을 거느리고서 천여 리의 먼 사막을 횡단하여 고차의 7개 부락을 격파하니, 여러 부락이 크게 진동하였다.

魏主珪 北巡할새 分命諸將하여 三道襲高車하여 大破高車三十餘部하고 獲七萬餘口와 馬三十餘萬匹하고 衛王儀는 別將三萬騎하여 絶漠千餘里하고 破其七部하니 諸部大震하니라

【綱】 段業이 스스로 涼王을 칭하였다.

段業이 自稱涼王하다

【目】 段業이 沮渠蒙遜을 尙書左丞으로, 梁中庸을 右丞으로 삼았다.

業以沮渠蒙遜爲尙書左丞하고 梁中庸爲右丞하다

【綱】 3월에 魏나라(北魏)가 尙書의 여러 曹를 나누고 五經博士를 설치하였다.

三月에 魏分尙書諸曹하고 置五經博士[4]하다

【目】 魏主 拓跋珪는 尙書의 36曹와 外署를 나누어서 모두 360曹를 설치하고 八部大人에게 이를 주관하게 하였으며, 吏部尙書 崔宏에게 36曹를 통틀어 관할하게 해서 中書令과

---

3) 高車 : 한글음은 '고차', '고거'로 읽는데 여기서는 역사학계에서 보통 '고차'로 읽는 것을 따랐다.

4) 魏分尙書諸曹 置五經博士 : "博士를 설치함을 쓴 것은 어째서인가? 道武帝를 인정한 것이다. 도무제가 처음 皇帝를 칭하고서 맨 먼저 이러한 조치가 있었으니, 높여야 할 것을 알았다고 이를 만하다. 〔書置博士 何 予道武也 道武始稱皇帝 首有此擧 可謂知所尙矣〕" ≪書法≫

"魏나라(北魏)가 이에 점점 발전하였다. 晉나라가 衣冠과 文物의 주인이 되었는데도 生徒를 해산하여 보내고 孔子의 사당을 수리하지 않은 것을 번갈아 책에 썼다. 그런데 拓跋氏는 어떠한 인물이기에 마침내 五經博士를 설치하였는가. ≪資治通鑑綱目≫에 이를 써서 인정한 것이 마땅하다. ≪春秋≫의 法에 夷狄에게 아름다운 행적이 있음을 쓰면 이는 〈자연 이렇게 하지 못하는〉 중국을 책망함이 되는 것이다. 〔魏於是乎漸進矣 晉爲衣冠文物之主 而罷遣生徒 不修孔廟 迭書于冊 拓跋何人 乃能置五經博士 綱目書以予之 宜矣 春秋之法 美在夷狄 則責在中國〕" ≪發明≫

僕射가 일을 통괄하듯이 하고 五經博士를 설치하고 國子學과 太學의 生員을 증가시켜 모두 3,000명을 두었다.

탁발규가 博士 李先에게 묻기를 "天下에 어떤 일이 사람의 정신과 지혜에 보탬이 될 수 있는가?" 하자, 이선이 대답하기를 "서적만 한 것이 없습니다." 하였다. 탁발규가 말하기를 "서적은 얼마나 있으며 어떻게 하면 모을 수 있는가?" 하니, 대답하기를 "書契(文字)가 있은 이후로 세대마다 더욱 불어났으니, 지금에 와서는 이루 다 계산할 수가 없습니다. 그러나 만약 서적이 군주께서 좋아하시는 바라면 어찌 이것을 모으지 못함을 근심하겠습니까." 하니, 탁발규가 마침내 郡縣에 명하여 서적을 샅샅이 찾아내어 모두 도성인 平城으로 보내게 하였다.

魏主珪 分尙書三十六曹及外署하여 **凡置三百六十曹**하고 **令八部大人主之**①하며 **吏部尙書崔宏**으로 **通署三十六曹**하여 **如令僕統事**②하고 **置五經博士**하고 **增國子, 太學生員**하여 **合三千人**하다 **珪問博士李先曰 天下何物**이 **可以益人神智**오 **對曰 莫若書籍**이니이다 **珪曰 書籍有幾**며 **如何可集**고 **對曰 自書契以來**로 **世有滋益**하니 **至今不可勝計**③나 **苟人主所好**면 **何憂不集**이리잇고 **珪遂命郡縣**하여 **大索書籍**하여 **悉送平城**하다

① 漢나라 光武帝가 尙書를 나누어 六曹를 만들고 郎官 34명을 두었으며 아울러 左丞과 右丞 36명을 두었다. 魏나라에 이르러 尙書郞에 殿中, 吏部, 駕部, 金部, 虞曹, 比部, 南主客, 祠部, 度支, 庫部, 農部, 水部, 儀曹, 三公, 倉部, 民曹, 二千石, 中兵, 外兵, 都兵, 別兵, 考功, 定課 등 모두 23명의 낭관을 두었고, 明帝 靑龍 2년(234)에 都官과 騎兵을 두어 합하여 25郞이었다. 晉나라 武帝는 農部와 定課를 혁파하고 直事, 殿中, 祠部, 儀曹, 吏部, 三公, 比部, 金部, 倉部, 度支, 都官, 二千石, 左民, 右民, 虞曹, 屯田, 起部, 水部, 左主客과 右主客, 駕部, 車部, 庫部, 左中兵과 右中兵, 左外兵과 右外兵, 別兵, 都兵, 騎兵, 左士와 右士, 北主客, 南主客을 설치하여 모두 34曹였고, 뒤에 또다시 運曹를 설치하여 모두 35曹였으며, 郎官 23명을 두어 서로 통솔하게 하였는데, 지금 魏나라(北魏)가 또다시 36曹로 늘린 것이다. 八部大人은 八部의 장수이다.

漢光武分尙書爲六曹, 置郎三十四人, 幷左右丞爲三十六人. 至魏, 尙書郞有殿中・吏部・駕部・金部・虞曹・比部・南主客・祠部・度支・庫部・農部・水部・儀曹・三公・倉部・民曹・二千石・中兵・外兵・都兵・別兵・考功・定課, 凡二十三郞. 明帝靑龍二年, 置都官・騎兵, 合二十五郞. 晉武帝, 罷農部・定課, 置直事・殿中・祠部・儀曹・吏部・三公・比部・金部・倉部・度支・都官・二千石・左民・右民・虞曹・屯田・起部・水部・左右主客・駕部・車部・庫部・左右中兵・左右外兵・別兵・都兵・騎兵・左右士・北主客・南主客, 凡三十四曹. 後又置運曹, 凡三十五曹, 置郞二十三人, 更相統攝, 今魏又增爲三十六曹. 八部大人, 卽八部帥也.

② '令僕'은 中書令과 僕射이다.
令僕, 中書令·僕射也.

③ 書契는 계약한 내용을 나무에 쓰고 그 옆을 새겨 문서로 만들어서 甲과 乙이 각각 하나씩 가지고 있다가 뒤에 서로 상고하고 맞추어 보는 것이다.
書契, 書之於木, 刻其側爲契, 各持其一, 後以相考合.

【綱】 南燕의 苻廣이 배반하자 南燕王 慕容德이 공격하여 참수하니, 滑臺가 魏나라(北魏)에 항복하므로 모용덕이 마침내 동쪽으로 靑州와 兗州를 침략하였다.

南燕苻廣이 叛한대 南燕王德이 擊斬之하니 滑臺降魏어늘 德이 遂東寇靑兗하다

【目】 처음에 秦主(前秦) 苻登의 아우 苻廣이 무리를 거느리고 南燕王 慕容德에게 의지하자, 모용덕이 그를 乞活堡에 거처하게 하였는데, 이때에 이르러 스스로 秦王을 칭하였다. 이 당시 滑臺는 세력이 외롭고 미약하여 영토는 10개 성이 못 되고 병력은 1만 명에 불과하였다. 모용덕에게 붙었던 자들이 대부분 떠나 부광에게 붙자, 모용덕은 마침내 魯王 慕容和를 남겨두어 활대를 지키게 하고는 직접 무리를 거느리고 가서 부광을 토벌하여 참수하니, 모용화의 長史 李辯이 모용화를 죽이고서 활대를 가지고 魏나라에 항복하였다. 魏나라 行臺尙書 和跋이 정예기병을 거느리고 鄴 땅에서 달려와서 모용덕의 宮人과 府庫를 모두 거두니, 陳郡과 潁川 사람들이 대부분 魏나라에 붙었다.

장군 慕容雲이 이변을 참수하고 장병의 가솔을 거느리고서 나와 모용덕에게 달려가자, 모용덕이 돌아와 활대를 공격하고자 하였는데, 韓範이 말하기를 "지난번에는 魏나라가 객이고 우리가 주인이었는데, 지금은 우리가 객이고 魏나라가 주인이니, 인심이 불안해하고 두려워합니다. 더 이상 싸워서는 안 되니, 우선 한 지역을 점거해서 스스로 근거지로 삼고 나서 나아가 취할 것을 도모하는 것만 못합니다." 하였다.

初에 秦主登之弟廣이 帥(솔)衆하고 依南燕王德이어늘 德이 處之乞活堡①러니 至是하여 自稱秦王하다 時에 滑臺孤弱하여 土無十城하고 衆不過萬이라 附德者 多去附廣이어늘 德이 乃留魯王和하여 守滑臺하고 自帥衆討廣하여 斬之하니 和長史李辯이 殺和하여 以滑臺降魏어늘 魏行臺尙書和跋이 帥輕騎하고 自鄴赴之하여 悉收德宮人府庫하니 陳潁之人이 多附於魏②라 將軍慕容雲이 斬辯하고 帥將士家屬하여 出赴德③이어늘 德이 欲還攻滑臺한대 韓範曰 嚮也에는 魏爲客하고 吾爲主러니 今也에는

吾爲客하고 魏爲主하니 人心危懼라 不可復戰이니 不如先據一方하여 自立基本하고 乃圖進取니이다

① 乞活堡는 晉나라 惠帝 때에 여러 적들이 모여 지키던 지역이다.
乞活堡, 晉惠帝時, 諸賊保聚之地.
② 陳潁은 陳郡과 潁川郡이다.
陳潁, 陳郡・潁川也.
③ 慕容雲은 바로 高雲이다.
慕容雲, 卽高雲也.

【目】 張華가 彭城을 점령하고자 하자, 潘聰이 다음과 같이 말하였다.

"팽성은 땅은 넓은데 거주하는 사람이 드물며 지형은 평탄하여 험한 곳이 없으며 또 晉나라의 옛 진영이니, 쉽게 점령할 수 없습니다. 또 長江과 淮水 지역과 매우 가까워서 여름과 가을에는 강물이 불어나, 배를 타고 싸우는 것은 吳 지방(東晉)의 장점이요 우리의 단점입니다. 靑州는 비옥한 들이 2,000리이고 정예병이 10여만 명이고, 왼쪽에는 풍요로운 바다를 끼고 있고 오른쪽에는 험고한 山河가 있으며, 廣固城은 曹嶷(조억)이 축조한 성인데 지형이 험준하고, 三齊 지역[5]의 영웅호걸들이 현명한 군주를 얻어서 세상에 공을 세우기를 생각한 지 오래입니다. 晉나라 刺史 辟閭渾은 예전에 燕나라 신하였으니, 지금 마땅히 辯士를 보내어 달려가 설득하게 하고서 대군으로 변사의 뒤를 따르게 해야 하니, 만약 그가 복종하지 않더라도 〈대군으로〉 청주를 점령하는 것은 지푸라기를 줍는 것처럼 쉬울 것입니다. 이미 이 청주 지역을 얻은 뒤에 관문을 닫고 정예병을 길러서 빈틈을 노려 출병하면 이곳은 바로 폐하의 關中과 河內일 것입니다."

慕容德이 마침내 군대를 이끌고 남쪽으로 가니, 兗州의 북쪽 변방에 있는 여러 郡縣이 모두 항복하므로 모용덕이 守宰를 설치하여 백성들을 어루만지고 병사들이 노략질하는 것을 금하니, 백성들이 크게 기뻐하였다.

張華 欲取彭城이어늘 潘聰曰 彭城은 土曠人稀하고 平夷無險하며 且晉之舊鎭이니 未易可取요 又密邇江淮하여 夏秋多水하니 乘舟而戰者는 吳之所長이요 我之所短也라 靑州는 沃野二千里요 精兵十餘萬이요 左有負海之饒하고 右有山河之固하며 廣固城은 曹嶷所築이라 地形阻峻하고 三齊英傑이 思得明主以立功於世久矣라 晉刺史辟閭渾이 昔爲燕臣①하니 今宜遣辯士馳說(세)하고 而

5) 三齊 지역 : 山東의 동부 지역을 말한다. 秦나라가 멸망한 뒤에 項羽가 齊나라를 3등분하여 齊・膠東・濟北으로 분리하고 田都를 齊王, 田市를 膠東王, 田安을 濟北王에 봉하였는데, 뒤에 이 지역을 삼제라 하였다.(≪史記≫ 권7 〈項羽本紀〉)

以大兵繼其後니 若其不服이라도 取之如拾芥耳[②]라 旣得其地然後에 閉關養銳하여 伺隙而動이면 此乃陛下之關中, 河內也[③]니이다 德이 乃引師而南하니 兗州北鄙諸郡縣이 皆降이어늘 德이 置守宰以撫之하고 禁軍士虜掠하니 百姓이 大悅이러라

① 辟閭渾은 辟閭蔚의 아들이다.
渾, 蔚之子也.
②〈'拾芥'는〉 땅에 가로놓인 지푸라기를 몸을 굽혀 줍는 것이니, 쉬우면서도 반드시 얻음을 말한 것이다.
草芥之橫在地上者, 俛而拾之, 言易而必得也.
③〈'陛下之關中河內'는〉 荀彧이 魏나라 武帝(曹操)를 설득한 말을 사용한 것이다. 漢나라 高帝는 關中에 도읍하여 諸侯를 겸병하였고, 光武帝는 河內를 근거지로 삼아 천하를 점령하였다.
用荀彧說魏武之言. 漢高帝都關中而倂諸侯, 光武資河內以取天下.

【綱】 황제(晉 安帝)의 所生母인 陳氏를 추존하여 德皇太后라 하였다.

追尊所生母陳氏하여 爲德皇太后하다

【綱】 여름 4월에 會稽王의 世子 司馬元顯을 揚州刺史로 삼았다.

◑夏四月에 以會稽世子元顯으로 爲揚州刺史하다

【目】 會稽王 司馬道子가 병이 든 상황에도 날마다 술에 취해 있으니, 아들인 司馬元顯은 조정의 기대가 회계왕을 떠난 것을 알고는 조정에 넌지시 말해서 사마도자가 맡고 있는 揚州刺史를 해임하여 자신에게 제수하게 하였다. 사마도자가 술에서 깬 뒤에 이것을 알고 크게 노하였으나 어쩔 수가 없었다. 사마원현이 廬江太守 張法順을 謀主로 삼고 친당을 대거 끌어와 조정에 심으니, 조정의 귀인들이 모두 두려워하여 그를 섬겼다.

會稽王道子 有疾하고 且無日不醉하니 元顯이 知朝望去之하고 諷朝廷하여 解道子揚州하여 以授元顯한대 道子 醒而知之하고 大怒하나 無如之何러라 元顯이 以廬江太守張法順으로 爲謀主하고 多引樹親黨하니 朝貴皆畏事之하니라

【綱】 燕나라(後燕)가 公侯들이 금과 비단으로 속죄하는 법을 없앴다.

燕이 除公侯金帛贖罪法하다

【目】 燕主 慕容盛이 열흘에 한번 옥사를 결단하여 고문을 가하지 않고도 죄인들의 실정을 대부분 알아내었다. 詔命을 내리기를 "法例律에 公侯가 죄를 지으면 금과 비단으로 贖罪하게 하였는데 이는 악을 징계하지 못하고 王의 府庫에만 이로우니, 이는 매우 말이 안 되는 일이다. 지금부터는 모두 〈국가를 위하여〉 功을 세워서 속죄하게 하라." 하였다.

燕主盛이 十日一決獄하여 不加拷掠호되 多得其情이러라 下詔曰 法例律에 公侯有罪면 得以金帛贖하니 此不足以懲惡이요 而利於王府하니 甚無謂也라 自今으로 皆令立功以自贖①하라

① 孔穎達이 말하였다. "옛날 속죄할 적에 모두 銅을 사용하였는데, 漢나라가 처음 黃金으로 바꾸어 사용하였으나 다만 그 斤兩을 줄여서 값어치를 銅과 서로 같게 하였다. 漢나라와 後魏(北魏)에서는 속죄할 적에 모두 황금을 사용하였고, 後魏에서는 황금을 얻기 어렵다는 이유로 合金 1냥에 비단 10필을 거두었는데, 지금 법률은 마침내 다시 옛날 銅으로 속죄하던 것을 따르게 한 것이다."
孔穎達曰 "古之贖罪, 皆用銅, 漢始改用黃金, 但少其斤兩, 令與(金)〔銅〕[6]相敵. 漢及後魏贖罪, 皆用黃金, 後魏以金難得, 合金一兩・收絹十匹, 今律, 乃復依古贖銅."

【綱】 가을 7월에 秦나라(後秦)가 洛陽을 침략하자, 8월에 魏나라(北魏) 사람이 와서 구원하였다.

秋七月에 秦이 寇洛陽한대 八月에 魏人來救[7]하다

【目】 後秦의 齊公 姚崇이 晉나라의 洛陽을 침략하자, 河南太守 辛恭靖이 城을 에워싸고 굳게 지켰는데, 雍州刺史 楊佺期가 사신을 보내어 魏나라에 구원병을 청하니, 魏나라가 太尉 穆崇을 보내어 6만 명의 기병을 거느리고 와서 구원하게 하였다.

後秦齊公崇이 寇洛陽①한대 河南太守辛恭靖이 嬰城固守러니 雍州刺史楊佺期 遣使求救於魏하니 魏遣太尉穆崇하여 將六萬騎救之하다

6) (金)〔銅〕: 저본 및 ≪資治通鑑≫ 註에는 '金'으로 되어 있으나, ≪尙書全解≫ 등에 의거하여 '銅'으로 바로잡았다.

7) 魏人來救 : "이때에 楊佺期가 魏나라에 구원을 청하였는데 魏나라 사람이 와서 구원하였으니, 구원했다고 쓰고 왔다고 쓴 것은 황제국인 晉나라에 순종하여 도와준 것을 가상히 여긴 것이다. ≪資治通鑑綱目≫은 순종하여 도와줌을 가상히 여겼다. 이 때문에 吳나라 사람이 와서 도와주었으면 썼고,(蜀漢 後主 炎興 원년(263)이다.) 魏나라 사람이 와서 구해주었으면 썼다.(이해(399)이다.)〔於是佺期求救於魏 魏人來救 則書救書來 嘉助順也 綱目嘉助順 是故(魏)〔吳〕人來援則書(漢後主炎興元年) 魏人來救則書(是年)〕" ≪書法≫
≪御批資治通鑑綱目≫에는 '是故魏人來援'으로 되어 있으나, ≪資治通鑑≫ 炎興 원년의 기사에 의거하여 '魏'를 '吳'로 바로잡았다.

① 姚崇은 姚興의 아우이다.
崇, 興之弟也.

【綱】 魏나라(北魏)가 御史中丞 崔逞(최정)을 죽였다.

魏 殺其御史中丞崔逞하다

【目】 처음에 魏나라 장군 張衮이 재주와 지모로 魏主 拓跋珪의 심복이 되었었는데, 장곤이 中州의 선비인 盧溥와 崔逞을 천거해서 탁발규가 이들을 모두 등용하였다. 〈탁발규가〉 中山을 포위했을 때에 오랫동안 함락하지 못하고 군대의 양식이 떨어지자, 탁발규가 신하들에게 계책을 물었다. 최정이 대답하기를 "뽕나무의 열매인 오디가 식량을 보충할 수 있으니, 올빼미가 먹고서 나쁜 목소리를 고쳤습니다." 하니, 탁발규가 비록 그의 말을 따랐으나 〈자신을 올빼미에 비유하여 업신여겼다고 생각하여〉 원망하는 마음을 품었다.

初에 魏將軍張衮이 以才謀로 爲魏主珪腹心이러니 衮이 薦中州士人盧溥及崔逞하여 珪皆用之로되 及圍中山에 久未下하고 軍食乏이어늘 問計於群臣한대 逞對曰 桑椹이 可以佐糧이니 飛鴞(효)食而改音者也라하니 珪雖用其言이나 然心銜之①러라

① ≪詩經≫ 〈魯頌 泮水〉에 "훨훨 나는 올빼미가 泮水의 숲에 앉았도다. 나의 뽕나무 오디를 먹어 나를 좋은 목소리로 회유한다." 하였는데, 註에 이르기를 "올빼미는 소리가 나쁜 새이다. 올빼미는 항상 나쁜 소리로 울었는데, 이제 뽕나무 오디를 먹었기 때문에 그 울음소리를 바꾸어서 이미 나에게 좋은 소리를 들려준 것이다." 하였다. 拓跋珪는 본래 북쪽 사람인데 中原에 들어왔으므로 崔逞이 탁발규 자신을 올빼미에 비유하여 업신여기고 不敬했다고 하여 원망하는 마음을 품은 것이다.
詩"翩彼飛鴞, 集于泮林. 食我桑椹, 懷我好音." 註云"鴞, 惡聲之鳥也. 鴞恒惡鳴, 今食桑椹. 故改其鳴, 歸就我以善音." 珪, 本北人而入中原, 故銜逞以爲侮慢.

【目】 秦나라(後秦) 사람이 〈晉나라의〉 襄陽을 침략하자, 雍州刺史 郗恢(치회)가 편지를 보내어 魏나라의 常山王 拓跋遵에게 구원을 청하면서 탁발규에게 賢兄이라 하였다. 탁발규는 치회가 무례하다고 여겨 장곤과 최정에게 명하여 답서를 보내되 반드시 晉나라의 군주를 폄하하게 하였으나 장곤과 최정이 晉나라의 황제를 일러 貴主라 하니, 탁발규가 마침내 크게 노하였다.

최정이 魏나라에 항복할 적에 천하가 한창 혼란하여 집안에 다시는 남은 족속이 없을 것을 염려해서 처자를 冀州에 남겨두었는데, 이때에 이르러 탁발규가 이것까지 아울러 최정을 책망하여 賜死하였다. 노부 또한 燕나라(南燕)의 관작을 받고 魏나라의 국경을 침략하였다. 이에 탁발규는 장곤이 천거한 사람이 모두 적임자가 아니라고 생각하여 장곤을 내쳐 尙書令史로 삼으니, 장곤이 문을 닫아 걸어 사람들과 교제하지 않고는 손수 經籍을 교정하다가 한 해 남짓 만에 죽었다.

秦人이 寇襄陽이어늘 雍州刺史郗恢 以書求救於魏常山王遵호되 謂珪爲賢兄[①]하니 珪以恢無禮라하여 命袞及逞爲復書호되 必貶其主러니 而袞, 逞이 謂帝爲貴主하니 珪遂大怒하다 逞之降魏也에 以天下方亂하여 恐無復遺種이라하여 使妻子留冀州러니 至是에 珪幷以是責逞하여 賜死하고 而溥亦受燕爵命하고 侵掠魏境하니 珪謂袞所擧 皆非其人이라하여 黜爲尙書令史한대 袞이 闔門不通人事하고 手校經籍이라가 歲餘而終하다

① 常山王 拓跋遵은 바로 略陽公 拓跋遵이다.
常山王遵, 卽略陽公遵也.

【綱】 南凉王 禿髮烏孤가 卒하니, 아우 禿髮利鹿孤가 즉위하여 西平으로 治所를 옮겼다.

南凉王烏孤 卒하니 弟利鹿孤 立하여 徙治西平하다

【綱】 南燕王 慕容德이 廣固를 함락하여 幽州刺史 辟閭渾을 죽이고 마침내 광고에 도읍하였다.

◑南燕王德이 陷廣固하여 殺幽州刺史辟閭渾하고 遂都之하다

【目】 南燕王 慕容德이 사람을 보내어 幽州刺史 辟閭渾을 설득하였으나 따르지 않았다. 마침내 北地王 慕容鍾을 보내어 보병과 기병을 거느리고 가서 벽려혼을 공격하게 하고 자신은 전진하여 琅邪를 점거하니, 徐州와 兗州의 백성들이 귀의하여 따르는 자가 10여만 명이었다.

勃海太守 封孚는 燕나라(後燕)의 옛 신하였다. 모용덕이 왔다는 말을 듣고 나와 항복하자, 모용덕이 크게 기뻐하며 말하기를 "내가 靑州를 얻은 것은 기쁘지 않고 경을 얻은

것이 기쁘다." 하고는 마침내 軍國의 기밀을 요하는 중요한 일을 그에게 맡겼다.

벽려혼이 廣固를 지킬 적에 부하들이 대부분 나가 항복하자, 벽려혼은 두려워하여 魏나라(北魏)로 달아났다. 모용덕이 추격하여 참수할 적에 벽려혼의 아들 辟閭道秀가 스스로 모용덕에게 나아가서 아비와 함께 죽을 것을 청하니, 모용덕은 말하기를 "아비는 비록 불충하나 자식이 능히 효도한다." 하고는 특별히 사면하였다.

燕王德이 使說(세)幽州刺史辟閭渾호되 不從①이어늘 遂遣北地王鍾하여 帥步騎擊之②하고 德이 進據琅邪하니 徐兗之民이 歸附者十餘萬이러라 勃海太守封孚는 燕舊臣也라 聞德至하고 出降이어늘 德이 大喜曰 孤得青州不爲喜요 喜得卿耳라하고 遂委以機密하다 渾이 守廣固에 其下多出降이어늘 渾懼하여 奔魏하니 德이 追斬之할새 渾子道秀 自詣德하여 請與父俱死한대 德曰 父雖不忠이나 而子能孝라하고 特赦之하다

① 晉나라가 남쪽으로 장강을 건너 천도함에 幽州, 冀州, 青州, 幷州 4개 주를 장강 북쪽에 僑置하였는데, 孝武帝 太元 말년에 다시 齊 지역을 점령하고 유주와 기주 2개 주의 백성을 齊 지역으로 옮기니, 이후로 齊 지역에 진주하는 자들은 모두 청주와 기주 2개 주의 刺史를 겸하였다. 辟閭渾이 유주자사를 겸한 것은 북쪽에서 남쪽으로 왔기 때문에, 순수하게 晉나라 신하가 되지 못하였으나 유주자사를 겸하고 廣固에 진주하게 한 것이다.
晉氏南渡, 僑立幽·冀·青·幷四州於江北, 孝武太元之季, 復取齊地, 徙幽·冀二州於齊, 是後鎭齊者, 率領青·冀二州刺史. 渾領幽州刺史, 蓋自北而南, 未純爲晉臣, 使領幽州而鎭廣固也.

② 慕容鍾은 慕容德의 從弟이다.
鍾, 德之從弟也.

【目】 벽려혼의 參軍 張瑛이 벽려혼을 위하여 격문을 지을 적에 불손한 내용이 많았다. 모용덕이 그를 붙잡아 꾸짖자 장영은 얼굴빛을 변하지 않고 서서히 말하기를 "벽려혼에게 臣이 있음은 韓信에게 蒯通(괴통)이 있는 것[8]과 같습니다. 괴통은 漢나라 高祖를 만

8) 韓信에게……것 : 蒯通은 원래의 이름이 蒯徹인데 漢나라 武帝의 이름이 '徹'이므로 避諱하여 괴통이라 칭하였다. 괴통은 齊나라의 술사인데 韓信의 謀士가 되어 漢 高祖를 배반하고 自立할 것을 권했으나 한신이 듣지 않고 결행을 미루다가 결국 呂后에게 잡혀 죽었다. 고조는 그가 한신에게 배반할 것을 권했다는 말을 듣고 괴통을 잡아 죽이려 하였으나 괴통은 그러한 사실을 솔직히 시인하고, "옛날 도둑의 대장격인 盜跖의 개가 堯 임금을 보고 마구 짖었다 합니다. 요임금이 훌륭하지 않은 것은 아니나 도척의 개는 자기 주인이 아니기 때문에 짖은 것입니다. 신은 그 당시에 한신만 알고 폐하는 알지 못했기에 한신에게 모반할 것을 권한 것입니다." 하였다. 고조는 괴통이 자신을 도척의 개에 비유하고 황제인 자신을 요임금에 비유한 것에 노여움이 풀려 그의 죄를 사면하였다.(≪史記≫ 권92 〈淮陰侯列傳〉)

나 살았고 신은 폐하를 만나 죽으니, 옛 사람에 견주어보면 적이 불행이라고 여길 뿐입니다." 하니, 모용덕이 그를 죽이고 마침내 廣固에 도읍을 정하였다.

渾參軍張瑛이 爲渾作檄에 辭多不遜이러니 德이 執而讓之한대 瑛이 神色自若하여 徐曰 渾之有臣은 猶韓信之有蒯通이라 通은 遇漢祖而生하고 臣은 遇陛下而死하니 比之古人에 竊爲不幸耳라하여늘 德이 殺之하고 遂定都廣固하다

【綱】 9월에 燕나라(後燕) 遼西太守 李朗이 모반하자, 燕主 慕容盛이 토벌하여 주살하였다.

九月에 燕遼西太守李朗이 謀叛이어늘 其主盛이 討誅之하다

【目】 燕나라 遼西太守 李朗이 부임한 지 10년에 경내에 위엄이 행해졌다. 燕主 慕容盛이 그를 의심하여 여러 번 그를 불렀으나 오지 않았다. 이랑 또한 집이 龍城에 있었기 때문에 감히 드러나게 배반하지 못하고 魏나라(北魏) 군대를 은밀히 불러서 郡을 가지고 항복할 것을 허락하였다가 일이 발각되니, 모용성이 이랑의 집안을 멸족하고 장군 李旱을 보내어 토벌하게 하였다.

이한이 길을 떠난 뒤에 모용성은 그를 급히 불렀다가 다시 보내었는데, 이랑은 자기 집안이 주살을 당했다는 말을 듣고 2천여 戶를 통솔하고서 스스로 견고히 지키다가 이한이 돌아갔다는 말을 듣고는 燕나라에 內變이 있는 것이라고 생각해서 더 이상 대비하지 않았다. 이랑은 자신의 아들을 남겨두어 令支를 지키게 하고 자신은 魏나라 군대를 北平에서 맞이하였는데, 이한이 영지를 기습하여 함락하고 이랑을 추격하여 참수하였다.

燕遼西太守李朗이 在郡十年에 威行境內라 燕主盛이 疑之하여 累徵不赴러라 朗이 亦以家在龍城으로 未敢顯叛하고 陰召魏兵하여 許以郡降이라가 事覺하니 盛이 滅朗族하고 遣將軍李旱討之하다 旱이 旣行에 急召而復遣之하니 朗이 聞其家被誅하고 擁二千餘戶以自固러니 及聞旱還에 謂有內變이라하야 不復設備하고 留其子守令支하고 自迎魏師於北平이어늘 旱이 襲克令支하고 追朗斬之①하다

① 前漢 때에는 北平郡은 平剛을 治所로, 後漢 때에는 土垠을 치소로, 晉나라 때에는 徐無를 치소로, 後魏(北魏) 때에는 盧龍을 치소로 하였다.
前漢北平郡治平剛, 後漢治土垠, 晉治徐無, 後魏治盧龍.

【綱】 秦主(後秦) 姚興이 칭호를 낮추어 王이라 칭하였다.

秦主興이 **降號稱王**하다

【目】 姚興은 災異가 자주 나타난 것을 이유로 칭호를 낮추어 王을 칭하고 여러 公과 卿士, 將帥와 州牧, 守宰(郡守)에게 명하여 각각 한 등급을 낮추게 하였으며, 고아와 가난한 사람을 위문하고 어진 이와 준걸한 자를 천거하게 하여 발탁하였으며, 법령을 줄이고 獄訟을 공정하게 처리하며, 훌륭한 정사와 치적이 있는 수령에게는 상을 주고 탐욕스럽고 잔악한 수령은 주살하니, 遠近이 엄숙해졌다.

興以災異屢見(현)이라하여 **降號稱王**하고 **詔群公, 卿士, 將牧, 守宰**하여 **各降一等**하고 **存問孤貧**하고 **擧拔賢俊**하며 **簡省**(생)**法令**하고 **清察獄訟**하며 **守令有政迹者**를 **賞之**하고 **貪殘者**를 **誅之**하니 **遠近**이 **肅然**이러라

【綱】 겨울 10월에 秦나라(後秦)가 〈晉나라의〉 洛陽을 함락하였다.

冬十月에 **秦**이 **陷洛陽**하다

【目】 秦나라가 洛陽을 침략하니, 辛恭靖이 100여 일을 굳게 지켰으나 魏나라(北魏)의 구원병이 오지 않았다. 秦나라 군대가 낙양을 함락하고 신공정을 사로잡았다. 신공정은 秦王 姚興을 만나볼 적에 절하지 않고 말하기를 "나는 오랑캐의 신하가 되지 않겠다." 하였다. 요흥이 그를 가두었는데 신공정이 도망하여 돌아가니, 淮水와 漢水 이북이 대부분 秦나라에 항복하였다.

秦이 **寇洛陽**하니 **辛恭靖**이 **固守百餘日**에 **魏救未至**라 **秦兵**이 **拔洛陽**하고 **獲之**하다 **恭靖**이 **見秦王興**에 **不拜**하고 **曰 吾不爲羌賊臣**이라하니 **興**이 **囚之**러니 **恭靖**이 **逃歸**하니 **淮漢以北**이 **多降於秦**하다

【綱】 孫恩이 會稽를 침입하여 함락하고 內史 王凝之를 죽이자, 徐州刺史 謝琰과 劉牢之에게 명하여 토벌하여 격파하고 사염을 會稽太守로 삼았다.

孫恩이 **寇陷會稽**하고 **殺內史王凝之**어늘 **詔徐州刺史謝琰**(염)**及劉牢之**하여 **討破之**하고 **以琰爲會稽太守**하다

【目】 會稽王의 世子 司馬元顯이 성질이 가혹하고 각박하여 자기 멋대로 사람을 죽이고 동쪽 지방의 여러 郡에 官奴의 신분에서 벗어나 客戶가 된 자들을 징발해서 京師에 배치하여 兵役에 충당하니, 동쪽 지역이 소란하였다.

孫恩은 민심이 소란한 틈을 타 海島에서 會稽를 공격하니, 內史 王凝之는 대대로 張天師의 道를 신봉하여 출병도 하지 않고 대비도 하지 않았다. 관속들이 손은을 토벌할 것을 청하니, 왕응지는 말하기를 "내 이미 大道(張天師)에게 청해서 鬼兵을 빌려 여러 나루터의 요지를 지키게 하였으니, 근심할 것이 없다." 하였다.

손은이 마침내 회계를 함락하고 왕응지를 죽였다. 이에 8개 郡의 사람들이 동시에 군대를 일으켜서 수령〔長吏〕을 죽이고 손은에게 응하니, 열흘 사이에 병력이 수십만 명이었다. 이때 三吳(吳興·吳郡·會稽) 지역이 오래도록 태평하여 백성들이 전투에 익숙하지 않아 郡縣의 병사들이 모두 적이 쳐들어온다는 소문만을 듣고 달아나 흩어졌다. 손은이 회계를 점거하고서 스스로 征東將軍을 칭하고 그 무리를 長生人이라 이름하고는 여러 縣令들을 젓으로 담아 그들의 처자에게 먹이되, 먹지 않으면 사지를 찢어 죽였으며, 지나가는 곳마다 불을 지르고 약탈하며 나무를 베고 우물을 메우며 會稽王 司馬道子와 사마원현의 죄를 표문으로 올려서 주살할 것을 청하였다.

會稽世子元顯이 性苛刻하여 生殺任意하고 發東土諸郡免奴爲客者하여 置京師하여 以充兵役하니 東土囂然①이러라 孫恩이 因民心騷動하여 自海島攻會稽하니 內史王凝之 世奉天師道라 不出兵하고 亦不設備②어늘 官屬이 請討之한대 凝之曰 我已請大道하여 借鬼兵하여 守諸津要하니 不足憂也니라 恩이 遂陷會稽하고 殺凝之하다 於是에 八郡之人이 一時起兵하여 殺長吏以應恩하니 旬日中에 衆이 數十萬③이러라 時에 三吳承平日久하여 民不習戰이라 郡縣兵이 皆望風奔潰하니 恩이 據會稽하여 自稱征東將軍하고 號其黨曰長生人이라하고 醢諸縣令하여 以食(사)其妻子④하되 不食이면 則支解之⑤하고 所過焚掠하고 刊木堙井⑥하고 表會稽王道子及元顯之罪하여 請誅之하다

① 奴戶란 죄를 짓고 적몰되어 官奴가 된 것이다. 公卿 이하로 9品 관원과 宗室, 國賓과 先賢의 후손 및 士人의 자손으로서 蔭職에 있는 자들에 이르기까지 〈죄를 짓고 官奴가 된 자들을 자신들의〉 客戶로 삼아 〈부역하게 하니,〉 이것을 일러 '官奴를 면하여 객호가 되었다' 한 것이다.
奴戶者, 有罪沒爲官奴. 公卿以下, 至九品官及宗室·國賓·先賢之後及士人子孫占蔭, 以爲客戶, 是謂免奴爲客.

② 王凝之는 王羲之의 아들이다. 天師의 道는 바로 張道陵이 傳한 것[9]이다.

9) 張道陵이……것 : 張道陵은 後漢 말기의 張陵을 가리킨다. 도교의 한 교파인 五斗米道를 창시하였는

凝之, 羲之之子也. 天師道, 卽張道陵之所傳也.

③ 8개 郡은 會稽, 臨海, 永嘉, 東陽, 新安, 吳, 吳興, 義興이다.
八郡, 會稽・臨海・永嘉・東陽・新安・吳・吳興・義興也.

④ 食(먹이다)는 음이 飼이다.
食, 音飼.

⑤ '支解'는 그 사지의 마디를 따라 해체하기를 소를 잡아 해체하는 것과 같이 한 것이다.
支解者, 隨其支節解剝, 若解牛然.

⑥ 刊은 나무를 벰이요, 堙은 우물을 메움이다.
刊, 槎其木也, 堙, 塞(색)也.

張道陵

【目】 황제(安帝)가 즉위한 이래로 도성과 지방이 괴리되어, 石頭 이남 지역은 모두 荊州刺史(殷仲堪)와 江州刺史(桓玄)가 장악하였고, 석두 이서 지역은 모두 豫州刺史가 제멋대로 권력을 휘둘렀으며, 京口와 장강 이북 지역은 모두 劉牢之와 廣陵相 高雅之가 통제하니, 조정의 정사가 행해지는 곳은 三吳 지역뿐이었다. 손은이 난을 일으키자 吳 지역의 8개 郡이 모두 손은의 소유가 되었다. 畿內에 도적이 봉기하고 손은의 당이 또한 建康에 몰래 숨어 있으니, 사람들이 마음속으로 위태롭고 두려워하였다.

이에 전국에 계엄령을 내리고 사마도자에게 黃鉞을 더해주고 사마원현에게 中軍將軍을 겸해주며 徐州刺史 謝琰에게 명하여 손은을 토벌하게 하니, 유뇌지 또한 군대를 일으켜 손은을 토벌할 적에 表文을 올리고 즉시 출병하였다. 사염이 義興과 吳郡의 여러 도둑을 공격하여 참수하고 유뇌지와 함께 손은의 군대와 전투를 벌이며 전진하였는데, 향하는 곳마다 번번이 이겼다. 사염이 烏程에 남아 주둔하고 司馬 高素를 보내어 유뇌지를 도와 나아가 浙江에 임하게 하니, 조서를 내려 유뇌지를 都督吳郡諸軍事로 삼았다.

自帝卽位以來로 內外乖異하여 石頭以南은 皆爲荊江所據요 以西는 皆豫州所專①이요 京口及江北은 皆劉牢之及廣陵相高雅之所制라 朝政所行이 三吳而已②러니 及恩作亂에 八郡이 皆爲恩有하니 畿內에 盜賊蜂起하고 恩黨이 亦有潛伏在建康者하니 人情危懼라 於是에 內外戒嚴하고 加道

바, 오두미도는 입도자에게 쌀 다섯 말을 받은 데서 생긴 명칭이다.

子黃鉞하고 元顯領中軍將軍하고 命徐州刺史謝琰討之하니 牢之亦發兵討恩할새 拜表輒行하다 琰이 擊斬義興吳郡群盜하고 與牢之로 轉鬪而前하여 所向輒克이러라 琰이 留屯烏程하고 遣司馬高素하여 助牢之하여 進臨浙江[③]하니 詔以牢之로 都督吳郡諸軍事하다

① 江水(長江)는 荊州와 江州 두 주의 경계로부터 揚州의 경계에 들어오기까지는 모두 동북쪽으로 흐르니, 歷陽은 강 서쪽에 있고 建康은 강 동쪽에 있다. 孫權이 石頭城을 축조하니, 이는 江津의 要衝을 점거한 것이다.
江水自荊·江二州界入揚州界, 皆東北流, 歷陽在江西, 建康在江東. 孫權築石頭城, 蓋據江津之要衝也.

② 高雅之는 劉牢之의 사위이다.
雅之, 牢之之壻也.

③ 烏程縣은 前漢 때에는 會稽郡에 속하였고 後漢 때에는 吳郡에 속하였다가 魏·晉 이래로는 吳興郡에 속하였다.
烏程縣, 前漢屬會稽郡, 後漢屬吳郡, 魏·晉以來屬吳興郡.

【目】 처음에 彭城 사람 劉裕가 태어나자마자 어머니가 죽으니, 아버지 劉翹(유교)가 京口에 임시로 寓居하면서 집이 가난하였기 때문에 장차 아이를 버리려고 하였다. 同郡의 劉懷敬의 어머니가 유유의 從母(이모)인데, 그녀가 가서 구원하여 유유에게 젖을 먹였다. 유유는 장성하자 용맹하고 굳세고 원대한 포부가 있었다. 그러나 겨우 문자를 깨쳤고 신을 만들어 파는 것을 생업으로 삼으며 樗蒱[10)]의 도박을 좋아하니, 향리 사람들이 천하게 여겼다.

劉裕

初에 彭城劉裕 生而母死하니 父翹僑居京口할새 家貧將棄之[①]러니 同郡劉懷敬之母는 裕從母也라 往救而乳之하다 及長에 勇健有大志나 僅識文字하고 以賣履爲業하며 好樗蒱하니 爲鄕閭所賤이러라

① 劉翹는 漢나라의 楚元王 劉交의 20世孫이다. 彭城은 楚

10) 樗蒱 : 樗蒲와 같은 말로, 樗는 가죽나무이고 蒲는 부들풀인데, 이 두 가지로 주사위를 만들어 던져서 그 사위로 승부를 다투는 놀이이다.

나라의 수도였으므로 먼 후손이 여기에 산 것이다. 僑는 임시로 寓居(더부살이)하는 것이다.
翹, 漢楚元王交二十世孫也. 彭城, 楚都, 故苗裔家焉. 僑, 寄也.

【目】이때에 유뇌지가 유유를 데리고 와서 軍事에 참여하게 해서 그로 하여금 수십 명을 거느리고 나가 적을 엿보게 하였다. 유유는 수천 명의 적을 만나자 곧장 적진을 향해 공격하다가 따라간 자가 모두 죽고 유유도 언덕 아래로 떨어졌다. 적군이 언덕에 이르러 내려오려고 하자, 유유가 긴 칼을 휘둘러 머리 위로 몇 명을 찔러 죽이고는 비로소 마침내 江岸으로 올라올 수 있었다. 인하여 큰 소리로 호통을 치며 추격하니, 적병 중에 죽거나 다친 자가 매우 많았다.

劉敬宣은 유유가 오랫동안 돌아오지 않는 것을 괴이하게 여겨 군대를 이끌고 찾으러 갔는데, 유유가 홀로 적병 수천 명을 쫓는 것을 보고는 모두 함께 찬탄하였다.

유유는 인하여 진격해서 적을 크게 격파하니, 손은이 남녀 20여만 명을 몰아 동쪽으로 달아나면서 보물과 자녀를 길에 많이 버리자 관군들이 다투어 취하였다. 손은이 이로 말미암아 탈출하고 다시 도망하여 海島로 들어가자 유뇌지가 군대를 풀어 약탈하니, 선비와 백성들이 실망하였다. 조정에서는 손은이 다시 쳐들어올 것을 걱정하여 謝琰을 會稽太守·都督五郡軍事로 삼아서 海浦에 주둔하게 하였다.

至是에 牢之引參軍事하여 使將數十人覘賊이러니 遇賊數千人하여 卽迎擊之라가 從者皆死하고 裕墜岸下하다 賊이 臨岸欲下어늘 裕奮長刀하여 仰斫殺數人하고 乃得登岸이라 仍大呼逐之하니 殺傷甚衆이러라 劉敬宣이 怪裕久不返하여 引兵尋之러니 見裕獨驅數千人하고 咸共嘆息하니라 因進擊賊하여 大破之하니 恩이 驅男女二十餘萬口東走하여 多棄寶物子女於道하니 官軍이 競取之라 恩이 由是得脫하여 復逃入海島어늘 牢之 縱軍暴掠하니 士民이 失望이러라 朝廷이 憂恩復至하여 以琰爲會稽太守都督五郡軍事하여 戍海浦①하다

① 5개 郡은 會稽, 臨海, 東陽, 永嘉, 新安이다. 胡三省이 말하였다. "지금 鼇山으로부터 동쪽으로 蘭風, 石堰, 鳴鶴, 松浦, 蟹浦, 定海에 이르기까지는 모두 바닷가의 포구이다."
五郡, 會稽·臨海·東陽·永嘉·新安也. 胡三省曰 "今自鼇山而東, 至蘭風·石堰·鳴鶴·松浦·蟹浦·定海, 皆海浦也."

【綱】會稽王 司馬道子의 世子 司馬元顯을 錄尙書事로 삼았다.

以會稽世子元顯으로 錄尙書事하다

【目】 이때에 司馬道子를 東錄이라 하고 司馬元顯을 西錄이라 하니, 사마원현의 西府에는 수레와 말을 탄 사람이 가득 몰려와 집 앞을 메웠고, 사마도자의 東第에는 사람들의 발길이 끊어져 문밖에 새 그물을 칠 정도였다. 사마원현이 친애하고 신임하는 자들은 모두 아첨하는 자들이었다. 〈이들이 사마원현에게 아첨하고 칭송하니, 사마원현이 교만해져서〉 禮官에게 넌지시 말하여 건의하게 하니, 公卿 이하로서 사마원현을 보는 자들이 모두 절하였다. 이때 국가의 재정이 고갈되어서 공경들이 하루에 7되의 쌀을 받았으나, 사마원현은 가렴주구를 그치지 않으니, 황실보다도 부유하였다.

時에 謂道子爲東錄하고 元顯爲西錄하니 西府는 車騎塡湊하고 東第는 門可張羅러라 元顯所親信이 率皆佞諛라 諷禮官立議하니 公卿以下 見者皆拜하다 時에 國用虛竭하여 公卿이 日廩七升이로되 而元顯이 聚斂不已하니 富踰帝室이러라

【綱】 桓玄이 군대를 일으켜 江陵을 공격해서 殷仲堪과 楊佺期를 죽였다.

桓玄이 **擧兵攻江陵**하여 **殺殷仲堪, 楊佺期**[11)]하다

【目】 殷仲堪은 桓玄의 세력이 감당하기 어려울 정도로 강해지는 것을 염려하여 마침내 楊佺期와 혼인을 맺어 지원 세력으로 삼으니, 양전기가 여러 번 환현을 공격하고자 하였으나 은중감이 매번 중지시켰다.

환현은 끝내 은중감과 양전기에게 멸망당할 것을 염려해서 마침내 통솔 구역을 넓혀주기를 요구하였다. 執政(司馬元顯) 또한 이들을 이간질하여 분리시키려 하여 마침내 환현에게 都督荊州四郡軍事를 더해주고, 또 양전기의 형 楊廣을 대신하여 환현의 형 桓

---

11) 桓玄……楊佺期 : "方鎭이 서로 공격하였으니, 晉나라에 기강이 서지 못함이 심하였다. 殷仲堪과 楊佺期의 관직을 쓰지 않음은 그를 죄책한 것이다. 죄책하였으면 어찌하여 주벌을 쓰지 않았는가. 桓玄이 이들을 주벌할 수가 없기 때문이다.〔方鎭相攻 晉之不綱甚矣 殷楊不書官 罪之也 罪之則曷爲不書誅 玄不得而誅之也〕" ≪書法≫
"환현을 어찌하여 배반했다고 쓰지 않았는가. 공격한 것이 은중감의 江陵이기 때문이다. 은중감과 양전기를 어찌하여 誅라고 쓰지 않았는가. 환현이 주벌할 수 없기 때문이다. 그렇다면 환현을 인정한 것인가. 환현이 군대를 일으켰다고 썼으면 그 배반한 실제를 볼 수 있으니, 어찌 천자가 위에 계신데 신하가 멋대로 군대를 일으킬 수 있겠는가. 은중감과 양전기의 관직을 쓰지 않았으면 이들이 죄를 지은 실제를 볼 수 있으니, 어찌 方鎭의 대신이 이유 없이 남에게 살해되는 경우가 있겠는가. 요컨대 또한 각각 그 책임을 다하게 한 것일 뿐이니, 이는 경중의 權衡이다.〔桓玄何以不書反 所攻者江陵也 仲堪佺期何以不書誅 玄不得而誅之也 然則予之乎 曰 玄書擧兵 則見其反叛之實 安有天子在上 而人臣擅自擧兵者哉 仲堪佺期不書官 則見其有罪之實 安有方鎭大臣 無故爲人所殺者哉 要亦各致其責而已 此輕重之權衡也〕" ≪發明≫

偉를 南蠻校尉로 삼으니, 양전기가 분노하고 두려워해서 은중감과 함께 환현을 기습하고자 하였다. 그러나 은중감이 의심이 많고 결단력이 부족하여 굳이 만류하여 중지시켰다. 參軍 羅企生이 아우 羅遵生에게 이르기를 "殷侯(은중감)가 인자하기만 하고 결단성이 없으니, 반드시 난에 미칠 것이다. 나는 그의 知遇를 받았으니, 의리상 떠날 수가 없다. 반드시 장차 죽을 것이다." 하였다.

殷仲堪이 恐桓玄跋扈하여 乃與佺期로 結婚爲援하니 佺期屢欲攻玄호되 仲堪이 每止之러라 玄이 恐終爲殷楊所滅하여 乃求廣其所統한대 執政이 亦欲構使乖離하여 乃加玄都督荊州四郡軍事①하고 又以玄兄偉로 代佺期兄廣하여 爲南蠻校尉하니 佺期忿懼하여 欲與仲堪共襲玄한대 仲堪이 多疑少決하여 苦禁止之라 參軍羅企生이 謂其弟遵生曰 殷侯 仁而無斷하니 必及於難이라 吾蒙知遇하니 義不可去라 必將死之리라

① 執政은 司馬元顯을 이른다. 荊州의 4개 郡은 長沙, 衡陽, 湘東, 零陵을 이른다.
執政, 謂元顯. 荊州四郡, 謂長沙・衡陽・湘東・零陵也.

【目】이해에 荊州 지역에 큰 홍수가 졌다. 은중감이 倉廩을 모두 털어 곡식을 나누어 주어서 굶주린 백성들을 진휼하였는데, 환현이 창고가 빈틈을 타 공격하고자 하여 마침내 군대를 일으켜 서쪽으로 올라오되 외부에는 洛陽을 구원한다고 소문을 내고는 먼저 군대를 보내어 巴陵에 쌓아놓은 곡식을 기습 점령해서 식량으로 사용하였다. 은중감이 楊廣 등을 보내어 환현을 막게 하였으나 모두 패하니, 江陵 지역이 양식이 떨어져 胡麻(참깨)를 군사들에게 지급하였다.

은중감이 급히 양전기를 불러 자신을 구원하게 하자, 양전기가 말하기를 "강릉은 먹을 양식이 없으니, 이곳에 와서 서로 함께 따르며 襄陽을 지키자." 하였다. 은중감이 그를 속이기를 "근래에 곡식을 모아 거두어서 이미 저축이 있다." 하였다. 양전기가 보병과 기병 8,000명을 거느리고 강릉에 이르니, 은중감이 양전기의 군사들에게 〈술과 고기는 없이〉 오직 밥만 먹였다. 양전기가 대노하여 말하기를 "이번에 패할 것이다." 하고는 은중감을 보지도 않고 그의 형 양광과 함께 환현을 공격하다가 대패하여 한 필의 말로 달아나 돌아오니, 은중감 또한 酇城으로 달아났다. 환현이 장군 馮該를 보내어 이들을 추격하여 사로잡아 모두 죽였다.

是歲에 荊州大水라 仲堪이 竭倉廩以賑饑民이러니 玄이 欲乘其虛而伐之하여 乃發兵西上호되 聲言救洛하고 先遣兵하여 襲取巴陵積穀하여 食之어늘 仲堪이 遣楊廣等拒之로되 皆爲所敗하니 江

陵이 乏食하여 以胡麻廩軍이러라 急召佺期自救[①]한대 佺期曰 江陵은 無食하니 可來相就하여 共守襄陽이니라 仲堪이 紿之曰 比來收集하여 已有儲矣로라 佺期 帥步騎八千하여 至江陵하니 仲堪이 唯以飯餉之어늘 佺期大怒曰 今玆敗矣로다하고 不見仲堪하고 與其兄廣으로 共擊玄이라가 大敗하여 單騎奔還하니 仲堪이 亦奔酇城[②]이러니 玄이 遣將軍馮該하여 追獲皆殺之하다

① ≪夢溪筆談≫에 말하였다. "중국의 麻는 지금 大麻라고 한다. 張騫이 처음 大宛國에서 油麻의 종자를 얻어온 것도 麻라고 칭하므로 胡란 글자를 붙여서 구별하여 漢나라의 麻를 일러 '대마'라고 하였다." 胡三省이 말하였다. "胡麻는 지금 芝麻라고 이르니 낟알이 조보다 작고 검은데 기름을 만들 수 있다. 9번 찌고 9번 햇볕에 말려서 밥을 지어 먹으면 사람이 허기지지 않는다." 하였다. 廩은 마땅히 稟이 되어야 하니, 지급해 주는 것이다.

夢溪筆談曰 "中國麻, 今謂之大麻, 張騫始自大宛得油麻種, 亦謂之麻. 故以胡別之, 謂漢麻爲大麻." 胡三省曰 "胡麻, 今謂之芝麻, 粒小於粟而黑, 可以爲油. 九炊九曝, 以爲飯, 食之, 使人不飢." 廩, 當作稟, 給也.

② 酇縣은 蕭何를 封한 고을이니, 漢나라 때에는 南陽郡에 속하였고 晉나라 때에는 나누어 順陽郡에 속하게 하였다.

酇縣, 卽蕭何所封之邑, 漢屬南陽郡, 晉分屬順陽郡.

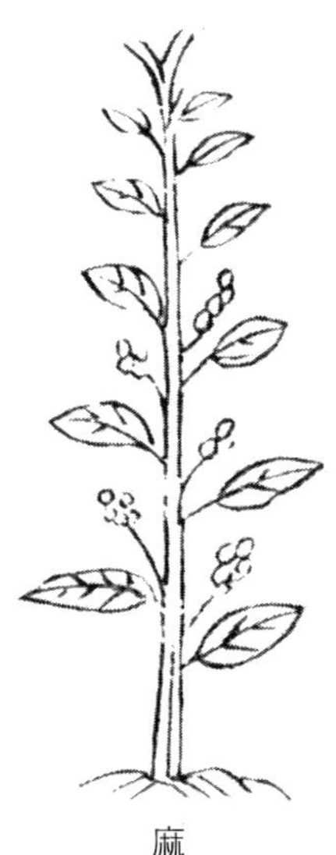
麻

【目】 은중감이 張天師의 道를 신봉하여 귀신에게 기도하되 재물을 아끼지 않으면서도 위급한 사람을 구원함에는 인색하였으며, 작은 은혜를 베풀어 사람들을 기쁘게 하기를 좋아하여 병든 자를 직접 診脈하고 약을 나누어 주며, 계책을 쓰는데 길흉을 따지느라 번쇄하고 사람을 알아보는 안목과 지략이 부족하였으므로 패함에 이르렀다.

은중감이 달아날 적에 文武의 관원 중에 전송하는 자가 없었고 오직 羅企生이 수행하였는데, 도중에 집 문을 지나게 되니, 아우인 羅遵生이 말하기를 "형제가 이처럼 헤어지니, 어찌 한번 손을 잡지 않을 수 있겠습니까." 하자, 나기생이 말을 돌려 손을 내밀었다. 나준생이 형을 끌어내리며 말하기를 "집안에 노모가 계시니, 형님이 가시면 장차 어디로 가시렵니까." 하였다. 나기생이 눈물을 흘리며 말하기를 "지금의 일은 내가 반드시 죽을 일이다. 너희들이 노모를 봉양하여 자식된 도리를 잃지 않으면 한 가문 안에 충신과 효자가 함께 있는 것이니, 더 이상 무엇을 한하겠는가." 하였다. 나준생이 형을 더욱 꽉 끌어안으니, 마침내 떠나가지 못하였다.

환현이 荊州에 이르자, 형주의 인사들이 환현에게 찾아가지 않는 자가 없었으나 나기

생만은 홀로 가지 않고 은중감의 집안일을 경영하여 다스렸다. 환현이 사람을 보내어 이르기를 "만약 나에게 와서 사죄하면 마땅히 너를 풀어주겠다." 하니, 나기생이 말하기를 "내가 殷荊州의 관리가 되어서 형주가 패할 적에 구원하지 못했으니, 오히려 무슨 사죄를 하겠습니까." 하였다. 환현이 마침내 그를 체포하고 다시 무슨 말을 하고 싶은지를 물으니, 나기생은 말하기를 "공에게 한 아우의 목숨을 구걸하여 노모를 봉양하기를 바랍니다." 하였다. 환현이 마침내 나기생을 죽이고 그 아우를 사면하였다.

仲堪이 奉天師道하여 禱請鬼神호되 不吝財賄而嗇於周急하며 好爲小惠以悅人하고 病者를 自爲診脈分藥하며 用計倚伏煩密하고 而短於鑑略故로 至於敗①하다 仲堪之走也에 文武無送者하고 惟羅企生이 從之러니 路經家門하니 遵生曰 作如此分離하니 何可不一執手오한대 企生이 旋馬授手어늘 遵生이 牽下之하고 曰 家有老母하니 去將何之오 企生이 揮淚曰 今日之事는 我必死之라 汝等이 奉養하여 不失子道하면 一門之中에 有忠與孝니 亦復何恨이리오 遵生이 抱之愈急하니 遂不得去러라 及玄至에 荊州人士 無不詣玄者로되 企生이 獨不往하고 而營理仲堪家事어늘 玄이 遣人謂曰 若謝我면 當釋汝하리라 企生曰 吾爲殷荊州吏하여 荊州敗에 不能救하니 尙何謝爲리오 玄이 乃收之하고 復問欲何言한대 企生曰 從公乞一弟하여 以養老母하노라 玄이 乃殺企生而赦其弟하다

① '自爲'의 爲(위하다)는 去聲이다. 診은 止忍의 切이니, 맥을 짚어 병을 진찰하는 것을 診이라 한다. 分藥은 약을 남에게 나누어 줌을 이른다. 倚는 의지함이요, 伏은 숨어 있는 것이다.[12)]
自爲之爲, 去聲. 診, 止忍切, 按脈以候病爲診. 分藥, 謂以藥分給與人也. 倚, 依也, 伏, 藏隱也.

【綱】 涼王(後涼) 呂光이 卒하자 太子 呂紹가 즉위하였는데, 庶兄 呂纂이 그를 죽이고 즉위하였다.

涼王光이 卒커늘 太子紹 立이러니 庶兄纂이 殺而代之하다

【目】 呂光이 병이 위독하자, 呂紹를 세워 天王으로 삼고 자신은 太上皇이라 칭하고 太原公 呂纂을 太尉로 삼고 常山公 呂弘을 司徒로 삼고는 여소에게 이르기를 "지금 세 이웃이 우리의 틈을 엿보고 있으니, 내가 죽은 뒤에 여찬에게는 六軍을 통솔하게 하고 여홍에게는 조정의 정사를 관장하게 하고, 너는 몸을 공손히 하여 無爲로 다스려[13)] 두 형에

12) 倚는……것이다 : '倚伏'은 ≪老子≫에 나오는 말로 원래 禍가 福에게 의지하여 생기고 복이 화에 숨어 있는 것으로 화복이 맞물려 돌고 도는 것을 말한다.

13) 몸을……다스려 : 聖君의 無爲之治를 행하라는 말로, ≪論語≫ 〈衛靈公〉에, 孔子가 "無爲(억지로 함이 없음)로 다스린 분은 舜임금이실 것이다. 대저 무엇을 하셨겠는가. 몸을 공손히 하고 바르게 남면

게 중임을 맡기면 거의 성공할 수 있을 것이다. 그러나 만약 안에서 서로 시기하면 蕭墻의 변고[14]가 당장 이를 것이다." 하였다.

또 여찬과 여홍에게 이르기를 "永業은 난을 다스릴 수 있는 재주가 없지만 다만 적자를 세우는 것이 떳떳한 준례가 있으므로 외람되이 元首(임금)의 자리에 처한 것이니, 너희 형제가 화목하면 복이 만세에 흐를 것이요, 만약 안에서 너희들끼리 서로를 도모하면 화가 당장 이를 것이다." 하니, 여찬과 여홍이 울며 말하기를 "저희들은 감히 서로 도모하지 않겠습니다." 하였다.

光이 疾甚하여 立紹爲天王하고 自號太上皇하고 以太原公纂으로 爲太尉하고 常山公弘으로 爲司徒하고 謂紹曰 今三隣이 伺隙하니 吾沒之後에 使纂統六軍하고 弘管朝政하고 汝恭己無爲하여 委重二兄이면 庶幾可濟①어니와 若內相猜忌면 則蕭墻之變이 至矣리라 又謂纂弘曰 永業은 才非撥亂②이로되 直以立嫡有常으로 猥居元首③하니 汝兄弟輯睦이면 則祚流萬世요 若內自相圖면 則禍不旋踵이리라 纂弘이 泣曰 不敢이로이다

① 세 이웃은 禿髮氏, 乞伏氏, 段業을 이른다.
三隣, 謂禿髮・乞伏・段業也.
② 永業은 呂紹의 字이다.
永業, 紹字.
③ 임금을 元首라 한다.
君爲元首.

【目】 여광이 卒하였으나 여소가 喪을 숨기고 발표하지 않자 여찬이 문을 밀치고 들어가 곡하여 슬픔을 다하고 나오니, 여소가 두려워하여 여찬에게 지위를 사양하였으나 여찬이 허락하지 않았다. 여광의 아우의 아들 呂超가 여소에게 이르기를 "여찬이 여러 해를 장수로 있으면서 內外에 위엄이 진동하고 國喪에 임하여 슬퍼하지 않으며 성큼성큼 걷고 멀리 바라보니, 반드시 딴마음을 품고 있는 것입니다. 마땅히 빨리 제거해야 합니다." 하니, 여소가 말하기를 "先帝의 말씀이 아직도 귀에 남아 있으니, 어찌 이 말씀을 저버린단 말인가. 비록 그가 나를 도모한다 하더라도 나는 죽음을 보기를 집으로 돌아

하셨을 뿐이다.〔子曰 無爲而治者 其舜也與 夫何爲哉 恭己正南面而已矣〕"라고 하였다.

14) 蕭墻의 변고 : 내부의 불화로 발생하는 변고로, 蕭墻은 원래 임금과 신하가 회견하는 곳에 설치하는 병풍이다. 魯나라 季氏가 부용국인 顓臾를 치려 하자 孔子가 冉有와 季路를 꾸짖으며 "나는 계손씨의 근심이 전유에 있지 않고 蕭墻의 안에 있을까 두렵노라.〔吾恐季孫之憂 不在顓臾而在蕭墻之內也〕"라고 하였다.(≪論語≫ 〈季氏〉)

가는 것처럼 편안하게 여기겠다. 끝내 차마 이러한 생각을 가지지 못하겠다." 하였다.

여홍이 여찬에게 이르기를 "주상(여소)이 어리석고 나약하여 국가의 많은 어려움을 감당하지 못합니다. 형님이 마땅히 사직의 계책을 세워야 하니, 작은 예절을 따져서는 안 됩니다." 하였다. 여찬과 여홍은 마침내 밤에 壯士를 거느리고서 廣夏門을 공격하였다. 左將軍 齊從이 검을 뽑아들고 곧장 앞으로 나와서 검으로 여찬을 공격하여 이마를 맞히니 좌우가 그를 사로잡았다. 여찬은 말하기를 "義士이다. 죽이지 말라." 하였다.

及光卒에 紹秘不發喪이어늘 纂이 排閤入하여 哭盡哀而出하니 紹懼하여 以位讓之호대 纂이 不許하다 光弟子超 謂紹曰 纂이 爲將積年이라 威震內外하고 臨喪不哀하며 步高視遠하니 必有異志라 宜早除之니이다 紹曰 先帝言猶在耳하니 奈何棄之리오 縱其圖我나 我視死如歸라 終不忍有此意也로라 弘이 謂纂曰 主上闇弱하여 未堪多難이라 兄宜爲社稷計니 不可徇小節也니이다 纂弘이 於是에 夜帥壯士하여 攻廣夏門[①]이어늘 左將軍齊從이 抽劍直前하여 斫纂中額[②]하니 左右擒之한대 纂曰 義士也라 勿殺하라

① 涼州城은 본래 匈奴가 축조한 것인데, 張氏의 세대에 이르러 또다시 4개의 성을 증축하고 東城을 講武場, 北城을 玄武圃라 이름하고는 모두 동산의 果木을 심고 궁전을 두었다. 廣夏門은 中城의 門이다.
涼州城, 本匈奴所築, 及張氏之世, 又增築四城, 東城命曰講武場, 北城命曰玄武圃, 皆殖園果, 有宮殿. 廣夏門, 中城門也.

② 齊는 姓이다.
齊, 姓也.

【目】 여초가 병졸 2,000명을 거느리고 난리에 달려왔는데, 병사들이 평소 여찬을 두려워하여 싸우지 않고도 궤멸하였다. 여찬이 들어가 궁전에 오르니, 여소는 자살하고 여초는 廣武로 달아났다. 여찬은 呂弘의 군대가 강성함을 두려워하여 그에게 지위를 사양하였으나 여홍은 받지 않았다.

여찬이 마침내 天王의 지위에 오르고 여홍을 大都督 錄尙書事로 삼았다. 여찬의 숙부 呂方이 광무에 진주하고 있었는데, 여찬이 사자를 보내어 이르기를 "여초는 실로 충신이어서 의롭고 용맹함이 가상하나 다만 權道의 마땅함을 알지 못합니다. 제가 그를 써야 하니, 이런 뜻을 가지고 타일러주소서." 하였다. 여초가 상소하여 사죄하자, 여찬이 그의 관작과 지위를 회복하였다.

呂超 帥卒二千赴難이러니 衆이 素憚纂하여 不戰而潰어늘 纂이 入升殿하니 紹自殺하고 超奔廣

武하다 纂이 憚弘兵彊하여 以位讓之한대 弘이 不受어늘 纂이 乃卽天王位하고 以弘爲大都督錄尙書事하다 纂叔父方이 鎭廣武러니 纂이 遣使謂曰 超實忠臣이라 義勇可嘉로되 但不識權變之宜라 方賴其用이니 可以此意諭之하소서 超上疏陳謝어늘 復其爵位하다

庚子年(400)

【綱】 晉나라(東晉) 孝安皇帝 隆安 4년이다.

四年이라

【目】 燕主(後燕) 慕容盛 長樂 2년이고, 秦主(後秦) 姚興 弘始 2년이고, 魏나라(北魏) 太祖 道武帝 拓跋珪 天興 3년이다. 南燕主 慕容德 建平 원년이고, 南涼王 禿髮利鹿孤 建和 원년이다. 西涼公 李暠 庚子 원년이다. 이해에 西秦이 秦나라(後秦)에 항복하니, 옛날에 있던 큰 나라가 셋이고, 涼(後涼), 南涼, 北涼, 南燕 등 작은 나라가 넷이고, 새로 생긴 작은 나라(西涼)가 하나이니, 합하여 僭國이 여덟이다.

燕長樂二요 秦弘始二요 魏天興三年이라 ◑ 南燕建平元이요 南涼王禿髮利鹿孤建和元年이라 ◑ 西涼公李暠庚子元年이라 ◑ 是歲에 西秦이 降秦하니 舊大國三이요 涼, 南涼, 北涼, 南燕小國四요 新小國一이니 凡八僭國이라

【綱】 봄 정월에 燕主(後燕) 慕容盛이 스스로 칭호를 낮추어 庶人天王이라 하였다.

春正月에 燕主盛이 自貶號爲庶人天王하다

【綱】 西秦이 苑川으로 수도를 옮겼다.

◑ 西秦이 遷都苑川①하다

① 乞伏氏는 본래 苑川에 거주했었는데 乞伏乾歸가 金城으로 수도를 옮겼다가 이제 다시 원천에 도읍한 것이다.
乞伏氏, 本居苑川, 乾歸遷于金城, 今復都苑川.

【綱】 2월에 燕主(後燕) 慕容盛이 高句麗를 기습하여 두 城을 함락하였다.

◑ 二月에 燕主盛이 襲高句麗하여 拔二城하다

【目】 高句麗王 高安(安藏王 高興安)이 燕나라를 섬기는 禮가 태만하자, 燕主 慕容盛이 직접 3만 명의 병사를 거느리고 기습하여 新城과 南蘇城을 함락하고 국경 700여 리를 개척하였다.

高句麗王安이 事燕禮慢이어늘 燕主盛이 自將兵三萬하고 襲之하여 拔新城, 南蘇하고 開境七百餘里하다

【綱】 3월에 魏나라(北魏)가 慕容氏를 세워 皇后로 삼았다.

三月에 魏立慕容氏爲后하다

【目】 처음에 魏主 拓跋珪가 劉頭眷의 딸을 맞아들였는데 은총이 후궁에 으뜸이어서 아들 拓跋嗣를 낳았다. 탁발규가 中山을 함락하자 燕主(後燕) 慕容寶의 어린 딸을 얻어 장차 皇后로 세우려고 할 적에 魏나라의 故事를 따라 金人을 주조하는 것으로 점치게 하였는데, 慕容氏가 주조한 것이 완성되었다. 마침내 그녀를 세워 皇后로 삼았다.

初에 魏主珪 納劉頭眷之女하여 寵冠後庭하여 生子嗣러니 及克中山에 獲燕主寶之幼女하여 將立皇后할새 用其國故事하야 鑄金人以卜之러니 慕容氏所鑄成이라 遂立爲后①하다

① ≪北史≫에 말하였다. "魏나라의 故事에 장차 皇后를 세울 적에 반드시 그녀로 하여금 손수 金人을 주조하게 해서 완성한 자는 吉하다 하고 완성하지 못하면 황후로 세울 수 없었다." 北史曰 "魏故事, 將立皇后, 必令手鑄金人, 以成者爲吉, 不則不得立也."

【綱】 桓玄에게 명하여 都督荊·江八州軍事와 荊·江州刺史로 삼았다.

詔桓玄하여 都督荊江八州軍事와 荊江州刺史하다

【目】 桓玄이 이미 荊州와 雍州를 점령하자 表文을 올려 荊州와 江州를 겸할 것을 요구하였으므로 조서를 내려 환현을 都督荊·司等七州軍事로 삼고 荊州刺史를 겸하게 하였다. 환현이 굳이 江州刺史를 요구하므로 마침내 강주를 더하여 8개 州를 도독하고 형주와 강주 2개 주의 자사를 겸하게 하였다. 환현이 자기 마음대로 형 桓偉를 雍州刺史로 삼

으니, 조정에서는 이것을 어기지 못하였다.

玄이 旣克荊雍에 表求領荊江이어늘 詔以玄都督荊司等七州軍事하고 領荊州刺史①하다 玄이 固求江州어늘 乃加督八州하고 領二州刺史하다 玄이 輒以兄偉爲雍州刺史하니 朝廷이 不能違하니라

① 7개 州는 荊州, 司州, 雍州, 秦州, 梁州, 益州, 寧州이다.
七州, 荊·司·雍·秦·梁·益·寧也.

【綱】 涼나라(後涼) 呂弘이 난을 일으키자 涼王 呂纂이 그를 죽였다.

涼呂弘이 作亂이어늘 涼王纂이 殺之하다

【目】 涼王 呂纂이 大司馬 呂弘의 공이 높고 지위가 자신과 비슷함을 꺼렸는데, 여홍 또한 스스로 의심해서 마침내 東苑의 군대를 거느리고 난을 일으키자 여찬이 군대를 보내어 공격하니, 여홍은 무리가 궤멸되어 달아났다. 여찬의 군대가 크게 노략질하고 동원의 부녀자들을 모두 모아 군사들에게 상으로 주니, 여홍의 처자식이 또한 그 가운데에 있었다.

侍中 房晷(방구)가 말하기를 "하늘이 涼나라에 화를 내려서 우환이 거듭 이르니, 비록 여홍이 제 스스로 멸망을 취한 것이나 또한 폐하께서 常棣의 은혜[15]가 없는 것도 그 이유입니다. 마땅히 반성하고 자책하여 백성에게 사죄해야 할 터인데, 마침내 다시 군사들을 풀어놓아 士人과 부녀자들을 약탈하니, 백성이 무슨 죄가 있습니까. 또 여홍의 아내는 폐하의 弟婦이고 여홍의 딸은 폐하의 姪女입니다. 어째서 무뢰배인 소인들로 하여금 욕되이 비첩을 삼게 합니까." 하고는 마침내 탄식하고 눈물을 흘리자, 여찬은 용모를 고쳐 사과하고 여홍의 처자를 불러 東宮에 두고서 정성스레 慰撫하였다.

여홍이 장차 南涼으로 달아나려 하면서 廣武를 지나는 길이었는데, 呂方이 그를 보고 크게 곡하며 말하기를 "천하가 매우 넓은데 네가 어찌하여 여기에 왔는가." 하고는 마침내 여홍을 붙잡아 감옥으로 보내니, 여찬이 사람을 보내어 그를 죽였다.

涼王纂이 忌大司馬弘의 功高地逼이러니 弘亦自疑하여 遂以東苑之兵作亂이어늘 纂이 遣兵擊之하니 弘이 衆潰出走라 纂兵이 大掠하고 悉以東苑婦女賞軍하니 弘妻子 亦在其中이라 侍中房晷曰 天禍涼室하여 憂患仍臻하니 雖弘이 自取夷滅이나 亦由陛下無常棣之恩이니 當省己責躬하여

---

15) 常棣의 은혜 : 상체는 산앵두나무로, ≪詩經≫ 〈小雅〉의 편명인데, 이 시는 형제간의 우애를 읊은 작품이다.

以謝百姓이어늘 乃更縱掠士女하니 百姓이 何罪리오 且弘妻는 陛下之弟婦요 弘女는 陛下之姪也라 奈何使無賴小人으로 辱爲婢妾乎잇가하고 遂歔欷流涕한대 纂이 改容謝之하고 召弘妻子寘東宮하여 厚撫之하다 弘이 將奔南涼할새 道過廣武하니 呂方이 見之하고 大哭曰 天下甚寬이어늘 汝何爲至此오하고 乃執弘送獄하니 纂이 遣人殺之하다

【綱】 北涼이 李暠(이고)를 敦煌太守로 삼았다.

北涼이 以李暠爲敦煌太守하다

【目】 처음에 隴西의 李暠가 文學을 좋아하고 훌륭한 명성이 있으니, 孟敏이 沙州刺史로 있으면서 이고를 效穀令으로 삼았다. 맹민이 卒하자 治中 索仙(삭선) 등은 이고가 온화하고 굳세며 은혜로운 정사가 있었다 하여 추대하여 敦煌太守로 삼을 것을 段業에게 청하니, 단업이 인하여 태수를 제수하였다. 장군 索嗣(삭사)가 단업에게 말하기를 "이고를 돈황에 있게 해서는 안 됩니다." 하니, 단업이 이고를 대신하여 삭사에게 5백 명의 기병을 거느리고 돈황으로 부임하게 하였으나, 이고가 同母弟[16] 宋繇를 보내어 역공하니, 삭사가 패주하고 돌아가므로 이고가 표문을 올려 단업에게 삭사를 주살할 것을 청하자, 단업이 마침내 그를 죽였다.

初에 隴西李暠 好文學하고 有令名하니 孟敏이 爲沙州刺史에 以暠爲效穀令①이러니 敏卒에 治中索仙等이 以暠溫毅有惠政이라하여 推爲敦煌太守하여 請於段業한대 業因授之하다 將軍索嗣 言於業曰 暠를 不可使處敦煌이니이다 業이 以嗣代暠하여 使帥五百騎하여 之官이러니 暠遣同母弟宋繇하여 逆擊之하니 嗣敗走還이어늘 暠表業請誅嗣한대 業이 乃殺之하다

① 效穀縣은 漢나라 이후로 敦煌郡에 속하였다.
效穀縣, 自漢以來, 屬敦煌郡.

【綱】 여름 5월에 孫恩이 다시 會稽를 침략하니, 會稽太守 謝琰이 패전하여 죽었다. 손은이 전전하여 臨海를 침략하니, 조정에서는 군대를 보내어 토벌하였으나 이기지 못하였다.

---

16) 同母弟 : 일반적으로 아버지도 같고 어머니도 같은 형제를 말하나, 여기에서는 아버지가 다르고 어머니가 같은 경우로 보인다.

夏五月에 孫恩이 復寇會稽하니 太守謝琰이 敗死하다 恩이 轉寇臨海어늘 遣兵討之로되 不克하다

【目】謝琰이 會稽에 진주해 있으면서 백성들을 어루만져 보살펴주지 못하고 또 군대의 대비도 하지 않았다. 장수들이 모두 간하기를 "적이 가까이 바닷가 포구에 있어서 우리의 형세를 엿보고 있으니, 마땅히 〈그를 용서하여〉 그가 스스로 새로워지는 길을 열어주어야 합니다." 하였으나, 사염이 듣지 않았다.

이윽고 孫恩이 浹口로 침략하고 餘姚로 들어와 上虞를 격파하고는 승세를 타고 곧바로 회계에 이르자, 사염이 나와 싸우다가 군대가 패하여 부하에게 살해당하였다.

손은이 전전하여 臨海를 침략하니, 조정이 크게 놀라 장군 桓石才와 高雅之 등을 보내어 막았는데, 손은에게 패하였다.

謝琰이 鎭會稽하여 不能綏懷하고 又不爲武備어늘 諸將이 咸諫曰 賊이 近在海浦하여 伺人形便하니 宜開其自新之路니이다 琰이 不聽이러니 旣而요 恩寇浹口하고 入餘姚하여 破上虞하고 乘勝徑至會稽①어늘 琰이 出戰兵敗하여 爲帳下所殺하다 恩이 轉寇臨海하니 朝廷이 大震하여 遣將軍桓石才, 高雅之等拒之러니 爲恩所敗②하다

① 杜佑가 말하였다. "浹口는 明州의 鄮縣 동북쪽 70리 지점에 있다." 胡三省이 말하였다. "上虞縣은 漢나라 이후로 會稽郡에 속하였다."
杜佑曰 "浹口, 在明州鄮(무)縣東北七十里." 胡三省曰 "上虞縣, 自漢以來, 屬會稽郡."
② 桓石才는 ≪資治通鑑≫에는 桓不才로 되어 있다.
石才, 通鑑作不才.

【綱】6월 초하루에 일식이 있었다.

六月朔에 日食하다

【綱】가을 7월에 〈晉나라〉 太皇太后 李氏가 崩하였다.

◑秋七月에 太皇太后李氏崩하다

【綱】秦나라(後秦)가 西秦을 공격하니, 西秦王 乞伏乾歸가 싸우다가 패하여 南

涼으로 달아났는데 마침내 秦나라로 달아났다.

◑ **秦**이 **擊西秦**하니 **西秦王乾歸 戰敗**하여 **奔南涼**러니 **遂奔秦**하다

【目】 後秦이 姚碩德을 보내어 西秦을 공격하자, 西秦王 乞伏乾歸가 장군 乞伏慕兀 등으로 하여금 주둔하여 지키게 하니, 후진의 군대는 땔감을 구하는 길이 끊겼다. 秦王 姚興이 은밀히 군대를 이끌고 구원하려 하자, 걸복건귀가 이 소식을 듣고 직접 경무장한 기병 수천 명을 거느리고 앞에서 후진의 군대를 기다렸는데, 마침 바람이 거세게 불고 안개가 자욱하게 껴서 中軍과 서로 헤어지고 外軍으로 들어갔다가 패주하여 돌아오니, 그 무리가 모두 후진에 항복하였다.

요흥이 군대를 枹罕으로 진군시키니, 걸복건귀가 金城으로 달아나고, 장차 다시 서쪽으로 달아나려 할 적에 여러 호걸과 장수들에게 이르기를 "지금 모든 사람들이 떠나가면 반드시 화를 면치 못할 것이니, 경들은 마땅히 여기에 남아 秦나라에 항복해서 종족을 보전하라." 하였다. 그러자 모두 말하기를 "죽든 살든 폐하를 따르겠습니다." 하니, 걸복건귀가 말하기를 "내 이제 장차 남에게 붙어 밥을 얻어먹을 것이다. 만약 하늘이 나를 망하게 하지 않는다면 행여 후일에 능히 옛 기업을 회복하고 다시 경들과 서로 만나볼 수 있겠지만 지금 서로 따라 죽는다면 유익함이 없다." 하고는 마침내 크게 통곡하여 작별하고는 允吾(연아)로 달아나 南涼에게 항복을 청하니, 南涼王 禿髮利鹿孤가 上賓으로 대우하였다.

후진의 군대가 이미 물러가자 南羌의 梁戈 등이 은밀히 걸복건귀를 부르니, 걸복건귀는 장차 응하려 하였는데, 혹자가 이 일을 독발이록고에게 아뢰었다. 걸복건귀는 그에게 죽임을 당할 것을 두려워하여 마침내 태자 乞伏熾磐 등을 西平으로 보내고 자신은 남쪽으로 枹罕(포한)으로 달아나 마침내 후진에 항복하였는데, 오랜 뒤에 걸복치반 또한 도망해 들어왔다.

後秦이 **遣姚碩德**하여 **伐西秦**이어늘 **西秦王乾歸 使將軍慕兀等屯守**하니 **秦軍**이 **樵采路絶**[①]이라 **秦王興**이 **潛引兵救之**어늘 **乾歸聞之**[②]하고 **自將輕騎數千**하고 **前候秦軍**이러니 **會**에 **大風昏霧**하여 **與中軍相失**하고 **入於外軍**이라가 **戰敗走歸**하니 **其衆**이 **皆降**하다 **興**이 **進軍枹罕**하니 **乾歸奔金城**하고 **將復西走**할새 **謂諸豪帥曰 今擧國而去**면 **必不得免**이니 **卿等**은 **宜留此降秦**하여 **以全宗族**하라 **皆曰 死生**에 **願從陛下**하노이다 **乾歸曰 吾今將寄食於人**이라 **若天**이 **未亡我**면 **庶幾異日**에 **克復舊業**하고 **復與卿等相見**이어니와 **今相隨而死**인댄 **無益也**라하고 **乃大哭而別**하고 **遂奔允吾**하여 **乞降於南涼**[③]하니

南涼王利鹿孤 待以上賓④하다 秦兵旣退에 南羌梁戈等이 密招乾歸하니 乾歸將應之러니 或以白利鹿孤하니 乾歸懼爲所殺하여 乃送太子熾磐等於西平하고 南奔枹罕하여 遂降於秦이러니 久之에 熾磐亦逃歸하다

① 慕兀은 아마도 또한 乞伏氏일 것이다.
慕兀, 蓋亦乞伏氏.

② ≪資治通鑑≫에 "乞伏乾歸가 〈姚興이 姚碩德을 구원하러 온다는 소식을〉 듣고는 乞伏慕兀로 하여금 中軍 2만 명을 거느리고 柏楊에 주둔하게 하고, 鎭軍將軍 羅敦으로 하여금 外軍 4만 명을 거느리고 侯辰谷에 주둔하게 했다." 하였다.
通鑑 "乾歸聞之, 使慕兀, 帥中軍二萬, 屯柏楊, 鎭軍將軍羅敦, 帥外軍四萬, 屯侯辰谷."

③ 允吾는 음이 鉛牙니, 允吾縣은 漢나라 때에는 金城郡에 속하였고, ≪晉書≫ 〈地理志〉에는 생략하였다.
允吾, 音鉛牙, 允吾縣, 漢屬金城郡, 晉志省(생).

④ ≪資治通鑑≫에 "禿髮利鹿孤가 廣武公 禿髮傉檀을 보내어 그를 맞이하게 해서 晉興에 두고 上賓의 禮로 대하였다." 하였다.
通鑑 "利鹿孤遣廣武公傉檀迎之, 置於晉興, 待以上賓之禮."

【綱】 9월에 지진이 있었다.

九月에 地震[17)]하다

【綱】 겨울 11월에 劉牢之에게 명하여 孫恩을 토벌하여 패주시켰다.

◑冬十一月에 詔劉牢之하여 討孫恩하여 走之하다

【目】 劉牢之가 孫恩을 토벌하니 손은이 달아나 海島로 들어가자, 유뇌지가 동쪽으로 上虞에 주둔하고 劉裕로 하여금 句章을 수비하게 하니, 吳國內史 袁山松이 滬瀆에 堡壘를 구축하여 대비하였다.

劉牢之討孫恩하니 恩이 走入海어늘 牢之東屯上虞하고 使劉裕戍句章①하니 吳國內史袁(崧)〔山松〕[18)]이

---

17) 地震 : "晉나라 武帝 太康 9년(288)에 地震을 썼는데 이때 113년이 지난 뒤에야 다시 있었고 이로부터 五代 시대에 이르기까지 지진을 쓴 것이 9번 뿐이다. 그렇다면 지진이 잦은 것은 兩漢보다 더 심한 적이 없는 것이다. 兩漢은 地震을 쓴 것이 90번이다.〔自晉武太康九年 書地震 至是一百一十三年 然後復見 自是至于五代 書地震九而已 然則地震之數 莫甚於兩漢者矣 兩漢書地震九十〕" ≪書法≫

18) (崧)〔山松〕 : 저본에는 '崧'으로 되어 있으나, 아래 訓義 ②에 의거하여 '山松'으로 바로잡았다.

築滬瀆壘以備之[②]하다

① 句章縣은 漢나라 이후로 會稽郡에 속하였다.
句章縣, 自漢以來, 屬會稽郡.

② 袁崧은 마땅히 袁山松이 되어야 하니, 袁喬의 손자이다. 胡三省이 말하기를 "滬瀆은 지금 平江府 吳縣의 동쪽에 있었다." 하였다.
袁崧, 當作袁山松, 喬之孫也. 胡三省曰"滬瀆, 今在平江府吳縣東."

【綱】 會稽王의 世子 司馬元顯을 都督揚·豫等十六州軍事로 삼았다.

以會稽世子元顯으로 **都督揚豫等十六州軍事**[①]하다

① 16개 州는 揚州, 豫州, 徐州, 兗州, 靑州, 幽州, 冀州, 幷州, 荊州, 江州, 司州, 雍州, 梁州, 益州, 交州, 廣州이다.
十六州, 揚·豫·徐·兗·靑·幽·冀·幷·荊·江·司·雍·梁·益·交·廣也.

【綱】 李暠가 스스로 涼公을 칭하였다.

◑李暠 自稱涼公하다

【目】 北涼의 晉昌太守 唐瑤가 배반하여 6개 郡에 격문을 돌리고 李暠를 추대하여 沙州刺史 涼公으로 삼았다. 이고가 宋繇를 보내어 동쪽으로 涼興을 정벌하고 아울러 玉門關 이서에 있는 여러 城을 공격하여 모두 함락시키니, 이것이 西涼이다.

北涼의 **晉昌太守唐瑤叛**하여 **移檄六郡**하고 **推暠爲沙州刺史涼公**[①]하다 **暠遣宋繇**하여 **東伐涼興**하고 **幷擊玉門已西諸城**하여 **皆下之**하니 **是爲西涼**이라

① 6개 郡은 아마도 敦煌, 酒泉, 晉昌, 涼興, 建康, 祁連일 것이다.
六郡, 蓋敦煌·酒泉·晉昌·涼興·建康·祁連也.

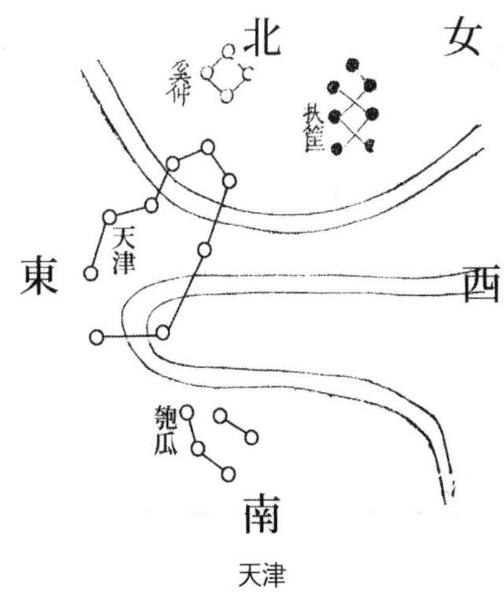

天津

【綱】 12월에 孛星이 天津에 나타나니, 會稽王의 世子 司馬元顯이 錄尙書事에서 해임

되었다.

十二月에 **有星**이 **孛于天津**하니 **會稽世子元顯**이 **解錄尙書事**①하다

① ≪天文志≫에 "天津의 9개 별이 은하수 가운데 가로놓여 있는데, 일설에는 天漢이라 하고 일설에는 天江이라 한다. 四瀆(長江·濟水·河水·淮水)과 나루터와 교량을 주관하니, 天神이 은하수를 건너 사방으로 왕래하기 위한 것이다." 하였다.
天文志 "天津九星, 橫河中, 一曰天漢, 一曰天江. 主四瀆·津·梁, 所以度神通四方也."

【目】 司馬元顯이 별의 변고를 이유로 錄尙書事에서 해임되고 다시 尙書令을 더하였다. 吏部尙書 車胤은 사마원현이 교만하고 방자하다 하여 會稽王 司馬道子에게 아뢰어서 금하고 억제할 것을 청하였는데, 사마원현이 사마도자에게 묻기를 "車武子가 사람들을 물리치고 무슨 일을 언급하였습니까?" 하니, 사마도자가 노하여 말하기를 "네가 나를 유폐하여 조정의 선비들과 말하지 못하게 하려는 것인가." 하였다. 사마원현이 나와서 자신의 무리에게 이르기를 "차윤이 우리 부자간을 이간질시킨다." 하였다. 차윤은 이에 두려워하여 자살하였다.

魏나라(北魏) 太史가 천문이 괴리되어 혼란하다고 자주 아뢰었고 魏主 拓跋珪도 직접 占書를 보니 '마땅히 왕을 바꾸고 정사를 바꾸어야 한다.' 하였으므로 마침내 조령을 내려서 여러 부하들을 넌지시 격려하기를 "제왕의 大統을 잇는 것은 모두 천명이 있어서 망령되이 바랄 수가 없다." 하고 또 官名을 자주 바꾸어서 재앙과 이변을 진정시키려 하였다.

元顯이 **以星變**으로 **解錄尙書事**하고 **復加尙書令**하다 **吏部尙書車胤**이 **以元顯驕恣**라하여 **白會稽王道子**하여 **請禁抑之**한대 **元顯**이 **問道子曰 車武子屛人**하고 **言及何事**①니잇고 **道子怒曰 爾欲幽我**하여 **不令與朝士語邪**아하니 **元顯**이 **出**하여 **謂其徒曰 胤**이 **間我父子**로다 **胤**이 **懼**하여 **自殺**하다 **魏太史屢奏天文乖亂**하고 **魏主珪自覽占書**호니 **云 當改王易政**이라하여늘 **乃下詔風厲群下**호되 **以帝王繼統**이 **皆有天命**하여 **不可妄干**②이라하고 **又數**(삭)**變易官名**하여 **欲以厭塞**(압색) **災異**하니라

① 武子는 車胤의 字이다.
武子, 胤字.

② 風(넌지시 말함)은 諷으로 읽는다.
風, 讀曰諷.

【綱】 魏나라(北魏)가 仙人博士를 설치하였다.

魏置仙人博士[19]하다

【目】 儀曹郎 董謐(동밀)이 《服餌仙經》을 바치니, 拓跋珪가 仙人博士를 설치하고 仙坊을 세워 온갖 藥을 달여서 精鍊하게 하였다. 이 약이 만들어지면 죽을죄를 지은 자로 하여금 시험 삼아 먹게 하였는데, 효험이 없었으나 찾아 구하기를 그치지 않았다.

儀曹郎董謐이 獻服餌仙經하니 珪置仙人博士하고 立仙坊하여 煮鍊百藥하다 成에 令死罪者試服之하여 不驗이로되 而訪求不已하니라

【綱】 魏나라(北魏)가 左將軍 李栗을 죽였다.

魏殺其左將軍李栗하다

【目】 魏主 拓跋珪는 항상 燕主(前燕) 慕容垂의 아들들이 권세와 요직을 나누어 차지해서 권세가 아래로 옮겨가 마침내 패망에 이르게 했다 하여 깊이 비난하였다. 이에 博士 公孫表가 임금의 뜻에 영합하여 韓非의 책 《韓非子》를 올려 탁발규에게 法制로서 아랫사람을 다스릴 것을 권하였다.

李栗은 성품이 소탈하고 거만하여 탁발규를 대할 적에 아무 거리낌 없이 멋대로 행동하고 공경하지 않았으며 내키는 대로 기침을 하고 침을 뱉었는데, 탁발규가 이전의 허물을 모아 이속을 주살하니, 여러 부하들이 모두 두려워서 몸을 떨었다.

---

19) 魏置仙人博士 : "仙人博士는 무엇인가. 方士(方術士)이다. 魏主가 끝내 寒食散을 먹고 잘못되었다. 그러므로 특별히 써서 비판한 것이다. 이로부터 仙藥을 먹은 자로는, 唐나라 太宗이 天竺國의 方士에 있어서와 憲宗이 柳泌에 있어서와 武宗이 趙歸眞에 있어서와 宣宗이 李玄伯에 있어서 미혹당한 것을 1번만 쓰지 않았다. 《資治通鑑綱目》에서 方士 14명을 썼고(秦 始皇 28년(B.C. 219)에 자세히 보인다.) 仙人博士를 쓴 것이 1번뿐이다.〔僊人博士 何 方士也 魏主卒以寒食散誤 故特書譏之 自是服僊藥者 唐太宗於天竺方士 憲宗於柳泌 武宗於趙歸眞 宣宗於李玄伯 受誤不一書矣 綱目書方士十四人(詳秦始皇二十八年) 書僊人博士者 一而已〕" 《書法》

寒食散은 藥 이름으로 道家에서 구워 만든 五石散인데, 이것을 먹으면 不老長生한다 하지만 실제는 약효가 없고 도리어 해독만 있었다.

"魏나라(北魏)가 전일에 五經博士를 설치한 것은 옳은 일이었는데 지금 마침내 仙人博士를 설치하였으니, 이것은 무슨 의의인가? 또 이른바 신선이라는 것은 한갓 이름만 있을 뿐인데, 이제 마침내 官을 설치하여 통솔하게 하면 그 잘못됨을 말하지 않아도 알 수 있는 것이다. 이것을 써서 비난한 것이 당연하다.〔魏前日置五經博士 是也 今乃置僊人博士 此何義哉 且所謂僊者 徒有其名而已 今乃置官以領之 則其謬妄 不言可知 書以譏之 宜矣〕" 《發明》

魏主珪 常以燕主垂諸子 分據勢要하여 使權柄下移하여 遂至敗亡이라하여 深非之어늘 博士公孫表希旨하여 上韓非書하여 勸珪以法制御下러니 李粟이 性簡慢하여 對珪에 舒放不肅하고 咳唾任情①이러니 珪積其宿過하여 誅之하니 群下皆震栗하니라

① 粟은 혹은 栗로 되어 있다.
粟, 或作栗.

【綱】 南燕王 慕容德이 황제를 칭하고 이름을 慕容備德으로 바꾸었다.

南燕王德이 稱帝하고 更名備德하다

【目】 慕容備德이 일찍이 여러 신하에게 묻기를 "짐은 옛날 어떤 군주에 비견할 수가 있는가?" 하였다. 鞠仲이 대답하기를 "폐하는 중흥한 聖主이시니, 少康과 光武帝의 무리[20]입니다." 하였다. 모용비덕이 좌우를 돌아보고 국중에게 비단 1천 필을 하사하게 하니, 국중이 비단이 너무 많다고 사양하였다. 모용비덕이 말하기를 "경이 짐을 놀릴 줄 아는데 짐이 경을 놀릴 줄 모르겠는가." 하였다. 韓範이 나와서 아뢰기를 "天子는 농담이 없으니, 오늘의 의논은 군주와 신하가 모두 잘못입니다." 하였다. 모용비덕은 크게 기뻐하여 한범에게도 비단 50필을 하사하였다.

備德이 嘗問群臣호되 朕이 可方古何主오 鞠仲曰 陛下는 中興聖主시니 少康, 光武之儔也니이다 備德이 顧左右하고 賜仲帛千匹하니 仲以多辭어늘 備德曰 卿知調朕하니 朕이 不知調卿邪①아 韓範이 進曰 天子는 無戲言이니 今日之論은 君臣俱失이로소이다 備德이 大悅하여 賜範絹五十匹하다

① 調는 徒了의 切이고 또 본음대로 읽으니, 조롱하고 놀리는 것이다. ≪資治通鑑≫은 이 아래에 "卿이 대답한 것이 진실이 아니기 때문에 朕 또한 빈말로 경을 칭찬할 뿐이다."라고 하였다.
調, 徒了切, 又如字[21], 調戲也. 通鑑 此下云 "卿所對非實. 故朕亦以虛言賞卿耳."

---

20) 少康과……무리 : 少康은 夏나라의 6대 왕으로, 3대 왕인 太康 때 잃어버렸던 국통을 되찾아 나라의 중흥을 이루었다. 光武帝는 漢 高祖 劉邦의 9세손으로 王莽의 新나라를 멸망시키고 漢王朝를 중흥하여 後漢의 초대 황제가 된 인물이다.
21) 如字 : 한 글자에 여러 독음이 있는 경우 본음대로 읽으라는 것이다.

辛丑年(401)

【綱】 晉나라(東晉) 孝安皇帝 隆安 5년이다.

五年이라

【目】 燕主(後燕) 慕容熙 光始 원년이고, 秦主(後秦) 姚興 弘始 3년이고, 魏나라(北魏) 太祖 道武帝 拓跋珪 天興 4년이다. 涼王(後涼) 呂隆 神鼎 원년이고, 北涼王 沮渠蒙遜 永安 원년이다.

燕主慕容熙光始元이요 秦弘始三이요 魏天興四年[①]이라 ◑ 涼王呂隆神鼎元[②]이요 北涼王沮渠蒙遜永安元年이라

① 主는 마땅히 王이 되어야 한다.
主, 當作王.

② 呂超가 먼저 番禾에서 작은 솥을 얻고는 신명의 상서라 하였으므로 이로써 紀元한 것이다.
呂超, 先於番禾得小鼎, 以爲神瑞, 故以紀元.

【綱】 봄 정월에 南涼이 都督中外諸軍事 錄尙書官을 설치하였다.

春正月에 南涼이 置都督中外錄尙書官하다

【目】 南涼王 禿髮利鹿孤가 황제를 칭하려고 하자, 장군 鍮勿崙(투물륜)이 다음과 같이 말하였다.

"우리 나라는 머리를 풀어 산발하고 왼쪽으로 옷깃을 여며 冠帶의 꾸밈이 없고 물과 초목을 따라 옮겨 다녀서 城郭과 室廬가 없습니다. 그러므로 사막 지역을 압도하여 中夏에 맞설 수 있었던 것입니다. 이제 황제를 칭하는 것은 참으로 민심을 따르는 것이나 〈황제를 칭한 뒤에〉 도성과 여러 고을을 세우면 적의 환란을 피하기 어렵고 창고에 물건을 저축하면 적의 야심을 열어주는 것입니다. 성곽 안에 晉나라 백성들을 살게 하여 농사짓고 누에치는 것을 권면하여 물자와 저축에 공급하고 나라 사람들을 인솔하여 전투와 활 쏘는 것을 익히는 것만 못하니, 이웃 나라가 약하면 틈을 타 공격하고 강하면 피하는 것이 장구한 계책입니다. 또 〈황제를 칭하는 것은〉 헛된 명성으로 실제 이익이

없어서 단지 세상의 표적이 될 뿐이니, 장차 어디에 쓰겠습니까."

독발이록고가 마침내 다시 河西王을 칭하고 그 아우 禿髮傉檀을 都督中外諸軍事 錄尙書事로 삼았다.

南涼王利鹿孤 欲稱帝어늘 將軍鍮勿崙曰① 吾國이 被髮左衽하여 無冠帶之飾하고 逐水草遷徙하여 無城郭室廬라 故能雄視沙漠하여 抗衡中夏러니 今擧大號는 誠順民心이나 然建都立邑이면 難以避患이요 儲畜倉庫는 啓敵人心이니 不如處晉民於城郭하여 勸課農桑하여 以供資儲하고 帥國人以習戰射니 隣國이 弱則乘之하고 彊則避之 此久長之策也니이다 且虛名無實하여 徒爲世之質的이니 將安用之②리잇고 利鹿孤乃更稱河西王하고 以其弟傉檀으로 都督中外錄尙書事③하다

① 鍮는 托侯의 切이다. 鍮勿崙은 사람의 이름이다.
鍮, 托侯切. 鍮勿崙, 人名也.
② 質은 도끼의 날을 받는 모탕이고 的은 화살을 받는 과녁이다. 일설에 "質은 활 쏘는 과녁이다." 하였다.
質, 受斧, 的, 受矢. 一說 "質, 射侯也."
③ 武威郡에서 왕 노릇 하면 한 郡일 뿐이요, 河西에서 왕 노릇 하면 漢四郡[22]의 땅을 겸하고자 한 것이니, 이것이 禿髮利鹿孤의 뜻이다.
王武威, 則一郡而已, 王河西, 則欲兼漢四郡之地, 此利鹿孤之志也.

【綱】 2월에 孫恩이 句章을 침략하자, 劉牢之가 그를 공격하여 패주시켰다.

二月에 孫恩이 寇句章이어늘 劉牢之 擊走之하다

【綱】 秦나라(後秦)가 乞伏乾歸로 하여금 돌아가 苑川에 진주하게 하였다.

◑秦이 使乞伏乾歸로 還鎭苑川하다

【綱】 涼나라(後涼) 呂超가 군주 呂纂을 시해하고 그의 형 呂隆을 세우니, 여찬의 后인 楊氏가 자살하였다.

◑涼呂超 弑其君纂하고 而立其兄隆하니 纂后楊氏自殺[23]하다

---

22) 漢四郡 : 漢나라 때 河西에 세운 武威, 張掖, 酒泉, 敦煌 4개 郡을 가리킨다.
23) 纂后楊氏自殺 : "秦后 毛氏를 '死之'라고 썼는데(孝武帝 太元 14년(389)이다.) 여기에서 '自殺'이라고 쓴 것은 어째서인가. 毛氏는 국난에 죽었으니 '死之'라고 쓰는 것이 당연하지만, 呂纂이 시해를 당할 적에 楊氏는 결단코 죽으려는 마음이 있지 않았으니, 呂超에게 핍박을 받지 않았으면 반드시

【目】 呂纂이 술을 즐기고 사냥을 좋아하니, 太常 楊穎이 간하였으나 고치지 않았다. 番禾太守 呂超가 제멋대로 鮮卑의 思盤을 공격하자 여찬이 여초와 사반에게 명하여 들어와 조회하게 하였는데, 여초가 두려워하여 姑臧에 이르러 殿中監 杜尙과 긴밀하게 스스로 결탁하였다.

여찬이 여초를 보고 꾸짖기를 "경이 형제들의 힘을 믿고 마침내 감히 나를 능멸하니, 마땅히 경을 참수하여야 천하가 비로소 안정될 것이다." 하였다. 그러나 실제로 그를 죽이려는 생각은 없었다. 인하여 여초와 사반, 여러 신하를 대동하고서 內殿에서 잔치하였는데, 여초의 형인 中領軍 呂隆이 여찬에게 자주 술을 권하니 여찬이 술에 취하였다. 여초가 검을 가져다 여찬을 공격하여 죽이자, 여찬의 后인 楊氏가 禁兵에게 명하여 여초를 토벌하게 하였으나 두상이 저지시키니, 병사들이 모두 병장기를 버리고 싸우지 않았다.

여초가 여륭에게 지위를 사양하니, 여륭이 마침내 天王의 자리에 오르고 여초를 都督中外諸軍事 錄尙書事로 삼았다.

纂이 嗜酒好獵하니 太常楊穎이 諫之호되 不悛(전)이라 番禾太守呂超 擅擊鮮卑思盤①이어늘 纂이 命超及思盤入朝한대 超懼하여 至姑臧하여 深自結於殿中監杜尙이러니 纂이 見超하고 責之曰 卿이 恃兄弟桓桓하고 乃敢欺吾하니 要當斬卿이라야 天下乃定②하리라 然實無意殺之也라 因引超思盤及群臣하여 宴於內殿이러니 超兄中領軍隆이 數(삭)勸纂酒하니 纂이 醉라 超取劒擊殺之어늘 纂后楊氏 命禁兵討超한대 杜尙이 止之하니 皆捨仗不戰하다 超讓位於隆하니 隆이 遂卽天王位하고 以超都督中外錄尙書事하다

① 番은 음이 盤이니, 番禾縣은 漢나라 때에는 張掖郡에 속하였고 晉나라 때에는 武威郡에 속하였으니, 이 군은 아마도 呂氏가 설치한 듯하다.
番, 音盤, 番禾縣, 漢屬張掖郡, 晉屬武威郡, 此郡, 蓋呂氏置.

② '桓桓'은 위엄이 있고 武勇이 있는 모양이다.
桓桓, 威武貌.

【目】 楊后가 장차 궁궐을 나가려 할 적에 여초는 그녀가 진귀한 보물을 가지고 나갈 것을

자살하지는 않았을 것이니, 그 국난에 죽은 자와는 진실로 다른 것이다. '自殺'이라고 썼으니, 비교하여 판단한 말이다.〔秦后毛氏書死之(孝武帝太元十四年) 此其書自殺 何 毛氏死難 書死之 宜也 呂纂之弑楊氏非有決死之心 不爲呂超所逼 未必自殺 其與死難者 固異矣 書曰自殺 權衡之辭也〕" ≪書法≫

염려하여 수색할 것을 명하니, 양후가 말하기를 "너희들 형제가 不義를 저질러서 손수 칼을 잡고 서로 도륙하였는데, 나는 조만간 죽을 사람이니, 보물이 무슨 필요가 있겠는가." 하였다. 여초가 또 옥새가 있는 곳을 묻자, 양후가 말하기를 "이미 망가트렸다." 하였다.

양후는 용모가 아름다우니, 여초가 장차 그녀를 아내로 맞이하려 하여 그녀의 아버지 楊桓에게 이르기를 "后가 만약 자살하면 禍가 경의 집안에 미칠 것이다." 하였다. 양환이 양후에게 이 말을 고하자, 양후가 말하기를 "大人(부친)께서는 딸을 氐族에게 팔아먹어 부귀를 도모하셨습니다. 한 번도 심하다고 할 수 있는데, 어찌 두 번이나 해서야 되겠습니까." 하고는 마침내 자살하니, 양환이 河西로 달아났다.

楊后將出宮할새 超恐其挾珍寶하여 命索之한대 后曰 爾兄弟不義하여 手刃相屠하니 我는 旦夕死人이라 安用寶爲리오 超又問玉璽所在한대 后曰 已毀之矣로라 后有美色하니 超將納之하여 謂其父桓曰 后若自殺이면 禍及卿宗하리라 桓이 以告后하니 后曰 大人이 賣女與氐하여 以圖富貴하시니 一之謂甚이어니 其可再乎잇가하고 遂自殺하니 桓이 奔河西하다

【綱】 3월에 孫恩이 海鹽縣을 공격하자, 劉牢之의 參軍 劉裕가 격파하였다.

三月에 孫恩이 攻海鹽이어늘 劉牢之參軍劉裕 擊破之하다

【目】 孫恩이 북쪽으로 海鹽縣으로 달려가자 劉裕가 뒤따라가 막으니, 성안에 병력이 적었다. 유유는 밤에 깃발을 눕히고 병력을 숨기고는 다음 날 새벽 성문을 열어놓고 노약자 몇 사람을 성에 오르게 하였다. 적이 멀리서 유유의 소재를 물으니, 이들이 대답하기를 "밤에 이미 달아났다." 하였다. 적이 다투어 성안으로 들어오자 유유가 공격하여 이들을 대파하니, 손은이 마침내 전진하여 滬瀆으로 향하였다. 유유가 다시 추격하였으나 승리하지 못하고서 그대로 군대를 이끌고 돌아왔다.

恩이 北趣海鹽이어늘 劉裕隨而拒之①하니 城中兵少라 裕夜偃旗匿衆하고 明晨開門하여 使羸(리)疾數人登城하니 賊이 遙問裕所在한대 曰 夜已走矣라하니 賊이 爭入城이어늘 裕 奮擊하여 大破之하니 恩이 乃進向滬瀆이라 裕復追之호되 不利하여 引歸하다

① 海鹽縣은 본래 武原鄕인데 秦나라가 海鹽縣으로 만드니, 漢나라 때에는 會稽郡에 속하였고, 後漢과 晉나라 때에는 吳郡에 속하였다.
海鹽縣, 本武原鄕, 秦以爲海鹽縣, 漢屬會稽郡, 後漢・晉, 屬吳郡.

【綱】 南涼이 涼나라(後涼)를 공격하여 그 백성 2,000戶를 이주시키고 돌아갔다.

南涼이 擊涼하여 徙其民二千戶以歸하다

【目】 그 뒤에 南涼王 禿髮利鹿孤가 신하들에게 명하여 정사의 득실을 거리낌 없이 말하게 하자, 從事 史暠(사고)가 다음과 같이 말하였다.

"폐하께서 장수에게 출정을 명하여 가는 곳마다 승리하지 않음이 없으나 백성을 편안하게 하는 것을 우선으로 삼지 않고 오직 백성을 이주시키는 것에만 힘쓰십니다. 백성들은 자기가 살던 지역을 편안히 여기고 옮기는 것을 어렵게 여기기 때문에 이반하는 자가 많은 것입니다. 이 때문에 적의 장수를 참수하고 적의 깃발을 뽑아도 영토가 더 넓어지지 않는 것입니다."

독발이록고가 그의 말을 옳게 여겼다.

其後에 南涼王利鹿孤 命群臣하여 極言得失한대 從事史(高)〔暠〕[24] 曰 陛下命將出征하여 往無不捷이나 然不以綏寧爲先하고 唯以徙民爲務하시니 民安土重遷이라 故多離叛하니 此所以斬將搴旗而地不加廣也니이다 利鹿孤善之하니라

【綱】 여름 5월에 北涼의 沮渠蒙遜이 군주 段業을 시해하였다.

夏五月에 北涼沮渠蒙遜이 弑其君業하다

【目】 北涼王 段業이 沮渠蒙遜의 용맹과 지략을 두려워하니, 저거몽손 또한 스스로를 깊이 감추고 숨겼다. 張掖太守 馬權은 평소 호걸스러워 단업이 친근하고 소중하게 여겼는데, 저거몽손을 경시하는 마음이 있었다. 저거몽손이 그를 모함하여 죽이고, 마침내 자기의 형 沮渠男成에게 이르기를 "段公은 난을 다스릴 수 있는 군주가 아닙니다. 지난번에 두려워한 것은 마권이었는데 지금 그가 이미 죽었으니, 단업을 제거하고 형을 받들어 군주로 모시고자 합니다. 어떻습니까?" 하니, 저거남성이 말하기를 "단업이 나를 친애하고 믿어주는데 도모하는 것은 상서롭지 못하다." 하였다. 저거몽손이 이에 요구하여 西安太守가 되고 인하여 저거남성과 蘭門山에 함께 제사 지낼 것을 약속하고는 은밀히 사람을 시켜 먼저 고발하기를 "저거남성이 난을 일으키고자 하니, 난문산에 제사 지내러 가기를

24) (高)〔暠〕: 저본에는 '高'로 되어 있으나, ≪朱子全書≫ 및 ≪御批資治通鑑綱目≫에 의거하여 '暠'로 바로잡아 번역하였다.

요구하는 것으로 징험(물증)을 삼는다." 하였는데, 그 시기가 되자 과연 그러하였다. 단업이 저거남성을 체포하여 賜死하려 하니, 저거남성이 다음과 같이 말하였다.

"저거몽손이 먼저 신과 반역을 모의하였으나 신이 형제의 연고 때문에 숨기고 말하지 않았는데, 이제 신이 살아 있어 무리들이 따르지 않을까 두려워하고 있습니다. 그러므로 신과 난문산에 제사 지내기로 약속하고는 도리어 신을 모함하였으니, 그 뜻은 왕께서 신을 죽이기를 바라는 것입니다. 청컨대 신이 죽었다고 거짓말을 하고 신의 죄악을 폭로하면 저거몽손이 반드시 배반할 것이니, 그런 뒤에 신으로 하여금 토벌하게 하면 승리하지 못하는 일이 없을 것입니다."

단업은 그의 말을 듣지 않고 저거남성을 죽였다.

北涼王業이 憚沮渠蒙遜勇略하니 蒙遜이 亦深自晦匿이러니 張掖太守馬權이 素豪儁하여 爲業所親重이라 意輕蒙遜이어늘 蒙遜이 譖而殺之하고 乃謂其兄男成曰 段公은 非撥亂之主요 向所憚者는 馬權이어늘 今權已死하니 欲除之以奉兄하노니 何如오 男成曰 人親信我어늘 圖之不祥이니라 蒙遜이 乃求爲西安太守①하여 因與男成으로 約同祭蘭門山하고 而陰使人先告호되 男成이 欲爲亂이라 以求祭蘭門山爲驗②이라하니 至期에 果然이라 業이 收男成賜死한대 男成曰 蒙遜이 先與臣謀反이어늘 臣이 以兄弟之故로 隱而不言이러니 今以臣在로 恐部衆不從이라 故로 約臣祭山而反誣臣하니 其意欲王之殺臣也라 乞詐言臣死하고 暴臣罪惡하면 蒙遜이 必反하리니 然後에 使臣討之면 無不克矣리이다 業이 不聽하고 殺之하다

① 段業이 西安郡을 張郡의 동쪽 경계에 설치하였다.
業置西安郡於張掖東境.

② ≪資治通鑑≫에 "沮渠蒙遜이 은밀히 司馬인 許咸으로 하여금 段業에게 고하기를 '沮渠男成이 한가로운 날 亂을 일으키고자 하니, 만약 蘭門山에 제사 지내러 가기를 요구하면 臣의 말이 맞는 것입니다.' 했다." 하였다.
通鑑 "陰使司馬許咸告業曰 '男成欲以取假日爲亂, 若求祭蘭門山, 臣言驗矣.'"

【目】 저거몽손이 울면서 사람들에게 말하기를 "저거남성이 段王에게 충성하였는데 이유도 없이 억울하게 죽었으니, 그대들은 그를 위하여 원수를 갚겠는가?" 하였다. 저거남성이 평소 사람들의 마음을 얻고 있었으므로 무리들이 모두 분노하여 다투어 분발하였고 氐池縣에 이르자, 羌族과 胡族으로 군대를 일으켜 호응하는 자가 많았다.

단업이 먼저 장군 田昂을 의심하여 가두었는데, 이때에 그를 불러 저거몽손을 토벌하게 하자 전앙이 무리를 거느리고 저거몽손에게 항복하니, 단업의 군대가 마침내 궤멸되었다.

저거몽손이 張掖郡으로 들어오니, 단업이 그에게 이르기를 "나는 의지할 곳 없는 외로운 몸으로 公의 집안에 의해 涼나라의 王으로 추대되었다. 남은 목숨을 빌어 동쪽(長安)으로 돌아가서 처자와 서로 만나기를 원하노라." 하였으나 저거몽손은 그를 참수하였다.

단업은 평소 선비요 長者로서 다른 권모와 지략이 없어서 위엄과 금령이 행해지지 못하니, 부하들이 명령을 멋대로 내리고 더욱 卜筮와 무당을 믿었다. 그러므로 끝내 패망에 이른 것이다.

蒙遜이 泣告衆曰 男成이 忠於段王이어늘 而無故枉殺之하니 諸君이 能爲報仇乎①아 男成이 素得衆心이라 衆皆憤怒爭奮하고 比至氐池에 羌, 胡多起兵應之②러라 業이 先疑將軍田昻하여 囚之러니 至是에 召之하여 使討蒙遜한대 昻이 以衆降하니 業軍遂潰라 蒙遜이 入張掖하니 業이 謂曰 孤子然一己로 爲公家所推③라 願丐餘命東還하여 與妻子相見이라하나 蒙遜이 斬之하다 業은 儒素長者요 無他權略하여 威禁不行하니 群下擅命하고 尤信卜筮巫覡(격)이라 故至於敗하니라

① 爲(위하다)는 去聲이다.
爲, 去聲.
② 氐池縣은 漢나라 때에는 張掖郡에 속하였고 晉나라 때에는 없앴다.
氐池縣, 漢屬張掖郡, 晉省(생).
③ 孑은 외로움이다.
孑, 單也.

【綱】孫恩이 滬瀆을 함락하고 吳國內史 袁山松을 죽였다.

孫恩이 陷滬瀆하고 殺吳國內史袁(崧)〔山松〕[25]하다

【綱】6월에 孫恩이 丹徒를 침략하자 劉裕가 공격하여 깨트리니, 손은이 북쪽으로 달아나 廣陵을 함락하였다.

六月에 孫恩이 寇丹徒어늘 劉裕擊破之하니 恩이 北走하여 陷廣陵하다

【目】孫恩이 바다를 건너 곧바로 丹徒에 이르니, 戰士가 10여만 명이요 樓船이 1,000여 척이었다. 〈東晉의 京師인〉 建康이 놀라 도성 안팎에 계엄령을 내렸다. 劉牢之가 劉裕로

25) (崧)〔山松〕: 저본에는 '崧'으로 되어 있으나, 본서 제23권 상 庚子年(400) 11월 조 訓義에 의거하여 '山松'으로 바로잡았다.

하여금 海鹽에서 들어와 구원하게 하였는데, 유유의 군대가 채 1,000명이 못 되었다.

유유가 행군 속도를 곱절로 빠르게 하여 손은과 함께 단도에 이르니, 단도의 수비군이 싸울 의지가 없었다. 손은이 무리를 거느리고 북을 치고 함성을 지르면서 蒜山(산산)에 오르니, 거주하는 백성들이 모두 피난하기 위해 짐을 싸 짊어지고 서 있었다. 유유가 소속된 군대를 인솔하고서 달려가 공격해서 손은을 대파하니, 손은이 궁지에 몰려 겨우 배로 돌아왔다.

그러나 손은은 아직도 많은 병력을 믿고 다시 군대를 정돈하여 京師로 향하였다. 譙王 司馬尙之가 정예병을 이끌고 급히 이르니, 손은의 樓船은 높고 커서 바람을 맞받아 빨리 갈 수가 없었다. 며칠 만에야 비로소 白石에 이르러 사마상지가 건강에 있고 유뇌지가 新洲에 도착했다는 말을 듣고는 마침내 바다를 건너 북쪽 郁洲로 달아나 廣陵을 공격하여 함락하였다.

桓玄이 병기를 정돈하고 병사들을 훈련하고서 항상 조정에 틈이 생기기를 엿보았는데, 손은이 경사를 핍박한다는 말을 듣고는 牙旗를 세우고 병력을 모아 토벌할 것을 청하였다. 이에 後將軍 司馬元顯이 크게 두려워하였는데 마침 손은이 퇴각하므로 조서로써 토벌을 중지하게 하니, 환현이 마침내 계엄령을 해제하였다.

孫恩이 浮海하여 奄至丹徒하니 戰士十餘萬이요 樓船千餘艘①라 建康이 震駭하여 內外戒嚴이러니 劉牢之使劉裕로 自海鹽入援하니 裕兵이 不滿千人이라 倍道兼行하여 與恩俱至丹徒하니 守軍이 莫有鬪志라 恩이 帥衆鼓譟하고 登蒜山하니 居民이 皆荷擔而立②이라 裕帥所領하여 奔擊하여 大破之하니 恩이 狼狽하여 僅得還船이러라 然이나 恩이 猶恃衆하고 復整兵向京師어늘 譙王尙之 帥精銳馳至하니 恩樓船高大하여 泝風不得疾行이라 數日에야 乃至白石하여 聞尙之在建康하고 牢之至新洲하고 乃浮海하여 北走郁洲하여 攻陷廣陵③하다 桓玄이 厲兵訓卒하여 常伺朝廷之隙이러니 聞恩逼京師하고 建牙聚衆하여 請討之하니 後將軍元顯이 大懼러니 會에 恩退라 以詔書止之하니 玄이 乃解嚴하다

① 丹徒는 漢나라(前漢) 때에는 會稽郡에 속하였고, 後漢 때에는 吳郡에 속하였고, 晉나라 때에는 晉陵郡에 속하였다.
丹徒, 漢屬會稽郡, 後漢屬吳郡, 晉屬晉陵郡.

② 蒜은 음이 筭이니, 蒜山은 丹徒山 위에 있는데 마늘이 많이 생산되므로 산산이라 이름한 것이다.
蒜, 音筭, 蒜山, 在丹徒山上, 多蒜故名.

③ 新洲는 京口의 서쪽 大江(長江) 가운데 있다. ≪水經註≫에 "동해의 朐縣 동북쪽 바다 가운데 큰 모래섬이 있으니, 이것을 郁洲라 한다." 하였다.

新洲, 在京口西大江中. 水經註"東海朐縣東北海中, 有大洲, 謂之郁洲."

【綱】 沮渠蒙遜이 스스로 張掖公이라 칭하였다.

沮渠蒙遜이 **自稱張掖公**하다

【目】 또한 北涼이라 칭하였다.

亦號北涼하다

【綱】 가을 7월에 魏나라(北魏)가 許昌을 순행하여 동쪽으로 彭城에 이르렀다.

秋七月에 **魏徇許昌**하여 **東至彭城**하다

【綱】 秦나라(後秦)가 涼나라(後涼)를 공격하여 대파하니, 西涼, 南涼, 北涼이 모두 사신을 보내어 秦나라에 들어와 공물을 바쳤다.

◑ **秦**이 **伐涼大破之**하니 **西涼, 南涼, 北涼**이 **皆遣使入貢於秦**하다

【目】 涼王 呂隆이 호걸과 명망 있는 자들을 많이 죽이니, 사람들이 스스로 몸을 보전하지 못하였다. 魏安 사람 焦朗이 사람을 시켜 後秦의 姚碩德을 설득하기를 "呂氏 형제가 서로 해치며 정사가 혼란하고 백성들이 굶주리니, 그가 찬탈한 때를 틈타서 점령하면 손바닥을 뒤집는 것보다도 쉬울 것입니다. 이 기회를 놓쳐서는 안 됩니다." 하였다.

요석덕이 그의 군주인 姚興에게 고하자, 요흥은 그의 말을 따라서 金城에서 河水를 건너 곧바로 姑臧으로 달려가니, 여륭이 呂超 등을 보내어 맞아 싸우게 하였다. 요석덕이 이들을 대파하니, 여륭은 城을 에워싸고 굳게 지켰다. 이에 西涼公 李暠와 河西王 禿髮利鹿孤, 張掖公 沮渠蒙遜이 저마다 사신을 보내어 표문을 받들고 秦나라에 들어와 공물을 바쳤다. 秦主 姚興은 楊桓이 어질다는 말을 듣고 그를 부르니, 독발이록고가 감히 그를 붙잡아 머물게 하지 못하였다.

涼王隆이 **多殺豪望**하니 **人不自保**라 **魏安人焦朗**이 **使人說**(세)**後秦姚碩德曰 呂氏兄弟相賊**하고 **政亂民飢**하니 **乘其簒奪之際**하여 **取之**면 **易**(이)**於反掌**이라 **不可失也**니라 **碩德**이 **以告其主興而從之**하여 **自金城濟河**하여 **直趨姑臧**한대 **隆**이 **遣呂超等逆戰**이어늘 **碩德**이 **大破之**하니 **隆**이 **嬰**

城固守하다 於是에 西涼公暠와 河西王利鹿孤와 張掖公蒙遜이 各遣使奉表하여 入貢於秦이어늘 秦主興이 聞楊桓之賢而徵之하니 利鹿孤不敢留[①]하다

① 秦主는 ≪資治通鑑≫에는 秦王으로 되어 있다.
秦主, 通鑑作秦王.

【綱】 8월에 劉裕를 下邳太守로 삼아 孫恩을 郁洲에서 토벌하여 대파하였다.

八月에 以劉裕爲下邳太守하여 討孫恩於郁洲하여 大破之하다

【目】 孫恩이 이로 인해 쇠약해져서 다시 바다를 따라 남쪽으로 달아나므로 劉裕가 따라가 공격하였다.

恩이 由是衰弱하여 復緣海南走어늘 裕隨而擊之하다

【綱】 燕나라(後燕) 段璣가 군주 慕容盛을 시해하니, 太后 丁氏가 모용성의 숙부 慕容熙를 세우고서 단기를 토벌하여 죽였다.

燕段璣 弑其君盛하니 太后丁氏 立盛叔父熙하여 討璣殺之하다

【目】 燕王 慕容盛은 그의 아버지 慕容寶가 나약하여 나라를 잃었음을 징계해서 스스로 총명하여 밝게 살핌을 자랑하였다. 이로 인해 시기하는 대상이 많아 신하들 중에 조금이라도 혐의쩍으면 모두 사건이 일어나기도 전에 주살하니, 사람들이 스스로 편안히 보전하지 못하였다.

처음에 段太后의 오라비의 아들인 段璣가 반역자 段登의 供招에 연루되어 도망하여 遼西로 달아났다가 다시 돌아와 죄를 自服하니, 모용성은 그를 사면하고 공주에게 장가들게 하여 들어와 궁전 안을 지키게 하였다.

단기가 이때에 이르러 난을 일으키자, 모용성은 측근을 거느리고 나가 싸우다가 부상을 입고 卒하였다. 中壘將軍 慕容拔이 太后 丁氏에게 "국가에 어려움이 많으니, 마땅히 나이 많은 군주를 세워야 합니다."라고 아뢰었다. 이때 사람들의 기대는 모용성의 아우 平原公 慕容元에게 있었으나 河間公 慕容熙가 평소 정씨에게 총애를 얻었다. 이에 태자 慕容定을 폐위하고 모용희를 맞이해 궁중으로 들어와서 天王의 자리에 오르게 하고, 단

기 등을 체포하여 삼족을 멸하고 모용원과 모용정을 모두 사사하였다.

燕王盛이 懲其父寶 以懦弱失國하여 自矜聰察이라 多所猜忌하여 群臣이 有纖介之嫌이면 皆先事誅之하니 人不自保라 初에 段太后兄之子璣 爲反者段登辭所連及하여 逃奔遼西라가 復還歸罪어늘 盛이 赦之하고 使尙公主하여 入直殿內러니 至是作亂이어늘 盛이 帥左右하고 出戰이라가 被傷而卒하다 中壘將軍慕容拔이 白太后丁氏호되 以國家多難하니 宜立長君①이라하니 時에 衆望이 在盛弟平原公元이로되 而河間公熙 素得幸於丁氏②라 乃廢太子定하고 迎熙入宮하여 卽天王位하고 捕璣等하여 夷三族하고 元, 定을 皆賜死하다

① 慕容拔은 慕容垂의 從弟이다.
拔, 垂之從弟也.
② '得幸(총애를 받았다)'은 사사로이 간통함을 이른다.
得幸, 謂私通也.

【綱】 9월에 涼王(後涼) 呂隆이 사신을 보내어 秦나라(後秦)에 항복하였다.

九月에 涼王隆이 遣使降秦하다

【目】 秦나라의 隴西公 姚碩德이 여러 달 동안 姑臧을 포위하여 오랑캐와 中夏의 사람들을 어루만져 받아들이고 守宰를 나누어 설치하였으며, 먹는 것을 절약하고 곡식을 모아 지구전을 펼칠 계획이었는데, 呂超가 涼王 呂隆에게 다음과 같이 말하였다.

"지금 저축한 물자가 안에서 고갈되어 上下가 원망하고 있으니, 마땅히 말을 공손하게 하여 적(요석덕)을 물리쳐서 적이 떠난 뒤에 정사를 닦고 백성을 쉬게 해야 합니다. 만약 卜世(國運)가 다하지 않는다면 옛 기업을 회복하지 못함을 어찌 근심하겠습니까. 만약 天命이 떠난다 하더라도 또한 종족을 보존할 수 있습니다."

여륭이 마침내 사신을 보내어 秦나라에 항복할 것을 청하니, 요석덕이 표문을 올려 여륭을 涼州刺史로 삼았다. 요석덕은 軍令이 엄숙하고 정돈하여 추호도 범하지 않았으며 先賢에게 제사하고 名士들을 예우하니, 서쪽 지역 사람들이 기뻐하였다.

秦隴西公碩德이 圍姑臧累月하여 撫納夷夏하고 分置守宰하고 節食聚粟하여 爲持久計어늘 呂超言於(梁)〔涼〕[26] 王隆曰 今資儲內竭하여 上下嗷嗷하니 當卑辭以退敵하여 敵去之後에 修政息民이니 若卜世未窮이면 何憂舊業之不復이며 若天命去矣라도 亦可保全宗族이니이다 隆이 乃遣使

26) (梁)〔涼〕: 저본에는 '梁'으로 되어 있으나, 《資治通鑑》에 의거하여 '涼'으로 바로잡았다.

請降於秦하니 碩德이 表隆爲涼州刺史하다 碩德이 軍令嚴整하여 秋毫不犯하고 祭先賢 禮名士하니 西土悅之하니라

【綱】 겨울 11월에 劉裕가 孫恩을 추격하여 깨트렸다.

冬十一月에 劉裕 追擊孫恩하여 破之하다

【綱】 涼나라(後涼)가 魏安을 공격하니, 南涼이 구원하였다.

◑ 涼이 攻魏安하니 南涼이 救之하다

【目】 涼나라 呂超가 魏安에서 〈秦나라(後秦)의〉 焦朗을 공격하자 초랑이 南涼에게 자신을 맞이해줄 것을 청하니, 禿髮利鹿孤가 장군 禿髮傉檀을 보내어 달려가 맞이하게 하였는데, 도착했을 때에는 여초가 이미 후퇴한 뒤였다. 초랑이 문을 닫고 항거하니, 독발욕단이 노하여 장차 공격하려 하였는데, 장군 禿髮俱延이 다음과 같이 말하였다.

"초랑이 고립무원의 城에 양식이 없으니, 올해 항복하지 않더라도 내년에 스스로 항복할 것입니다. 어찌 사졸을 많이 죽이면서 공격할 필요가 있겠습니까. 만약 우리가 이기지 못하면 저들은 반드시 떠나가서 다른 나라를 따를 것이니, 州의 경내에 있는 군사와 백성을 버려서 이웃 적에게 도와주는 것은 좋은 계책이 아닙니다. 좋은 말로 타이르는 것만 못합니다."

이에 독발욕단이 마침내 초랑과 함께 연합하였다가 얼마 후에 공격하여 점령하였다.

涼呂超 攻焦朗於魏安이어늘 朗이 請迎於南涼한대 利鹿孤 遣將軍傉檀赴之러니 比至에 超已退라 朗이 閉門拒之하니 傉檀이 怒하여 將攻之어늘 將軍俱延曰[①] 朗이 孤城無食하니 今年不降이라도 後年自服이라 何必多殺士卒以攻之리오 若其不捷이면 彼必去從他國하리니 棄州境士民하여 以資隣敵이 非計也라 不如以善言諭之니이다 傉檀이 乃與朗連和라가 尋伐取之하다

① 禿髮俱延은 禿髮利鹿孤의 아우이다.
俱延, 利鹿孤之弟也.

【綱】 桓玄이 표문을 올려 桓偉를 夏口에, 刁暢(조창)을 襄陽에 진주하게 하였다.

桓玄이 表桓偉鎭夏口하고 刁暢鎭襄陽하다

【目】 桓玄이 표문을 올려서 자신의 형 桓偉를 江州刺史로 삼아 夏口에 진주시키고, 司馬刁暢으로 8개 郡을 도독하여 襄陽에 진주시키고, 자기의 장수 馮該를 보내어 溢口를 지키게 하고서 스스로 晉나라의 3분의 2를 소유했다고 생각하였다. 그리하여 자주 사람을 시켜서 자신이 帝位에 오를 수 있는 吉祥의 징조를 조정에 보고하여 대중을 미혹시키려 하였다. 또 會稽王 司馬道子에게 편지를 보내기를 "적(孫恩)이 근교 지역에 왔었는데 바람 때문에 전진하지 못하다가 양식이 다했기 때문에 떠나간 것이요 힘이 다한 것이 아닙니다. 옛날 王國寶가 죽은 뒤에 王恭이 이러한 위세를 틈타 조정에 들어와 정사를 통솔하지 않았으니,[27] 그의 마음이 明公(司馬道子)을 업신여긴 것이 아님을 충분히 볼 수 있는데 도리어 그를 不忠하다고 말하였으니, 지금의 심복 중에 누가 명망이 있는 자입니까. 어찌 佳勝이 없겠습니까. 다만 믿지 못할 뿐입니다." 하였다.

桓玄이 表其兄偉로 爲江州刺史하여 鎭夏口하고 司馬刁暢으로 督八郡하여 鎭襄陽①하고 遣其將馮該하여 戍溢口하고 自謂有晉國三分之二라하여 數(삭)使人上己符瑞하여 欲以惑衆하고 又致牋於會稽王道子曰 賊造近郊러니 以風不得進이라가 食盡故去요 非力屈也②라 昔國寶死後에 王恭이 不乘此威入統朝政하니 足見其心이 非侮於明公也어늘 而謂之不忠이라하니 今之腹心이 誰有時望고 豈無佳勝이리오마는 直是不能信之耳③니라

① 刁暢은 刁逵의 아우이다.
暢, 逵之弟也.
② 賊은 孫恩을 이른다.
賊, 謂孫恩也.
③ 江東의 人士 중에 그 명성과 지위가 당시에 유명한 자를 모두 佳勝, 名勝이라 하였다.
江東人士其名位通顯於時者, 率謂之佳勝·名勝.

【目】 사마원현이 이를 보고 크게 두려워하자, 張法順이 그에게 다음과 같이 말하였다. "환현이 先代의 功業을 이어받아 평소 豪氣가 있고 이미 殷仲堪과 楊佺期를 겸병하여 荊州와 楚(江州) 지역을 독점하였으니, 第下가 통제할 수 있는 곳은 단지 三吳 지역뿐입니다. 이제 동쪽 지역이 여지없이 잔파되어 公私를 막론하고 모두 곤궁하고 궁핍하니,

---

27) 王國寶가……않았으니 : 隆安 원년(397)에 司馬道子가 王國寶 등과 정사를 전횡하였는데, 王恭이 殷仲堪과 桓玄과 연합하여 군대를 일으키고 표문을 올리니, 사마도자가 왕국보 등을 죽이고 왕공에게 사죄하였다. 이에 왕공이 군대를 해산하고 京口로 돌아갔다.

환현이 반드시 이 틈을 노려 제멋대로 간사하고 흉악한 짓을 자행할 것입니다."

사마원현이 "어찌해야 하는가?"라고 물으니, 장법순이 말하기를 "환현이 처음 형주를 얻어 아직 인심이 따르지 않으니, 만약 劉牢之를 선봉으로 삼고 대군을 이어서 진격시키면 환현을 취할 수 있습니다." 하였다. 사마원현이 그의 말을 옳게 여겼는데, 마침 武昌太守 庾楷가 은밀히 사람을 보내어 사마원현과 스스로 결탁해서 內應할 것을 청하였다. 사마원현은 크게 기뻐하여 장법순을 京口로 보내어서 유뇌지와 상의하게 하니, 유뇌지가 난색을 표하였다.

장법순이 돌아와서 말하기를 "유뇌지의 말과 표정을 보니, 반드시 우리를 배반할 것입니다. 그를 불러 들어오게 해서 죽이는 것만 못하니, 이렇게 하지 않으면 우리의 대사를 망칠 것입니다." 하였다. 사마원현은 그의 말을 따르지 않고 이에 水軍을 크게 操練하여 환현을 토벌할 것을 도모하였다.

元顯이 見之하고 大懼어늘 張法順이 謂曰 玄이 承藉世資하여 素有豪氣하고 既并殷, 楊하여 專有荊, 楚하니 第下所控引이 止三吳耳[①]라 今東土塗地하여 公私困竭하니 玄이 必乘此하여 縱其姦凶하리이다 元顯曰 爲之奈何오 法順曰 玄이 始得荊州에 人情未附하니 若使劉牢之로 爲前鋒하고 而以大軍繼進이면 玄을 可取也리이다 元顯이 以爲然이러니 會에 武昌太守庾楷 密使人自結於元顯하여 請爲內應한대 元顯이 大喜하여 遣法順至京口하여 謀於牢之하니 牢之以爲難이어늘 法順이 還하여 曰 觀牢之言色하니 必貳於我라 不如召入殺之니 不爾면 敗人大事하리이다 元顯이 不從하고 於是에 大治水軍하여 謀討玄하다

① 殷·楊은 殷仲堪과 楊佺期를 이른다. 第는 府第(귀족이나 관료의 저택)이니, 第下는 門下, 閤下라고 말하는 따위와 같다.
殷·楊, 謂殷仲堪·楊佺期也. 第, 府第也, 第下, 猶言門下·閤下之類.

壬寅年(402)

【綱】晉나라(東晉) 孝安皇帝 元興 원년이다.

元興元年이라

【目】燕主(後燕) 慕容熙 光始 2년이고, 秦主(後秦) 姚興 弘始 4년이고, 魏나라(北魏) 太祖

道武帝 拓跋珪 天興 5년이다. 南涼王 禿髮傉檀 弘昌 원년이다.

燕光始二요 秦弘始四요 魏天興五年이라 ○ 南涼王禿髮傉檀弘昌元年이라

【綱】봄 정월에 尙書令 司馬元顯을 征討大都督으로 삼아 黃鉞을 더해주고 桓玄을 토벌하게 하였다.

春正月에 以尙書令元顯으로 爲征討大都督하여 加黃鉞하여 討桓玄하다

【目】조령을 내려 桓玄의 죄상을 나열하고 司馬元顯을 驃騎大將軍 征討大都督으로 삼아 黃鉞을 더해주고 劉牢之를 선봉으로 삼고 譙王 司馬尙之를 後部로 삼았다. 張法順이 사마원현에게 말하기를 "桓謙 형제가 매번 上流(桓玄)의 눈과 귀가 되어 정탐하였는데 유뇌지가 마음을 자주 바꾸니, 만에 하나 변고가 생긴다면 禍害와 실패가 당장 이를 것입니다. 유뇌지로 하여금 환겸 형제를 죽이게 하여 두마음이 없음을 보이게 해야 하니, 만약 유뇌지가 명령을 받지 않으면 마땅히 미리 그를 도모하여야 합니다." 하였다. 사마원현이 말하기를 "지금 유뇌지가 아니면 환현을 대적할 수 없고, 게다가 일을 시작하면서 대장을 죽이면 인심이 편안하지 못하다." 하였다. 또 桓沖이 荊州 지역에 끼친 은혜가 있는데, 환겸이 그의 아들이라 하여 환겸을 형주자사에 제수하여 서쪽 지방 사람의 마음을 결속하게 하였다.

下詔罪狀桓玄하고 以元顯으로 爲驃騎大將軍征討大都督하여 加黃鉞하고 劉牢之爲前鋒하고 譙王尙之爲後部하다 張法順이 言於元顯曰 桓謙兄弟 每爲上流耳目이어늘 而牢之反覆하니 萬一有變이면 則禍敗立至라 可令牢之로 殺謙兄弟하여 以示無貳니 若不受命이면 當逆爲其所[①]니이다 元顯曰 今非牢之면 無以敵玄이요 且始事而誅大將이면 人情不安이라하다 又以桓沖이 有遺惠於荊土어늘 而謙其子也라하여 乃除謙荊州刺史하여 以結西人之心하다

① '逆爲其所'는 禍患이 오기 전에 미리 도모하여 劉牢之를 죽이고자 함을 말한 것이다.
逆爲其所, 謂及禍患未來, 而先爲之圖, 欲殺牢之也.

【綱】柔然이 漠北을 점거하고서 스스로 可汗(가한)을 칭하였다.

柔然이 據漠北하여 自稱可汗하다

【目】 처음에 魏主 拓跋珪가 賀狄干을 보내어 秦나라(後秦)에 말〔馬〕을 바치고 혼인을 청하였는데, 秦王 姚興은 魏나라(北魏)가 이미 慕容后를 세웠다는 말을 듣고는 하적간을 억류시키고 혼인을 끊으니, 이로 인해 魏나라와 秦나라에 틈이 생겨 魏나라가 秦나라의 屬國인 沒奕干, 黜弗, 素古延을 공격하였다.

이때 柔然의 郁久閭社崙은 秦나라와 친목하고 있었는데, 장수를 보내어 秦나라를 구원하다가 대패하여 멀리 漠北으로 달아났다. 그러고는 高車의 땅을 빼앗아 점거하고 마침내 여러 부락을 병탄하니, 군사와 말이 매우 번성하여 북방에 우두머리가 되었다. 그 지역이 서쪽으로는 焉耆에 이르고 동쪽으로는 朝鮮과 접하고 남쪽으로는 大漠에 임하니, 곁에 있는 작은 나라들이 모두 복속하였다.

욱구려사륜은 스스로 豆代可汗이라 칭호하고 처음으로 約束(법령)을 세워서 1,000명을 軍이라 하여 軍에는 장수를 두고, 100명을 幢이라 하여 당에는 帥를 두었고, 적을 공격하고 싸울 적에 먼저 적의 성에 올라간 자는 노획한 물건을 하사하고 겁을 내거나 나약한 자는 돌로 머리를 쳐서 죽였다.

初에 魏主珪 遣賀狄干하여 獻馬求昏於秦이러니 秦王興이 聞魏已立慕容后하고 止狄干而絶其昏하니 由是로 魏與秦有隙하여 攻其屬國沒奕干, 黜弗, 素古延①이러라 柔然社崙이 方睦於秦②이러니 遣將救之라가 大敗하여 遠遁漠北이라 奪高車之地而居之하고 遂呑倂諸部하니 士馬繁盛하여 雄於北方하여 其地西至焉耆하고 東接朝鮮하고 南臨大漠하니 旁側小國이 皆羈屬焉이라 自號豆代可汗③이라하고 始立約束하여 以千人爲軍하여 軍有將하고 百人爲幢하여 幢有帥④하고 攻戰에 先登者는 賜以虜獲하고 畏懦者는 以石擊其首하여 殺之하다

① 黜弗素는 後秦의 屬國이고, 古延 또한 후진의 속국이다.
黜弗素, 後秦之屬國, 古延 亦後秦之屬國.

② 社崙은 柔然 國王의 이름이다.
社崙, 柔然國王名.

③ 豆代는 魏收의 ≪魏書≫에는 丘豆伐로 되어 있으니, 〈丘豆伐은〉 魏나라(北魏)의 말로 마음대로 적을 제재하고 영토를 확장함을 말한 것이다.
豆代, 魏收書作丘豆(代)〔伐〕[28], 魏言駕馭開張也.

④ 軍將과 幢帥는 모두 魏나라(北魏) 제도이니, 郁久閭社崙이 이를 본받아 세운 듯하다.
軍將·幢帥, 皆魏制, 社崙蓋效而立之.

28) (代)〔伐〕: 본문 및 ≪資治通鑑≫에는 '代'로 되어 있으나, ≪魏書≫에 의거하여 '伐'로 바로잡았다.

【綱】南涼이 涼나라(後涼)의 顯美를 공격하여 함락하였다.

南涼이 攻涼顯美하여 克之하다

【目】南涼王 禿髮傉檀이 顯美를 점령하고 太守 孟禕를 사로잡아 일찍 항복하지 않음을 책망하자, 맹위가 말하기를 "제가 呂氏의 두터운 은혜를 받아 符節을 나누어 받아 땅을 지켰으니, 만약 明公의 대군이 이르자마자 깃발을 바라보고 귀순하였다면 執事(당신)에게 죄(경멸)를 얻을까 두려웠습니다." 하였다. 독발욕단이 그를 풀어주고 예우하고 左司馬로 삼자, 맹위가 사양하기를 "제가 남을 위하여 城을 지켰으나 온전히 지켜내지 못했는데, 다시 현달한 직임을 맡는 것은 마음에 적이 편안하지 못합니다. 만약 명공의 은혜를 입어서 저로 하여금 姑臧으로 돌아가 죽게 해주신다면 죽어도 은혜를 잊지 못할 것입니다." 하니, 독발욕단이 의롭게 여겨서 그를 보내주었다.

南涼王禿髮傉檀이 克顯美하고 執太守孟禕하여 而責其不早降①한대 禕曰 禕受呂氏厚恩하여 分符守土하니 若明公大軍이 甫至에 望旗歸附하면 恐獲罪於執事矣로이다 傉擅이 釋而禮之하고 以爲左司馬한대 禕辭曰 禕爲人守城하여 不能全이어늘 復忝顯任은 於心에 竊所未安②이라 若蒙明公之惠하여 使得就戮姑臧이면 死且不朽리이다 傉檀이 義而遣之하다

① 지난해에 禿髮傉檀이 昌松太守 孟禕를 顯美에서 공격하였는데, 이때 마침내 昌松과 顯美를 점령하니, 漢나라와 晉나라 때에는 이 두 곳을 모두 縣으로 삼아 武威郡에 속하였다. 그 후 呂光이 창송을 고쳐 東張掖郡이라 하였다가 얼마 후 다시 昌松郡이라 하였다.
去年, 傉檀攻昌松太守孟禕於顯美, 至是, 乃克昌松・顯美, 漢・晉皆爲縣, 屬武威郡, 呂光改昌松爲東張掖郡, 尋復爲昌松郡.

② 爲(위하다)는 去聲이다.
爲, 去聲.

【綱】桓玄이 군대를 일으켜 배반하였다.

桓玄이 擧兵反[29]하다

29) 桓玄 擧兵反 : "討라고 쓰고 拒라고 쓰는 것은 으레 있는 일인데, 여기에서 反이라고 쓴 것은 어째서인가. 桓玄을 토벌하는 군대가 도착하기 전에 환현의 군대가 먼저 姑孰에 이르렀으니, 司馬元顯이 머뭇거려 지체한 죄를 이루 다 주벌할 수 있겠는가.〔書討書拒 恒也 此其書反 何 討玄之師未至 而玄兵先至姑孰矣 元顯逗遛之罪 可勝誅哉〕" ≪書法≫

【目】 동쪽 지방(三吳)은 孫恩의 난리를 만나고 이어서 기근이 들어 漕運이 계속되지 못하였다. 桓玄이 長江의 뱃길을 차단하니, 장사꾼과 여행객의 배가 모두 끊겨 公私間에 모두 궁핍하여 黴子와 상수리를 사졸에게 지급하였다. 환현은 조정에 근심이 많아 반드시 자신을 토벌할 겨를이 없으므로 자신이 힘을 저축하여 조정의 틈을 엿볼 수 있을 것이라고 여겼는데, 조정의 大軍이 장차 출발한다는 말을 듣고는 마침내 매우 놀라 성곽을 수리하고 군량을 모아 江陵을 보전하고자 하였다. 이에 長史 卞範之가 다음과 같이 말하였다.

"明公은 위엄이 遠近에 진동하는데 司馬元顯은 아직도 입에서 젖내가 나고 劉牢之는 인심을 크게 잃었으니, 만약 우리 군대가 近畿 지역에 임하여 禍福(利害)을 제시하면 조정의 군대가 흙더미가 무너지듯 여지없이 무너지는 것을 한 발을 들고 기다릴 수 있을 것입니다. 어찌하여 적을 맞이하여 경내로 들어오게 해서 스스로 곤궁을 취할 것이 있겠습니까."

환현이 그의 말을 따라 桓偉를 남겨두어 강릉을 지키게 하고, 표문을 올리고 격문을 돌려 사마원현의 죄상을 나열하고 군대를 일으켜 동쪽으로 내려갔다. 격문이 이르자 사마원현이 크게 두려워하여 배에서 내리고 출발하지 못하였다.

東土遭孫恩之亂하고 因以饑饉하여 漕運不繼라 桓玄이 禁斷江路하니 商旅俱絶하여 公私匱乏하여 以粰橡給士卒①하니 玄이 謂朝廷多虞하여 必未暇討己라 可以蓄力觀釁이라하더니 及聞大軍將發하고 乃大驚하여 欲完聚保江陵이어늘 長史卞範之曰 明公은 威振遠近하고 元顯은 口尚乳臭요 劉牢之는 大失物情하니 若兵臨近畿하여 示以禍福이면 土崩之勢를 可翹(교)足而待니 何有延敵入境하여 自取窮蹙者乎잇가 玄이 從之하여 留桓偉守江陵하고 抗表傳檄하여 罪狀元顯하고 擧兵東下하니 檄至에 元顯이 大懼하여 下船而不發하다

① 粰는 房尤의 切이다. ≪博雅≫에 이르기를 "粰는 粰梳이니 黴子이다." 하였고, 또 이르기를 "죽이다." 하였다. 또 "稃는 곡식의 겁질(겨)이니, 음이 같다." 하였다. 橡은 상수리나무의 열매이다.
粰, 房尤切. 博雅曰"粰, 粰梳, 黴也." 又曰"鬻也." 又"(粰)〔稃〕30), 穀皮也. 音同." 橡, 栩實也.

【綱】 2월에 魏나라(北魏)가 沒奕干을 기습하니, 몰혁간이 秦나라(後秦)로 달아났다.

30) (粰)〔稃〕: 원문은 '粰'로 되어 있으나, ≪資治通鑑≫ 註에 의거하여 '稃'로 바로잡았다.

二月에 魏襲沒奕干하니 沒奕干이 奔秦하다

【目】魏나라 常山王 拓跋遵 등이 군대를 거느리고 沒奕干을 기습하여 高平에 이르니, 몰혁간이 부락의 백성을 버리고 수천 명의 기병만을 거느리고서 劉勃勃과 함께 秦州로 달아났다. 魏나라 군대는 그의 창고에 쌓아둔 물자와 말 4만여 필을 모두 노획하고 이 지역의 백성을 代都로 옮기고 다시 군대를 보내어 河東을 침공하니, 長安이 크게 진동하였다.

魏常山王遵等이 率兵襲沒奕干하여 至高平①하니 沒奕干이 棄其部衆하고 帥數千騎하고 與劉勃勃로 奔秦州②하다 魏軍이 盡獲其府庫蓄積과 馬四萬餘匹하고 徙其民於代都하고 復遣兵侵河東하니 長安이 大震하니라

① 高平은 漢나라 때에는 安定郡에 속하였으니, 魏收의 ≪魏書≫ 〈地形志〉에 "涇州 新平郡에 속하였고 또 原州에 高平郡이 있다." 하였다.
高平, 漢屬安定, 魏收志"屬涇州新平郡, 又原州有高平郡."

② 秦州는 上邽를 치소로 하였다.
秦州, 治上邽.

【綱】秦나라(後秦)가 아들 姚泓을 세워 太子로 삼았다.

秦이 立子泓爲太子하다

【目】姚泓은 효도하고 우애하며 너그럽고 온화하며 문학을 좋아하고 담론과 시 읊는 것을 좋아하였으나 나약하고 병이 많으니, 秦王 姚興이 후사로 삼으려 하면서도 머뭇거리며 결정하지 못하다가 오랜 뒤에 마침내 그를 태자로 세웠다.

泓이 孝友寬和하고 喜文學하고 善談詠이나 而懦弱多病하니 秦王興이 欲以爲嗣로되 而狐疑不決이라가 久乃立之하다

【綱】北涼이 涼나라(後涼)의 姑臧을 공격하였으나 이기지 못하였다.

北涼이 攻涼姑臧이나 不克하다

【目】姑臧에 기근이 크게 들어서 굶어 죽은 자가 10여만 명이었다. 성문이 낮에도 닫혀 있고 나무를 채취하는 길이 끊기므로 〈北涼의〉 沮渠蒙遜이 군대를 이끌고 공격하였는데 涼王(後梁) 呂隆이 저거몽손의 군대를 격파하니, 저거몽손이 맹약을 청하고 곡식 1만여 斛을 남겨두어 그에게 주었다.

姑臧이 大饑하여 餓死者 十餘萬口라 城門晝閉하고 樵采路絶이어늘 沮渠蒙遜이 引兵攻之러니 涼王隆이 擊破其軍하니 蒙遜이 請盟하고 留穀萬餘斛하여 遺之하다

【綱】桓玄의 군대가 姑孰에 이르자 3월에 劉牢之가 배반하여 환현에게 붙으니, 司馬元顯의 군대가 궤멸하였다. 환현이 建康에 들어가 스스로 太尉가 되어 百官을 총괄하고 사마원현 등을 죽이고 유뇌지를 會稽內史로 삼으니, 유뇌지가 자살하였다.

玄兵이 至姑孰이어늘 三月에 劉牢之叛하여 附於玄하니 元顯軍潰라 玄이 入建康하여 自以太尉로 總百揆하고 殺元顯等하고 以牢之爲會稽內史하니 牢之自殺[31)]하다

---

31) 劉牢之叛……牢之自殺 : "劉牢之의 일을 자세히 쓴 것은 배반한 자를 징계한 것이다.〔詳牢之 懲叛者也〕" ≪書法≫

"전일에 王恭을 배반했다고 썼었다. 그러므로 劉牢之가 왕공을 사로잡고서 항복한 것은 혐의할 것이 없지만 지금은 桓玄을 배반했다고 썼으니, 이는 또한 전일의 왕공이다. 그런데 유뇌지는 환현을 토벌하여 주살하지 못했을 뿐만 아니라, 마침내 그에게 협박을 받고 도리어 환현에게 붙었다. 그러므로 ≪資治通鑑綱目≫에 '叛'이라고 써서 그의 죄를 바로잡은 것이다. 소인이 反覆함은 본래 말할 것이 못 되지만 다만 書法에서는 엄격하지 않을 수가 없을 뿐이다.

○ 환현이 隆安 2년(398)에 이미 왕공과 함께 배반하여 江州를 함락하였으니, 이때 환현은 아직 통솔하고 있는 곳이 없었다. 그런데 조정에서는 이미 환현을 토벌하지 못하고 마침내 그를 등용하여 刺史로 삼았다가 얼마 안 되어 또다시 都督四郡을 더해주어 도리어 환현을 의지해서 殷仲堪과 楊佺期를 제재하고자 하였다. 은중감과 양전기 두 사람이 이미 죽임을 당하자, 환현은 마침내 荊州, 江州 등 8개 州를 도독하니, 더 이상 예전의 환현이 아니었다. 孫恩이 여러 해 계속 침입해 도둑질하자, 환현은 晉나라 조정이 전복되어 자신의 이익이 될 것을 바라고, 또 표문을 올려서 桓偉를 夏口에 진주시키고 刁暢을 襄陽에 진주시켜 흉악한 위엄이 치성해지니, 조정이 비로소 환현을 토벌할 것을 도모하였다. 환현이 마침내 군대를 일으켜 반역을 저질러서 유뇌지를 유인하여 관군을 격파하고 司馬元顯을 죽이고 스스로 백관을 통솔하였으니, 이에 찬탈할 형세가 끝내 이루어져서 다시는 저지할 수가 없었다. 그러나 환현은 본래 보잘것없는 재주로 그의 아비 桓溫에 견줄 수가 없는데, 晉나라가 쇠미할 때를 만나서 그의 욕심을 부리고자 하였고 그 아비의 흉악한 위엄을 계승하여 그의 뜻을 이루려 하였다. ≪자치통감강목≫에 그의 관직을 삭제하고는 '反'이라고 쓰고 '討'라고 쓰고 '入'이라고 써서 나라가 혼란하다는 이유로 그 이름을 바로잡지 않지 않았다.

그러나 이때 사마원현이 征討의 책임을 맡고서 싸우지 않고 궤멸하여 마침내 한 사람도 항거한 자가 없었으니, 저 王敦과 蘇峻의 난리에 忠節에 죽고 난에 달려간 자가 역사책에 끊이지 않고 기록된 것과는 크게 다르다. 군자가 이것을 보면 또 晉나라의 盛衰를 알 수 있을 것이다.〔前日王恭書

白虎旗

【目】 桓玄이 江陵으로 출병할 적에 일이 성공하지 못할 것을 염려해서 항상 서쪽으로 돌아갈 계책을 세우곤 하였는데, 尋陽을 지나가자 매우 기뻐하였다. 조정에서는 조령을 내려 齊王 司馬柔之를 보내어 騶虞幡[32]을 가지고 가서 환현을 저지하였으나, 환현에게 살해당하였다. 환현이 歷陽에 이르니, 襄城太守 司馬休之가 패하여 달아나고 譙王 司馬尙之의 무리가 궤멸하자 환현은 이들을 체포하여 사로잡았다.

劉牢之는 평소 司馬元顯을 미워하였고 또 자신의 공이 높아 조정에서 용납해주지 못할까 염려하였다. 그리하여 스스로 자신의 재주와 무용을 믿고 강한 군대를 보유하여, 환현의 힘을 빌려 執政(司馬元顯)을 제거하고 다시 때를 기다리다가 환현에 틈을 엿보아 스스로 점령하고자 하여 參軍 劉裕가 환현을 공격할 것을 청하였으나 유뇌지는 허락하지 않았다.

桓玄이 發江陵할새 慮事不捷하여 常爲西還計러니 及過尋陽에 甚喜①하니라 詔遣齊王柔之하여 以騶虞幡止之러니 爲玄所殺②하다 玄이 至歷陽하니 襄城太守司馬休之敗走하고 譙王尙之衆潰어늘 玄이 捕獲之하다 劉牢之素惡(오)元顯하고 又慮功高하여 不爲所容이라 自恃材武하고 擁彊兵하여 欲假玄以除執政하고 復伺玄隙而自取之하여 參軍劉裕請擊玄호되 牢之不許러라

① 《資治通鑑》에는 "官軍이 보이지 않자 마음속으로 몹시 기뻐하였다." 하였다.
通鑑 "不見官軍, 意甚喜."

② 司馬柔之는 司馬宗의 아들이다. 孝武帝 太元 10년(385)에 사마유지가 齊王의 작위를 계승하여 司馬攸와 司馬冏의 제사를 잇게 하였으며, 사마종을 南頓王에 봉하였다.

反 故牢之無嫌於執之以降 今日桓玄書反 是亦前日之王恭也 牢之不惟不能討玄而誅之 乃爲其所怵 反附於玄 故綱目書叛以正其誅 夫小人反覆 本不足道也 特書法之間 不可以不嚴爾○ 桓玄隆安二年 已與王恭同反 陷江州時玄尙未有所統 朝廷既不能討 乃就用爲刺史 未幾 又加都督四郡 反欲仗玄以制殷楊 二人既戮 玄遂都督荊江八州 非復前日之玄矣 孫恩連年入寇 玄幸晉朝顚覆以爲己利 又表桓偉鎭夏口 刁暢鎭襄陽 兇威既熾 朝廷方謀討之 玄遂擧兵肆逆 誘牢之 破官軍 殺元顯 自總百揆 於是簒勢竟成 不可復止 然玄本斗筲之才 初非其父溫之比 遭値晉室衰微 得逞其欲 追繼乃父凶德 以成厥志 綱目削去其官 書反 書討 書入 不以亂故 不正其名 然而是時元顯任征討之責 不戰而潰 遂無一人抗拒 其與王蘇之亂 死節赴難者 史不絶書 大不侔矣 君子觀此 又可以知晉氏之盛衰云〕" 《發明》

32) 騶虞幡 : 騶虞라는 짐승을 깃발 위에 그려 수놓은 것이다. 晉나라 제도에 白虎幡과 추우번이 있었으니, 白虎는 위엄이 있고 사나워서 죽임을 주장하므로 전투를 독려할 때 사용하고, 추우는 인자한 짐승이므로 군대를 해산할 때 사용하였다.

柔之, 宗之子也. 孝武太元十年, 以柔之襲封齊王, 紹攸・冏之祀, 宗, 封南頓王.

【目】 환현이 유뇌지의 族舅(집안의 외숙)인 何穆으로 하여금 유뇌지를 설득하기를 "예로부터 군주를 두렵게 하는 위엄을 지니고 포상할 수 없는 공을 간직하고서 스스로 온전히 할 수 있는 자가 그 누구였는가. 지금 그대가 싸워서 승리하면 집안이 기울고, 싸워서 패하면 집안이 전복될 것이다. 선뜻 생각을 바꾸는 것만 못하니, 이렇게 하면 영원히 부귀를 보전할 것이다." 하였다. 이에 유뇌지가 마침내 환현과 내통하였다.

東海의 何無忌는 유뇌지의 생질이었다. 유유와 함께 지극히 간하였으나 유뇌지가 듣지 않았고, 그의 아들 劉敬宣이 또 간하자 유뇌지가 노하여 말하기를 "내 어찌 이것을 모르겠는가. 오늘날 내가 환현과 싸워 이기는 것은 손바닥을 뒤집는 것처럼 쉽지만 다만 환현을 평정한 뒤에 나로 하여금 驃騎將軍(司馬元顯)을 어떻게 상대한단 말이냐." 하고는 마침내 유경선을 보내어 환현에게 가서 항복을 청하였다. 그러나 환현은 은밀히 유뇌지를 죽이고자 하여 마침내 유경선과 잔치하고 술을 마실 적에 유명한 書畫를 진열하여 함께 구경하면서 그의 마음을 안정시키고 기쁘게 하니, 유경선은 이것을 눈치채지 못하였다.

玄이 使牢之族舅何穆으로 說(세)之曰 自古戴震主之威하고 挾不賞之功하고 而能自全者誰邪아 今戰勝則傾宗하고 戰敗則覆族이니 不若翻然改圖하면 則可以長保富貴矣리라 牢之遂與玄通하다 東海何無忌는 牢之之甥也라 與劉裕極諫호되 不聽하고 其子敬宣이 又諫하니 牢之怒曰 吾豈不知리오 今日取玄이 如反覆手로되 但平玄之後에 令我奈驃騎何①오하고 遂遣敬宣하여 詣玄請降이어늘 玄이 陰欲誅牢之하여 乃與敬宣宴飮할새 陳名書畫共觀之하여 以安悅其意하니 敬宣이 不覺也②러라

① 司馬元顯이 驃騎將軍이 되었으므로 驃騎라고 칭한 것이다.
元顯, 爲驃騎將軍, 故稱之.

② 畫(그림)는 畵와 같다.
畫, 與畵同.

【目】 司馬元顯이 장차 출발하려 할 적에 桓玄이 이미 新亭에 도착했다는 말을 듣고는 배를 버리고 군대를 후퇴시켰다가 이틀 만에 다시 출병하여 宣陽門 밖에 진을 쳤다. 군중이 서로 놀라 말하기를 "환현이 이미 南桁에 이르렀다." 하니, 사마원현이 마침내 군대를 이끌고 궁으로 돌아가려 하였는데, 환현이 사람을 보내어 칼을 뽑아 뒤따라가며 크게 고함치기를 "병장기를 내려놓아라." 하니, 군사들이 모두 달아나 궤멸하였다.

사마원현이 달아나 東府로 들어가자, 환현은 종사관을 보내어 그를 체포하여 죄상을 열거하니, 사마원현이 말하기를 "나는 張法順 때문에 잘못되었다." 하였다.

환현은 京師에 들어와 詔命을 사칭하여 계엄령을 해제하고 스스로 丞相이 되어서 백관을 총괄하고 都督中外諸軍事 錄尙書事 揚州牧이 되었다가, 다시 丞相의 지위를 사양하여 太尉가 되고는 桓偉를 荊州刺史로, 桓脩를 徐兗刺史로, 桓石生을 江州刺史로, 卞範之를 丹楊尹으로, 王謐을 中書令으로 삼고, 會稽王 司馬道子를 安成郡으로 귀양 보내고 사마원현과 司馬尙之, 庾楷와 장법순을 참수하였다.

元顯이 將發에 聞玄已至新亭하고 棄船退軍이라가 二日에 復出陳於宣陽門外하니 軍中이 相驚하여 言玄已至南桁①이라 元顯이 遂引兵欲還宮이어늘 玄이 遣人拔刀하여 隨後大呼曰 放仗하라하니 軍人이 皆奔潰라 元顯이 走入東府②어늘 玄이 遣從事收縛數之한대 元顯曰 爲法順所誤耳로라 玄이 入京師하여 稱詔解嚴하고 自爲丞相하여 總百揆하고 都督中外錄尙書事揚州牧이러니 復讓丞相而爲太尉③하고 以桓偉爲荊州刺史하고 桓脩爲徐兗刺史하고 桓石生爲江州刺史하고 卞範之爲丹(陽)〔楊〕[33]尹하고 王謐爲中書令④하고 徙會稽王道子於安成郡⑤하고 斬元顯, 尙之, 庾楷, 張法順하다

① 南桁은 바로 朱雀桁이니, 臺城의 남쪽에 있었다.
南桁, 卽朱雀桁, 在臺城南.

② ≪輿地志≫에 "東府城은 晉나라 安帝가 축조한 것이니, 그 성의 서쪽은 본래 簡文帝가 會稽王이 되었을 때의 집이요, 그 동쪽은 丞相인 會稽王 司馬道子의 府이다. 謝安石(謝玄)이 薨하자, 사마도자를 揚州에 대신 진주하게 하니, 양주는 간문제의 집 서쪽에 있었으므로 당시 사람들이 이들을 東府와 西州라 칭하였다." 하였다.
輿地志 "東府城, 晉安帝所築, 其城西, 本簡文帝爲會稽時第, 其東, 丞相會稽王道子府. 謝安石薨, 以道子代鎭揚州, 州在第西. 故時人號爲東府・西州."

③ 唐虞 시대에는 百揆를 官名으로 삼았는데, 晉나라 사람들은 대부분 백규를 百官이라 하였다.
唐虞, 以百揆爲官名, 晉人, 多以百揆爲百官.

④ 桓石生은 桓豁의 아들이고 王謐은 王導의 손자이다.
石生, 豁之子, 謐, 導之孫也.

⑤ 吳나라 孫皓 寶鼎 2년(267)에 豫章과 長沙, 廬陵을 나누어 安成郡을 세웠다.
吳孫皓寶鼎二年, 分豫章・長沙・廬陵, 立安成郡.

【目】 환현이 유뇌지를 會稽內史로 삼자, 유뇌지가 말하기를 "이제 시작인데 곧장 나의 병력

33) (陽)〔楊〕: 저본에는 '陽'으로 되어 있으나, ≪資治通鑑≫에 의거하여 '楊'으로 바로잡았다.

을 빼앗았으니, 화가 당장 닥쳐올 것이다." 하였다. 劉敬宣이 유뇌지에게 환현을 기습할 것을 권하였으나 유뇌지가 머뭇거리며 결단하지 못하고 유유에게 고하기를 "나는 지금 마땅히 북쪽으로 廣陵에 있는 高雅之에게 찾아가서 군대를 일으켜 社稷을 바로잡으려 하니, 경이 능히 나를 따라오겠는가." 하였다. 유유가 말하기를 "장군은 수만 명의 강한 병력을 보유하고서도 적군을 멀리서 바라보고 항복하였고, 저 환현은 새로 뜻을 얻어서 위엄이 천하에 진동하니, 朝野의 인심이 모두 이미 장군에게서 떠났습니다. 광릉에 갈 수 있겠습니까. 나는 마땅히 군복을 벗고 평상복 차림으로 京口로 돌아갈 것입니다." 하였다.

유유는 물러나 何無忌에게 이르기를 "내가 鎭北將軍(유뇌지)을 보건대 반드시 화를 면치 못할 것이니, 경은 나를 따라 경구로 돌아가야 한다. 환현이 만약 신하의 절개를 지킨다면 내 마땅히 경과 함께 그를 섬길 것이요, 그렇지 않으면 내 마땅히 경과 함께 도모할 것이다." 하였다.

이때 유뇌지가 참모와 보좌관들을 크게 모아놓고 江北을 점거하고서 환현을 토벌할 것을 의논하였는데, 參軍 劉襲이 말하기를 "일 중에 해서는 안 되는 일은 배반보다 더 큰 것이 없습니다. 장군이 지난해 王兗州(王恭)를 배반하였고 근일에 司馬郎君(사마원현)을 배반하였고 이제 다시 桓公을 배반하려 하니, 한 사람이 세 번 배반한다면 어떻게 세상에 살 수 있겠습니까." 하고는 말이 끝나자 달려 나가니, 보좌하는 관리들이 대부분 흩어져 달아났다. 유뇌지는 두려워하여 部曲[34]을 거느리고 북쪽으로 달아나 新洲에 이르러서 목을 매어 죽었다.

以劉牢之爲會稽內史한대 牢之曰 始爾에 便奪我兵하니 禍其至矣리라 敬宣이 勸牢之襲玄이어늘 牢之猶豫하여 告劉裕曰 今當北就高雅之於廣陵하여 擧兵以匡社稷하리니 卿能從我乎아 裕曰 將軍이 以勁卒數萬으로도 望風降服하고 彼新得志하여 威震天下하니 朝野人情이 皆已去矣라 廣陵을 可得至邪잇가 裕當反服還京口耳①리이다 退謂何無忌曰 吾觀鎭北컨대 必不免이니 卿可隨我還京口②니라 玄이 若守臣節이면 當與卿事之요 不然이면 當與卿圖之리라 於是에 牢之大集僚佐하여 議據江北以討玄이어늘 參軍劉襲曰 事之不可者 莫大於反이라 將軍이 往年에 反王兗州하고 近日에 反司馬郎君하고 今復反桓公하니 一人三反이면 何以自立③잇고 語畢에 趨出하니 佐吏多散走라 牢之懼하여 帥部曲北走하여 至新洲하여 縊而死하다

①'反服'은 戎服(군복)을 벗고 평상복을 입음을 이른다.

34) 部曲 : 魏晉南北朝 시기에 지방의 치안을 위해 장군이나 호족이 거느리도록 인정했던 군부대 또는 그 집단을 말한다.

反服, 謂釋戎服而服常服也.

② 劉牢之가 孫恩을 토벌한 공로로 승진하여 鎭北將軍으로 불리었다.
牢之, 以討孫恩功, 進號鎭北將軍.

③ 王兗州는 王恭을 이르고, 司馬郎君은 司馬元顯을 이른다.
王兗州, 謂王恭, 司馬郎君, 謂元顯.

【綱】 孫恩이 臨海를 침략하자 郡의 군대가 격파하니, 손은이 바다로 뛰어들어 죽었다. 桓玄은 손은의 黨인 盧循을 永嘉太守로 삼았다.

孫恩이 **寇臨海**어늘 **郡兵**이 **擊破之**하니 **恩**이 **赴海死**하다 **玄**이 **以恩黨盧循**으로 **爲永嘉太守**[35]하다

【目】 孫恩이 臨海를 침략하자 臨海太守 辛景이 그를 격파하니, 손은이 포로로 잡았던 三吳 지역의 남녀가 거의 다 죽었다. 손은은 관군에게 사로잡힐까 두려워해서 마침내 바다에 뛰어들어 죽으니, 그의 黨으로 따라 죽은 자가 백 명으로 헤아려졌는데, 〈그의 敎徒들은〉 이들을 水仙이라 하였다.

남은 무리 수천 명이 다시 손은의 매부인 盧循을 추대하여 군주로 삼으니, 노순은 盧諶의 증손이다. 정신이 맑고 풍채가 수려하며 평소 재주가 있었는데, 젊었을 때에 沙門 惠遠이 일찍이 그에게 이르기를 "그대가 비록 풍채가 있고 평소에 소양을 쌓았으나 不軌한 마음을 품고 있으니, 어찌한단 말인가." 하였다.

환현이 동쪽 지방을 위로하고 다독이려 해서 마침내 노순을 永嘉太守로 삼으니, 노순은 비록 조정의 임명을 받았으나 도둑질과 포악한 짓을 그치지 않았다.

孫恩이 **寇臨海**어늘 **太守辛景**이 **擊破之**하니 **恩所虜三吳男女 死亡殆盡**이라 **恐爲官軍所獲**하여 **乃赴海死**하니 **其黨從死者 以百數**라 **謂之水仙**이라하니라 **餘衆數千人**이 **復推恩妹夫盧循爲主**하니 **循**은 **諶之曾孫也**라 **神采淸秀**하고 **雅有才藝**러니 **少時**에 **沙門惠遠**이 **嘗謂之曰 君雖體涉風素**나 **而志存不軌**하니 **如何**오하니라 **桓玄**이 **欲撫安東土**하여 **乃以循爲永嘉守**①하니 **循**이 **雖受命**이나 **而寇暴不已**하니라

① 明帝 太寧 원년(323)에 臨海를 나누어 永嘉郡을 세웠다.

---

35) 玄……爲永嘉太守 : "桓玄을 쓴 것은 어째서인가. 晉나라(東晉)가 또다시 혼란한 이유를 드러낸 것이다.〔書玄以何 著再亂之由也〕" ≪書法≫

明帝太寧元年, 分臨海, 立永嘉郡.

【綱】南涼王 禿髮利鹿孤가 卒하니, 아우 禿髮傉檀이 즉위하였다.

南涼王利鹿孤卒하니 弟傉檀이 立하다

【目】禿髮傉檀이 처음으로 涼王을 칭하고 樂都(낙도)로 수도를 옮겼다.

始稱涼王하고 徙樂都하다

【綱】여름 4월에 桓玄이 나가 姑孰에 주둔하였다.

夏四月에 玄이 出屯姑孰하다

【目】桓玄이 錄尙書事를 사양하고 나가 姑孰에 주둔하니, 큰 정사를 모두 그에게 찾아가 자문하였고 작은 일은 尙書令 桓謙과 卞範之에게 결단하였다. 隆安 연간 이후로 사람들이 禍亂을 싫어하였다. 환현이 처음 도성에 왔을 때에 간사하고 아첨하는 자들을 내치고 준수하고 어진 자를 발탁하니 京師가 기뻐하여 다소나마 편안해지기를 바랐는데, 이윽고 사치스럽고 방종하여 조정을 능멸하고 황제의 일상생활에 필요한 물품을 대폭 줄이니, 황제가 거의 굶주림과 추위를 면치 못하였다. 여러 사람이 이로 인해 크게 실망하였다.

玄이 辭錄尙書事하고 出屯姑孰하니 大政을 皆就諮焉하고 小事則決於尙書令桓謙及卞範之하니라 自隆安以來로 人厭禍亂이라 玄이 初至에 黜奸佞하고 擢儁賢하니 京師欣然하여 冀得少安이러니 旣而요 奢豪縱逸하여 陵侮朝廷하고 裁損乘輿供奉하니 帝幾不免飢寒이라 衆이 由是失望하니라

【綱】三吳(吳興·吳郡·會稽) 지역에 심한 기근이 들었다.

三吳大飢하다

【目】三吳 지역에 심한 기근이 들어 호구가 반으로 줄고 臨海와 永嘉에는 거의 다 사람이 죽으니, 부잣집들이 모두 비단옷을 입고 금옥을 품에 안고는 문을 닫고 굶어 죽었다.

三吳大飢하여 戶口減半하고 臨海, 永嘉殆盡하니 富室이 皆衣羅紈하고 懷金玉하고 閉門餓死하니라

【綱】 5월에 盧循이 東陽을 침략하니, 劉裕가 공격하여 패주시켰다.

五月에 盧循이 寇東陽하니 劉裕擊走之하다

【綱】 秦王(後秦) 姚興이 魏나라(北魏)를 공격하다가 크게 패하니, 그의 장수 姚平이 전사하였다.

◑ 秦王興이 攻魏敗績하니 其將姚平이 死之하다

【目】 秦王 姚興이 여러 군대를 크게 징발하여 義陽公 姚平 등이 군대를 거느리게 하여 보내어 魏나라를 공격할 적에 요흥이 직접 대군을 거느리고 뒤를 이었다. 요평이 魏나라 乾壁을 공격하여 함락하니, 魏主 拓跋珪가 長孫肥를 보내어 선봉으로 삼고 자신은 직접 대군을 거느리고 연이어 출발해서 秦나라 군대를 막았다. 요평이 용맹한 장수를 보내어 정예기병 200명을 거느리고 魏나라 군대를 정탐하자, 장손비가 이들을 맞이하여 공격해서 모두 사로잡으니, 요평이 후퇴하여 달아났다.

탁발규가 그를 추격하여 柴壁에서 따라잡으니, 요평은 城을 둘러싸서 굳게 지켰는데, 魏나라 군대가 그를 포위하였다. 요흥이 4만 명의 병력을 거느리고 그를 구원하면서 장차 天渡를 점거하여 군량을 수송해 요평에게 공급하려 하였다. 이때 魏나라 博士 李先이 말하기를 "병법에 '높은 곳에 주둔해 있는 자는 적에게 사로잡히고, 깊은 곳에 주둔해 있는 자는 적에게 갇힌다.'[36] 하였는데, 지금 秦나라가 이 두 가지를 모두 범하고 있으니, 마땅히 유격대를 보내어 먼저 천도를 점거해야 합니다. 이렇게 하면 시벽은 싸우지 않고도 점령할 수 있을 것입니다." 하였다. 탁발규가 명하여 성을 더 쌓아 겹겹으로 포위해서 안으로는 요평이 나오는 것을 막고 밖으로는 요흥이 들어가는 것을 막았다.

秦王興이 大發諸軍하여 遣義陽公平等將하여 以伐魏[①]할새 興이 自將大軍繼之하다 平이 攻魏乾

36) 높은……갇힌다 : 武王이 太公에게 "군대를 이끌고 諸侯의 땅에 깊숙이 쳐들어가서 높은 산과 盤石을 만났는데, 그 위가 우뚝하여 의지할 만한 풀과 나무가 없고 사면에서 적의 공격을 받으면, 우리의 三軍이 두려워하고 병사들이 의혹할 것이니, 우리가 지키면 견고하고 전투하면 승리하고자 할진댄 어찌해야 하는가?〔引兵深入諸侯之地 遇高山盤石 其上亭亭 無有草木 四面受敵 吾三軍恐懼 士卒迷惑 吾欲以守則固 以戰則勝 爲之奈何〕라고 묻자, 太公이 대답하기를 "무릇 三軍이 산의 높은 곳에 주둔해 있으면 적에게 사로잡히고, 산의 아래에 주둔해 있으면 적에게 갇히게 됩니다. 산에 둘러싸인 곳에 주둔하면 반드시 烏雲陣을 쳐야 하니, 烏雲陣은 陰과 陽이 모두 구비되어 혹은 陰地에 주둔하고 혹은 陽地에 주둔합니다.〔凡三軍 處山之高 則爲敵所棲 處山之下 則爲敵所囚 旣以被山而處 必爲烏雲之陳 烏雲之陳 陰陽皆備 或屯其陰 或屯其陽〕"라고 하였다.(≪六韜直解≫ 권5 〈豹韜〉)

壁하여 拔之[②]하니 魏主珪遣長孫肥하여 爲前鋒하고 自將大軍하여 繼發以禦之하다 平이 遣驍將하여 帥精騎二百하고 覘魏軍이어늘 肥逆擊하여 盡禽之하니 平이 退走라 珪追及於柴壁하니 平이 嬰城固守라 魏軍이 圍之하니 興이 將兵四萬救之호되 將據天渡하여 運糧以餽平[③]이러니 魏博士李先曰 兵法에 高者는 爲敵所棲하고 深者는 爲敵所囚라하여늘 今秦이 皆犯之하니 宜遣奇兵하여 先據天渡니 柴壁은 可不戰而取也리이다 珪命增築重圍하여 內防平出하고 外拒興入하다

① 將(거느리다, 장수)은 卽亮의 切이다. 아래 '自將'과 '驍將', '將兵'의 將도 모두 같다.
將, 卽亮切. 下自將・驍將・將兵同.

② 魏收의 ≪魏書≫ 〈地形志〉에 "平陽의 禽昌縣은 漢・晉 시대의 北屈이다. 乾城이 있었는데, 隋나라가 禽昌을 겸병하여 襄陵에 편입시켰다." 하였고, 또 ≪晉書≫ 〈姚興載記〉를 근거해 보면 乾壁은 바로 乾城이다.
魏收地形志"平陽禽昌縣, 漢・晉之北屈也. 有乾城, 隋幷禽昌, 入襄陵." 又據姚興載記, 乾壁, 卽乾城.

③ 柴壁은 汾水 동쪽 天渡에 있으니, 아마도 분수의 나루의 이름인 듯하니, 분수의 西岸에 있었다.
柴壁, 在汾東天渡, 蓋汾津之名, 在汾水西岸.

【目】將軍 安同이 말하기를 "汾水 동쪽에 蒙阬이라는 갱도가 있으니, 東西로 300여 리가 이어져 작은 길도 통하지 않습니다. 요흥이 오면 반드시 분수의 서쪽을 따라 곧바로 柴壁에 임할 것입니다. 이렇게 되면 오랑캐의 聲勢가 서로 이어질 것이니, 몇 겹으로 포위해 견고하게 지키더라도 그들을 제재하지 못할 것입니다. 浮橋를 만들어 분수 서쪽을 건너가서 포위망을 구축하여 막는 것만 못하니, 이렇게 하면 오랑캐가 와도 그들의 지혜와 힘을 쓸 곳이 없을 것입니다." 하였다. 탁발규가 그의 말을 따라 보병과 기병 3만 명을 거느리고서 몽갱의 남쪽에서 요흥을 맞아 공격하니, 요흥이 40여 리를 후퇴해 달아나고 요평 또한 감히 나오지 못하였다.

요흥이 분수 서쪽에 주둔하고서 측백나무 재목을 묶어 분수 상류에서 떠내려 보내어 浮橋를 파괴하고자 하였는데, 魏나라 사람들이 모두 갈고리로 건져내어 땔감으로 사용하니, 요평은 식량이 다하고 화살이 떨어졌다. 밤에 병력을 총동원하여 포위망을 공격하였으나 탈출하지 못하고 마침내 휘하의 병사를 거느리고 물로 뛰어들어 죽으니, 남은 무리 2만여 명이 모두 저항하지 못하고 사로잡혔다.

요흥이 자신의 힘으로 구원하지 못하니, 온 군대가 통곡하였다. 요흥이 여러 번 사자를 보내어 魏나라에 화친을 요구하였으나 탁발규가 허락하지 않고는 승세를 타고 蒲坂

으로 진격하였는데, 마침 柔然이 魏나라를 공격할 것을 도모하니, 탁발규가 마침내 군대를 이끌고 돌아갔다.

將軍安同曰 汾東에 有蒙阬하니 東西三百餘里하여 蹊徑不通이라 興來면 必從汾西하여 直臨柴壁하리니 如此면 虜聲勢相接하리니 重圍雖固나 不能制也리이다 不如爲浮梁하여 渡汾西하여 築圍以拒之니 虜至에 無所施其智力矣리이다 珪從之하여 帥步騎三萬하고 逆擊興於蒙阬之南하니 興이 退走四十餘里하고 平亦不敢出이러라 興이 屯汾西하여 束柏材하여 從汾上流縱之하여 欲以毁浮梁이어늘 魏人이 皆鉤取爲薪하니 平이 糧竭矢盡하여 夜에 悉衆突圍호되 不得出하고 乃帥麾下하여 赴水死하니 餘衆二萬餘人이 皆斂手就禽이라 興이 力不能救하니 擧軍慟哭하고 數(삭)遣使求和於魏호되 珪不許하고 乘勝進攻蒲坂이러니 會에 柔然이 謀伐魏하니 乃引兵還하다

【綱】〈晉나라(東晉)의〉 將軍 司馬休之와 劉敬宣과 高雅之가 南燕으로 달아났다.

將軍司馬休之와 劉敬宣과 高雅之 奔南燕하다

【目】桓玄이 吳興太守 高素와 將軍 竺謙之와 劉襲 등을 죽이니, 이들은 모두 劉牢之가 北府에 있을 때의 옛 부하 장수였다. 유습의 형 劉軌가 司馬休之와 劉敬宣과 高雅之 등을 맞이하여 함께 山陽을 점거하고 군대를 일으켜 환현을 공격하고자 하였으나 점거하지 못하고 패주하였다. 장군 袁虔之와 劉壽 등이 모두 따라가서 장차 魏나라(北魏)로 달려가려 하였는데, 陳留의 남쪽에 이르러 나누어 두 무리가 되어서 유궤와 사마휴지와 유경선은 南燕으로 달아나고 원건지와 유수 등은 秦나라(後秦)로 달아났다.

魏主(拓拔珪)가 처음에 사마휴지 등이 마땅히 올 것이라는 말을 듣고 크게 기뻐하였는데, 뒤에 이들이 오지 않는 것을 이상하게 여겨서 兗州刺史로 하여금 그 이유를 찾게 하였다. 그들의 수행원을 사로잡아 물으니, 모두 말하기를 "예전에 崔逞(최정)이 魏나라에서 죽임을 당했다는 말을 들었으므로 두 나라로 달아난 것입니다." 하였다.

魏主가 이를 깊이 후회하여, 이로부터 선비가 허물이 있으면 모두 너그럽게 포용하였다.

玄이 殺吳興守高素와 將軍竺謙之及劉襲等하니 皆牢之北府舊將也라 襲兄軌 邀司馬休之, 劉敬宣, 高雅之等하여 共據山陽하여 欲起兵攻玄호되 不克而走①하니 將軍袁虔之, 劉壽等이 皆往從之하여 將奔魏러니 至陳留南하여 分爲二輩하여 軌, 休之, 敬宣은 奔南燕하고 虔之, 壽等은 奔秦하다 魏主初聞休之等當來하고 大喜하더니 後怪其不至하여 令兗州求訪②하여 獲其從者하여 問之하니 皆曰 聞崔逞이 被殺故로 奔二國이니이다 魏主深悔之하여 自是로 士人有過면 頗見優容하니라

① 沈約이 말하였다. "山陽은 본래 射陽縣(역양현)의 경내의 지명이니, 義熙 연간의 土斷[37] 때에 처음으로 廣陵郡을 나누어 山陽郡과 山陽縣을 세웠다.

沈約曰 "山陽, 本射陽縣境地名, 義熙土斷, 始分廣陵郡, 立山陽郡及山陽縣."

② 隆安 5년(401)에 魏나라(北魏)가 長孫肥를 兗州刺史로 삼아 남쪽으로 지방을 순행하게 하였다. 그러나 아직 兗州를 소유하지는 못하였다.

隆安五年, 魏以長孫肥爲兗州刺史, 南徇地. 然未能有兗州也.

【綱】 燕王(後燕) 慕容熙가 그의 太后 丁氏를 죽였다.

燕王熙 殺其太后丁氏[38] 하다

【目】 燕王 慕容熙가 苻謨의 두 딸을 아내로 맞이하여 총애하였다. 丁太后가 이를 원망하여 오라비의 아들인 尙書 丁信과 함께 모용희를 폐위하고 章武公 慕容淵을 세울 것을 모의하다가 일이 발각되니, 모용희가 정태후를 핍박하여 자살하게 하고 모용연과 정신을 함께 죽였다.

燕王熙 納苻謨二女하여 有寵하니 丁太后怨恚(에)①하여 與兄子尙書信으로 謀廢熙하고 立章武公淵②이러니 事覺하니 熙逼丁太后하여 令自殺하고 倂殺淵及信하다

① 丁太后가 평소 慕容熙와 간통한 일은 上年에 보인다.

丁太后素與熙通事, 見上年.

② 慕容淵은 慕容成의 아우이다.

---

37) 義熙……土斷 : 土斷은 晉나라와 南朝에서 임시로 설치한 僑置郡縣을 없애고 교치군현에 임시로 붙어사는 戶口를 현재 거주하고 있는 郡縣에 편입시킴으로써 왕권을 강화하고 부역과 병력의 자원을 확대시킨 제도이다. 東晉 安帝 義熙 9년(413)에 詔令을 내려 土斷의 法을 거듭 이행하게 하고 流寓郡縣을 합병하여 줄였는바, 자세한 내용은 아래 24권에 보인다.

38) 燕王熙 殺其太后丁氏 : "成나라가 옛 군주인 李班의 어미 羅氏를 죽인 것은 母后가 아니었기 때문에 殺이라고 썼지만, 丁氏는 太后라고 썼는데 '弑'라고 쓰지 않은 것은 어째서인가. 丁氏를 죄책한 것이다. 처음에 慕容熙가 〈정씨와 私通하여〉 정씨에게 총애를 얻어 정씨가 태자 慕容定을 폐위하고 모용희를 세웠는데, 이윽고 은총을 다투어 또다시 모용희를 폐위하려고 하자 모용희가 마침내 정씨를 핍박하여 자살하게 하였으니, 이와 같다면 한 나라의 國母가 될 수 없는 것이다. 그러므로 특별히 '殺'이라고 썼으니, 태후가 시해를 당한 것을 '殺'이라고 쓴 것은 《資治通鑑綱目》이 끝날 때까지 1번 뿐이다.〔成殺故主班母羅氏 非母后也 故書殺 丁氏書太后矣 則其不書弑 何 罪丁氏也 初熙得幸丁氏 丁氏廢太子定而立之 旣而爭寵 又欲廢熙 熙遂逼之自殺 若此 不足以母一國矣 故特書殺 太后弑書殺 終綱目一而已矣〕" 《書法》

"여기서는 정씨를 어찌하여 弑라고 쓰지 않았는가. 정씨가 이미 모용희에게 정조를 잃었다. 그러므로 君母가 될 수 없는 것이다. 그러나 오히려 太后라고 쓴 것은 모용희의 추악한 음행을 드러낸 것이다.〔此何以不書弑 丁旣失身於熙 故不得爲其君母 然猶書太后者 所以著熙墻茨之醜也〕" 《發明》

淵, 成之弟也.

【綱】 桓玄이 會稽王 司馬道子를 죽였다.

玄이 殺會稽王道子하다

【目】 桓玄이 御史 杜林으로 하여금 司馬道子를 막아 지키게 하였는데, 安成에 이르자 두림이 환현의 뜻을 받들어 鴆毒으로 사마도자를 죽였다.

玄이 使御史杜林으로 防衛道子러니 至安成하여 林이 承玄旨하여 酖殺之하다

【綱】 北涼 梁中庸이 西涼으로 달아났다.

北涼梁中庸이 奔西涼하다

【目】 北涼의 西郡太守 梁中庸이 배반하여 西涼으로 달아나자, 西涼公 李暠(이고)가 묻기를 "나와 索嗣(삭사)를 비교하면 어떠한가?" 하니, 양중용이 말하기를 "비교할 수 없습니다." 하였다. 이고가 말하기를 "삭사의 재주와 도량이 만약 나와 비등하다면 내가 어떻게 천 리 밖에서 긴 끈으로 그의 목을 옭아매어 죽였겠는가?[39]" 하니, 양중용이 말하기를 "지혜는 길고 짧음이 있고 운명은 성공과 실패가 있으니, 만약 몸이 죽는 것을 졌다 하고 계책이 잘 행해진 것을 이겼다고 한다면 公孫瓚이 어찌 劉虞보다 낫겠습니까?[40]" 하니, 이고가 침묵하였다.

北涼西郡太守梁中庸이 叛하여 奔西涼이어늘 西涼公暠問曰 我何如索嗣오 中庸曰 未可量也니이다 暠曰 嗣才度 若敵我者면 我何能於千里之外에 以長繩絞其頸邪아 中庸曰 智有短長하고 命有成敗하니 若以身死爲負하고 計行爲勝이면 則公孫瓚이 豈賢於劉虞邪잇가하니 暠默然이러라

39) 긴……죽였겠는가 : 그를 제어할 방법이 없다는 말로, 晉나라 傅玄이 지은 〈九曲歌〉의 "어찌하면 긴 줄을 얻어 밝은 해를 매달 수 있을까.〔安得長繩繫白日〕"라는 구절을 인용한 것이다.

40) 公孫瓚이……낫겠습니까 : 公孫瓚은 後漢 말의 무장이다. 어머니의 신분이 천하였기 때문에 초기에는 크게 벼슬하지 못하고 郡의 小吏로 있었는데, 太守가 그의 재능을 기특하게 여겨 사위로 삼았다. 이후 장군이 되어, 북방 이민족인 烏桓族을 토벌하였고 뒤에는 黃巾賊을 토벌하여 큰 공을 세웠다. 劉虞는 그의 상관으로, 갈등이 심하여 공손찬이 유우를 죽였다.(≪後漢書≫ 권73 〈公孫瓚列傳〉, 〈劉虞列傳〉)

【綱】 秦나라(後秦)가 사신을 보내어 南涼, 北涼, 西涼에게 관작을 제수하였다.

秦이 遣使하여 授南涼, 北涼, 西涼官爵①하다

① 南涼의 禿髮傉檀을 제수하여 車騎將軍으로, 北涼의 廣武公 沮渠蒙遜을 鎭西將軍으로, 西涼의 沙州刺史 西海侯 李暠를 安西將軍 高昌侯로 삼았다.
拜禿髮傉檀爲車騎將軍, 廣武公沮渠蒙遜爲鎭西將軍, 沙州刺史西海侯李暠爲安西將軍高昌侯.

癸卯年(403)

【綱】 晉나라(東晉) 孝安皇帝 元興 2년이다.

二年이라

【目】 燕主(後燕) 慕容熙 光始 3년이고, 秦主(後秦) 姚興 弘始 5년이고, 魏나라(北魏) 太祖 道武帝 拓跋珪 天興 6년이다. 이해에 涼나라(後涼)가 망하니, 대국이 셋이고 소국이 넷이니, 합하여 僭國이 일곱이다.

燕光始三이요 秦弘始五요 魏天興六年이라 ◑ 是歲에 涼亡하니 大三小四凡七僭國이라

【綱】 봄에 盧循이 그의 도당인 徐道覆(서도부)로 하여금 東陽을 침략하게 하자, 建武將軍 劉裕가 서도부를 격파하였다.

春에 盧循이 使其黨徐道覆로 寇東陽이어늘 建武將軍劉裕 擊破之하다

【目】 徐道覆는 盧循의 자형이다.

道覆는 循之姊夫也라

【綱】 桓玄이 스스로 大將軍이 되었다.

桓玄이 自爲大將軍하다

【目】 桓玄이 表文을 올려 여러 군대를 거느리고서 關中과 洛陽을 평정할 것을 청하고는

조정에서 허락하지 않게 넌지시 지시하고 마침내 '조령을 받들기 때문에 중지한다.' 하였다.

환현이 처음에 행장을 꾸리고자 하여 먼저 가볍고 큰 배를 만들어 의복과 완호품과 書畫를 실었는데, 혹자가 그 이유를 묻자 대답하기를 "병기는 흉기이고 전쟁은 위험한 일이다. 혹시라도 뜻밖에 우환이 있으면 마땅히 행장을 가볍게 하여 운반하기 쉽게 하려 한다." 하니, 사람들이 모두 비웃었다.

玄이 上表하여 請帥諸軍하여 平關, 洛이로되 而諷朝廷不許하고 乃云 奉詔故止라하니라 玄이 初欲飭裝하여 先命作輕舸하여 載服玩書畫[①]어늘 或이 問其故한대 對曰 兵凶戰危라 脫有意外면 當使輕而易運이라하니 衆皆笑之하니라

① 舸는 加我의 切이니, 큰 배이다. ≪方言≫에 "남쪽 楚나라 江湖지역에서는 이를 舸라 한다." 하였다. 畫(그림)는 畵와 같다.
舸, 加我切, 大船也. 方言"南楚江湖, 謂之舸." 畫, 與畵同.

【綱】 여름 4월 초하루에 일식이 있었다.

夏四月朔에 日食하다

【綱】 南燕이 사신을 보내어 蔭戶[41]를 은밀히 조사하였다.

◑南燕이 遣使隱覈蔭戶하다

【目】 南燕主 慕容備德이 이주해 온 백성들을 우대하여 요역과 부세를 영구히 면제하여 부역을 시키지 않으니, 백성들이 이로 인해 번갈아 서로 이주해온 백성이라고 속여서 혹은 백 가호가 합하여 한 戶가 되고 혹은 천 명의 장정이 호적을 함께하여 부역을 피하였다.

尙書 韓𧨏이 은밀히 조사할 것을 청하자, 모용비덕이 이를 따라서 한작으로 하여금 郡縣을 순행하게 하여 蔭戶 5만 8,000戶를 적발하였다.

南燕主備德이 優遷徙之民하여 使之長復不役[①]하니 民이 緣此迭相蔭冒하여 或百室合戶하고 或千丁共籍하여 以避課役이어늘 尙書韓𧨏(작)이 請加隱覈[②]한대 備德이 從之하여 使𧨏巡行郡縣하여

41) 蔭戶 : 독립 戶임에도 불구하고 세금을 물지 않기 위하여 독립 호로 등록하지 않고 다른 집에 붙여 놓았던 民戶를 말한다.

得蔭戶五萬八千하다

①'長復'은 영구히 요역과 부세를 면제함을 이른다.
長復, 謂永久除免徭賦也.
②隱은 헤아림이고 覈은 실제이니, '隱覈'은 그 실제를 헤아리는 것이다.
隱, 度(탁)也, 覈, 實也, 隱覈, 度其實也.

【綱】 5월에 燕나라(後燕)가 龍騰苑을 만들었다.

五月에 燕이 作龍騰苑하다

【目】 燕王 慕容熙가 龍騰苑을 만드니, 사방 10여 리였다. 2만 명의 무리를 부역시켜서 景雲山을 苑 안에 쌓으니, 터의 너비가 500步이고 봉우리의 높이가 17丈이었다.

燕王熙 作龍騰苑하니 方十餘里라 役徒二萬人하여 築景雲山於苑內하니 基廣五百步요 峰高十七丈이러라

【綱】 가을 7월에 魏나라(北魏)가 平原太守 和跋을 죽였다.

秋七月에 魏殺其平原太守和跋하다

【目】 和跋이 사치스럽고 방종하며 명예를 좋아하였다. 魏主 拓跋珪가 그를 미워하여 죽이려 할 적에 그의 아우 和毗 등으로 하여금 찾아가 결별하게 하니, 화발이 말하기를 "灅水(유수) 북쪽은 토지가 척박하니, 유수의 남쪽으로 옮겨 가서 힘써 살아갈 계책으로 삼아라." 하였다. 화비 등이 그의 뜻을 깨닫고 秦나라(後秦)로 도망해 가자, 魏主가 노여워하여 그 집안을 멸족하였다.

장군 鄧淵의 종제 鄧暉가 화발과 친하였는데, 혹자가 그를 모함하기를 "화비가 도망갈 때에 등휘가 실로 그를 전송하였다." 하니, 魏主는 등연이 그의 계책을 알았을 것이라고 의심하여 등연을 賜死하였다.

跋이 奢豪喜名하니 魏主珪惡(오)而殺之할새 使其弟毗等으로 就與訣한대 跋曰 灅北土瘠하니 可遷水南하여 勉爲生計하라 毗等이 諭其意하고 逃入秦이어늘 魏主怒하여 滅其家하다 將軍鄧淵從弟暉與跋善이러니 或譖之曰 毗之出亡은 暉實送之라하니 魏主 疑淵知其謀하여 賜淵死하다

【綱】 秦나라(後秦)가 呂隆을 불러 散騎常侍로 삼고 王尙을 涼州刺史로 삼았다.

秦이 徵呂隆하여 爲散騎常侍하고 以王尙爲涼州刺史하다

【目】 南涼과 北涼이 서로 출병하여 〈後梁의〉 呂隆을 공격하자, 秦나라의 謀臣이 秦王 姚興에게 말하기를 "여륭이 지금 굶주리고 군색하나 아직까지 스스로 버틸 수 있으니, 만약 장래에 풍족해지면 끝내 우리의 소유가 되지 않을 것입니다. 그들이 위태할 때를 인하여 점령하는 것만 못합니다." 하였다.

요흥이 마침내 呂超를 불러 입시하게 하고 齊難을 보내어 군대를 거느리고 가서 맞이하게 하자, 여륭이 흰 수레와 백마로 길가에서 맞이하였다. 제난이 司馬 王尙을 行涼州刺史로 삼아 姑臧에 진주시키고 여륭의 종족과 민가 1만 호를 長安으로 옮기니, 요흥은 여륭을 散騎常侍로 삼고 여초를 安定太守로 삼았다. 郭黁(곽논)이 晉나라로 달아나니, 秦나라 사람이 추격하여 죽였다.

南北涼이 互出兵攻呂隆이어늘 秦之謀臣이 言於秦王興曰 隆今飢窘호되 尙能自支하니 若將來豐贍이면 終不爲吾有라 不如因其危而取之니이다 興이 乃徵呂超入侍하고 遣齊難하여 帥兵迎之한대 隆이 素車白馬로 迎于道旁이어늘 難이 以司馬王尙으로 行涼州刺史하여 鎭姑臧하고 徙隆宗族及民萬戶于長安하니 興이 以隆爲散騎常侍하고 超爲安定守하다 郭黁은 奔晉하니 秦人이 追殺之[①]하다

① 처음에 郭黁이 항상 말하기를 "呂氏를 대신할 자는 王氏이다." 하였다. 그러므로 그가 처음 군대를 일으킬 때 먼저 王詳을 추대하였고 뒤에는 王乞基를 추대하였는데, 呂隆이 동쪽으로 천도하자 王尙이 마침내 대신하였다. 곽논은 乞伏乾歸를 따라 秦나라에 항복하였다가 秦나라를 멸할 자는 晉나라라고 하여 마침내 晉나라로 달아나니, 秦나라 사람이 추격하여 사로잡아 그를 죽였다.
初, 郭黁常言代呂者王. 故其起兵, 先推王詳, 後推王乞基, 及隆東遷, 王尙卒代之. 黁從乞伏乾歸降秦, 以爲滅秦者晉也. 遂來奔, 秦人追得, 殺之.

【綱】 劉裕가 盧循을 추격하여 晉安에 이르러 격파하였다.

劉裕追盧循하여 至晉安하여 破之[①]하다

① 武帝 太康 3년(282)에 建安郡을 나누어 晉安郡을 세웠다. 宋白이 말하기를 "東晉이 남쪽으로 천도함에 의관을 갖춰 입은 士族들이 대부분 이곳에 모여 편안하게 살기를 바라고는 인하여 晉安郡을 세웠는데, 隋나라는 이곳을 泉州로 삼았다.

武帝太康三年, 分建安, 立晉安郡. 宋白曰"東晉南渡, 衣冠士族, 多萃此地, 以求安堵, 因立晉安郡, 隋爲泉州.

【目】何無忌가 은밀히 劉裕에게 찾아가서 山陰에서 군대를 일으켜 桓玄을 토벌할 것을 권하였다. 유유가 土豪인 孔靖과 상의하자, 공정이 말하기를 "산음은 도성과의 거리가 멀어서 거사하여도 성공하기가 어려우니, 환현이 황제의 지위를 찬탈하기를 기다려 京口에서 도모하는 것만 못합니다." 하니, 유유가 그의 말을 따랐다.

何無忌 潛詣裕하여 勸於山陰에 起兵討桓玄①이어늘 裕謀於土豪孔靖②한대 靖曰 山陰은 去都道遠하여 擧事難成이니 不如待玄簒位하여 於京口圖之니이다 裕從之하다

① 山陰縣은 會稽郡에 속하였다.
山陰縣, 屬會稽郡.
② 孔靖은 孔愉의 손자이다.
靖, 愉之孫也.

【綱】9월에 桓玄이 스스로 相國이 되어 楚王에 봉해지고 九錫[42)]을 더하였다.

九月에 玄이 自爲相國하여 封楚王하고 加九錫하다

【目】殷仲文과 卞範之가 桓玄에게 일찍 禪讓을 받을 것을 권하니, 조정에서는 환현을 책봉하는 명령을 내려 相國으로 삼아서 백관을 통솔하고 楚王을 봉하고 九錫을 더하였으며, 楚나라에 丞相 이하의 관직을 설치하였다.

桓謙이 사사로이 彭城內史 劉裕에게 묻기를 "초왕(환현)은 공이 높고 덕망이 중하니, 조정의 인심이 모두 마땅히 천자가 그에게 읍하고 지위를 사양해야 한다고 말하는데, 경은 어떻게 생각하는가?" 하였다. 유유가 말하기를 "楚王의 공훈과 덕망이 온 세상을 덮습니다. 晉나라에 대한 백성들의 바람이 오래전에 옮겨갔으니, 시운을 타고 선양을 받는 것이 어찌 불가하겠습니까." 하였다. 환겸이 즉시 기뻐하기를 "경은 '可하면 바로 可하다고 말한다.'[43)]고 이를 만하다." 하였다.

---

42) 九錫 : 천자가 공로가 있는 제후나 대신을 예우하여 내려 주는 기물로서, 車馬·衣服·樂器·朱戶·納陛·虎賁·鈇鉞·弓矢·秬鬯(검은 기장과 향초를 섞어 빚은 술)을 말한다.
43) 可하면……말한다 : 가능성이 있으면 즉시 가하다고 인정하여 머뭇거림이 없음을 말한 것으로 보인다.

殷仲文, 卞範之 勸玄早受禪[①]하니 朝廷이 冊命玄爲相國하여 總百揆하고 封楚王하고 加九錫하고 楚國에 置丞相以下官하다 桓謙이 私問彭城內史劉裕曰 楚王勳德隆重하니 朝廷之情이 咸謂宜有揖讓이라하니 卿以爲何如오 劉裕曰 楚王勳德蓋世라 晉室民望이 久移하니 乘運禪代가 有何不可리오 謙이 卽喜曰 卿謂之可卽可耳하니라

① 殷仲文은 殷覬의 아우이다.
仲文, 覬之弟也.

【綱】南燕이 城 서쪽에서 무예를 강습하였다.

南燕이 講武城西하다

【目】高雅之가 南燕主 慕容備德에게 표문을 올려서 桓玄을 토벌할 것을 청하며 말하기를 "비록 吳郡과 會稽郡(江東의 晉 왕조) 지역을 깨끗이 소탕하지는 못하나 또한 江北 지역을 거둘 수 있을 것입니다." 하였다. 韓範 또한 다음과 같이 상소하였다.

"晉나라 황실이 쇠하고 혼란함에 軍馬가 고단하고 약한데, 게다가 환현이 패역한 짓을 저질러 上下의 마음이 떠났으니, 영토를 개척하고 공을 정하는 것이 바로 오늘에 달려 있습니다. 시기를 놓쳐 점령하지 않았다가 그곳의 호걸들이 환현의 일족을 주멸하고 다시 德政을 베푼다면 희망이 없습니다."

모용비덕이 이로 인해 성 서쪽에서 무예를 강습하니, 보졸이 37만 명이고 기마가 5만 3,000匹이고, 병거가 1만 7,000乘이었다. 그러나 공경들이 모두 "환현이 새로 뜻을 얻어, 도모할 수 없다."라고 하니 마침내 중지하였다.

高雅之表南燕主備德하여 請伐玄曰 縱未能廓淸吳會나 亦可收江北之地리이다 韓範이 亦上疏曰 晉室衰亂에 戎馬單弱하고 重以桓玄悖逆하여 上下離心하니 拓地定功이 正在今日이라 失時不取라가 彼之豪傑이 誅滅桓玄하고 更修德政이면 則無望矣리이다 備德이 因講武城西하니 步卒이 三十七萬人이요 騎五萬三千匹이요 車萬七千乘이러라 公卿이 皆以玄新得志하여 未可圖라하니 乃止하다

【綱】겨울 11월에 楚王 桓玄이 皇帝를 칭하고 황제(安帝)를 폐위하여 平固王으로 삼아 尋陽으로 옮겼다.

冬十一月에 楚王玄이 稱皇帝하고 廢帝爲平固王하여 遷于尋陽[44)]하다

【目】桓玄이 표문을 올려서 자신의 封地로 돌아갈 것을 청하고 〈한편으로〉 황제로 하여금 직접 詔書를 지어서 자기를 굳이 만류하게 하였다. 그리고 거짓으로 말하기를 '錢塘의 臨平湖의 수초가 걷히고 江州에 甘露가 내렸다.' 하여 백관들로 하여금 모여 축하하게 해서 자기가 天命을 받을 징험으로 삼았다. 또 前代의 황제들은 모두 隱士가 있었는데 자신의 세대에만 없는 것을 부끄러워해서 皇甫希之라는 자를 찾아 그에게 물자와 비용을 대주고 山林에 거처하게 하고는 그를 불러 著作郞으로 삼았다. 또 그로 하여금 굳이 사양하게 하고 그런 뒤에 조령을 내려 禮를 표하고 이름하기를 高士라 하니, 당시 사람들이 그를 일러 充隱(억지로 은사의 대열에 끼워 넣은 은사)이라 하였다.

또 돈을 폐하고 곡식과 비단을 사용하고 肉刑을 회복하고자 하였으나 법령을 만드는 것이 정해진 규정이 없어서 끝내 시행되지 못하였다. 성품이 또 탐욕스럽고 비루하여 선비 중에 名家의 法帖과 좋은 서화와 아름다운 전원과 집을 가지고 있는 자가 있으면 반드시 蒱博(저포의 도박)을 빙자하여 갈취하였는데, 珠玉은 더더욱 좋아하여 일찍이 손에서 내려놓은 적이 없었다.

이때에 이르러 卞範之가 선양하는 조서를 짓고는 황제를 압박해서 쓰게 하고서 司徒 王謐을 보내어 楚王에게 지위를 선양하고 황제는 나가 永安宮에 거처하였다. 백관이 姑孰에 나아가 환현에게 황제의 지위에 오를 것을 권하자, 환현은 九井山 북쪽에 壇을 쌓고서 황제의 자리에 올라 永始라고 개원하고, 황제(安帝)를 봉하여 平固王을 삼아 尋陽으로 옮겼다.

---

44) 楚王玄……遷于尋陽 : "王莽과 司馬倫이 황제를 自稱했다고 썼는데, 桓玄 또한 왕망과 사마륜의 부류인데 황제를 자칭했다고 쓰지 않은 것은 어째서인가. 왕망은 金匱를 받자 즉시 玉冠을 착용하고 前殿에 나와 조서를 내려 진짜 황제의 자리에 올랐으며, 사마륜은 神의 말을 거짓으로 전하여 國璽와 인끈을 핍박해 빼앗고 法駕를 구비하여 궁으로 들어가서 황제의 자리에 올랐으니, 모두 연고가 없이 그러한 자들이다. 그러므로 자칭했다고 썼지만, 환현은 그렇지 않아서 卞範之로 하여금 선양하는 조령을 작성하게 하여 황제가 손수 썼으니, 어쩌면 선양했다는 말을 가지고 천하와 후세를 속일 수 있다. 그러므로 魏·晉의 書法을 따라 '稱'이라 쓰고 '廢'라 쓴 것이니, ≪資治通鑑綱目≫은 한 글자의 筆削을 어찌 구차히 하였겠는가.〔莽倫 書自稱 玄亦莽倫也 其不書自 何 莽受金匱 卽服玉冠 御前殿下詔卽眞 倫詐傳神語 逼奪璽綬 備法駕入宮 卽皇帝位 皆無故而然者也 故書自 玄則不然 使卞範之草爲禪詔 帝手書之 或者得以禪讓之說 欺天下後世矣 故從魏晉書法 書稱 書廢 綱目一字之筆削 豈苟然哉〕" ≪書法≫

"桓玄이 符命을 사칭하여 간사함을 꾸며서 王莽과 매우 유사하였다. 그러나 ≪資治通鑑綱目≫에 '그(환현)가 스스로 相國이 되어서 九錫을 더하고 황제를 칭하고 황제를 폐위하여 옮겼다.'고 쓴 따위가 역대와 차이가 없는 것은 어째서인가. 환현은 진실로 성공하지 못한 魏·晉이고, 위·진은 바로 성공한 환현인 것이다. 성패는 비록 똑같지 않으나 찬탈하고 도둑질함은 한 궤도에서 나왔으니, 이는 書法이 그 사실을 근거하지 않을 수 없는 이유이다.〔桓玄矯稱符命 文飾姦詐 大類王莽 然綱目書其自爲相國 加九錫 稱帝廢遷之類 與歷代無異 何哉 玄固無成之魏晉 而魏晉乃有成之玄爾 成敗雖有不同 簒竊則出一轍 此書法所以不得不據其實也〕" ≪發明≫

玄이 表請歸藩하고 使帝作手詔하여 固留之하다 詐言錢塘臨平湖開하고 江州甘露降이라하여 使百僚集賀하여 爲己受命之符①하고 又以前世 皆有隱士로되 恥獨無之하여 求得皇甫希之하여 給其資用하여 使居山林하고 徵爲著作郎호되 又使固辭하고 然後에 下詔旌禮하고 號曰高士라하니 時人이 謂之充隱②이라하니라 又欲廢錢用穀帛하고 及復肉刑호되 制作無定하여 卒無所施러라 性復貪鄙하여 人士有法書好畫及佳園宅이면 必假蒱博而取之하고 尤愛珠玉하여 未嘗離手③러라 至是에 卞範之爲禪詔하여 逼帝書之하고 遣司徒王謐하여 禪位于楚하고 出居永安宮하니 百官이 詣姑孰勸進한대 玄이 築壇於九井山北하고 卽帝位하고 改元永始라하고 封帝爲平固王하여 遷于尋陽④하다

① 臨平湖는 수초가 항상 우거져 꽉 막혀 있는데 이것이 걷혀 물빛이 맑아지면 천하가 태평하다 한다.
臨平湖, 草常蓁塞, 開則天下太平.

② 皇甫希之는 西晉의 隱士인 皇甫謐의 6세손이니, 실제로는 隱者가 아니었는데 그로써 숫자만 채웠다. 그러므로 充隱이라 한 것이다.
希之, 西朝隱士皇甫謐六世孫也, 實非隱者, 而以之備數. 故謂之充隱.

③ 法書는 史籒, 程邈, 李斯, 張芝, 師宜, 梁鵠, 衛瓘, 索靖(삭정), 鍾繇와 같은 여러 사람(名筆)의 글씨〔眞蹟〕는[45] 각각 名家의 筆法이 있는 것이다. 畫(그림)는 畵와 같다. 離(떨어지다)는 力智의 切이다.
法書, 謂如史籒·程邈·李斯·張芝·師宜·梁鵠·衛瓘·索靖·鍾繇諸人眞蹟, 各有家法者. 畫, 與畵同. 離, 力智切.

④ ≪北征記≫에 이르기를 "九井山은 丹楊郡 남쪽에 있다." 하였다. 平固는 縣의 이름이니, 南康郡에 속하였다.
北征記云"九井山, 在丹楊[46]南." 平固, 縣名, 屬南康郡.

【目】 환현이 建康의 宮中으로 들어와 御座에 올랐는데 용상이 갑자기 꺼지니, 부하들이 대경실색하였다. 殷仲文이 말하기를 "이는 장차 聖德이 깊고 두터워 땅이 싣지 못하기 때문일 것입니다." 하니, 환현이 크게 기뻐하였다. 환현이 聽訟觀에 임하여 죄수들을 조사하고서 죄의 경중을 따지지 않고 대부분 용서하여 방면하였으며, 황제의 수레를 가로막고 구걸하는 자가 있으면 때로 혹 구휼해주었다.

자신의 조부 桓彝 이상은 명성과 지위가 현달하지 못하다 하여 더이상 추존하지 않

45) 史籒……글씨〔眞蹟〕는 : 史籒는 周나라 宣王 때의 太史로 大篆體를 만들었다고 전한다. 程邈은 小篆에, 李斯는 小篆에, 張芝는 草書에, 師宜(師宜官)은 隸書에, 梁鵠은 八分에, 衛瓘은 草書에, 索靖은 草書에, 鍾繇는 楷書에 뛰어나 후세에 鍾法으로 일컬어진다.

46) 楊 : 저본의 '楊'은 ≪御批資治通鑑綱目≫ 註에 '陽'으로 되어 있다.

고, 홀로 桓溫의 神主만을 太廟에 넣었다. 이에 대해 변승지가 말하기를 "종묘의 제사가 위로 조부에게 미치지 않으니, 楚나라의 덕이 장구하지 못할 줄을 알겠다." 하였다.

환현은 성품이 까탈스럽고 자잘하였으며 스스로 자랑하기를 좋아하여, 일을 주관한 자가 일을 아뢸 적에 혹 한 글자나 짧은 글이 잘못된 것이 있으면 반드시 지적을 가하여 자신의 총명을 과시하고, 혹 입직하는 관원의 이름을 손수 표기하고 혹은 직접 令史를 임용하여 조령이 분분하니, 유사가 받들어 답하기에 겨를이 없었으나 기강이 다스려지지 못하고 관원들이 아뢰는 문서가 정체되었으나 환현은 이를 알지 못하였다. 또 성품이 놀러 다니며 사냥하는 것을 좋아하고 궁실을 새로 수리하니, 朝野가 소란하여 亂을 일으킬 것을 생각하는 자가 많았다.

玄이 入建康宮하여 登御座而床忽陷하니 群下失色이어늘 殷仲文曰 將由聖德深厚하여 地不能載니이다 玄이 大悅하니라 玄이 臨聽訟觀하여 閱囚徒하여 罪無輕重히 多得原放하고 有干輿乞者면 時或卹之①하니라 以其祖彝以上이 名位不顯이라하여 不復追尊하고 獨納桓溫神主于太廟하다 卞承之曰 宗廟之祭 上不及祖하니 有以知楚德之不長矣로다 玄이 性苛細하고 好自矜伐하여 主者奏事에 或一字片辭之謬를 必加糾擿하여 以示聰明하고 或手注直官하고 或自用令史하여 詔令紛紜하니 有司奉答不暇호되 而紀綱不治하고 奏案停積호되 不能知也②러라 又性好遊畋하고 更繕宮室하니 朝野騷然하여 思亂者衆하니라

① 觀(누대)은 古玩의 切이다. 洛陽의 華林園 북쪽에 聽訟觀이 있었으니, 본래 平望觀이다. 建康에서는 낙양의 제도를 모방하여 또한 이것을 설치하였다. '干輿'는 길을 가다가 乘輿를 가로막는 것이다. 乞은 옷과 음식 등의 물건을 구걸하는 것이다.
觀, 古玩切. 洛都華林園北, 有聽訟觀, 本平望觀也. 建康倣洛都之制, 亦置之. 干輿, 行犯乘輿也. 乞者, 丐衣食之物.

② '直官'은 궁궐에 들어가 숙직하는 자이다. 令史는 尙書令과 僕射가 임명한다.
直官, 入直者也. 令史, 尙書令·僕所署用.

【綱】 益州刺史 毛璩가 군대를 일으켜 桓玄을 토벌하였다.

益州刺史毛璩 起兵討玄[47)]하다

47) 起兵討玄 : "군대를 일으켜 토벌했다고 쓴 것은 倡義를 인정한 것이다. 그러므로 《資治通鑑》에는 쓰지 않았는데 《資治通鑑綱目》에는 특별히 쓴 것이다.〔書起兵討 予倡義也 故通鑑不書 綱目特書之〕" 《書法》

【目】 桓玄이 사신을 보내어 毛璩에게 左將軍을 더해주자, 모거가 명을 받지 않고 격문을 돌려 환현의 죄상을 나열하고는 전진하여 白帝城에 주둔하였다.

玄이 遣使하여 加璩左將軍①한대 璩不受命하고 傳檄하여 列玄罪狀하고 進屯白帝하다

① 毛璩는 毛寶의 손자이다. 璩는 음이 渠이다.
璩, 寶之孫也. 璩, 音渠.

【綱】 魏나라(北魏)가 처음으로 冠服을 제정하였다.

魏 初制冠服하다

【目】 魏나라가 처음으로 有司에게 명하여 관복을 제정하되 品秩(品階)에 따라 차등을 두었다. 그러나 제도가 처음 만들어져 옛 제도에 부합하지 않는 것이 많았다.

魏始命有司하여 制冠服호되 以品秩爲差라 然이나 法度草創하여 多不稽古러라

甲辰年(404)

【綱】 晉나라(東晉) 孝安皇帝 元興 3년이다.

三年이라

【目】 燕主(後燕) 慕容熙 光始 4년이고, 秦主(後秦) 姚興 弘始 6년이고, 魏나라(北魏) 太祖 道武帝 拓跋珪 天賜 원년이다.

燕光始四요 秦弘始六이요 魏天賜元年이라

【綱】 봄 2월에 劉裕가 京口에서 군대를 일으켜 桓玄을 토벌하였는데, 환현이 아우 桓謙으로 하여금 막게 하였다.

春二月에 劉裕起兵京口하여 討玄이어늘 玄이 使弟謙拒之하다

【目】 劉裕가 徐州・兗州刺史 桓脩를 따라 들어와 조회하니, 桓玄이 王謐에게 이르기를

"유유는 풍골이 범상하지 않으니 人傑이다." 하고는 매번 놀거나 사람들을 모을 적에 반드시 곡진하게 맞이하여 대접하고 물건과 하사품을 매우 후하게 내렸다. 환현의 아내 劉氏가 또한 환현에게 이르기를 "유유는 용의 행보에 범의 걸음이고 시선도 범상하지 않으니, 끝내 남의 부하가 되지 않을까 염려됩니다. 일찍 그를 제거하는 것만 못합니다." 하자, 환현은 말하기를 "내가 이제 막 中原을 소탕하여 평정하려 하는데 유유가 아니면 등용할 만한 자가 없으니, 關中과 河西 지역이 평정되기를 기다려서 따로 의논하겠다." 하였다. 환현은 桓弘을 廣陵에 진주시키고 刁逵를 歷陽에 진주시켰다.

유유가 何無忌와 함께 배를 타고 京口로 돌아오면서 황실을 일으켜 회복할 것을 은밀히 모의하였고, 경구에 살고 있는 劉邁의 아우 劉毅 또한 하무기와 함께 황실 회복을 모의하였다.

하무기가 말하기를 "桓氏가 강성하니 어찌 도모할 수 있겠는가?" 하자, 유의가 말하기를 "천하에는 본래 강약이 있으니[48] 만일 道를 잃으면 비록 강하더라도 약해지기 쉬운데, 다만 일을 주관할 사람을 얻기 어려운 것이 걱정입니다." 하였다. 하무기가 말하기를 "草澤의 가운데에 영웅이 없는 것은 아니다." 하니, 유의가 말하기를 "내가 본 바로는 오직 劉下邳(유유)가 있을 뿐이다." 하였다. 하무기는 웃기만 하고 답하지 않고서 돌아와 이것을 유유에게 고하여 마침내 유의와 함께 계책을 결정하였다.

劉裕從徐兗刺史桓脩하여 入朝하니 玄이 謂王謐曰 裕風骨不常하니 蓋人傑也라하고 每遊集에 必引接殷勤하고 贈賜甚厚러라 玄妻劉氏 亦謂玄曰 裕龍行虎步하고 視瞻不凡하니 恐終不爲人下라 不如早除之니이다 玄曰 我方平蕩中原하노니 非裕면 莫可用者니 俟關河平定하여 別議之耳리라 玄以桓弘鎭廣陵하고 刁逵鎭歷陽①하다 裕與何無忌로 同舟還京口할새 密謀興復하고 劉邁弟毅 家於京口라 亦與無忌謀之러니 無忌曰 桓氏彊盛하니 其可圖乎아 毅曰 天下自有彊弱하니 苟爲失道면 雖彊易弱이니 正患事主難得耳②로라 無忌曰 草澤之中에 非無英雄也니라 毅曰 所見이 唯有劉下邳③로라 無忌笑而不答하고 還以告裕하여 遂與定謀하다

① 桓弘은 桓脩의 아우이고, 刁逵는 刁協의 손자이다.
弘, 脩之弟, 逵, 協之孫也.

② 〈'正患事主難得'은〉 大事를 일으킴에 훌륭한 한 사람을 얻어 주인으로 삼기 어려움을 말한 것이다.
謂擧大事, 難得一人爲主.

48) 천하에는……있으니 : 사람이 보는 형세의 강약이 아니라 천하 대세의 강약이 본래 따로 있다는 뜻이다.

③ 劉裕가 이전에 下邳太守를 겸했으므로 劉下邳라고 칭한 것이다.
裕先領下邳太守, 故稱之.

【目】 平昌의 孟昶이 桓弘의 主簿가 되어 建康에 갔다가 돌아오자, 유유가 그에게 이르기를 "草野의 사이에 마땅히 영웅이 있어 일어날 것이라 하는데, 경은 이러한 말을 자못 들었는가?" 하자, 맹창이 말하기를 "오늘날 영웅이 누가 있겠습니까. 바로 당신입니다." 하였다. 이에 유유와 劉毅, 何無忌와 孟昶, 유유의 아우 劉道規, 諸葛長民 등이 서로 모여 군대를 일으킬 것을 모의하였다.

유도규는 환홍의 參軍으로 있었는데 유유가 유의로 하여금 유도규와 맹창에게 찾아가서 함께 환홍을 죽이고 廣陵을 점거하게 하고, 제갈장민이 刁逵의 참군으로 있었는데 그로 하여금 조규를 죽이고 歷陽을 점거하게 하였다.

하무기가 밤에 격문을 작성하였는데, 그의 어머니가 은밀히 엿보고 울며 말하기를 "내가 東海의 呂母에게 미치지 못함이 분명한데,[49] 네가 능히 이와 같이 하니, 내 다시 무엇을 한하겠는가." 하였다.

平昌孟昶이 爲桓弘主簿①하여 至建康還이어늘 裕謂之曰 草間에 當有英雄起니 卿頗聞乎아 昶曰 今日英雄이 有誰오 正當是卿耳로다 於是에 裕, 毅, 無忌, 昶及裕弟道規, 諸葛長民等이 相與合謀起兵하다 道規爲桓弘參軍이라 裕使毅就道規, 昶하여 共殺弘하여 據廣陵하고 長民이 爲刁逵參軍이라 使殺逵하여 據歷陽하다 無忌夜草檄文이러니 其母密窺之하고 泣曰 吾不及東海呂母明矣라 汝能如此하니 吾復何恨②이리오하다

① 平昌縣은 漢나라 때에는 城陽國에 속하였는데, 魏나라 文帝 때에 城陽을 나누어 平昌郡을 세웠다가 뒤에 없앴고, 晉나라 惠帝 때에 다시 平昌郡을 세웠다.
平昌縣, 漢屬城陽國, 魏文帝分城陽, 立平昌郡, 後省(생), 晉惠帝又立平昌郡.
② 何無忌의 어머니는 劉牢之의 누이이다. 新나라 王莽 天鳳 4년(17)에 琅邪의 海曲에 呂母라는 자가 있었다. 아들이 縣吏가 되었는데 邑宰가 작은 죄로 그 아들을 죽이자, 呂母가 마침내 家產을 털어 원수를 갚았다.
無忌母, 劉牢之姊也. 新莽天鳳四年, 琅邪海曲, 有呂母者, 子爲縣吏, 宰以小罪殺之, 呂母乃傾家貲以報仇.

49) 내가……분명한데 : 그녀의 오라비인 劉牢之가 桓玄에게 죽임을 당했으나 자신이 오라비의 원수를 갚지 못했으므로 '東海의 呂母에게 미치지 못한다.'고 말한 것이다.

【目】劉裕는 놀러 나가 사냥을 한다고 둘러대고는 何無忌와 함께 무리를 수합하여 백여 명을 얻었다. 다음 날 아침 京口의 성문이 열리자, 하무기가 傳詔의 官服을 입고 勅使를 칭하고서 앞장서니, 무리들이 그 뒤를 따라가서 들어가 桓脩를 참수하여 조리돌렸다.

유유가 하무기에게 묻기를 "급히 한 府의 主簿가 필요한데, 어떻게 하면 얻겠는가?" 하자, 하무기가 말하기를 "劉道民보다 나은 사람이 없습니다." 하니, 유도민이라는 자는 東莞의 劉穆之이다. 유유가 말하기를 "나 역시 이 자를 안다." 하고는 즉시 심부름꾼을 급히 보내어 불렀다.

이때 유목지는 경구에서 시끄럽게 다투는 소리를 듣고는 새벽에 일찍 일어나 길거리로 나왔는데, 때마침 유유가 보낸 심부름꾼과 마주쳤다. 유목지는 한참을 말없이 직시하다가 집으로 돌아와 삼베 치마를 찢어 軍服의 바지를 만들어 입고 유유를 찾아가 만나보았다. 유유가 말하기를 "처음 大義를 일으킴에 한 軍吏가 시급히 필요하니, 경은 누가 이 임무를 감당할 수 있다고 생각하는가?" 하자, 유목지가 말하기를 "창졸간에 임시로 부릴 만한 자는 멀리서 찾을 필요가 없습니다." 하였다. 유유는 웃으며 말하기를 "경이 스스로 몸을 굽혀 군리가 되어준다면 우리 일이 이루어질 것이다." 하고는 즉시 그 자리에서 주부로 임명하였다.

裕託以遊獵하고 與無忌로 收合徒衆하여 得百餘人하다 詰旦에 京口門開어늘 無忌著(착)傳詔服하고 稱勅使居前하니 徒衆이 隨之하여 入斬桓脩以徇[①]하다 裕問無忌曰 急須一府主簿하노니 何由得之오 無忌曰 無過劉道民이라하니 道民者는 東莞劉穆之也[②]라 裕曰 吾亦識之라하고 卽馳信召焉[③]하다 時에 穆之聞京口讙譟聲하고 晨起하여 出陌頭러니 屬(촉)與信會하여 直視不言者久之[④]라가 返室하여 壞布裳爲袴하고 往見裕[⑤]한대 裕曰 始擧大義에 須一軍吏甚急하니 卿謂誰堪其選고 穆之曰 倉猝之際에 略當無見踰者[⑥]리라 裕笑曰 卿能自屈이면 吾事濟矣라하고 卽於坐에 署主簿하다

① 著(입다)은 陟略의 切이다. 傳詔는 관직 이름이다.
著, 陟略切. 傳詔, 職名.

② 劉道民은 劉穆之의 어렸을 때의 字이다. 晉陵에 南東莞郡이 있으므로 유목지가 京口에 거주한 것이다.
道民, 穆之小字. 晉陵有南東莞郡, 故穆之居京口.

③ 信은 심부름꾼이다.
信, 使也.

④ 屬(마침)은 之欲의 切이다.
屬, 之欲切.

⑤ 袴는 정강이를 덮는 옷(바지)이다. 《晉書》〈輿服志〉에 "바지의 제도는 언제 시작되었는지 자세하지 않은데, 근세에는 戎服(군복)으로 입는다." 하였다.
袴, 脛衣也. 晉志曰 "袴褶之制, 未詳所起, 近世以爲戎服."

⑥ '略當'은 임시로 여기에 응하여 담당함을 이른다.
略當, 謂暫應當之.

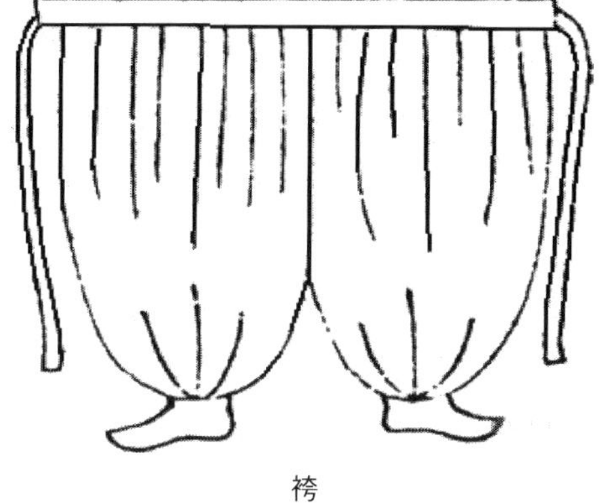
袴

【目】孟昶이 桓弘에게 이날에 나가 사냥할 것을 권하자, 환홍은 동이 트기 전에 문을 열어 사냥꾼들을 내보내었다. 맹창은 劉毅, 劉道規와 함께 壯士 수십 명을 거느리고 곧바로 들어가서 환홍을 참수하고 인하여 무리를 거두어 長江을 건너가니, 사람들이 劉裕를 추대하여 盟主로 삼아서 徐州의 일을 총독하게 하고 맹창을 長史로 삼아서 京口를 지키게 하였다. 유유가 두 州의 병력 1,700명을 거느리고서 竹里에 주둔하고 遠近에 격문을 돌렸다.

孟昶이 勸桓弘하여 其日出獵한대 天未明에 開門出獵人이어늘 昶與劉毅, 劉道規로 帥壯士數十人하고 直入하여 斬之하고 因收衆濟江하니 衆이 推裕爲盟主하여 總督徐州事하고 以昶爲長史하여 守京口하다 裕帥二州之衆千七百人하여 軍于竹里하고 移檄遠近①이러라

① 두 州는 兗州와 徐州이다.
二州, 兗・徐也.

【目】桓玄이 桓謙에게 征討都督을 더해주니, 환겸 등이 급히 군대를 보내어 劉裕를 공격할 것을 청하였으나 환현이 다음과 같이 말하였다.

"저들의 사기가 매서워, 틀림없이 만 번 죽음을 각오한 계책을 낼 것이다. 만약 차질이 생기면 저들의 기세는 이루어지고 우리의 일은 잘못될 것이다. 큰 병력을 覆舟山에 주둔하여 막는 것만 못하니, 저들이 200리를 헛되이 달려와 얻는 것이 없으면 용맹한 기세가 이미 꺾일 것이고 갑자기 대군을 보면 반드시 놀랄 것이다. 우리가 진군을 멈추고 진영을 견고히 하고서 저들과 예봉을 다투지 말도록 하면 저들은 싸우려고 해도 싸울 수가 없어서 자연 흩어져 달아날 것이니, 이것이 상책이다."

환겸 등이 굳이 출전할 것을 청하자, 마침내 吳甫之와 皇甫敷를 보내어 서로 이어 북

쪽으로 올라가게 하였다. 환현이 심하게 근심하고 두려워하자, 혹자가 말하기를 "유유 등은 오합지졸로 세력이 미약하여 형세상 반드시 성공할 리가 없는데, 폐하께서는 어찌 이렇게 깊이 염려하십니까?" 하자, 환현이 말하기를 "유유는 충분히 한 세상의 영웅이라고 할 만하고, 劉毅는 집에 擔石[50]의 저축도 없으면서 樗蒱의 도박 한 판에 백만 錢을 쾌척하며, 何無忌는 그 외삼촌인 劉牢之와 매우 유사하다. 이들이 함께 모여 대사를 일으켰는데, 어찌 성공하지 못한다고 말하는가." 하였다. 오보지는 환현의 용맹한 장수였다.

玄이 加桓謙征討都督하니 謙等이 請亟遣兵擊裕한대 玄曰 彼兵銳甚하니 計出萬死라 若有蹉跌이면 則彼氣成而吾事去矣라 不如屯大衆於覆舟山以拒之①니 彼空行二百里하여 無所得이면 銳氣已挫요 忽見大軍이면 必驚愕하리니 我按兵堅陣하고 勿與交鋒이면 彼求戰不得하여 自然散走리니 此策之上也니라 謙等이 固請한대 乃遣吳甫之, 皇甫敷하여 相繼北上②하다 玄이 憂懼特甚이어늘 或曰 裕等이 烏合微弱하여 勢必無成이니 何慮之深이니잇고 玄曰 劉裕는 足爲一世之雄이요 劉毅는 家無擔石之儲나 樗蒱에 一擲百萬하며 何無忌는 酷似其舅어늘 共擧大事하니 何謂無成③고 甫之는 玄驍將也러라

① 覆舟山은 建康城 북쪽 5리 지점에 있으니, 모습이 배를 뒤엎어놓은 것과 같으므로 이렇게 이름한 것이다.
覆舟山, 在建康城北五里, 形如覆舟故名.
② 建康에서 京口로 달려가면 北上(북쪽으로 올라감)이 된다.
自建康趣京口, 爲北上.
③ 酷은 지극함(매우, 몹시)이다. 舅는 劉牢之를 이른다.
酷, 極也. 舅, 謂劉牢之.

【綱】南涼이 연호를 제거하고 尙書省의 관원을 없앴다.

南涼이 去年號하고 罷尙書官하다

【目】禿髮傉檀이 秦나라(後秦)의 강성함을 두려워해서 마침내 연호를 제거하고 尙書省의 丞과 郎官을 없애고 參軍 關尙을 秦나라에 사신으로 보내자, 秦王 姚興이 말하기를 "車騎將軍(독발욕단)이 정성을 바쳐 藩臣을 칭하면서도 멋대로 큰 城을 축조하니, 어찌 신하된 도리이겠는가." 하니, 관상이 말하기를 "거기장군이 궁벽하게 먼 藩屛에 있어서 강

50) 擔石 : 한 짐에 짊어질 정도의 매우 적은 분량의 곡식을 말한다. 擔은 한 짐의 중량, 石은 한 斛의 수량이다.

한 적과 매우 가까우니, 이는 국가(後秦)를 위하여 성문을 이중으로 하는 방어의 계책입니다." 하였다. 요흥은 그의 말을 좋게 여겼다. 독발욕단이 涼州刺史를 겸하게 해줄 것을 요구하였으나 요흥이 허락하지 않았다.

傉檀이 畏秦之彊하여 乃去年號하고 罷尙書丞郎官하고 遣參軍關尙하여 使于秦한대 秦王興曰 車騎獻款稱藩이로되 而擅造大城하니 豈爲臣之道乎[①]아 尙曰 車騎僻在遐藩하여 密邇勍敵하니 蓋爲國家重門之防耳[②]니이다 興이 善之하다 傉檀이 求領涼州호되 興이 不許하다

① 姚興이 禿發傉檀을 제수하여 車騎將軍으로 삼았으므로 독발욕단을 車騎라고 칭한 것이다.
興拜傉檀, 爲車騎將軍, 故稱之.

② 重(거듭)은 直龍의 切이다.
重, 直龍切.

【綱】3월에 劉裕가 桓謙과 함께 覆舟山에서 싸워 대파하니, 桓玄이 성에서 나가 달아나므로 유유가 石頭城에 留臺를 세웠다.

三月에 劉裕及桓謙으로 戰于覆舟山하여 大破之하니 玄이 出走어늘 裕立留臺於石頭하다

【目】3월 초하루에 劉裕의 군대가 吳甫之와 江乘에서 만나 그를 참수하고 羅落橋에 이르니, 皇甫敷가 수천 명을 거느리고 맞아 싸웠으나 유유가 또다시 그를 참수하였다. 桓玄이 桓謙을 東陵에 주둔하게 하고 卞範之를 覆舟山 서쪽에 주둔하게 하니, 병력이 도합 2만 명이었다. 다음 날 유유의 군대가 식사를 마친 뒤 남은 양식을 모두 버리고 몇 갈래의 길로 나란히 전진하였다. 이때 유유와 劉毅가 士卒들의 선두에 서서 전진하여 환겸의 진영으로 돌격하자, 장병들이 모두 결사적으로 싸웠다. 바람을 따라 불을 놓으니, 환겸 등이 크게 궤멸되었다.

환현이 이보다 앞서 이미 殷仲文으로 하여금 배를 장만하여 탈출하려 하였는데, 이때 마침내 그의 아들 桓昇을 데리고 말을 급히 몰아 石頭城으로 달려가서 배를 띄워 남쪽으로 달아날 적에 하루가 지나도록 밥을 먹지 못하니, 환현은 슬픔을 스스로 견디지 못하였다.

유유가 建康에 들어가서 다음 날 석두성으로 옮겨 주둔하여 留臺에 백관을 세우고 桓溫의 神主를 불태우고 晉나라의 새 신주를 만들어서 太廟에 들였으며 여러 장수를 보내어 환현을 추격하게 하였다. 尙書 王嘏(왕하)가 백관을 거느리고 황제(安帝)를 받들어 맞이하였으며, 환현의 종족으로 건강에 있는 자들을 주살하고 臧熹로 하여금 궁중에 들

어가 圖籍과 器物을 거두고 府庫를 봉함하게 하였다.

三月朔에 裕軍이 與吳甫之로 遇於江乘하여 斬之①하고 至羅落橋하니 皇甫敷帥數千人逆戰이어늘 又斬之②하다 玄이 使桓謙屯東陵하고 卞範之屯覆舟山西하니 合衆二萬③이러라 明日에 裕軍食畢에 悉棄餘糧하고 數道竝前할새 裕與劉毅로 身先士卒하여 進突其陳하니 將士皆殊死戰이라 因風縱火하니 謙等이 大潰하다 玄이 先已潛使殷仲文具舟러니 至是에 遂將其子昇하고 鞭馬趣石頭하여 浮江南走할새 經日不食하고 悲不自勝이러라 裕入建康하여 明日에 徙屯石頭城하여 立留臺百官하고 焚桓溫神主하고 造晉新主하여 納于太廟④하고 遣諸將追玄하다 尙書王嘏 帥百官하고 奉迎乘輿하고 誅玄宗族在建康者하고 使臧熹入宮하여 收圖籍, 器物하고 封閉府庫⑤하다

石頭城

① 江乘은 漢나라의 옛 縣이니, 丹楊郡에 속하였다. 晉나라 成帝 咸康 원년(335)에 桓溫이 琅邪太守를 겸하고 江乘의 蒲洲에 진주하고는 丹楊의 江乘을 분할하여 南琅邪郡을 세울 것을 주청하니, 江乘縣이 여기에 속하였다.
江乘, 漢舊縣, 屬丹楊郡. 成帝咸康元年, 桓溫領琅邪太守, 鎭江乘之蒲洲, 奏割丹楊之江乘, 立南琅邪郡, 江乘縣屬焉.

② 羅落橋는 江乘縣의 남쪽에 있으니, 아마도 물을 따라 羅落(짐승을 잡는 도구)을 설치하였으므로 인하여 다리 이름으로 삼은 듯하다.
羅落橋, 在江乘縣南, 蓋緣水設羅落, 因以爲名.

③ 建康의 서쪽에 西陵이 있고 그 동쪽에 東陵이 있으니, 동릉은 覆舟山 동북쪽에 있다.
建康之西, 有西陵, 其東有東陵, 東陵, 在覆舟山東北.

④ 桓玄이 처음 천자의 지위를 찬탈했을 적에 晉나라 先帝의 일곱 사당의 神主를 琅邪國으로 옮겼는데 이윽고 황제(安帝)를 尋陽으로 옮기니, 宗廟 안의 신주를 모셔두는 石室도 모두 황제를 따라 서쪽으로 올라갔다. 그러므로 임시로 새로운 신주를 만든 것이다.

玄初簒, 遷七廟神主于琅邪國, 旣而遷帝於尋陽, 宗廟主祏, 皆隨帝西上. 故權造新主.

⑤ 張熹는 張燾의 아우이니, 劉裕의 妻弟이다.

熹, 燾之弟, 裕之妻弟也.

【目】 桓玄의 司徒였던 王謐이 여러 사람과 의논하여 劉裕를 추대하여 揚州刺史를 겸하였으나 유유가 굳이 사양하니, 마침내 왕밀을 侍中으로 삼아 揚州刺史 錄尙書事를 겸하게 하였다. 왕밀이 유유를 추대하여 都督八州諸軍事 徐州刺史로 삼고, 劉毅를 靑州刺史로, 何無忌를 琅邪內史로, 孟昶을 丹楊尹으로, 劉道規를 義昌太守로 삼고는 큰 처분들을 모두 劉穆之에게 맡기니, 유목지가 창졸간에 급히 〈제도와 법령을〉 제정하였으나 사람들의 마음에 흡족하지 않음이 없었다. 유유가 마침내 유목지를 심복으로 삼아 일을 맡겼다.

이때 晉나라(東晉)의 정사가 해이하여 기강이 서지 못하였고 豪族들이 교만하고 방종하여 백성들이 곤궁하고 위축되었는데, 유목지는 時宜를 참작하여 그때그때 상황에 따라 바로잡고, 유유는 몸소 사람들에게 모범이 되어 먼저 위엄으로써 금하니, 內外가 숙연하였다.

玄司徒王謐이 與衆議하여 推裕領揚州호되 裕固辭하니 乃以謐爲侍中하여 領揚州刺史錄尙書事하다 謐이 推裕爲都督八州徐州刺史하고 劉毅爲靑州刺史하고 何無忌爲琅邪內史하고 孟昶爲丹(陽)〔楊〕[51]尹하고 劉道規爲義昌太守①하고 諸大處分을 皆委於劉穆之하니 倉猝立定호되 無不允愜이라 裕遂托以腹心하다 時에 晉政이 寬弛하여 綱紀不立하고 豪族이 陵縱하여 小民窮蹙이러니 穆之斟酌時宜하여 隨方矯正하고 裕以身範物하여 先以威禁하니 內外肅然②이러라

① 8개 州는 揚州, 徐州, 兗州, 豫州, 靑州, 冀州, 幽州, 幷州이다. ≪宋永初郡國志≫에 "安豐에 義昌縣이 있으니, 아마도 晉나라에서는 郡을 세운 적이 없었는데 宋나라가 처음 폐지하여 縣으로 삼은 듯하다." 하였다. 劉裕는 義昌이라는 아름다운 이름을 취하여 劉道規에게 이곳의 太守를 겸하게 한 것이다.

八州, 揚·徐·兗·豫·靑·冀·幽·幷也. 宋永初郡國志"安豐有義昌縣, 蓋晉未嘗立郡, 宋初廢爲縣也." 裕取義昌美名, 使道規領太守.

② 굽은 것을 바로잡는 것을 矯라 하니, 〈'矯正'은〉 일에 따라 바로잡아서 바른 데로 돌아가게 함을 말한다.

揉曲爲矯, 言隨事矯揉, 使歸於正.

51) (陽)〔楊〕: 저본에는 '陽'으로 되어 있으나, ≪資治通鑑≫에 의거하여 '楊'으로 바로잡았다.

【目】 처음에 王謐이 桓玄의 佐命元臣(功臣)이 되어서 손수 황제의 옥새와 인끈을 풀어 환현에게 주었는데, 환현이 패하자 사람들은 그를 주살해야 마땅하다고 하였으나 劉裕는 특별히 그를 보호하여 온전하게 하였다. 劉毅가 일찍이 朝會할 때에 왕밀에게 옥새와 인끈이 있는 곳을 묻자, 왕밀은 내심 스스로 불안해서 도망하여 曲阿로 달아났는데, 유유가 쫓아가 돌아오게 하여 지위를 회복시켰다.

諸葛長民이 豫州에 이르러 시기를 놓쳐 군사를 일으키지 못했는데, 刁逵가 그를 붙잡아 檻車에 실어 환현에게 보냈으나, 도착하기 전에 환현이 패망하였다. 그를 압송하던 사람이 함께 함거를 부수고 제갈장민을 꺼내어 歷陽으로 돌아왔다. 조규가 성을 버리고 달아나자 그 부하가 그를 잡아 유유에게 보내었는데, 그를 石頭城에서 참수하니, 이때 그의 아들과 조카가 모두 죽었다.

◑初에 謐이 爲玄佐命元臣하여 手解帝璽綬以授玄이러니 及玄敗에 衆謂宜誅라호되 裕特保全之하다 劉毅嘗因朝會하여 問謐璽綬所在한대 謐이 內不自安하여 逃奔曲阿어늘 裕追還復位하다 諸葛長民이 至豫州하여 失期하여 不得發이어늘 刁逵執之하여 檻車送桓玄이러니 未至而玄敗라 送人이 共破檻하고 出長民하여 還趣歷陽하다 逵棄城走어늘 其下執以送裕한대 斬於石頭하니 子姪皆死하다

【目】 劉裕는 처음에 명성이 미천하고 지위가 낮으며 경박하고 교활하여 훌륭한 행실이 없었다. 盛流(名士)들이 다 그와 더불어 알려고 하지 않았으나 오직 王謐만이 홀로 유유를 기이하게 여겨 대접하였다. 그리고 유유에게 이르기를 "경은 마땅히 한 시대의 영웅이 될 것이다." 하였다.

유유가 일찍이 刁逵와 樗蒱 내기를 하여 제때에 진 빚을 갚지 못하였다. 조규가 유유를 말 매는 기둥에 묶어놓자, 왕밀이 도규를 책망하고 대신 빚을 갚아주니, 이 때문에 유유가 조규에게는 원한을 품었고 왕밀에게는 은덕으로 여긴 것이다.

裕 初에 名微位薄하여 輕狡無行하니 盛流皆不與相知①호되 惟王謐이 獨奇貴之하여 謂曰 卿은 當爲一代英雄이로다 裕嘗與刁逵樗蒱하여 不時輸直(치)②러니 逵縛之馬枊(앙)이어늘 謐이 責逵而代償하니 由是로 裕憾逵而德謐③이러라

① '盛流'는 당시에 신분이 귀하고 가문이 번성한 부류를 이른다.
盛流, 謂當時貴盛之流.

② 樗蒱를 하여 이기지 못하였는데 즉시 그 진 빚을 갚지 못한 것이니, 이 또한 도박꾼에게 늘

있는 경솔하고 교활한 태도이다.

樗蒱不勝, 而不卽納其所負之直(치), 此亦博徒輕狡之常態.

③ 枊은 魚浪과 五剛의 두 切이니, 말을 매는 말뚝이다.

枊, 魚浪・五剛二切, 繫馬柱也.

【目】 蕭方이 다음과 같이 평하였다.

"교룡이 잠복해 있을 때에는 물고기와 새우도 업신여긴다. 이 때문에 漢 高祖가 〈자신을 곤혹스럽게 하던〉 雍齒를 사면하였고[52] 魏 武帝(曹操)가 〈자신을 압제하던〉 梁鵠을 사면하였으니, 어찌 평민이었을 때 맺은 원한을 萬乘의 천자가 된 뒤에 갚으려 한단 말인가. 지금 王謐은 公이 되고 刁逵는 일족이 패망하였으니, 劉裕가 은혜에 보답하고 원한을 갚는 것이 어쩌면 그리도 좁은가."

蕭方曰① 夫蛟龍潛伏에 魚鰕褻之라 是以로 漢高赦雍齒하고 魏武免梁鵠②하니 安可以布衣之嫌으로 而成萬乘之隙也리오 今王謐爲公하고 刁逵亡族하니 酬恩報怨이 何其狹哉오

① 蕭方은 ≪資治通鑑≫에는 蕭方等으로 되어 있다. 梁나라 元帝의 嫡長子로 시호는 忠烈世子이니, ≪三十國春秋≫를 저술하였다.

蕭方, 通鑑作蕭方等. 梁元帝之嫡長子, 謚忠烈世子, 著三十國春秋.

② 漢 靈帝 때 梁鵠이 글씨를 잘 써 選部尙書에 이르렀는데, 魏 武帝(曹操)가 洛陽令이 되길 원하였으나 양곡이 위 무제를 北部尉로 삼았다. 양곡은 뒤에 劉表에게 의지하였는데, 荊州가 평정된 후에 위 무제가 사람을 모집하여 양곡을 찾자, 양곡이 두려워하여 스스로 몸을 포박하여 門에 나오니, 무제는 軍假司馬로 삼아 秘書省에 있으면서 글씨를 열심히 써 스스로 충성을 바치게 하였다.

漢靈帝時, 梁鵠以攻書, 至選部尙書, 魏武欲爲洛陽令, 鵠以爲北部尉. 鵠後依劉表, 及荊州平, 魏武募求鵠, 鵠懼, 自縛詣門, 署軍假司馬, 使在秘書, 以勤書自效.

【目】 처음에 袁眞이 梁國內史 朱憲을 죽이니, 주헌의 아우 朱綽이 桓溫에게 달아났다. 환온이 壽陽城을 함락하자, 주작이 곧바로 원진의 棺을 꺼내어 시신을 모욕하였다. 환온이 노하여 장차 그를 죽이려고 하였는데 桓沖이 간청하여 죄를 면하니, 주작은 환충을 아버지처럼 섬겼다. 환충이 죽자 주작이 피를 토하고 卒하였다.

---

52) 漢……사면하였고 : 雍齒는 漢 高祖 劉邦을 늘 곤혹스럽게 하던 신하였으나, 고조가 張良의 계책을 받아들여 옹치를 什方侯에 봉함으로써 論功行賞에 불안해하는 장수들의 마음을 안정시켰다.(≪資治通鑑綱目≫ 제3권 上)

이때 주작의 아들 朱齡石이 劉裕의 參軍이 되어 유유를 따라 江乘에 이르러 장차 싸우려 할 적에 주영석이 간청하기를 "우리 집안은 대대로 桓氏의 두터운 은혜를 받았으니, 병기를 잡고 서로 마주하기를 바라지 않습니다. 군대의 후미에 있기를 청합니다." 하니, 유유가 의롭게 여기고 이를 허락하였다.

◑ 初에 袁眞이 殺梁國內史朱憲하니 憲弟綽이 奔桓溫하다 溫이 克壽陽에 綽이 輒發眞棺하여 戮其尸한대 溫이 怒將殺之러니 桓沖이 請而免之하니 綽이 事沖如父러라 沖이 薨에 綽이 嘔血而卒하다 至是에 綽子齡石이 爲劉裕參軍하여 從至江乘하여 將戰할새 齡石이 請曰 世受桓氏厚恩하니 不欲以兵刃相向이라 請在軍後하노이다 裕義而許之하다

【綱】 魏나라(北魏)에서 縣에 명하여 호구가 채 100戶가 못 되는 곳을 없애었다.

魏詔縣하여 戶不滿百者를 罷之①하다

① 중국 지역에 人民이 없어 쓸쓸하기 때문이었다.
以中土蕭條也.

【綱】 桓玄이 尋陽에 이르러 황제(安帝)를 압박하여 서쪽으로 올라가게 하자, 劉毅 등이 군대를 거느리고 추격하였다.

◑ 玄이 至尋陽하여 逼帝西上이어늘 劉毅等이 率兵追之하다

【目】 桓玄이 도망하는 도중에 직접 ≪起居注≫[53]를 지어 劉裕를 토벌한 일을 서술할 적에 '經略은 모두 잘못된 계책이 없었으나 여러 군대가 자신의 節度(지휘)를 어겨 달아나 패하게 되었다.' 하여 오로지 저술만을 깊이 생각하여 부하들과 일을 의논할 겨를이 없었다.

桓玄이 於道에 自作起居注하여 敍討劉裕할새 經略이 擧無遺策이로되 諸軍이 違節度以致奔敗라하여 專覃思著述하여 不暇與群下議事①하니라

① ≪資治通鑑≫에는 "桓玄이 도망하는 도중에 스스로 ≪起居注≫를 지어 劉裕를 토벌한 일을 서술하면서 스스로 이르기를 '經略에는 조금도 잘못된 계책이 없었다.' 했다." 하였다. 杜佑의 ≪通典≫에 다음과 같이 말하였다. "周官에 左史와 右史가 있으니, 이는 아마도 지금의

53) 起居注 : 황제의 언행을 기록한 문서 혹은 이를 담당한 관직을 이른다. 魏・晉 시기에는 著作郞이 담당하였으며, 北魏 때에는 起居令史, 修起居注, 監起居注 등의 관직을 두었다. 隋나라에서는 內史省에 起居舍人을 두었으며, 唐나라와 宋나라에서는 門下省에 起居郞과 기거사인을 두어 이 일을 맡겼다.

起居注의 근본일 것이니, 군주가 움직이면 좌사가 이것을 쓰고, 군주가 말하면 우사가 이것을 써서 좌사는 말을 기록하고 우사는 일을 기록하였다. 漢나라 武帝는 禁中의 《기거주》가 있었고 後漢의 馬皇后는 明帝의 《기거주》를 지었다. 그렇다면 한나라 기거주는 궁중에 있어서 여자 사관의 임무를 맡은 듯하니, 그 뒤에 《기거주》는 모두 임금을 가까이 모시는 신하가 기록하였다. 역대에 그 직책만 있고 그 관명은 없었는데, 後魏(北魏) 때 처음으로 起居令史를 설치하여 군주가 매번 행차하거나 연회를 베풀게 되면 군주의 좌우에 있으면서 임금의 말을 기록하게 하였고, 뒤에는 별도로 脩起居注를 설치했다." 하였다.

覃은 깊음이요, 넓음이다. 思는 음이 笥이다.

通鑑 "玄於道, 自作起居注, 敍討劉裕事, 自謂經略擧無遺策." 杜佑通典曰 "周官有左·右史, 蓋今起居注之本, 動則左史書之, 言則右史書之, 左史記言, 右史記事. 漢武帝有禁中起居注, 後漢馬皇后撰明帝起居注, 則漢起居注似在宮中, 爲女史之任, 其後起居, 皆近侍之臣錄記也. 歷代有其職而無其官, 後魏始置起居令史, 每行幸宴會, 則在御左右, 記錄帝言, 後又別置脩起居注." 覃, 深也, 廣也. 思, 音笥.

【綱】 劉裕가 武陵王 司馬遵을 추대하여 制命을 받들어 일을 행하게 하였다.

劉裕推武陵王遵하여 **承制行事**하다

【目】 劉裕가 〈황제(安帝)의〉 密詔를 받았다고 칭하고는 司馬遵에게 制命을 받들어 일을 행하게 하였다. 사마준이 들어와 동궁에 거처하여 內外가 모두 공경하게 하고, 〈사마준이 황제의 명의를 받들어〉 관직을 제수할 적에 制를 칭하고 〈사마덕이 황제의 명의로 신하들에게〉 명령〔敎〕을 내릴 때는 令이라고 칭하였다.

裕稱受密詔라하여 **以遵承制**라 **入居東宮**하여 **內外畢敬**하고 **遷除**에 **稱制**하고 **敎稱令**①하다

① 司馬遵은 司馬晞의 아들이니, 孝武帝 太元 6년(381)에 뒤를 이어 〈武陵王에〉 봉해졌다.
遵, 晞之子也, 孝武太元六年, 嗣封.

【綱】 劉敬宣과 司馬休之가 南燕에서 돌아왔다.

劉敬宣, 司馬休之 自南燕來歸[54]하다

54) 劉敬宣……自南燕來歸 : "왔다고 한 것은 어째서인가. 기뻐한 말이다. 무릇 出奔했다가 돌아온 것을 씀은 의리로 돌아옴을 가상히 여긴 것이다. 桓玄이 포악하여 出奔하였다가 환현이 패망하자 돌아왔으니, 두 사람은 충절을 안다고 이를 만하다. 《資治通鑑綱目》에는 의리로 돌아옴을 인정하였다. 그러므로 劉敬宣과 司馬休之를 썼고 元略을 썼고 元彧을 썼고 賀拔勝을 썼고 獨孤信을 쓴 것이

【目】 劉敬宣과 高雅之가 青州의 큰 성씨와 鮮卑의 豪帥(酋長)와 결탁하여 南燕王 慕容備德을 죽이고 司馬休之를 군주로 추대할 것을 모의하였는데, 이 계책이 누설되어 남쪽으로 달아나니, 南燕 사람들이 추격하여 고아지를 죽였다.

유경선과 사마휴지가 淮水와 泗水 사이에 이르러 桓玄이 패망했다는 말을 듣고는 마침내 東晉으로 돌아오자, 劉裕가 유경선을 晉陵太守로 삼고 사마휴지를 荊州刺史로 삼았다.

劉敬宣, 高雅之 結青州大姓及鮮卑豪帥하여 謀殺南燕王備德하고 推司馬休之爲主①러니 謀泄南走하니 南燕人이 追殺雅之하다 敬宣, 休之至淮泗間하여 聞桓玄敗하고 遂來歸어늘 劉裕以敬宣爲晉陵太守하고 休之爲荊州刺史하다

① 南燕王은 ≪資治通鑑≫에는 南燕主로 되어 있다.
南燕王, 通鑑作南燕主.

다.〔來者何 喜辭也 凡奔書歸 嘉復義也 玄虐出奔 玄敗來歸 二子可謂知節矣 綱目予復義 故敬宣休之書 元略書 元彧書 賀拔勝書 獨孤信書〕" ≪書法≫

"유경선과 사마휴지가 出奔함은 환현을 피한 것인데, 지금 돌아왔다면 의리를 안 것이다. 그러므로 쓴 것이다.〔敬宣休之出奔 避桓玄也 今而來歸 則知義矣 故書〕" ≪發明≫

思政殿訓義 資治通鑑綱目 제23권 하

-晉 安帝 元興 3년(404)~晉 安帝 義熙 6년(410)-

【綱】 여름 4월에 桓玄이 황제(安帝)를 끼고 江陵으로 들어갔다.

夏四月에 玄이 挾帝入江陵하다

【目】 桓玄이 황제를 끼고 江陵에 이르러는 위엄과 명령이 행해지지 못할 것을 염려해서 다시 형벌을 준엄히 하니, 사람들이 더욱 이반하고 원망하였다.

桓玄이 挾帝至江陵하여 恐威令不行하여 更峻刑罰하니 衆益離怨하니라

【綱】 何無忌 등이 桓玄의 군대와 桑落洲에서 싸워 그를 대파하고 太廟의 신주를 얻어 建康으로 보내었다.

何無忌等이 及玄兵으로 戰于桑落洲하여 大破之하고 得太廟神主하여 送建康하다

【目】 桓玄이 庾稚祖와 何澹之 등을 보내어 湓口를 지키게 하였는데 何無忌와 劉道規가 桑落洲에 이르니, 하담지 등이 맞아 싸울 적에 하담지는 항상 타고 있는 배에 매우 성대하게 旗幟를 진열하였다.

하무기는 말하기를 "적의 장수가 반드시 저 배에 있지 않을 것이니, 우리를 속이려고 하는 것이다. 지금 우리의 병력이 적어 많은 수의 적군을 대적할 수 없으니, 싸워도 全勝을 거둘 수 없다. 저 배는 戰士가 반드시 약할 것이니, 우리가 강한 군대로 공격하면 반드시 배를 점령할 것이요, 점령하면 저들의 기세는 떨어지고 우리의 기세는 곱절로 더해질 것이니, 인하여 육박전을 벌이면 틀림없이 적을 격파할 수 있을 것이다." 하고는 마침내 공격하여 배를 점령하고 인하여 사람들에게 소리쳐 전하기를 "이미 하담지를 잡았다."라고 하였다.

적군이 놀라 소요하고 관군 또한 그 말을 옳게 여기므로 하무기 등은 승세를 타고 공

격하여 적을 대파해서 마침내 분구를 점령하고 전진하여 尋陽을 점거하고는 사신을 보내어 종묘의 신주를 모신 石室을 받들어 京師로 돌려보냈다.

桓玄이 遣庾稚祖, 何澹之等하여 守湓口러니 何無忌, 劉道規 至桑落洲①하니 澹之等이 逆戰할새 澹之常所乘舫이 旗幟甚盛②이라 無忌曰 賊帥必不居此리니 欲詐我耳로다 今衆寡不敵하니 戰無全勝이라 此舫戰士必弱이니 我以勁兵攻之하면 必得之요 得之하면 則彼勢沮而我氣倍니 因而薄之하면 破賊이 必矣③리라 遂攻得之하고 因傳呼曰 已得何澹之矣라하다 賊軍이 驚擾하고 官軍이 亦以爲然이어늘 乘勝大破之하여 遂克湓口하고 進據尋陽하고 遣使奉送宗廟主祏하여 還京師④하다

① 洲(모래섬)는 湓城의 동북쪽 大江 가운데 있다.
洲, 在湓城東北大江中.
② 舫은 甫妄의 切이니, 두 배를 나란히 이은 것이다.
舫, 甫妄切, 竝兩船也.
③ 薄은 다가감이다.
薄, 迫也.
④ 祏은 음이 石이니, 사당 안에 나무 신주를 모셔두는 石室이다.
祏, 音石, 廟中藏木主石室也.

【綱】桓玄이 황제를 끼고 동쪽으로 내려갔다.

玄이 挾帝東下하다

【目】桓玄이 荊州의 병력을 모아서 일찍이 30일이 되기 전에 병력 2만 명을 보유하였다. 다시 여러 군대를 거느리고는 황제를 끼고 동쪽으로 내려가면서 徐放으로 하여금 劉裕 등에게 군대를 해산하도록 설득하니, 유유 등이 따르지 않았다.

桓玄이 收集荊州兵하여 曾未三旬에 有衆二萬이라 復帥諸軍하고 挾帝東下하여 使徐放으로 說(세)劉裕等散甲하니 裕等이 不聽하다

【綱】〈晉나라(東晉)가〉 劉敬宣을 江州刺史로 삼았다.

以劉敬宣爲江州刺史하다

【綱】燕나라(後燕)가 逍遙宮을 일으켰다.

◑燕이 起逍遙宮[1)]하다

【目】燕主 慕容熙가 龍騰苑에 逍遙宮을 일으키니 죽 이어져 있는 방이 수백 개이고 曲光海를 파니, 한여름에 사졸들이 쉬지 못하여 더위를 먹어 죽은 자가 태반이었다.

燕主熙 於龍騰苑에 起逍遙宮하니 連房數百이요 鑿曲光海하니 盛夏에 士卒이 不得休息하여 暍(갈)死大半이러라

【綱】5월에 劉毅 등이 桓玄과 峥嵘洲에서 싸워 그를 대파하였다. 환현이 다시 황제를 끼고 江陵에 들어갔는데 寧州督護 馮遷이 환현을 공격하여 주살하니, 황제(安帝)가 지위를 회복하였다.

五月에 劉毅等이 及玄戰于峥嵘洲하여 大破之하니 玄이 復挾帝入江陵이러니 寧州督護 馮遷이 擊玄誅之하니 帝復位하다

【目】劉毅, 何無忌, 劉道規가 군대를 거느리고 尋陽에서 서쪽으로 올라오다가 桓玄과 峥嵘洲에서 만나니, 이때 유의 등은 병력이 채 1만 명이 못 되었고 환현의 전사는 수만 명이었다. 유의의 무리가 두려워하여 후퇴하려 하자, 유도규가 다음과 같이 말하였다.

"안 된다. 저들은 병력이 많고 우리는 병력이 적어 강하고 약한 형세가 다르다. 이제 만약 전진하지 않으면 반드시 적들이 기회를 틈탈 것이니, 우리가 비록 尋陽에 이르더라도 어찌 스스로 견고히 지키겠는가. 두 진영이 勝機를 결단할 적에 장수가 영웅인 진영이 승리하는 법이니, 병력이 많음에 달려 있지 않다."

유도규가 인하여 병력을 지휘하여 앞장서 나아가니, 유의 등이 뒤를 따랐다.

환현은 항상 큰 배 곁에 작은 배를 띄워놓아서 달아날 상황에 대비하니, 이로 인해 병사들이 투지가 없었다. 유의 등이 바람을 타고 불을 지르고 맹렬한 기세로 선두를 다투니, 환현의 무리가 크게 궤멸하였다.

---

1) 燕起逍遙宮 : "起라고 쓴 것은 어째서인가. 집을 너무 높게 지었기 때문이다. 그러므로 臺觀의 말로 쓴 것이다. 무릇 宮殿을 '起'라고 쓴 것은 모두 비난한 것이다. 《資治通鑑綱目》이 끝날 때까지 궁전을 '起'라고 쓴 것이 5번이니, 漢나라 武帝의 明光殿, 明帝의 北宮, 燕나라의 逍遙宮, 陳나라 後主의 三閣, 唐나라 憲宗의 承暉殿이다. 오직 명제만이 얼마 있다 중지하였으니, 비난한 말이 아니다.〔書起何 峻宇也 故以臺觀之辭書之 凡宮殿書起 皆譏也 終綱目宮殿書起五 漢武帝明光 明帝北宮 燕逍遙 陳後主三閣 唐憲宗承暉 惟明帝旣而罷之 非譏辭〕" 《書法》

환현은 황제(安帝)를 끼고 한 척의 배로 서쪽으로 달아나고 永安何皇后와 王皇后를 巴陵에 남겨두었는데, 殷仲文이 인하여 환현을 배반하고 두 황후를 받들어 建康으로 돌아왔다.

劉毅, 何無忌, 劉道規 帥衆하고 自尋陽西上이라가 與桓玄으로 遇於峥嶸洲①하니 毅等은 兵不滿萬人이요 而玄戰士는 數萬이라 衆이 憚之하여 欲退어늘 道規曰 不可하다 彼衆我寡하여 彊弱이 異勢라 今若不進이면 必爲所乘이니 雖至尋陽이나 豈能自固리오 夫決機兩陣에 將雄者克이니 不在衆也②라하고 因麾衆先進하니 毅等이 從之러라 玄이 常漾舸於舫側하여 以備敗走하니 由是로 衆이 莫有鬭心③이라 毅等이 乘風縱火하고 盡銳爭先하니 玄衆이 大潰라 玄이 挾帝單舸西走하고 留永安何皇后及王皇后於巴陵④이러니 殷仲文이 因叛玄하고 奉二后하여 還建康하다

① 杜佑가 말하였다. "峥嶸洲는 鄂州 武昌縣에 있다." ≪水經注≫에 "江水가 동쪽으로 武口를 지나가고 또 동쪽으로 흘러서 오른쪽으로는 李姥浦를 만나고 북쪽으로는 峥嶸洲와 마주한다." 하였다.
杜佑曰 "峥嶸洲, 在鄂州武昌縣." 水經注 "江水東過武口, 又東, 右得李姥浦, 北對峥嶸洲."

② 將(장수)은 卽亮의 切이다.
將, 卽亮切.

③ 漾은 음이 恙이니, 물이 띠처럼 빙 둘러 흐르는 것이다.
漾, 音恙, 帶流也.

④ 永安何皇后는 穆帝의 章皇后이고, 王皇后는 황제(安帝)의 后이다.
永安何皇后, 穆帝章皇后也. 王皇后, 帝之后也.

【目】 桓玄이 황제(安帝)와 함께 江陵으로 들어가서 漢中으로 달아나려 하였으나, 민심이 이반되었다. 이에 심복 백여 명과 함께 밤에 출발하였으나 다시 자기들끼리 서로 살해하였다. 환현이 겨우 배에 이르니, 측근의 사람들이 달아나 흩어졌다.

荊州別駕 王康產이 황제를 받들고 南郡의 府舍(廳舍)로 들어갔는데, 校尉로 있던 毛璩의 아우의 아들 毛脩之가 환현을 유인하여 蜀 지역으로 들어가게 하니, 환현이 그를 따랐다. 마침 모거의 아우 寧州刺史 毛璠이 관청에서 卒하였다. 모거가 형의 손자 毛祐之와 參軍 費恬으로 하여금 수백 명을 거느리고 그 상여를 호송하게 하였는데, 枚回洲에서 환현을 만나 맞이하여 공격하였다. 督護 馮遷이 칼을 빼어들고 앞으로 나아오자, 환현이 말하기를 "네가 어떤 놈이기에 감히 천자를 죽이려 하는가." 하니, 풍천이 말하기를 "나는 천자의 역적을 죽일 뿐이다." 하고, 마침내 환현을 참수하였다.

황제가 江陵에서 反正하여 모수지를 驍騎將軍으로 삼고, 크게 사면령을 내려 환현의 핍박을 두려워하여 반역을 따른 모든 자들에 대해 일절 죄를 묻지 않고, 신주를 太廟에 받들어 모셨다. 劉毅 등이 파발마로 환현의 머리를 보내자, 大桁(朱雀橋)에 효시하였다.

玄이 與帝入江陵하여 欲奔漢中이로되 而人情이 乖沮라 乃與腹心百餘人으로 夜出이러니 更相殺害하여 僅得至船하니 左右奔散이라 荊州別駕王康產이 奉帝하고 入南郡府舍러니 毛璩之弟子脩之爲校尉라가 誘玄入蜀하니 玄이 從之러라 會에 璩弟寧州刺史璠이 卒官[①]이라 璩使兄孫祐之와 及參軍費恬으로 帥數百人하여 送其喪이러니 遇玄於枚回洲하여 迎擊之[②]하고 督護馮遷이 抽刀而前한대 玄曰 汝何人이완대 敢殺天子오 遷曰 我殺天子之賊耳라하고 遂斬之하다 乘輿反正於江陵[③]하여 以脩之로 爲驍騎將軍하고 大赦하여 諸以畏逼從逆者를 一無所問하고 奉神主于太廟하다 毅等이 傳送玄首어늘 梟于大桁[④]하다

① 璠은 음이 繁이다.
璠, 音繁.

② ≪水經注≫에 "江水는 江陵縣 남쪽을 지나가는데, 枚回洲라는 모래섬이 있다." 하였다.
水經注 "江水, 逕江陵縣南, 有洲曰枚回洲."

③ 反(돌아오다)은 返과 통한다.
反, 通作返.

④ 大桁(큰 배다리)은 朱雀桁을 이르니, 建康의 朱雀門 밖 秦淮水의 물가에 있다.
大桁, 謂朱雀桁也, 在建康朱雀門外秦淮水上.

【綱】 윤5월에 桓振이 江陵을 기습하여 함락하자, 劉毅 등이 진군하여 토벌하였으나 이기지 못하였다.

閏月에 桓振이 襲江陵하여 陷之어늘 劉毅等이 進兵討之호되 不克하다

【目】 劉毅 등이 이미 싸움에 승리하고는 大事가 이미 결정되었다고 생각하여 서둘러 추격하지 않으니, 桓玄이 죽은 지 열흘이 가까웠으나 여러 군대가 그때까지도 江陵에 도착하지 않았다.

桓謙과 桓振이 도망하여 숨었다가 다시 나와서 병력을 모아 강릉을 기습해 함락하고 王康產을 죽였다. 환진이 궁에서 황제(安帝)를 뵙고는 弑逆을 행하고자 하다가 환겸이 굳이 만류하니, 마침내 황제에게 절하고서 나오고 환현을 위하여 喪을 발표하고 追諡를 하였다.

환겸이 여러 신하를 거느리고 옥새와 인끈을 황제에게 받들어 올리니, 좌우에서 모시는 자들이 모두 환진의 심복이었다.

何無忌와 劉道規가 나아가 馬頭岸에서 환겸을 공격하여 깨트렸다. 하무기가 곧바로 강릉으로 달려가고자 하였는데, 유도규가 말하기를 "兵法에 나아가고 물러남에는 때가 있는 법이니, 여러 桓氏들이 대대로 西楚(荊州) 지역에 거주하여 여러 부하들이 모두 환씨를 위해 힘을 다하며, 환진은 용맹이 三軍의 으뜸이니, 더불어 예봉을 다투기가 어렵다. 우선 군대를 휴식시키고 銳氣를 길러서 서서히 계책으로 옭아매야 하니, 이렇게 하면 승리하지 못함을 근심할 것이 없다." 하였다.

하무기가 그의 말을 따르지 않았는데 환진이 靈溪에서 하무기 등을 맞아 싸우니, 하무기 등이 대패하고 후퇴하여 尋陽으로 돌아왔다.

毅等이 旣戰勝에 以爲大事已定이라하여 不急追躡하니 玄死幾一旬에 諸軍이 猶未至라 桓謙及振이 竄匿復出하여 聚衆襲江陵하여 陷之하고 殺王康產①하다 振이 見帝於宮하고 欲行弑逆이라가 謙이 苦禁之하니 乃拜而出하고 爲玄擧哀追謚②하다 謙이 帥群臣하고 奉璽綬於帝하니 侍御左右皆振腹心이러라 何無忌, 劉道規 進攻謙於馬頭하여 破之③하다 無忌欲直趨江陵이어늘 道規曰 兵法에 屈伸有時하니 諸桓이 世居西楚하여 群小皆爲竭力하고 振이 勇冠三軍하니 難與爭鋒이라 且可息兵養銳하여 徐以計縻之니 不憂不克이니라 無忌不從이러니 振이 逆戰於靈溪하니 無忌等이 大敗하여 退還尋陽④하다

① 桓振은 桓玄의 從子이다.
振, 玄之從子也.

② 爲(위하다)는 去聲이니, 아래 '皆爲'도 같다.
爲, 去聲, 下同.

③ 馬頭岸은 大江의 南岸에 있으니, 북으로 江津 어구와 마주하였다.
馬頭岸, 在大江南岸, 北對江津口.

④ ≪水經注≫에 "江水는 江陵縣 남쪽에서 동쪽으로 燕尾洲의 북쪽을 지나 靈溪水와 합류한다. 江과 靈溪가 만나는 곳에 靈溪戍가 있으니, 언덕을 등지고 강을 향하여 서쪽으로 영계를 끼고 있다." 하였다.
水經注"江水, 自江陵縣南, 東逕燕尾洲北, 合靈溪水. 江・溪之會, 有靈溪戍, 背阿面江, 西帶靈溪."

【綱】 6월에 毛璩가 군대를 보내어 梁州를 공격해서 桓玄이 임명한 刺史 桓希를

주살하였다.

六月에 毛璩遣兵攻梁州하여 誅玄所署刺史桓希하다

【綱】 가을 7월에 永安皇后 何氏가 崩하였다.

◑ 秋七月에 永安皇后何氏崩[2)]하다

【綱】 9월에 魏나라(北魏)가 官制를 고쳤다.

◑ 九月에 魏改官制하다

【目】 魏主(拓跋珪)는 여섯 명의 謁官을 설치하되 옛날의 六卿을 표준으로 삼고, 昭陽殿에 임하여 직접 전형하여 사람들을 선발해서 네 등급으로 관작을 나열하니, 王은 大郡에, 公은 小郡에, 侯는 大縣에, 伯은 小縣에 봉하였는데, 그 품제가 第一부터 第四까지였다.

옛 신하 중에 功은 있으나 작위가 없는 자는 追封하고, 종실 중에 소원한 자와 異姓 중에 선대의 封爵을 물려받은 자는 관작을 낮추어 차등을 두었고, 또 散官 다섯 등급을 설치하니 그 품계는 第五부터 第九까지였으며, 文官 중에 재능이 빼어나고 武官 중에 장수가 될 만한 자는 그 품계를 또한 第五에서 第九에 견주고 百官 중에 결원이 있으면 이 가운데에서 취하여 보임하였다.

그 관명은 대부분 上古 시대에 龍과 새의 이름으로 官名을 삼는 법을 모방하여 여러 曹의 使者를 鳧鴨(오리)이라 하니 빠르게 나는 특징을 취한 것이요, 候官으로서 伺察하는 자를 白鷺라 하니 백로가 목을 늘이고 멀리 바라보는 특징을 취한 것이다. 나머지도 모두 이와 같았다.

魏主 置六謁官하여 準古六卿하고 臨昭陽殿하여 親加銓擇하여 列爵四等하니 王封大郡하고 公封小郡하고 侯封大縣하고 伯封小縣하니 其品이 第一至第四러라 舊臣有功無爵者를 追封之하고 宗室疏遠及異姓襲封者는 降爵有差하고 又置散官五等하니 其品은 第五至第九요 文官材能秀異하고 武官堪爲將帥者는 其品을 亦比第五至第九하고 百官有闕이면 則取於其中以補之하다 其

---

2) 永安皇后何氏崩 : "何氏는 穆后인데, 장례를 쓰지 않은 것은 어째서인가. 간략히 하여 생략한 것이다. 哀帝가 즉위함으로부터 何皇后를 높여 穆皇后라 하였으나 國母의 道가 없었다. 이에 또다시 5대를 지났으니, 그 간략히 함을 알 수 있다.〔穆后也 不書葬 何 簡也 自哀帝立 尊何皇后爲穆皇后 無母道矣 於是又歷五世 其簡可知也〕" ≪書法≫

官名이 多倣上古龍官, 鳥官[①]하여 謂諸曹之使를 爲鳧鴨하니 取其飛之迅疾也요 謂候官伺察者를 爲白鷺하니 取其延頸遠望也라 餘皆類此[②]하다

① 옛날 太皥氏(伏羲氏)가 龍으로 기록하였기 때문에 龍師라 하여 관직 이름을 龍이라 하였고, 少皥摯가 즉위했을 때 봉황새가 마침 이르렀으므로 鳥師라 하여 새로 관직을 이름하였다.
昔太皥氏以龍紀, 故爲龍師而龍名. 少皥摯之立也, 鳳鳥適至, 故爲鳥師而鳥名.

② '諸曹之使'는 ≪魏書≫의 〈官氏志〉에는 '諸曹走使'로 되어 있다.
諸曹之使, 魏書官氏志, 作諸曹走使.

【綱】 겨울 10월에 盧循이 番禺(번우)를 함락하고 徐道覆가 始興을 함락하였다.

冬十月에 盧循이 陷番禺하고 徐道覆 陷始興하다

【綱】 劉毅 등이 다시 桓振의 여러 城壘를 공격하여 모두 점령하였다.

◑ 劉毅等이 復攻桓振諸城壘하여 皆克之하다

【目】 劉敬宣이 尋陽에 있으면서 군량을 모으고 군함을 수선하여 일찍이 대비하지 않은 적이 없었다. 그러므로 何無忌 등이 비록 패전하여 후퇴하였으나 이에 힘입어 다시 군세를 떨칠 수 있었다. 전진하여 夏口에 이르자, 桓振이 馮該를 보내어 東岸을 지키고 孟山圖는 魯山城을 점거하고 桓仙客은 偃月壘를 지키니, 병력이 모두 1만 명이었다. 이들은 수로와 육로로 서로 구원하였는데 劉毅 등이 모두 공격하여 함락하고 맹산도와 환선객을 산채로 사로잡으니, 풍해가 石城으로 달아났다.

劉敬宣이 在尋陽하여 聚糧繕船하여 未嘗無備라 故何無忌等이 雖敗退나 賴以復振이러라 進至夏口하니 桓振이 遣馮該하여 守東岸하고 孟山圖據魯山城하고 桓仙客守偃月壘하니 衆合萬人이라 水陸相援[①]이어늘 毅等이 悉攻拔之하고 生禽山圖, 仙客하니 該走石城[②]하다

① ≪括地志≫에 "魯山은 南陽郡의 魯陽縣 북쪽에 있다." 하였다. 胡三省이 말하기를 "漢水와 長江이 魯山의 서남쪽에서 합류한다. 漢水의 왼쪽에 却月城이 있는데 偃月壘라고도 하니, 옛 曲陵縣이다. 뒤에는 바뀌어 沙羨縣의 치소가 되었다." 하였다.
括地志 "魯山, 在南陽郡魯陽縣北." 胡三省曰 "漢水與江會于魯山西南. 漢水之左, 有却月城, 亦曰偃月壘, 故曲陵縣也. 後更爲沙羨縣治.

② 竟陵縣은 옛날 石城戍이다.

竟陵縣, 古石城戍也.

【綱】11월에 魏나라(北魏)가 宗室과 州郡에 명하여 각각 師(교육하는 관직명)를 설치하였다.

十一月에 魏命宗室, 州郡하여 各置師하다

【目】魏主(拓跋珪)가 명하여 宗室에는 宗師를, 八國에는 大師와 小師를 설치하고 州郡에도 각기 師를 설치하여 宗黨(군주의 친족)을 분별하고, 재주가 있고 행실이 뛰어난 자를 천거하기를 魏·晉 시대 〈각 州郡에 설치했던 관직인〉 中正의 직책과 같이 하였다.

魏主命宗室置宗師하고 八國엔 置大師, 小師하고 州郡에 亦各置師하여 以辨宗黨하고 擧才行을 如魏晉中正之職①하니라

① 八國은 바로 八部이다.
八國, 卽八部也.

【綱】燕王(後燕) 慕容熙가 그 后인 苻氏와 함께 白鹿山을 유람하였다.

燕王熙與其后苻氏로 遊白鹿山①3)하다

① 《水經註》에 "大遼水는 동남쪽으로 遼東郡 房縣 서쪽을 지나가고 또 오른쪽으로는 白狼水와 만나니, 물이 右北平 白狼縣 동남쪽에서 발원하여 북쪽으로 꺾여 白鹿山 서쪽을 지나가는바, 이곳이 바로 白狼山이다." 하였다.
水經註 "大遼水, 東南過遼東郡房縣西, 又右會白狼水, 水出右北平白狼縣東南, 北屈, 逕白鹿山西, 卽白狼山也."

【目】后는 苻謨의 어린 딸이다. 이 행차에 수행한 士卒 중에 호랑이나 이리에게 물려서 죽거나 얼어 죽은 자가 5,000명이었다.

后는 苻謨幼女也라 是行也에 士卒이 爲虎狼所害及凍死者 五千餘人이러라

---

3) 燕王熙與其后苻氏 遊白鹿山 : "무릇 遊라고 쓴 것은 비난한 것이요, 그 后와 함께 유람했다고 한 것은 비난한 가운데 더욱 비난한 것이다. 《資治通鑑綱目》이 끝날 때까지 遊라고 쓴 것이 8번인데 后妃와 함께 유람했다고 쓴 것이 3번이다.(이해(404)의 燕나라 苻氏, 梁나라 己亥年(519)의 北魏 太后, 後唐 乙酉年(925)의 蜀王 衍의 太后太妃이다.)〔凡書遊 譏也 與其后遊 譏之譏也 終綱目書遊八 而書后妃遊者三(是年燕苻氏 梁己亥年魏太后 後唐乙酉年蜀王衍太后太妃)〕" 《書法》

【綱】 12월에 劉毅 등이 전진하여 巴陵을 함락하였다.

十二月에 劉毅等이 進克巴陵하다

【目】 劉毅는 호령이 엄숙하고 정돈되니, 지나는 곳에 백성들이 편안해하고 기뻐하였다.

毅號令嚴整하니 所過에 百姓安悅하니라

乙巳年(405)

【綱】 晉나라(東晉) 孝安皇帝 義熙 원년이다.

義熙元年이라

【目】 燕主(後燕) 慕容熙 光始 5년이고, 秦主(後秦) 姚興 弘始 7년이고, 魏나라(北魏) 太祖 道武帝 拓跋珪 天賜 2년이다. 南燕主 慕容超 太上 원년이고, 西涼公 李暠 建初 원년이다.

燕光始五요 秦弘始七이요 魏天賜二年이라 ○ 南燕主慕容超太上元이요 西涼建初元年이라

【綱】 봄 정월에 〈劉毅 등이〉 江陵에 들어가니, 桓振은 도망하여 달아나고 桓謙은 秦나라(後秦)로 달아났다.

春正月에 入江陵하니 桓振은 亡走하고 謙은 奔秦하다

【目】 南陽太守 魯宗之가 군대를 일으켜 襄陽을 기습하니, 桓蔚이 江陵으로 달아났다. 劉毅 등의 군대가 馬頭에 이르니, 桓振이 황제(安帝)를 끼고서 나가 강나루에 주둔하고는 사신을 보내어 江州와 荊州 두 州를 떼어줄 것을 요구하고 이렇게 하면 天子를 받들어 보내겠다 하였으나, 유의 등이 허락하지 않았다.

노종지가 전진하여 紀南에 주둔하니, 환진은 桓謙과 馮該를 남겨두어 강릉을 지키게 하고는 군대를 이끌고 가서 노종지와 싸워서 대파하였다. 그러나 유의 등이 또한 풍해를 豫章口에서 격파하니, 환겸이 성을 버리고 달아나므로 유의 등이 강릉에 들어가서

卞範之 등을 잡아 참수하였다.

환진이 강릉으로 돌아와서 강릉의 城이 이미 함락된 것을 알고 환진의 병사들이 모두 궤멸하자, 환진이 마침내 涢川으로 도망하였다.

황제가 조령을 내려 큰 처분을 모두 冠軍將軍 劉毅에게 맡기고 대사령을 내리고 改元하되 오직 桓氏는 용서하지 않고 桓沖은 황실에 충성을 다했다 하여 특별히 그의 손자 桓胤을 용서하여 新安으로 옮겼다. 노종지를 雍州刺史로 삼고 毛璩를 征西將軍으로 삼아 梁州, 益州 등 5개 州를 도독하게 하고 아우 毛瑾을 梁州·秦州刺史로 삼고 毛瑗을 寧州刺史로 삼았다. 환겸과 何澹之 등은 모두 秦나라(後秦)로 달아났다.

南陽太守魯宗之 起兵襲襄陽하니 桓蔚이 走江陵[①]하다 劉毅等軍이 至馬頭하니 桓振이 挾帝出屯江津[②]하고 遣使하여 求割江, 荊二州하고 奉送天子어늘 毅等이 不許하다 宗之進屯紀南[③]하니 振이 留桓謙, 馮該하여 守江陵하고 引兵하여 與宗之戰하여 大破之로되 而毅等이 亦擊破該於豫章口하니 謙이 棄城走[④]어늘 毅等이 入江陵하여 執卞範之等하여 斬之하다 振이 還하여 知城已陷하고 其衆이 皆潰어늘 乃逃于涢川[⑤]하다 詔大處分을 悉委冠軍將軍劉毅하고 大赦改元호되 惟桓氏不原하고 以桓沖이 盡忠王室이라하여 特宥其孫胤하여 徙新安하다 以宗之爲雍州刺史하고 毛璩爲征西將軍하여 督梁, 益等五州하고 弟瑾爲梁, 秦刺史하고 瑗爲寧州刺史하다 桓謙, 何澹之等이 皆奔秦[⑥]하다

① 桓蔚은 桓豁의 아우이고 桓秘의 아들이다.
蔚, 豁弟, 秘之子也.

② 江津戍는 江陵의 남쪽에 있으니, 강가에 임하였다.
江津戍, 在江陵南, 臨江滸.

③ ≪郡國志≫에 "江陵縣 북쪽 10여 리 지점에 紀南城이 있다." 하였다.
郡國志 "江陵縣北十餘里, 有紀南城."

④ ≪水經注≫에 "江水는 江陵을 지나 동쪽으로 흘러서 豫章口에 이르니, 夏水가 통과하는 곳이다. 서북쪽에 豫章岡이 있으니, 豫章郡은 이 예장강으로 인하여 이름을 얻은 것이다." 하였다. 豫章口는 江陵城에서 20리 떨어져 있다.
水經注 "江水, 過江陵而東, 得豫章口, 夏水所通也. 西北有豫章岡, 蓋因岡而得名. 其地去江陵城二十里."

⑤ 涢은 음이 云이다. ≪水經注≫에 "涢水는 漢나라 南陽郡 蔡陽縣 동남쪽 大洪山에서 발원하여 동남쪽으로 흘러 隨縣 서쪽으로 흘러가고 또 남쪽으로 江夏郡 安陸縣 서쪽을 지나며 다시 동남쪽으로 흘러 夏水로 들어간다." 하였다.
涢, 音云. 水經注 "涢水, 出漢南陽郡蔡陽縣東南大洪山, 東南流, 過隨縣西, 又南過江夏安陸縣西, 又東南入于夏."

⑥ 5개 州는 益州, 梁州, 秦州, 涼州, 寧州를 이른다.
五州, 謂益・梁・秦・涼・寧也.

【綱】燕나라(後燕)가 高句麗를 정벌하다가 이기지 못하고 돌아갔다.

燕이 **伐高句麗**라가 **不克而還**하다

【目】燕王 慕容熙가 高句麗를 정벌하여 遼東城을 공격해서 장차 함락하게 되었는데, 모용희가 장병들에게 명하기를 "먼저 城에 오르지 말라. 이 요동성을 깎아 평지를 만든 뒤에 짐이 皇后와 함께 輦을 타고 들어가겠다." 하니, 이로 인해 시간을 끄는 바람에 성 안에서 엄격하게 대비할 수가 있어서 燕나라가 끝내 이기지 못하고 돌아갔다.

燕王熙 **伐高句麗**하여 **攻遼東城**하여 **且陷**이러니 **熙命將士**호되 **毋得先登**하라 **俟剗平其城**하여 **朕與皇后**로 **乘輦而入**①하리라 **由是**로 **城中**이 **得嚴備**하여 **卒不克而還**하다

① 剗은 楚限의 切이니, 평탄하게 하고 깎아냄이다.
剗, 楚限切, 平也, 翦也.

【綱】秦나라(後秦)가 鳩摩羅什(구마라습)을 國師로 삼았다.

秦以鳩摩羅什爲國師[4)]하다

---

4) 秦以鳩摩羅什爲國師 : "오랑캐의 글(侏離의 書)이 이때 크게 배포된 것은 秦나라(後秦)가 한 것이다. 그러므로 삼가 기록한 것이다. ≪資治通鑑綱目≫에 國師라고 쓴 것은 1번뿐이니, 王莽의 국사는 여기에 포함되지 않는다.(漢나라 帝玄 更始 원년(23)에 자세히 보인다.)
王道가 쇠함으로부터 異端이 치성하여 佛敎가 중국에 유입되니, 姚興이 오랑캐로서 중국 땅을 점거하였다. 그러므로 鳩摩羅什이 그에게 존경과 예우를 받게 되었다. 이 때문에 佛書가 모두 그의 번역에서 나와 매우 널리 전파되었다. 六經이 嬴氏의 秦나라 때에 불타 없어져 후세에 끝내 그 온전함을 얻지 못하였는데, 불서는 姚秦 때에 번역되어서 후세에 끝내 이것을 없앨 수가 없으니, 사람 마음에 좋아하고 숭상함이 이와 같은바, 세상의 변고를 또한 알 수 있다. 구마라습을 국사로 삼았다고 썼으니, 국사라고 말했으면 이는 온 나라가 그를 스승으로 삼은 것이니, 아, 탄식함을 이루 말할 수 있겠는가.〔侏離之書 於是大布 秦爲之也 故謹志之 綱目書國師 一而已 莽國師不與焉(詳漢帝玄更始元年) 自王道衰 異端熾 佛氏流入中國 姚興以夷狄竊據土宇 故羅什爲所尊禮 是以佛書皆出於其翻譯 傳布甚廣 夫六經火於嬴秦 後世卒莫得其全 佛書譯於姚秦 後世終莫得而泯 人心好尙如此 世變亦可知矣 書以羅什爲國師 謂之國師 則是擧國師之也 吁 可勝嘆哉〕" ≪書法≫
"邱濬이 말하였다. '중국에 梵夾書(佛經)가 있음은 이때 비로소 성하였다. 아, 글자를 쓴 것이 蒼頡 이래로 이른바 籒文과 篆書와 隷書, 行書와 草書가 있으니, 그 聲音과 문자가 三代 이래로 차이가 없었다. 그런데 이때 처음으로 일종의 괴이한 字體와 다른 音이 제작되어서 우리 중국에 結繩 이후의 글을 어지럽혔으니, 아, 옳지 못한 일을 처음 시작한 것은 漢나라 明帝이다. 그러나 이때에는 다만

鳩摩羅什

【目】秦王 姚興이 鳩摩羅什을 國師로 삼고 神처럼 받들어서 여러 신하와 승려들을 거느리고서 강론을 들었고, 또 구마라습에게 명하여 西域의 經과 論을 번역하게 하고, 탑과 사찰을 크게 경영하니, 사문으로서 좌선하는 자가 항상 천 명으로 헤아려졌다. 이 때문에 州郡이 교화되어 부처를 섬기는 자가 열 집에 아홉 집이었다.

秦王興이 以鳩摩羅什으로 爲國師하고 奉之如神하여 帥群臣及沙門聽講하고 又命羅什하여 翻譯西域經, 論①하고 大營塔寺하니 沙門坐禪者 常以千數②라 由是州郡化之하여 事佛者 十室而九러라

① 옛날에 번역하는 자들은 사방 오랑캐들의 말을 전달하였는데, 지금 鳩摩羅什은 오랑캐 말을 번역하여 中華의 말로 만들었으므로 譯이라 한 것이다.
古之譯者, 傳四夷之言, 今羅什, 翻夷言爲華言, 故曰譯.

② 禪은 고요하고 정숙함이다. ≪傳燈錄≫에 "禪에는 다섯 가지가 있으니, 凡夫禪, 外道禪, 小乘禪, 大乘禪, 最上乘禪이 있다."[5] 하였다.

42장의 佛經을 궁중의 사찰에 보관하였을 뿐이었다. 이후 비록 오랑캐 승려인 安靜과 支讖, 康會 등의 번역이 있었으나 글이 민간에 크게 전파되지는 못하였는데, 이때에 이르러 姚興이 처음으로 오랑캐의 승려들을 크게 모아 중국 음으로 오랑캐 말을 번역하니, 이 뒤로부터 僞作이 날로 증가하여 質正할 수가 없었다. 그리하여 마침내 온 천하에 두루 퍼져 집집마다 전하고 사람마다 외우는 데에 이르렀으며, 중국 사람 중에 허황하게 거짓말하는 자가 또 老莊의 남은 이론을 표절하여 수식해서 마침내 사람의 피부에 스며들고 사람의 골수에 파고들어 깊고 치밀하게 교착해 굳어져서 풀어낼 수 없음에 이르렀다. 그중에 더욱 가증스러운 것은 우리 聖經의 이름을 도둑질해서 그 간사하고 거짓된 글에 〈佛經이라고〉 이름한 것이다. 비록 그들이 經이라고 訓한 것은 經常의 뜻과는 다르나 또한 기탄함이 없는 것이다. 아, 名敎에 헤아려보면 그 죄를 이루 주벌할 수 있겠는가.'〔○ 邱濬曰 中國有梵夾書 始盛于此 嗚呼 書字 自蒼頡以來 有所謂籀文篆隷行草 其聲音文字 三代以來 未之有異也 至是始有一種怪體殊音之製 以亂我中國自結繩以來之書 嗚呼 作俑者 漢明帝也 然是時止有四十二章之經 藏之宮寺 是後雖有胡僧安靜支讖康會等翻譯 未甚傳布民間 至是姚興始大集胡僧 以華音譯番語 自時厥後 僞作日增 無從質正 遂至遍滿天下 家傳而人誦之 而中國之人虛矯者 又剽竊老莊之緒餘以粉飾之 遂至淪人肌膚 入人骨髓 膠固深密 而不可解散 其尤可惡者 竊我聖經之名 名其邪僞之作 雖其以經爲訓 異乎經常之義 然亦無忌憚矣 嗚呼 揆之名教 其罪可勝誅哉〕" ≪發明≫

5) 禪에는……있다 : 凡夫禪은 인과를 따르면서도 마음 가운데 좋아하고 싫어하는 생각이 있는 상태에서 닦는 禪이며, 外道禪은 부처 이전에 인도의 바라문들이 행하던 선으로서, 정법이 아닌 방법으로 천상을 좋아하고 下界(인간 세계)를 싫어하는 생각으로 닦는 선법이다. 小乘禪은 나의 생각과 육체와 본체가 空이라는 我空을 진리로 삼아 닦는 선이고, 大乘禪은 나와 법, 주관과 객관이 모두 공이며 모든 것은 인연으로 모였을 뿐이라고 보는 2空에 입각하여 닦는 선이다. 最上乘禪은 마음자리가 본래 청정하여 깨달음과 번뇌가 없고, 절대 해탈의 경계인 지혜의 본성을 본래 具足한 마음이 곧 부처임을 알아서 이에 입각하여 닦는 선을 말한다.

禪, 靜也, 寂也. 傳燈錄曰"禪有五, 有凡夫禪, 有外道禪, 有小乘禪, 有大乘禪, 有最上乘禪."

【綱】 西涼公 李暠(이고)가 〈晉나라(東晉)에〉 사신을 보내와서 표문을 올렸다.

西涼公暠 遣使來上表[6)]하다

【目】 西涼公 李暠가 스스로 大將軍 兼 秦·涼二州牧을 스스로 칭하고 黃始와 梁興을 보내어 몰래 사잇길을 따라서 표문을 받들고 建康에 왔다.

西涼公暠 自稱大將軍領秦涼二州牧하고 遣黃始, 梁興하여 間行奉表하여 詣建康하다

【綱】 2월에 황제(晉 安帝)가 동쪽으로 돌아왔다.

二月에 **帝東還**하다

【目】 留臺에서 法駕를 구비하여 황제를 江陵에서 맞이하니, 劉毅와 劉道規는 남아 夏口에 주둔하고 何無忌는 황제를 받들고 동쪽으로 돌아왔다.

留臺備法駕하여 迎帝於江陵하니 劉毅, 劉道規는 留屯夏口하고 何無忌는 奉帝東還하다

【綱】 益州參軍 譙縱이 益州刺史 毛璩를 죽이고 스스로 成都王이라 칭하였다.[7)]

益州參軍譙縱이 **殺其刺史毛璩**하고 **自稱成都王**[8)]하다

---

6) 西涼公暠 遣使來上表 : "이때에 참란한 나라는 황제국의 正統을 높일 줄을 아는 자가 없었다. 그러므로 특별히 써서 가상히 여긴 것이다.〔於是僭國無知尊正統者 故特書嘉之〕" ≪書法≫

7) 益州參軍……칭하였다 : 이는 五胡十六國時代 단명한 국가인 後蜀의 건국을 가리킨 것이다. 후촉은 건국자인 譙縱의 성을 따서 譙蜀이라 칭하기도 하며, 西蜀이라 불리기도 한다. 단명 국가여서 16국에 포함되지는 않는다. 후촉은 405년에서 413년까지 유지하였다.

8) 益州參軍……自稱成都王 : "毛璩를 죽인 것은 營戶인데 譙縱이 죽였다고 쓴 것은 어째서인가. 영호는 권세가 부족하기 때문이다. 초종이 여러 사람의 핍박을 받을 때 죽음으로써 항거하지 못하였으니, 그 책임을 면할 수가 없는 것이다. ≪資治通鑑綱目≫에 죄를 초종에게 돌린 것은 姦雄이 어쩔 수 없었다고 핑계 대는 입을 막은 것이다.〔殺璩者 營戶也 書縱殺 何 權不足也 縱爲衆所逼 不能以死拒之 有不得辭其責者矣 綱目蔽罪於縱 所以塞姦雄託不得已者之口也〕" ≪書法≫

"蜀지역 사람들이 초종을 핍박하여 군주로 삼았고, 영호가 모거를 죽이고 그 가문을 멸족하였다. 그런데 ≪자치통감강목≫에 초종이 益州刺史 모거를 죽이고 스스로 成都王이라 칭했다고 쓴 것은 어째서인가. 초종은 모거의 부하 관리가 되어서 主將이 도륙당하는 것을 앉아서 보고만 있었기 때문이다. 본래 마땅히 그 난에 죽었어야 했는데 마침내 몸을 맡겨 적을 따랐으니, 이는 진실로 王法에 반

【目】 처음에 毛璩는 桓振이 江陵을 함락했다는 말을 듣고는 3만 명의 병력을 거느리고 물길을 따라 동쪽으로 내려가서 장차 환진을 토벌하려 할 적에 자기의 아우 毛瑗은 外水로, 參軍 譙縱은 涪水로 출병하게 하였다. 그런데 蜀 지역 사람들은 멀리 정벌하는 것을 좋아하지 아니하여 초종을 협박하여 군주로 삼았다.

모거가 변고가 생겼다는 말을 듣고 成都로 달려와 군대를 보내어 토벌하였으나 이기지 못하였다. 營戶가 성문을 열고 초종을 받아들여 모거와 모원을 죽이고 그 가족을 멸하자 초종이 스스로 成都王을 칭하니, 이때 촉 지역이 크게 혼란하여 漢中이 텅 비어 있었는데 氐王 楊盛이 그의 형의 아들 楊撫를 보내어 한중 지역을 점거하게 하였다.

初에 毛璩聞桓振陷江陵하고 帥衆三萬하며 順流東下하여 將討之할새 使其弟瑗으로 出外水하고 參軍譙縱으로 出涪水①러니 蜀人이 不樂遠征하여 逼縱爲主하다 璩聞變하고 奔還成都하여 遣兵討之라가 不克이라 營戶開城納縱하여 殺璩及瑗하고 滅其家어늘 縱이 自稱成都王②하니 於是에 蜀이 大亂하여 漢中空虛어늘 氐王楊盛이 遣其兄子撫하여 據之하다

① 蜀 지역에는 內水와 外水가 있으니, 內水는 涪水이고 外水는 蜀江인데, 岷山에서 발원한다.
蜀有內水・外水. 內水, 涪水也, 外水, 卽蜀江, 發源於岷山者.

② 백성 중에 이리저리 떠돌아다니고 배반하여 도망했다가 붙잡혀 온 자를 유배지로 보내어 軍營에 나누어 소속시킨 것을 營戶라 하였다.
民有流離逃叛, 分配軍營者, 爲營戶.

【綱】 3월에 桓振이 다시 江陵을 기습하자, 將軍 劉懷肅이 그와 싸워서 주살하였다.

三月에 桓振이 復襲江陵이어늘 將軍劉懷肅이 與戰하여 誅之①하다

① 劉懷肅은 劉懷敬의 아우이다.

드시 주벌해야 할 것이다. 예전 역사책에는 초종이 달아나다가 물에 투신한 것과 땅에 투신하여 굳이 사양한 말을 기재하였으나 分注(目)에서는 모두 버리고 기록하지 않았다. 이미 이것이 不義인 줄을 알았으면 다만 마땅히 최선을 다하다가 죽을 뿐이니, 어찌 적에게 옹립되고서 오히려 스스로 죄를 면할 수 있겠는가. 書法이 이와 같으니, 이는 그 실재를 드러낸 것이다. 후세에 난리에 적을 따르고서 어쩔 수 없는 상황에 몰렸기 때문이라고 해명하는 자들은 이것을 살펴볼 만하다.〔蜀人逼縱爲主 營戶殺璩而滅其家 然綱目書縱殺其刺史毛璩 自稱成都王 何耶 縱爲屬掾 坐視主將屠戮 自當死於其難 而乃委身從賊 此固王法所必誅者 前史載縱走投于水 及投地固辭之語 分注皆棄而不錄 夫旣知其不義 直當奮身而死 安有爲賊所擁 尙可自免者哉 書法如此 原其實也 後世有從賊于亂 而以逼於不得已爲解者 可以觀矣〕"≪發明≫

懷肅, 懷敬之弟也.

【綱】황제(晉 安帝)가 建康에 이르러 琅邪王 司馬德文과 武陵王 司馬遵과 劉裕 이하에게 차등을 두어 관직을 제수하였다.

◑帝至建康하여 除拜琅邪王德文과 武陵王遵과 劉裕以下有差하다

【目】황제가 建康에 이르니, 百官이 대궐에 나아와 처분을 기다리자, 조령을 내려서 직책을 회복하였다. 尙書 殷仲文은 조정의 음악이 갖추어지지 못했다고 생각하여 劉裕에게 말해서 음악을 다스릴 것을 청하자, 유유가 말하기를 "지금은 그럴 여유가 없고 또 나는 본래 음악을 알지 못한다." 하였다. 은중문이 말하기를 "좋아하면 저절로 알게 된다." 하니, 유유가 말하기를 "바로 알면 좋아하기 때문에 익히지 않는 것이다." 하였다.

琅邪王 司馬德文을 大司馬로, 武陵王 司馬遵을 太保로 삼고, 劉裕를 侍中 車騎將軍 都督中外諸軍事로 삼아서 錄尙書事를 더해주니, 유유가 모두 받지 않고 번진으로 돌아갈 것을 청하였다.

帝至建康하니 百官이 詣闕待罪어늘 詔令復職하다 尙書殷仲文이 以朝廷音樂未備라하여 言於劉裕하여 請治之한대 裕曰 今日不暇給이요 且性所不解①로라 仲文曰 好之면 自解니라 裕曰 正以解則好之라 故不習耳로라하니라 以琅邪王德文으로 爲大司馬하고 武陵王遵으로 爲太保하고 劉裕로 爲侍中車騎將軍都督中外諸軍事하고 加錄尙書事하니 裕皆不受하고 而請歸藩②하다

① 解는 胡買의 切이니, 깨달음(앎)이다.
解, 胡買切, 曉也.
② '歸藩'은 京口로 돌아가는 것이다.
歸藩, 歸京口也.

【綱】〈晉나라(東晉)가〉 劉敬宣을 宣城內史로 삼았다.

以劉敬宣으로 爲宣城內史하다

【目】처음에 유의가 일찍이 유경선의 參軍이 되었었는데, 당시 사람들이 혹 유의를 영웅호걸로 인정하였으나, 유경선은 말하기를 "비상한 재주는 본래 調度(조처함)가 있는데, 이 사람은 겉으로는 너그러운 체하나 속으로는 시기심이 있으며 자신을 자랑하여 남보

다 우위에 있으려 하니, 만약 하루아침에 좋은 기회를 만나면 또한 마땅히 윗사람을 능멸하여 화를 취할 것이다." 하였다. 유의가 이 말을 듣고 원한을 품었다.

유경선이 江州刺史가 되자, 유의가 사람을 시켜 劉裕에게 말하기를 "유경선은 桓氏를 토벌하는 데에 참여하지 않았는데, 그에게 郡을 제수한 것은 이미 지나치게 우대한 것입니다. 게다가 강주자사를 삼았다고 하니, 더욱 놀랍고 분합니다." 하였다. 유경선이 스스로 편안하지 못하여 해직을 청하자, 마침내 소환하여 宣城內史로 삼았다.

初에 劉毅 嘗爲劉敬宣參軍이러니 時人이 或以雄傑許之한대 敬宣曰 非常之才는 自有調度어늘 此君은 外寬而內忌하고 自伐而尙人하니 若一旦遭遇면 亦當以陵上取禍耳리라 毅聞而恨之하다 及敬宣爲江州에 毅使人言於裕曰 敬宣이 不預建義하니 授郡이 已爲過優어늘 聞爲江州라하니 尤用駭惋①하노라 敬宣이 不自安하여 請解職이어늘 乃召還하여 爲宣城內史하다

① 劉敬宣이 북쪽에서 돌아오니, 劉裕가 그를 晉陵太守로 삼았다.
敬宣自北來歸, 裕以爲晉陵太守.

【綱】 여름 4월에 〈晉나라(東晉)가〉 劉裕를 都督十六州軍事로 삼아 나가 京口에 진주하게 하였다.

夏四月에 以劉裕로 都督十六州軍事하여 出鎭京口하다

【綱】 〈晉나라(東晉)가〉 盧循을 廣州刺史로 삼았다.

◑ 以盧循으로 爲廣州刺史하다

【目】 이때 조정이 처음으로 안정되었다. 역신들을 토벌할 겨를이 없었기에 盧循을 廣州刺史로 삼고 徐道覆를 始興의 相으로 삼았다. 노순이 使者를 보내어 공물을 바치고 인하여 劉裕에게 〈지혜가 부족하다는 뜻으로〉 益智粽(益智仁을 넣은 떡)을 보내니, 유유는 〈이에 응수하여 내가 살려주었다는 뜻으로〉 續命湯(수명을 이어주는 탕약)으로 보답하였다.

노순이 番禺를 함락할 적에 刺史 吳隱之를 사로잡았는데, 이때 유유가 노순에게 편지를 보내어서 오은지를 돌려보내게 하였으나 노순이 따르지 않았다. 長史 王誕이 말하기를 "孫伯符(孫策)가 어찌 華子魚(華歆)를 머물러두고 싶지 않았겠습니까마는 다만 한 경내에 두 군주를 용납하지 못할 뿐입니다." 하니, 노순이 마침내 그를 보내었다.

時에 朝廷이 新定이라 未暇征討하여 以循爲廣州하고 徐道覆爲始興相하다 循이 遣使貢獻하고 因遺劉裕益智粽하니 裕報以續命湯[①]하니라 循之陷番禺也에 執刺史吳隱之러니 至是하여 裕與循書하여 令遣隱之還한대 循이 不從이어늘 長史王誕曰[②] 孫伯符 豈不欲留華子魚邪리오마는 但以一境에 不容二君耳니라 循이 乃遣之[③]하니라

① 益智仁은 藥의 이름이니, 잎이 蘘荷(양하)와 같고 줄기는 살대와 같다. 열매가 중심에서 나오고 한 가지에 10개의 열매(益智仁)가 달리니, 열매는 살이 희고 매끄럽고 맛이 맵고 따뜻하며, 주로 기운을 보하고 정신을 편안히 하는 데 쓰인다. 밀봉하여 삶아 粽을 만드니, 粽은 作弄의 切이다. 吳·楚 지역에서는 菰(줄)의 잎으로 찹쌀을 싸서 삶아 먹는 것을 粽이라 이름하니, 일명 角黍이다. 盧循이 益智仁으로 粽을 만들어 보낸 것은 劉裕가 지혜가 다하였음을 말한 것이다. 續命湯은 조제한 약의 이름이니, 유유가 노순을 마땅히 주살했어야 하는데 이제 정벌하지 않고 명하여 廣州刺史를 삼았으니, 이는 목숨을 이어준 것임을 말한 것이다.

益智

益智, 藥名, 葉如蘘荷, 莖如竹箭. 子從心出, 一枝有十子, 子肉白滑, 味辛溫, 主益氣安神. 密煮爲粽, 粽, 作弄切. 吳楚間, 以菰葉裹黏米, 煮而食之, 名曰粽, 一名角黍. 循以益智爲粽遺之, 以言劉裕智氣窮也. 續命湯, 成藥名, 裕以循當誅絶, 今不征討而命爲廣州, 是續其命也.

② 王誕은 王導의 증손이다. 元興 원년(402)에 桓玄이 왕탄을 嶺南으로 유배 보냈는데, 3년(404)에 盧循이 廣州를 격파하고 吳隱之를 사로잡으니, 왕탄이 이때 함께 노순의 처소에 沒入되었다.

誕, 導之曾孫也. 元興元年, 桓玄流王誕於嶺南, 三年, 盧循破廣州, 虜吳隱之, 誕幷沒於循所.

③ 伯符는 孫策의 字이고, 子魚는 華歆의 字이다. 後漢 獻帝 建安 4년(199)에 화흠이 豫章郡을 가지고 손책에게 귀의하였는데, 손책이 죽자 曹操가 표문을 올려서 화흠을 부르니, 孫權이 그를 보내어 許昌으로 돌아가게 하였다.

伯符, 孫策字, 子魚, 華歆字. 漢獻帝建安四年, 華歆以豫章歸孫策, 策死, 曹操表召歆, 孫權遣還許.

【綱】 南燕主 慕容備德이 그의 형의 아들 慕容超를 봉하여 北海王으로 삼았다.

南燕主備德이 封其兄子超하여 爲北海王하다

【目】 처음에 南燕主 慕容備德이 秦나라(前秦)에 벼슬하여 張掖太守가 되었고(370년), 秦王(前秦) 苻堅을 따라 淮南을 침략할 적에[9] 금칼〔金刀〕을 남겨주며 그 어머니 公孫氏와 작별하였다.

모용비덕이 燕主(後燕) 慕容垂와 함께 군대를 일으킬 적에 장액태수(苻昌)가 모용비덕의 형 慕容納과 여러 아들을 체포하여 죽였으나 그 어머니 公孫氏는 늙었다는 이유로 죽음을 면하였고, 모용비덕이 아내로 맞아들인 段氏는 임신 중이어서 결단하지 못하였다. 獄掾 呼延平은 모용비덕의 옛 관리였는데, 몰래 그녀를 데리고 羌中으로 도망하니, 단씨가 慕容超를 낳았다. 모용초가 10살이 되었을 때에 공손씨가 졸하면서 금칼을 모용초에게 주었는데, 호연평이 또다시 모용초 모자를 데리고 涼나라(後涼)로 달아났다.

初에 南燕主備德이 仕秦하여 爲張掖太守하고 從秦王堅하여 寇淮南할새 留金刀하여 與其母公孫氏別이러라 備德이 與燕主垂擧兵①에 張掖이 收備德兄納及諸子하여 殺之호되 公孫氏는 以老獲免하고 納妻段氏하여 方娠하여 未決이러라 獄掾呼延平은 備德之故吏也라 竊以逃羌中하니 段氏生超하여 十歲而公孫氏卒이라 以金刀授超러니 平이 又以超母子奔涼하다

① 여기에서 句를 뗀다.
句.

【目】 그러다가 呂隆이 秦나라(後秦)에 항복하자 이들 모자가 長安으로 옮겨졌다. 호연평이 卒하였다. 단씨가 모용초를 위하여 호연평의 딸에게 장가들게 하니, 모용초는 秦나라에게 錄用될까 두려워해서 마침내 거짓 미친 체하고 구걸을 하였다. 모용비덕이 사람을 보내어 가서 살펴보게 하니, 모용초가 감히 어머니와 아내에게 고하지 못하고 몰래 성명을 바꾸어 도망해 南燕으로 돌아왔다.

모용비덕은 모용초가 왔다는 말을 듣고 크게 기뻐하여 騎兵을 보내어 맞이하니, 모용초가 금칼을 모용비덕에게 바쳤다. 모용비덕은 슬픔과 애통함을 스스로 견디지 못하고서 모용초를 봉하여 北海王으로 삼았다. 모용비덕은 아들이 없었다. 그리하여 모용초를 후사로 삼고자 하였다.

及呂隆降秦에 徙長安이러니 而平卒이라 段氏爲超娶其女하니 超恐爲秦所錄하여 乃陽狂行乞①이러니 備德이 遣人往視之하니 超不敢告其母妻하고 潛變姓名하여 逃歸하다 備德이 聞超至하고 大喜하여 遣騎迎之하니 超以金刀로 獻備德한대 備德이 悲慟不自勝하여 封超爲北海王하다 備德이 無子라 欲以

9) 秦王……적에 : 이 내용은 ≪資治通鑑綱目≫ 제21권 하 晉나라(東晉) 孝武皇帝 太元 8년(383)에 보인다.

爲嗣하니라

①錄은 채택함이요 거둠이니, 등용되면 南燕으로 돌아갈 수 없기 때문이다.
錄, 采也, 收也, 爲所收采, 則不得歸南燕矣.

【綱】 5월에 〈晉나라(東晉)의〉 劉毅와 何無忌가 桓玄의 잔당을 공격하여 멸망시키니, 荊州, 湘州, 江州, 豫州가 모두 평정되었다.

五月에 **劉毅, 何無忌 討滅桓玄餘黨**하니 **荊, 湘, 江, 豫皆平**하다

【目】 桓玄의 잔당인 苻宏 등이 병력을 보유하고 군현을 침략하는 것이 열 군데로 헤아려졌다. 劉毅 등이 군대를 나누어 토벌하여 멸망시키니, 荊州, 湘州, 江州, 豫州가 모두 평정되었다. 조령을 내려 유의를 都督淮南五郡諸軍事 豫州刺史로 삼고, 何無忌를 都督江東五郡諸軍事 會稽內史로 삼았다.

桓玄餘黨苻宏等이 **擁衆寇郡縣者 以十數**라 **劉毅等**이 **分兵討滅之**하니 **荊, 湘, 江, 豫皆平**이라 **詔以毅**로 **爲都督淮南五郡豫州刺史**①하고 **何無忌**로 **都督江東五郡會稽內史**하다

①〈'淮南五郡'은〉 淮南, 廬江, 歷陽, 晉熙, 安豐 모두 5개 군이다.
淮南・廬江・歷陽・晉熙・安豐, 凡五郡.

【綱】 가을 7월에 劉裕가 사신을 보내어 秦나라(後秦)에 화친을 청해서 南鄕郡 등 12개 郡을 얻었다.

秋七月에 **劉裕 遣使求和於秦**하여 **得南鄕等十二郡**①[10] 하다

①隆安 2년(398)에 淮水와 漢水 이북이 대부분 秦나라에 항복하였으니, 이 12개 郡은 아마도

10) 得南鄕等十二郡 : "郡을 얻었다고 쓴 것은 功을 기록한 것이다. 劉裕가 사신을 보냈다고 쓴 것은 어째서인가. 중국의 체통을 보존한 것이다. 그러나 ≪春秋≫에 '齊나라 사람이 와서 鄆과 讙, 龜陰의 田地를 돌려주었다.'라고 한 것과는 하늘과 땅처럼 다르다. 그러므로 화친을 청하여 얻었다고 쓴 것이다.〔書得郡 錄功也 其書劉裕使 何 存中國也 然與書齊人來歸鄆讙龜陰之田者霄壤矣 故書求和得之〕" ≪書法≫
鄆과 讙 등 지역은 원래 魯나라 땅이었으나 齊나라가 노나라를 침공하여 빼앗았다. 노나라 定公 10년에 노나라의 정공과 제나라의 景公이 夾谷에서 會合을 하였는데, 이때 孔子가 정공을 모시고 회합에 참여하여 제나라의 무례한 행동을 질책하자, 경공은 깊이 부끄러워하고 이들 땅을 되돌려준 것이었다. 그런데 지금 劉裕는 사신을 秦나라에 보내어 화친을 청하고 옛날 晉나라 땅인 南鄕郡 등을 되돌려달라고 사정하여 얻었으므로 제나라가 노나라의 옛 땅을 되돌려준 것과는 '하늘과 땅처럼 다르다'라고 한 것이다.

모두 한수 북쪽에 있었던 듯하다. 漢나라 建安 연간에 南陽의 오른쪽 지역을 떼어서 南鄕郡을 만들었는데, 晉나라가 順陽郡을 세우고 南鄕을 縣으로 만들었으니, 아마도 그 뒤에 다시 나누어 郡을 세운 듯하다.

隆安二年, 淮・漢以北, 多降於秦, 此十二郡, 蓋皆在漢北. 漢建安中, 割南陽右壤, 爲南鄕郡, 晉立順陽郡, 以南鄕爲縣, 蓋其後, 復分立郡也.

【目】 劉裕가 사신을 보내어 秦나라에 화친을 청하고 또 南鄕郡 등의 여러 군을 되돌려 줄 것을 요구하자, 秦王 姚興이 이를 허락하니 신하들이 불가하다 하였다. 요흥이 말하기를 "천하의 善은 똑같다. 유유가 미천한 신분으로 일어나 능히 桓玄을 토벌하고 晉나라를 회복하여 안으로는 여러 정사를 다스리고 밖으로는 국경을 정비하니, 내 어찌 몇 개의 郡을 아까워하여 그의 미덕을 이루어주지 않겠는가." 하고는 마침내 12개 郡을 晉나라에 돌려주었다.

劉裕遣使求和於秦하고 且求南鄕諸郡한대 秦王興이 許之하니 群臣이 以爲不可라 興曰 天下之善이 一也라 劉裕拔起細微하여 能討桓玄하고 復晉室하여 內釐(리)庶政하고 外修封疆하니 吾何惜數郡하여 不以成其美乎아하고 遂以十二郡歸晉하다

【綱】 9월에 南燕主 慕容備德이 卒하니, 太子 慕容超가 즉위하였다.

九月에 南燕主備德이 卒하니 太子超立하다

【目】 女水가 마르니 南燕主 慕容備德이 이를 싫어하였는데, 얼마 후에 병들어 누웠다. 北海王 慕容超가 기도할 것을 청하였는데 모용비덕이 말하기를 "사람의 목숨은 하늘에 달려 있으니, 여수가 능히 제재할 수 있는 것이 아니다." 하였다.

모용비덕은 병이 위독해지자 신하들을 불러 모용초를 세워 태자로 삼는 것을 의논하였는데, 얼마 후 지진이 일어나니 군주와 신하들이 놀라고 두려워하였다.

그날 밤에 모용비덕이 卒하니, 〈도굴을 방지하기 위해〉 10여 개의 棺을 만들어서 밤에 4개의 대문으로 나누어 내보내어 은밀히 산골짜기에 묻었다. 모용초가 즉위하여 모용비덕을 東陽陵에 虛葬하고, 모용초가 친애하는 公孫五樓를 데려와 심복으로 삼으니, 모용비덕의 옛 대신인 北地王 慕容鍾과 段宏 등이 모두 스스로 편안해하지 못하여 外職으로 나갈 것을 청하였다.

封孚가 간하기를 "신이 들으니 '친족의 신하는 외방에 두지 않고 타국에서 와서 벼슬하는 신하는 조정 안에 두지 않는다.' 하였습니다. 그런데 모용종과 단굉은 藩屛으로 나가고 공손오루는 안에서 보필하니, 신은 적이 온당치 못하다고 생각합니다." 하였으나, 모용초가 따르지 않았다.

단굉과 모용종이 서로 말하기를 "누런 개의 가죽으로 끝내 여우 갖옷을 기울까 두렵다." 하니, 공손오루가 이 말을 듣고 원한을 품었다.

(汝)〔女〕[11]水竭하니 南燕主備德이 惡(오)之①러니 俄而寢疾하니 北海王超 請禱之한대 備德曰 人命이 在天하니 非(汝)〔女〕水所能制也라하니라 病篤에 召群臣하여 議立超爲太子러니 俄而地震하니 君臣이 震恐이라 是夕에 卒하니 爲十餘棺하여 夜分出四門하여 潛瘞山谷하고 超卽位하여 虛葬備德於東陽陵하고 超引所親公孫五樓하여 爲腹心②하니 備德의 故大臣北地王鍾, 段宏等이 皆不自安하여 求補外職이라 封孚諫曰 臣聞親不處外하고 羈不處內③라하니 鍾, 宏이 出藩하고 五樓內輔하니 臣竊未安하노이다 超不從하다 宏, 鍾이 相謂曰 黃犬之皮 恐終補狐裘也라하니 五樓聞而恨之④하니라

① 汝는 마땅히 女가 되어야 한다. 郭緣生의 ≪述征記≫에 "齊 桓公의 무덤이 齊나라 城 남쪽 20리 지점에 있고 무덤 동쪽에 女水가 있다." 하였다. 혹자는 말하기를 "제 환공의 딸 무덤이 그 위에 있으므로 이로써 물을 이름한 것이다. 女水는 냇물을 引導하여 동북쪽으로 흐르는데 매우 신령스러워 敎化가 높으면 물이 많이 불어나고 政事가 나쁘면 나루터가 마른다." 하였다.
汝, 當作女. 郭緣生述征記"齊桓公冢, 在齊城南二十里, 冢東有女水." 或曰"齊桓公女冢在其上. 故以名水. 女水, 導川東北流, 甚有神焉, 化隆則水生, 政薄則津竭."

② 公孫은 複姓이고, 五樓는 그의 이름이다.
公孫, 複姓, 五樓, 其名.

③ ≪春秋左氏傳≫에 "申無宇가 楚나라 靈王에게 간하기를 '친족의 신하는 외방에 두지 않고 타국에서 와서 벼슬하는 신하는 조정 안에 두지 않는다고 했습니다.' 했다." 하였다.
左傳"申無宇諫楚靈王曰 '親不在外, 羈不在內.'"

④ ≪史記≫에 "淳于髡이 말하기를 '여우 갖옷이 아무리 해졌어도, 누런 개의 가죽으로 기울 수는 없다.' 했다." 하였으니, 누런 개의 가죽은 公孫五樓를 가리킨 것으로 공손오루는 바로 小人이어서 끝내 귀하고 중요한 직책을 맡을까 염려된다고 말한 것이다.
史記"淳于髡曰 '狐裘雖弊, 不可補以黃狗之皮.'" 黃犬之皮, 指公孫五樓. 言五樓乃小人, 恐終居貴重之職位也.

---

11) (汝)〔女〕: 저본에는 '汝'로 되어 있으나, 아래 訓義 ①에 의거하여 '女'로 바로잡았다. 아래도 같다.

【綱】 西涼이 酒泉으로 수도를 옮겼다.

西涼이 徙都酒泉하다

【目】 西涼公 李暠(이고)가 長史 張邈과 함께 酒泉으로 수도를 옮겨 沮渠蒙遜을 압박할 것을 도모하였다. 이고가 손수 칙령을 내려 자식들을 다음과 같이 경계하였다.

"정사에 종사하는 자는 마땅히 상과 벌을 신중히 살펴서 사랑하고 미워하는 감정에 맡기지 말 것이요, 충성스럽고 정직한 자를 가까이하고 말 잘하고 아첨하는 자를 멀리하여, 좌우로 하여금 상벌을 내리는 권한을 도둑질하고 농간하지 말게 하여야 한다. 훼방과 칭찬이 올 적에 마땅히 眞僞를 자세히 살피고, 송사를 듣고 옥사를 결단할 적에 반드시 온화한 얼굴로 사리에 맡기며, 부디 미리 역탐하고 남이 속일 것이라고 억측하고 기필해서 음성과 얼굴빛에 가볍게 드러내지 말고, 되도록 널리 자문하여 스스로 자기 지혜를 쓰지 말라. 내가 職事를 다스린 지 5년에 비록 백성들을 편안히 휴식하게 하지는 못했으나 허물과 과오를 덮어주어 아침에는 적과 원수가 되었더라도 저녁에는 심복으로 맡겨서 새로 온 사람과 예부터 있었던 사람에게 조금도 저버림이 없고 일을 공평하게 처리해서 평탄하여 흠이 없도록 해서 애초에 마음속으로 용납하여 깎아버리거나 올려준 바가 있지 않았노라. 짧게 따져보면 부족한 듯하지만 장기적으로 보면 비로소 여유가 있으니, 거의 또한 前人에게 부끄러움이 없을 것이다."

西涼公暠 與長史張邈으로 謀徙都酒泉하여 以逼沮渠蒙遜하다 暠手令戒諸子曰 從政者는 當審愼賞罰하여 勿任愛憎이요 近忠正하고 遠佞諛하여 勿使左右로 竊弄威福이라 毁譽之來에 當研覈眞僞하고 聽訟折獄에 必和顔任理하며 愼勿逆詐億必하여 輕加聲色이요 務廣咨詢하여 勿自專用[①]하라 吾莅事五年에 雖未能息民이나 然含垢匿瑕하여 朝爲寇讐라도 夕委心膂하여 粗無負於新舊하고 事任公平하여 坦然無纇하여 初不容懷하여 有所損益[②]이라 計近則如不足이로되 經遠이면 乃爲有餘하니 庶亦無愧於前人也리라

① 研은 연마함(연구)이요, 覈은 진실함이다. 逆은 이르기 전에 미리 헤아리는 것이요, 詐는 남이 자기를 속임을 이른다. 億은 아직 나타나지 않았는데 억측하는 것이고, 必은 期必함이다. 일설에 "'億必'은 남이 반드시 이와 같이 하지는 않을 것인데, 내가 그가 반드시 이와 같이 할 것이라고 억측하는 것이다." 하였다.

研, 磨也, 覈, 實也. 逆, 未至而迎之也. 詐, 謂人欺己也, 億, 未見而意之也, 必, 期必也. 一說 "億必, 謂人未必如此, 而我億度(탁)其必是如此."

② 纇는 盧對의 切이니, 실의 마디이고 하자이다.

纇, 盧對切, 絲節也, 疵也.

丙午年(406)

【綱】 晉나라(東晉) 孝安皇帝 義熙 2년이다.

二年이라

【目】 燕主(後燕) 慕容熙 光始 6년이고, 秦主(後秦) 姚興 弘始 8년이고, 魏나라(北魏) 太祖 道武帝 拓跋珪 天賜 3년이다.

燕光始六이요 秦弘始八이요 魏天賜三年이라

【綱】 봄 정월에 魏나라(北魏)가 刺史와 太守와 縣令을 더 설치하였다.

春正月에 魏增置刺史, 守, 令하다

【目】 魏나라의 여러 州에 3명의 刺史를 배치하고 郡에 3명의 太守를 배치하고 縣에 3명의 令長을 배치하고 功臣으로서 州의 刺史가 된 자들을 모두 불러 京師로 돌아오게 해서 자사의 직임을 면직하고 자신의 작위를 띠고서 私邸로 돌아가게 하였다.

魏諸州에 置三刺史하고 郡置三太守하고 縣置三令長하고 功臣爲州者를 皆徵還京師하여 以爵歸第하다

【綱】 燕王(後燕) 慕容熙가 高句麗를 기습하였으나 이기지 못하였다.

燕王熙 襲高句麗나 不克하다

【目】 燕王 慕容熙가 契丹을 기습하고 陘北(형북)에 이르렀는데 거란의 무리를 두려워하여 돌아오려고 하자, 苻后가 듣지 않았다. 마침내 치중 부대를 버리고 경무장한 병사로 高句麗를 기습하였는데, 피로와 추위에 죽은 군사와 말들이 길에 이어졌다. 夕陽公 慕容雲이 화살에 맞아 부상을 입고 또 모용희의 포학함을 두려워해서 마침내 병을 이유로

관직을 떠났다.

燕王熙 襲契丹하여 至陘北이러니 畏其衆하여 欲還하니 苻后不聽이라 遂棄輜重하고 輕兵으로 襲高句麗러니 士馬疲凍하여 死者屬路①러라 夕陽公雲이 傷於矢하고 且畏熙之虐하여 遂以疾去官하다

① 契은 欺訖의 切이고 또 喫과 같이 읽으니, 契丹은 본래 東胡의 종족인데 그 선대가 匈奴에게 격파당하여 〈물러가서〉 鮮卑山을 확보하고 〈인하여 이로써 칭호를 삼았다.〉 魏나라 青龍 연간(233~237)에 部의 추장 軻比能이 걸출하고 사나웠는데 幽州刺史 王雄에게 살해당하니, 部의 무리가 마침내 쇠약해져서 潢水의 남쪽, 黃龍의 북쪽으로 도망하였다. 뒤에 거란이라 自號하니, 종족이 매우 성하였다. 陘北은 冷陘山의 북쪽이다.
契, 欺訖切, 又讀如喫. 契丹, 本東胡種, 其先爲匈奴所破, 保鮮卑山. 魏青龍中, 部酋軻比能桀驁, 爲幽州刺史王雄所殺, 部衆遂微, 逃潢水之南・黃龍之北, 後自號曰契丹, 種類繁盛. 陘北, 冷陘山之北也.

【綱】 여름 6월에 秦나라(後秦) 姚碩德이 上邽에서 長安으로 돌아왔다.

夏六月에 秦姚碩德이 自上邽로 還長安[12)]하다

【目】 秦나라 隴西公 姚碩德이 上邽에서 長安으로 들어와 조회하니, 秦王 姚興이 그를 위해 大赦令을 내리고 요석덕이 돌아갈 적에 雍 지역까지 전송하였다. 요흥은 晉公 姚緖와 요석덕을 섬기기를 모두 집안사람의 禮와 같이 하여 수레와 말과 의복과 완호품을 먼저 두 숙부에게 받들어 올리고 자신은 그 다음의 것을 사용하였으며, 국가의 큰 정사를 모두 이들에게 자문한 뒤에 행하였다.

秦隴西公碩德이 自上邽로 入朝하니 秦王興이 爲之大赦하고 及歸에 送至雍하다 興이 事晉公緖及碩德을 皆如家人禮하여 車馬服玩을 先奉二叔하고 而自服其次하고 國家大政을 皆咨而後行하니라

【綱】 秦나라(後秦)가 禿髮傉檀을 涼州刺史로 삼아 姑臧을 지키게 하였다.

秦이 以禿髮傉檀으로 爲涼州刺史하여 守姑臧하다

---

12) 秦姚碩德……還長安 : "조회하였는데 還이라고 쓴 것은 어째서인가. 姚興의 뜻을 이루어준 것이다. 요흥이 姚碩德을 섬기기를 집안사람의 禮와 같이하여 수레와 말과 의복과 완호품을 매번 두 숙부에게 먼저 올리고 자신은 그 다음의 것을 사용하였으며 국가의 큰 정사를 반드시 두 숙부에게 자문한 뒤에 행하였으니, 능히 어진 이를 높인다고 이를 만하다. 入朝라고 쓰지 않은 것은 요흥이 숙부를 감히 신하로 삼지 않은 美德을 이루어준 것이다.〔朝也 書還 何 成興志也 興事碩德如家人禮 車馬服玩每先二叔 而自服其次 國家大政 必咨而後行 可謂能尊尊矣 不書入朝 所以成其不敢臣之之美也〕" 《書法》

【目】南涼의 禿髮傉檀이 北涼을 공격하고 돌아와서 말 3,000필과 양 3만 마리를 秦나라에 바치니, 秦王 姚興은 그가 충성한다 하여 그를 涼州刺史로 삼아 姑臧에 진주하게 하고 王尙을 불러 돌아오게 하였다. 涼州 사람들이 主簿 胡威를 보내어 왕상을 유임시킬 것을 청하였으나 허락하지 않았다.

호위는 요흥을 만나보고 눈물을 흘리며 다음과 같이 말하였다.

"신의 州인 양주가 궁벽하고 멀지만 어진 刺史(王尙)의 仁政에 힘입어서 지금까지 보전해왔는데, 폐하께서 어찌하여 신들을 말과 양으로 바꾸려 하십니까. 만일 軍國에서 말이 필요할 경우 다만 尙書에게 한 번 명령을 내리기만 하면 신의 州 3,000여 호에서 아침에 명을 내리시면 저녁에 장만할 수 있습니다. 옛날에 漢나라 武帝는 천하의 物力과 人力을 기울여서 河西를 개척하여 匈奴의 오른팔을 끊어 고립시켰는데, 지금은 까닭 없이 5개 郡 지역의 충성스럽고 선량한 中華의 백성을 버려서 포악한 오랑캐에게 이용하게 하시니, 어찌 다만 신의 州의 士民들이 도탄에 빠질 뿐이겠습니까. 바야흐로 聖朝에 우환이 생겨 정무에 바빠서 밥 먹을 겨를도 없을까 두렵습니다."

요흥이 후회하고서 사람을 달려 보내어 왕상의 이임을 중지하게 하였는데, 독발욕단이 이미 五澗에 군대를 주둔하고 왕상을 핍박하여 길을 떠나게 하였다.

南涼傉檀이 伐北涼하고 還하여 獻馬三千匹, 羊三萬口于秦하니 秦王興이 以爲忠이라하여 以爲涼州刺史하여 鎭姑臧하고 徵王尙還하니 涼州人이 遣主簿胡威하여 請留尙호되 弗許라 威見興하고 流涕言曰 臣州僻遠호되 枤良牧仁政하여 保全至今이어늘 陛下奈何以臣等으로 貿馬羊乎잇가 若軍國須馬인대 直煩尙書一符면 臣州三千餘戶 朝下而夕可辦也리이다 昔에 漢武帝傾天下資力하여 開拓河西하여 以斷匈奴右臂어늘 今無故棄五郡之地의 忠良華族하여 以資暴虜①하니 豈惟臣州士民이 墜於塗炭이리오 恐方爲聖朝旰食之憂하노이다 興이 悔之하여 使人馳止尙하니 則傉檀이 已軍五澗하여 逼遣尙行矣②러라

① 5개 郡은 漢나라에서 개척한 武威, 張掖, 敦煌, 酒泉, 金城을 이른다.
此五郡, 謂漢所開武威·張掖·敦煌·酒泉·金城.

② 五澗은 姑臧의 남쪽에 있다.
五澗, 在姑臧南.

【目】別駕 宗敞(종창)이 왕상을 전송하고서 長安으로 돌아가니, 독발욕단이 종창에게 이

르기를 "내가 涼州의 3천여 가호를 얻었으나 늘 마음에 매어 있는 것은 오직 卿 한 사람인데 어찌하여 나를 버리고 떠나는가." 하니, 종창이 말하기를 "지금 옛 주인 왕상을 전송함은 전하께 충성하려는 것입니다." 하였다.

독발욕단이 인하여 새로운 정사에 마땅히 해야 할 일을 묻자, 종창이 말하기를 "백성들을 은혜로 어루만지고 어진 이와 준걸들을 거두어 등용하여야 합니다." 하고는 인하여 本州(涼州)의 名士 10여 명을 천거하니, 독발욕단이 嘉納하였다.

독발욕단이 宣德堂에서 연회를 베풀 적에 선덕당을 올려보며 탄식하기를 "옛 사람이 말하기를 '집을 지은 자는 거주하지 못하고 거주하는 자는 집을 짓지 않는다.(집을 지은 자가 아니다.)'라고 하니, 그 말이 참으로 맞도다." 하였다. 孟褘가 말하기를 "옛날에 張文王이 처음 이 堂을 지으니, 지금 백 년에 열두 군주가 되었습니다. 오직 誠信을 이행하고 순함을 생각하는 자만이 오래 거처할 수 있습니다." 하니, 독발욕단이 그의 말을 선하게 여겼다.

독발욕단이 비록 秦나라의 爵命을 받았으나 그의 수레와 의복과 예의를 모두 王者(황제)와 같이 하였다.

別駕宗敞이 送尙還長安하니 傉檀이 謂曰 吾得涼州三千餘家호되 情之所寄는 惟卿一人이어늘 奈何捨我去乎아 敞曰 今送舊君은 所以忠於殿下也니이다 傉檀이 因問新政所宜한대 敞曰 惠撫其民하고 收用賢俊이라하고 因薦本州名士十餘人하니 傉檀이 嘉納之하니라 傉檀이 宴於宣德堂할새 仰視嘆曰 古人이 有言作者不居하고 居者不作이라하니 信矣로다 孟褘曰 昔에 張文王이 始爲此堂하니 於今百年에 十有二主矣[①]라 惟履信思順者 可以久處라하니 傉擅이 善之하다 傉檀이 雖受秦爵命이나 然其車服禮儀를 皆如王者러라

① 〈張文王은〉 張駿이 卒하자 文王이라 私諡하였다. 張氏는 張駿으로부터 張重華, 張耀, 張靈祚, 張玄靚, 張天錫에 이르기까지 모두 6명의 군주이고, 梁熙와 呂光, 呂紹, 呂纂, 呂隆, 王尙이 또 6명의 군주이니, 통틀어 12명의 군주인 것이다.
張駿卒, 私諡曰文王. 張氏自駿至重華・耀・靈祚・玄靚・天錫・凡六主, 梁熙・呂光・呂紹・呂纂・呂隆・王尙, 又六主, 通十二主.

【綱】 魏나라(北魏)가 灅南宮(누남궁)을 건축하였다.

魏築灅南宮하다

【目】魏主(拓跋珪)가 平城을 설계해 궁궐 등을 축조할 적에 8개 부락의 男丁을 징발하여 灅南宮을 건축하니 궐문의 높이가 10여 丈이었고, 도랑을 파고 苑囿를 넓히고 外城을 헤아려 세우니 사방 20리였다.

魏主規度(탁)平城할새 發八部男丁하여 築灅南宮①하니 闕門이 高十餘丈이요 穿溝池하고 廣苑囿하고 規立外城하니 方二十里러라

① 度(헤아림)은 徒各의 切이니, 灅水의 남쪽에 궁궐을 짓고 이름을 灅南宮이라 하였다.
度, 徒各切. 築宮灅水南, 名曰灅南宮.

【綱】가을 8월에 劉裕가 장군 毛脩之를 보내어 譙縱을 토벌하였다.

秋八月에 劉裕遣將軍毛脩之하여 討譙縱하다

【目】劉裕가 龍驤將軍 毛脩之를 보내어 군대를 거느리고 가서 益州刺史 司馬榮期 등과 譙縱을 함께 공격하게 하였는데, 사마영기가 자신의 參軍 楊承祖에게 살해당하니, 모수지가 白帝城으로 돌아왔다.

裕遣龍驤將軍毛脩之하여 將兵하여 與益州刺史司馬榮期等으로 共討譙縱이러니 榮期爲其參軍楊承祖所殺하니 脩之還白帝하다

【綱】南燕의 段宏이 魏나라(北魏)로 달아나고 慕容鍾이 秦나라(後秦)로 달아났다.

南燕段宏이 奔魏하고 慕容鍾이 奔秦[13]하다

【目】南燕主 慕容超의 시기와 포악함이 날로 심해지고 정사가 權臣과 총애하는 신하에게서 나오며 놀이와 사냥을 좋아하자, 封孚와 韓諄이 여러 번 간하였으나 듣지 않았다. 公孫五樓가 조정의 권세를 독점하고자 하여 北地王 慕容鍾을 모용초에게 참소하여 주살할 것을 청하니, 모용종이 두려워하여 마침내 段宏과 함께 반역을 꾀하였으나 뜻을 이루지 못하고 마침내 달아났다.

모용초는 옛 제도를 변경하기를 좋아하여 또다시 肉刑을 회복하고 烹刑과 轘刑의

13) 慕容鍾 奔秦 : "이때 慕容鍾 등이 〈모반하였는데〉 모반했다고 쓰지 않고 달아났다고 쓴 것은 군주가 무도하였기 때문이다.〔於是鍾等謀反不書 書奔 君無道也〕" ≪書法≫

법[14]을 더 설치하고자 하였는데, 중론이 합치하지 않아 중지하였다.

南燕主超 猜虐日甚하고 政出權倖하며 盤于遊畋①이어늘 封孚, 韓諄이 屢諫不聽하다 公孫五樓欲擅朝權하여 譖北地王鍾於超하여 請誅之하니 鍾이 懼하여 遂與段宏으로 謀反이라가 不克하고 乃出奔하다 超好變更舊制하여 又欲復肉刑하고 增置烹轘之法이러니 衆議不合而止②하다

① 盤은 즐김이다.
　盤, 樂也.
② 轘은 죄인의 사지와 머리를 수레에 묶고 말을 몰아서 찢어 죽이는 것이다.
　轘, 車裂也.

【綱】 겨울 10월에 의리를 세운 功(桓玄을 토벌한 공)을 논하여 劉裕 등에게 차등을 두어 封爵과 賞을 내렸다.

冬十月에 論建義功하여 封賞劉裕等有差하다

【目】 劉裕를 봉하여 豫章郡公으로 삼고, 劉毅를 봉하여 南平郡公으로 삼고, 何無忌를 봉하여 安成郡公으로 삼고, 나머지는 차등을 두어 봉작과 상을 내렸다.

劉裕는 豫章郡公이요 劉毅는 南平郡公이요 何無忌는 安成郡公이요 自餘는 封賞有差하다

【綱】 西秦의 乞伏乾歸가 秦나라(後秦)에 갔다.

西秦乞伏乾歸 如秦하다

丁未年(407)

【綱】 晉나라(東晉) 孝安皇帝 義熙 3년이다.

三年이라

14) 肉刑을……법 : 肉刑은 육체에 가하는 형벌로, 몸에 먹을 칠하여 문신하는 墨刑, 코를 베는 劓刑, 발뒤꿈치를 베는 刖刑, 남자의 고환을 썩히는 宮刑, 목을 베는 大辟 등을 말한다. 烹刑은 죄인을 삶아 죽이는 형벌이며, 轘刑은 사람의 팔다리를 두 대의 수레에 매고 끌어서 찢어 죽이는 형벌로 車裂刑이라고도 한다.

【目】 秦主(後秦) 姚興 弘始 9년이고, 魏나라(北魏) 太祖 道武帝 拓跋珪 天賜 4년이다. 燕王(北燕) 高雲 正始 원년이고, 夏主 赫連勃勃 龍升 원년이다. 이해에 燕나라(後燕)의 慕容熙가 망하니, 옛날에 있던 큰 나라가 둘이고 南涼, 北涼, 南燕, 西涼 등 작은 나라가 넷이고 새로 생긴 작은 나라(北燕·夏)가 둘이니, 합하여 僭國이 여덟이다.

秦弘始九요 魏天賜四年이라 ◑ 燕王高雲正始元年이요 夏主赫連勃勃龍升元年이라 ◑ 是歲에 燕慕容熙亡하니 舊大國二요 南涼, 北涼, 南燕, 西涼小國四요 新小國二니 凡八僭國이라

【綱】 봄 정월에 秦나라(後秦)가 乞伏乾歸를 主客尚書로 삼았다.

春正月에 秦이 以乞伏乾歸로 爲主客尚書하다

【目】 秦王 姚興은 乞伏乾歸가 점점 강성해져 제재하기 어렵다고 생각해서 그를 長安에 머물게 하여 主客尚書로 삼고, 그의 세자 乞伏熾磐으로 西夷校尉를 대리하게 하여 部의 무리를 다스리게 하였다.

秦王興이 以乾歸寖彊難制라하여 留爲主客尚書하고 以其世子熾磐으로 行西夷校尉하여 監其部衆①하다

① 漢나라 成帝가 四曹의 尚書를 두었는데, 그 네 번째가 主客尚書였는바, 외국의 夷狄의 일을 주관하였다.
漢成帝置四曹尚書, 其四曰主客, 主外國夷狄事.

【綱】 윤2월에 劉裕가 東陽太守 殷仲文과 桓沖의 손자 桓胤을 죽이고 그 일족을 멸하였다.

閏二月에 劉裕 殺東陽太守殷仲文及桓沖孫胤하고 夷其族[15]하다

---

15) 劉裕……夷其族 : "殺이라고 쓴 경우는 많으나 아무개의 손자라고 쓴 적은 있지 않았는데, 桓沖의 손자라고 쓴 것은 어째서인가. 劉裕를 거듭 죄책한 것이다. 桓玄이 패망했을 때에 조명을 내려 환충이 마음만은 항상 왕실에 있었다 하여 그의 손자 桓胤을 용서했었는데, 이제 그를 죽여서 義熙 연간의 사면을 어기고 賢者의 대를 끊었으니, 유유의 죄가 크다. 그렇다면 殷仲文은 환현의 黨인데 어찌하여 관직을 써주었는가. 은중문은 환현의 당이었으나 일찍이 환현을 배반하고 스스로 귀순하였기 때문이다. ≪資治通鑑綱目≫에서는 義로 옮긴 것을 귀하게 여겨 은중문의 관직을 쓴 것이니, 이는 유유를 깊이 미워한 것이다.〔書殺多矣 未有書某孫者 書桓沖孫 何 重罪裕也 玄之敗也 詔以桓沖

【目】殷仲文은 평소 재주와 명망이 있었다. 스스로 '마땅히 조정의 정사를 담당해야 한다.'고 생각하였는데, 나가 東陽太守가 되니, 울분을 품고 기뻐하지 않았다. 何無忌가 평소 은중문의 명성을 흠모하였는데, 은중문이 임지로 가는 도중에 뵐 것을 허락하니, 하무기가 기뻐하여 공경히 기다렸으나 은중문이 뜻을 얻지 못하자 정신이 흐려져서 마침내 하무기의 督府를 방문하지 않으니, 하무기는 자기를 하찮게 여긴다 하여 크게 노하였다.

때마침 南燕이 晉나라로 쳐들어오자 하무기가 劉裕에게 말하기를 "桓胤과 殷仲文은 바로 심복에 든 병이고 북쪽 오랑캐는 군이 걱정할 것이 못 된다." 하니, 이때 마침 劉裕의 부장인 駱球가 난을 일으킬 것을 꾀하다가 伏誅되었다. 유유는 인하여 말하기를 "낙구가 은중문·환윤과 함께 모반을 했다." 하여 모두 일족을 멸하였다.

仲文이 素有才望이라 自謂宜當朝政이러니 出爲東陽太守하니 悒悒不樂①이러라 何無忌素慕其名이러니 仲文이 許便道脩謁②하니 無忌喜하여 欽遲之로되 而仲文이 失志恍惚하여 遂不過府③하니 無忌以爲薄己라하여 大怒하다 會에 南燕이 入寇하니 無忌言於劉裕曰 桓胤, 殷仲文은 乃腹心之疾이요 北虜는 不足憂也라하니 會에 裕府將駱(冰)〔球〕[16] 謀作亂이라가 伏誅④라 裕因言(冰)〔球〕與仲文, 桓胤有謀라하여 皆族誅之하다

① '悒悒'은 근심하고 답답하여 스스로 편안하지 못한 뜻이다. 殷仲文이 桓玄의 黨이 되었다 하여 재주와 명망으로 등용되기를 바랐으나 등용되지 못하였다. 그러므로 스스로 편치 못한 것이다.

乃心王室 宥其孫胤 今而殺之 違義熙之赦 絶賢者之世 裕罪大矣 然則仲文玄黨也 曷爲以官書 仲文玄黨 嘗叛玄自歸矣 綱目貴徙義 官仲文 所以深惡裕也〕" ≪書法≫

"義熙의 초년에 대사령을 내리고 改元하였으나 桓氏는 용서하지 않고 桓沖의 손자 桓胤만을 용서한 것은 환충이 황실에 충성하였으므로 군주를 섬기는 자들을 권면하기 위해서였다. 그런데 이제 다시 환윤을 무함하여 죽였으니, 의리가 아니다. 그러므로 곧바로 환윤이라고 쓰지 않고 반드시 환충의 손자 환윤이라고 썼으니, 이는 의리를 일으킨 것이다. 그러나 유유가 거사한 이후로 지난해에는 毛脩之를 보내어 譙縱을 토벌하였고 금년에는 은중문과 환윤을 죽였는데, 그 옳고 그름을 논하지 않고 ≪자치통감강목≫에 모두 유유가 했다고 썼으니, 그렇다면 유유가 제멋대로 행동하여 晉나라를 무시한 마음을 또 말하지 않아도 절로 알 수 있을 것이다. 한 賊(환현)이 쓰러짐에 또 한 賊(유유)이 일어났으니, 탄식함을 이루 말할 수 있겠는가.〔義熙之初 大赦改元 惟桓氏不赦 獨宥沖之孫胤 以其忠於帝室 所以勸事君者也 今又誣而殺之 則非義矣 故不直曰桓胤 而必書曰桓沖孫胤 以起義也 然劉裕自擧事以來 去年遣毛脩之討譙縱 今年殺殷仲文及桓胤 不論是否 綱目皆自裕書之 則裕之專輒自行 其無晉之心 又自不言可知矣 一賊仆 一賊起 可勝嘆哉〕" ≪發明≫

16) (冰)〔球〕: 저본에는 '冰'으로 되어 있으나, ≪資治通鑑綱目≫(≪朱子全書≫ 9, 上海古籍出版社) 및 ≪御批資治通鑑綱目≫에 의거하여 '球'로 바로잡아 번역하였다. 아래도 같다.

悒悒, 憂悒不自安之意. 仲文黨於桓玄, 以才望希進而不得進, 故不自安也.

② 東陽은 何無忌가 통솔하던 곳이다.

東陽, 無忌所統.

③ 遲는 直吏의 切이니, 기다림이다. 府는 督府를 이르니, 何無忌의 治所가 있는 곳이다.

遲, 直吏切, 待也. 府, 謂督府, 無忌治所也.

④ 駱은 姓이다.

駱, 姓也.

【綱】 여름 4월에 燕나라(後燕)의 皇后 苻氏가 卒하였다.

夏四月에 **燕后苻氏卒**하다

【目】 燕主 慕容熙는 皇后 苻氏를 위하여 承華殿을 세울 적에 北門에서 흙을 져오게 하니, 흙 값이 곡식 값과 같았다. 典軍 杜靜이 棺을 싣고 대궐에 나아가 극구 간하니, 모용희가 그를 참수하였다.

부씨가 일찍이 한여름에 凍魚[17]를 먹고 싶어 하니, 모용희가 有司에게 명하여 동어를 급히 찾아 구하였는데 얻지 못하자, 그를 참수하였다.

이때에 부씨가 卒하니, 모용희가 통곡하여 기절했다가 다시 깨어났고 斬衰服을 입고 죽을 먹었으며, 백관들에게 곡하도록 명하여 눈물을 흘리지 않는 자에게 죄를 주고, 또 자신(모용희)의 형수 張氏를 순장하였다.

燕主熙 **爲其后苻氏**하여 **起承華殿**할새 **負土北門**하니 **與穀同價**①라 **典軍杜靜**이 **載棺**하고 **詣闕極諫**하니 **熙斬之**②하다 **苻氏嘗季夏**에 **思凍魚**하니 **熙下有司**하여 **切責不得**하여 **斬之**하니라 **至是**에 **苻氏卒**하니 **熙哭之**하여 **絶而復蘇**하고 **斬衰**(최)**食粥**하며 **命百官哭**하여 **無淚者**를 **罪之**하고 **又以其嫂張氏**로 **爲殉**③하다

① 燕主가 《資治通鑑》에는 燕王으로 되어 있으니, 아래도 모두 똑같다.

燕主, 通鑑, 作燕王, 後皆同.

② 典軍은 관직의 이름이다.

典軍, 官名.

③ 張氏는 高陽王 慕容隆의 妃이다. 殉은 장례할 때에 사람을 따라 죽게 하는 것이다.

張氏, 高陽王隆之妃也. 殉, 以人從死也.

---

17) 凍魚 : 凍秀魚의 준말로 겨울철에 잡아서 얼린 숭어이다. 또는 숭어 새끼를 뜻하기도 한다.

【綱】 燕主(後燕) 慕容熙가 太后 段氏를 폐위하였다.

燕主熙 廢其太后段氏[①]하다

① 段氏는 慕容垂의 貴嬪이니, 慕容熙의 慈母(길러준 庶母)이다.
段氏, 垂之貴嬪, 熙之慈母也.

【綱】 6월에 赫連勃勃이 스스로 大夏天王을 칭하였다.

◑ **六月**에 **赫連勃勃**이 **自稱大夏天王**하다

【目】 赫連勃勃은 키가 훤칠하고 풍모가 아름다웠으며 천성적으로 구변이 좋고 지혜로우니, 秦王(後秦) 姚興이 그를 보고 기특하게 여겨서 그와 함께 大事를 논하고 총애와 대우가 勳舊大臣보다 더하였다. 요흥의 아우 姚邕이 말하기를 "혁련발발을 가까이해서는 안 됩니다." 하니, 요흥이 말하기를 "혁련발발은 세상을 구제할 재주가 있으니, 내가 막 그와 더불어 천하를 평정하려 하는데, 어찌 미리 그를 시기하는가." 하고는 마침내 그를 장군으로 삼아서 沒奕干을 도와 高平에 진주하여 魏나라(北魏)의 틈을 엿보게 하였다.

요옹이 굳이 간쟁하기를 "혁련발발은 탐욕스럽고 교활하여 仁하지 못하고 가볍게 거취를 결정하니, 끝내 변경의 우환이 될까 염려됩니다." 하자, 요흥이 마침내 정지하였는데, 오랜 뒤에 끝내 雜虜 2만여 부락을 배정하여 朔方에 진주하게 하였다.

勃勃이 **魁岸**하고 **美風儀**하며 **性辯慧**하니 **秦王興**이 **見而奇之**하여 **與論大事**하고 **寵遇踰於勳舊**라 **興弟邕曰 勃勃**을 **不可近也**니이다 **興曰 勃勃**이 **有濟世才**하니 **吾方與之平天下**어늘 **奈何逆忌之**오하고 **乃以爲將軍**하여 **使助沒奕干**하여 **鎭高平**하여 **伺魏間隙**이러라 **邕**이 **固爭曰 勃勃**이 **貪猾不仁**하고 **輕爲去就**하니 **恐終爲邊患**이리이다 **興**이 **乃止**러니 **久之**요 **竟配以雜虜二萬餘落**하여 **使鎭朔方**하다

【目】 때마침 魏主(北魏) 拓跋珪가 사로잡은 秦나라 장수를 본국으로 돌려보내자 요흥이 賀狄干을 돌려보내어 이에 보답하니, 혁련발발이 노하여 마침내 秦나라를 배반할 것을 모의하였다. 柔然이 秦나라에 말을 바치자, 혁련발발이 노략질하여 이것을 빼앗고 沒奕干을 기습해 죽이고 그 무리를 겸병하였으며, 스스로 夏后氏의 후손이라 하여 大夏天王을 칭하고 百官을 설치하였다.

會에 魏主珪 歸所虜秦將于秦이어늘 興이 歸賀狄干以報之하니 勃勃이 怒하여 遂謀叛秦[①]하다 柔然이 獻馬於秦이어늘 勃勃이 掠取之하고 襲殺沒奕干而幷其衆하고 自爲夏后氏之苗裔라하여 稱大夏天王하고 置百官[②]하다

① 처음에 魏主 拓拔珪가 劉衛辰을 멸망시키니, 그의 아들 劉勃勃(赫連勃勃)이 秦나라(後秦)로 달아났었는데, 이때 秦나라가 다시 魏나라(北魏)와 내통한다는 말을 듣고는 노하여 마침내 秦나라를 배반할 것을 도모한 것이다.
初, 魏主珪滅劉衛辰, 其子勃勃犇秦, 至是, 聞秦復與魏通而怒, 乃謀叛秦.

② ≪史記≫와 ≪漢書≫에 모두 이르기를 "匈奴는 夏后氏의 먼 후손인 淳維의 후손이다."라고 하니, 赫連勃勃은 匈奴의 남은 종족이므로 이렇게 말한 것이다.
史記及漢書皆云"匈奴, 夏后氏苗裔淳維之後." 勃勃, 匈奴餘種, 故云然.

【目】 賀狄干이 오랫동안 長安에 있었는데 항상 유폐되어 있었기에 인하여 이 시간을 이용하여 經史를 익히고 읽으니, 행동거지가 儒者(선비)와 같았다. 그가 돌아오자 魏主 拓跋珪는 그의 언어와 의복이 모두 秦나라 사람과 비슷한 것을 보고는 '秦나라(장안)의 풍속을 흠모하여 본받았다.'고 하여 노하여 그의 아우 賀狄歸와 함께 죽였다.

◑ 賀狄干이 久在長安하여 常幽閉하여 因習讀經史하니 擧止如儒者라 及還에 魏珪見其言語衣服이 皆類秦人하고 以爲慕而效之라하여 怒하여 幷其弟歸殺之[①]하다

① 歸는 賀狄干의 아우의 이름이다.
歸, 弟名.

【綱】 가을 7월 초하루에 일식이 있었다.

秋七月朔에 日食하다

【綱】 燕나라(後燕)의 高雲이 군주 慕容熙를 시해하고 스스로 즉위하여 天王이 되었다.

◑ 燕高雲이 弑其主熙하고 自立爲天王하다

【目】 燕主 慕容熙는 황후 苻氏를 장례할 적에 머리를 풀어 산발하고 맨발로 걸어 20여 리를 따라갔다.

처음에 將軍 馮跋이 모용희에게 죄를 얻고 山澤으로 망명해 있었는데, 백성들이 모용희를 원망함을 틈타 大事를 일으키고자 해서 龍城으로 잠입하여 孫護의 집에 숨어 있었다.

모용희가 나와 送葬할 적에 풍발 등이 장군 張興 등과 함께 난을 일으켜 모용희의 양자인 夕陽公 慕容雲을 추대하여 군주로 삼고는 병력을 인솔하고 궁중에 들어가 兵甲을 나누어 주어서 성문을 닫고 항거하여 지키게 하니, 모용희가 급히 돌아와 北門을 공격하였으나 이기지 못하였다.

모용운이 마침내 天王의 자리에 올라 대사령을 내리고 개원을 하고 모용희를 잡아 죽이고는 高氏姓을 회복하고 풍발을 都督中外諸軍 錄尙書事로 삼았다.

燕主熙 葬其后苻氏할새 被髮徒跣하고 步從二十餘里하니라 初에 將軍馮跋이 得罪於熙하고 亡命山澤이러니 因民之怨하여 欲擧大事하여 潛入龍城하여 匿於孫護家하다 及熙出送葬에 跋等이 與將軍張興等作亂하여 推熙養子夕陽公雲하여 爲主하고 帥衆入宮授甲하여 閉門拒守하니 熙馳還하여 攻北門이라가 不克이라 雲이 遂卽天王位하여 大赦改元하고 執熙殺之하고 復姓高氏하고 以跋爲都督中外諸軍錄尙書事하다

【綱】南燕이 秦나라(後秦)에 사신을 보내어 藩臣을 칭하고 太樂署의 기녀를 秦나라에 바치니, 겨울에 秦나라가 慕容超의 어머니와 아내를 돌려보내었다.

南燕이 遣使稱藩하고 獻太樂伎于秦[18)]하니 冬에 秦이 遣其母妻還之하다

【目】南燕主 慕容超의 어머니와 아내가 아직도 秦나라에 잡혀 있었다. 南燕은 封愷를 秦나라에 사신으로 보내어서 이들을 돌려보낼 것을 청하니, 秦王 姚興이 말하기를 "옛날 苻氏(苻堅)의 太樂署의 기녀들이 모두 燕나라로 들어갔다. 그러니 燕나라가 이제 秦나라에 藩臣을 칭하고 기녀를 秦나라로 돌려보내거나 혹 吳(東晉) 지역의 미녀 1,000명을 秦나라로 보내면 비로소 모용초의 어머니와 아내를 돌려보낼 것이다." 하였다.

18) 獻太樂伎于秦 : "太樂署의 기녀를 바쳤다고 먼저 쓴 것은 秦나라를 미워한 것이다. 燕나라 군주로 말하면 더불어 權道를 행할 수 있는 자이니, 이 때문에 ≪資治通鑑綱目≫에 비난함이 없는 것이다.〔先書獻樂伎 惡秦也 若燕主則可與權矣 綱目無譏焉〕" ≪書法≫

"더불어 權道를 행할 수 있다〔可與權矣〕"는 것은 ≪論語≫ 〈子罕〉에 보이는 孔子의 말씀이다. 권도는 처리하기 어려운 일을 당했을 때에 사태와 상황을 저울질하여 事理에 맞게 대처하는 것으로 正道를 사용할 수 없는 경우에 행하는 임시방편인데, 공자는 이것을 최고의 경지로 보았다. 여기서는 慕容超의 어머니와 아내가 秦나라에 억류되어 있었으므로 모용초가 부득이 秦나라에 太樂의 기녀를 바치고 어머니와 아내를 돌려받은 것을 이른다.

모용초가 여러 신하와 상의하니, 段暉가 다음과 같이 말하였다.

"폐하께서 社稷을 이어 지키시니, 사사로운 친족의 연고 때문에 마침내 존귀한 황제의 칭호를 강등하여 번신을 칭해서는 안 될 것이요, 또 太樂은 선대가 남기신 음악이니, 주어서는 안 됩니다. 吳(東晉) 지역의 미녀를 약탈하여 秦나라에 주는 것만 못합니다."

張華가 다음과 같이 말하였다.

"이웃 나라(東晉)를 침략하여 전쟁이 연이어 화가 맺힘은 국가의 복이 아니요 폐하의 慈親이 남의 손에 있으니, 어찌 皇帝라는 헛된 명성을 아껴서 몸을 굽혀 칭하지 않으십니까."

이에 모용초는 韓範으로 하여금 秦나라에 빙문하여 번신을 칭하고 표문을 받들어 올리게 하니, 秦나라가 韋宗으로 하여금 빙문에 답하게 하였다.

장화가 모용초에게 北面하여 秦나라의 조명을 받을 것을 청하니, 封逞이 말하기를 "大燕이 일곱 聖主가 거듭 빛나니, 어찌 하루아침에 姚興 같은 애송이를 위하여 무릎을 굽힌단 말입니까." 하였다. 모용초가 말하기를 "내 太后를 위하여 굽히는 것이니, 그대들은 더 이상 말하지 말라." 하고는 마침내 北面하여 조명을 받고, 장화로 하여금 太樂署의 기녀 120명을 秦나라에 바치니, 秦王 姚興이 마침내 모용초의 어머니와 아내를 돌려보내고 그 물자와 예를 후하게 하여 보내었다.

南燕主超의 母妻猶在秦이라 遣封愷하여 使於秦하여 以請之하니 秦王興曰 昔에 苻氏太樂諸伎悉入于燕[①]하니 燕이 今稱藩送伎하고 或送吳口千人이면 乃可得也리라 超與群臣으로 議之하니 段暉曰 陛下嗣守社稷하시니 不宜以私親之故로 遂降尊號요 且太樂은 先代遺音이라 不可與也니 不如掠吳口與之니이다 張華曰 侵掠隣國하여 兵連禍結은 非國家之福也요 陛下慈親이 在人掌握하니 豈可靳惜虛名하여 不爲之屈乎[②]잇가 乃使韓範으로 聘于秦하여 稱藩奉表하니 秦이 使韋宗報聘이어늘 張華請北面受詔하니 封逞曰 大燕이 七聖重光하니 奈何一旦에 爲豎子屈節[③]이리오 超曰 吾爲太后屈하니 願諸君은 勿復言하라하고 遂北面受詔하고 使華로 獻太樂伎一百二十人於秦하니 秦王興이 乃還超母妻하고 厚其資禮而遣之하니라

① 前秦(苻堅)의 長安이 함락되었을 때 太樂의 기녀들이 西燕으로 들어갔는데 西燕이 망하자, 慕容垂가 이들을 거두어 中山으로 돌아갔고, 중산이 함락되자 서로 거느리고 鄴으로 달아났다. 이로 인해 南燕이 太樂署의 음악을 얻게 된 것이다.
長安之陷, 太樂諸伎入于西燕, 西燕之亡, 慕容垂收以歸于中山, 中山之陷, 相率犇鄴, 由是南燕得之.

② 爲(위하다)는 去聲이니, 아래 '爲豎子'의 爲도 같다.

爲, 去聲, 下同.

③ 慕容廆, 慕容皝, 慕容儁, 慕容暐로부터 慕容垂, 慕容德, 慕容超에 이르기까지 모두 7명의 군주이다.

自廆·皝·儁·暐, 至垂·德·超, 凡七主.

【綱】夏王 赫連勃勃이 薛干 등의 부락을 격파하여 항복시키고, 마침내 秦나라(後秦)와 南涼을 진격하여 대파하였다.

夏王勃勃이 **破薛干等部**하여 **降之**하고 **遂進攻秦及南涼**하여 **大破之**하다

【目】夏王 赫連勃勃이 鮮卑의 薛干 등 3개 부락을 격파하여 그 무리를 항복시킨 것이 1만 명으로 헤아려졌다. 秦나라 三城 이북의 여러 주둔지를 진격해서 秦나라 장수 楊丕와 姚石生 등을 참수하였다.

장수들이 모두 말하기를 "폐하께서 關中을 경영하고자 하신다면 마땅히 먼저 근본(근거지)을 튼튼히 해서 사람들 마음이 의탁하여 매여 있을 곳을 만들어두어야 합니다. 高平은 지형이 험고하고 토지가 비옥하여 國都로 정할 만합니다." 하였다. 이에 혁련발발이 다음과 같이 말하였다.

"나의 大業은 이제 초창기인데 姚興은 또한 한 시대의 영웅이니 도모할 수 없다. 이제 〈우리가 한 곳에 도읍하여〉 오로지 한 城을 견고히 지키면 저들은 반드시 우리에게 병력을 집중하여 공격할 것이니, 이렇게 되면 우리의 멸망은 시간문제이다. 우리의 용맹한 騎兵이 쏜살같이 달려가 저들이 생각하지 못한 곳으로 나가 저들이 앞을 구원하면 우리는 저들의 뒤를 공격하고 저들이 뒤를 구원하면 우리는 저들의 앞을 공격해서 저들로 하여금 명령에 달려감에 피폐하게 하는 것만 못하다. 우리는 놀고먹으며 그대로 있어도 10년이 되기 전에 嶺北과 河東이 모두 우리의 소유가 될 것이다. 요흥이 죽은 뒤에 嗣子가 어둡고 약할 때를 기다려서 서서히 長安을 점령하면 나의 계략에 빠지게 될 것이다."

이때 혁련발발이 嶺北의 여러 城을 침략하니, 秦主 姚興이 마침내 탄식하기를 "내가 黃兒의 말을 따르지 아니하여[19] 이 지경에 이르게 되었다." 하였다.

혁련발발이 南涼에게 혼인을 요구하였으나 禿髮傉檀이 허락하지 않자, 혁련발발은 기병 2만 명을 거느리고 남량을 격파하니, 유명한 신하와 용맹한 장수들로 죽은 자가

19) 내가……아니하여 : 이 일은 본서 義熙 3년(407) 6월 기사에 보인다.

열에 6, 7명이었다. 혁련발발은 이들의 시신을 쌓아 봉분을 만들고 이름을 髑髏臺(독루대)라 하였다.

夏王勃勃이 破鮮卑의 薛干等三部하여 降其衆이 以萬數러라 進攻秦三城以北諸戍하여 斬秦將楊丕, 姚石生等[①]하다 諸將이 皆曰 陛下 欲經營關中인대 宜先固根本하여 使人心有所憑係니 高平이 險固饒沃하여 可以定都니이다 勃勃曰 吾大業草創하고 姚興은 亦一時之雄이니 未可圖也라 今專固一城이면 彼必幷力於我하리니 亡可立待라 不如以驍騎風馳하여 出其不意하여 救前則擊後하고 救後則擊前하여 使彼로 疲於奔命하니 我則游食自若이나 不及十年에 嶺北, 河東이 盡爲我有리라 待興旣死에 嗣子闇弱하여 徐取長安이 在吾計中矣라하더니 於是에 侵掠嶺北諸城하니 秦主興이 乃歎曰 吾不用黃兒之言하여 以至於此[②]라하니라 勃勃이 求婚於南涼호되 傉檀이 不許라 勃勃이 帥騎二萬擊破之하니 名臣勇將死者什六七이라 勃勃이 積尸而封之하고 號曰髑髏臺[③]라하니라

① 〈'三城'은〉 魏收의 ≪魏書≫ 〈地形志〉에 "偏城郡 廣武縣에 3개의 城이 있다." 하였다.
魏收地形志 "偏城郡廣武縣, 有三城."
② 黃兒는 姚興의 아우 姚邕의 어렸을 때의 字이다.
黃兒, 興弟邕小字也.
③ 髑髏는 음이 獨樓이니, 머리의 해골이다.
髑髏, 音獨樓, 首骨也.

【綱】 涼公 李暠(이고)가 다시 晉나라(東晉)에 사신을 보내 와서 표문을 올렸다.

涼公暠 復遣使來하여 上表[20)]하다

戊申年(408)

【綱】 晉나라(東晉) 孝安皇帝 義熙 4년이다.

四年이라

【目】 秦主(後秦) 姚興 弘始 10년이고, 魏나라(北魏) 太祖 道武帝 拓跋珪 天賜 5년이다. 南涼主 禿髮傉檀 嘉平 원년이다.

---

20) 涼公暠……上表 : "'復'라고 쓴 것은 어째서인가. 거듭 가상히 여긴 것이다.〔書復 何 重嘉之也〕" ≪書法≫

秦弘始十이요 魏天賜五年이라 ◑ 南涼嘉平元年이라

【綱】봄 정월에 劉裕가 스스로 揚州刺史 錄尙書事가 되었다.

春正月에 劉裕 自爲揚州刺史錄尙書事[21]하다

【目】王謐이 卒한 뒤에, 劉毅 등은 劉裕가 들어와 정사를 보필하는 것을 원하지 않아서 謝混을 揚州刺史로 삼거나, 혹은 유유로 하여금 丹徒에서 양주자사를 겸하도록 하고, 조정 안의 일은 孟昶에게 맡기기로 의논하고서 皮沈을 보내어 앞의 두 가지 안을 가지고 유유에게 묻게 하였다. 피침이 먼저 劉穆之를 보고 조정의 의논을 자세히 말하니, 유목지가 유유에게 은밀히 다음과 같이 말하였다.

"晉나라의 천명이 이미 옮겨갔고 公은 功이 높고 지위가 무거운데 어찌 마침내 변방을 지키는 장수로 삼는단 말입니까. 유의와 맹창이 公과 함께 布衣로 일어나서 大義를 세워 부귀를 취하였으니 이는 한때 서로 추대한 것이요, 몸을 맡기고 마음으로 복종해서 군주와 신하의 분수를 미리 정한 것이 아닙니다. 힘이 대등하고 세력이 같아지면 결국에는 서로 倂呑할 것입니다. 揚州는 근본이 관계되는 곳이니, 남에게 빌려주어서는 안 됩니다. 예전에 왕밀에게 제수했던 것은 權道에서 나온 일입니다. 이제 만약 다시 다른 사람에게 양주를 맡기면 곧바로 남에게 제재를 받을 것이니, 한번 권세를 놓치면 어떻게 다시 얻겠습니까. 지금 다만 '이 일은 이미 중대하여 헛되이 의논할 수가 있는 것이 아니다. 내 곧 잠시 조정에 들어가서 조정의 신하들과 함께 同異의 의견을 충분히 의논하겠다.'라고 답하십시오. 공이 京邑(도성)에 이르면 저들은 반드시 공을 뛰어넘어 다시 다른 사람에게 제수하지 못할 것입니다."

---

21) 劉裕……錄尙書事:"살펴보건대 劉裕가 이번 조정에 들어간 것은 다만 조정의 의논이 아직 결정되지 않았다 하여 스스로 入朝하기를 청한 것인데, 조정에서는 이로 인하여 마침내 유유를 불러서 이 임무를 제수했을 뿐이다. 그런데 이제 ≪資治通鑑綱目≫에 '유유가 스스로 揚州刺史 錄尙書事가 되었다.'고 써서 거의 曹操와 曹丕, 司馬昭와 司馬師와 다름이 없는 것은 어째서인가. 유유가 이때에 비록 나라를 전횡하지는 못하였으나 그 뜻이 이미 여기에 있었다. 그러므로 특별히 속임수를 써서 晉나라 조정으로 하여금 감히 자기를 버리고 다른 사람에게 제수하지 못하게 한 것이니, 이는 명색은 제가 한 것이 아니나 실제는 제가 스스로 한 것이다. 더구나 晉나라를 찬탈하는 화가 실로 여기에서 시작됨에 있어서랴. 특별히 이것을 썼으니, 이는 ≪春秋≫에 마음을 주벌하는 법을 깊이 얻은 것이다.〔按裕此行 特以朝議未定 自請入朝 而朝廷因遂召裕 授以是任而已 今綱目書其自爲揚州刺史錄尙書事 殆與操 丕 昭 師 無異 何歟 裕於是時 雖未能專國 然其志已有所在 故特設詭謀 使晉朝不能捨己而授餘人 是名非自爲 實則自爲也 況簒晉之禍 實始於此 特筆書之 深得春秋誅心之法矣〕" ≪發明≫

유유가 그의 말을 따르니, 조정에서는 마침내 유유를 불러 侍中 揚州刺史 錄尙書事로 삼았다. 유유가 兗州刺史를 해임하고 諸葛長民을 丹徒에 진주시키고 劉道憐을 石頭에 주둔시켰다.

王謐이 既卒에 劉毅等이 不欲劉裕入輔政하여 議以謝混爲揚州刺史어나 或欲令裕로 於丹徒에 領揚州하고 以內事付孟昶[①]하여 遣皮沈하여 以二議諮裕하다 沈이 先見劉穆之하고 具道朝議하니 穆之密白裕曰 晉命이 已移하고 公이 勳高位重하니 豈得遂爲守藩之將邪아 劉, 孟이 與公俱起布衣하여 立大義하여 以取富貴하니 一時相推요 非委體心服하여 宿定臣主之分也라 力敵勢均이면 終相呑噬리니 揚州는 根本所係니 不可假人이라 前者에 以授王謐은 事出權道라 今若復以他授하면 便應受制於人이니 一失權柄이면 何由可得이리오 今但答以此事既大하여 非可懸論이라 便暫入朝하여 共盡同異[②]라하고 公至京邑이면 彼必不敢越公하여 更授餘人矣리이다 裕從之하니 朝廷이 乃徵裕爲侍中揚州刺史錄尙書事하니 裕解兗州하고 以諸葛長民鎭丹徒하고 劉道憐戍石頭[③]하다

① 謝混은 謝琰의 아들이다.
混, 琰之子也.
② 懸은 遙(멀리)와 같다.
懸, 猶遙也.
③ 劉道憐은 劉裕의 아우이다.
道憐, 裕之弟也.

【綱】南燕이 南郊에 제사하였다.

南燕이 祀南郊하다

【目】南燕主 慕容超가 南郊에서 제사할 적에 쥐처럼 생기고 붉은색이며 말처럼 큰 어떤 짐승이 제단 곁으로 왔는데, 잠시 뒤에 크게 바람이 일고 대낮에 해가 어두워졌으며 깃털로 만든 의장과 장막이 모두 부서지고 찢겨졌다.

모용초가 두려워하여 太史令 成公綏에게 묻자, 성공수가 대답하기를 "이것은 폐하께서 간사하고 아첨하는 신하들을 신용하고 어질고 재주 있는 이들을 주륙하며 세금 거두는 것이 번다하고 부역이 무겁기 때문입니다." 하였다. 모용초가 마침내 公孫五樓 등을 내쳤다가 얼마 안 되어 다시 등용하였다.

南燕主超 祀南郊할새 有獸如鼠而赤하고 大如馬하여 來至壇側이러니 須臾에 大風晝晦하고 羽儀

帷幄이 皆毁裂하다 超懼하여 以問太史令成公綏한대 對曰 陛下信用姦佞하고 誅戮賢良하시며 賦斂繁多하고 事役殷重之所致也니이다 超乃黜公孫五樓等이라가 俄復用之하다

【綱】 여름 5월에 譙縱(後蜀의 군주)이 秦나라(後秦)에 藩臣을 칭하였다.

夏五月에 譙縱이 稱藩于秦하다

【目】 譙縱이 秦나라에게 桓謙을 청하여 함께 劉裕를 공격하고자 하였는데, 秦王 姚興이 桓謙에게 물으니, 환겸이 인하여 갈 것을 청하였다. 요흥이 말하기를 "작은 물은 큰 물고기를 용납하지 못하니, 만약 초종의 재주와 능력이 제 스스로 일을 이룰 수 있다면 또한 군이 그대를 빌려 羽翼으로 삼지 않을 것이다."라고 하고는 마침내 환겸을 보내었다.

환겸이 成都에 이르러서 마음을 비워 선비들을 접견하니, 초종이 그를 의심하여 龍格에 가두어두고는 사람을 시켜 지키게 하였다.

譙縱이 請桓謙於秦하여 欲與共擊劉裕어늘 秦王興이 以問謙하니 謙이 因請行이라 興曰 小水는 不容巨魚니 若縱才力이 自足辦事면 亦不假君爲羽翼矣라하고 遂遣之하다 謙이 至成都하여 虛懷引士하니 縱이 疑之하여 置於龍格하고 使人守之①하다

① 胡三省이 말하였다. "龍格은 아마도 지금 成都府 廣都縣 龍爪灘의 지역일 것이다."
胡三省曰 "龍格, 蓋卽今成都府廣都縣龍爪灘之地."

【綱】 秦나라(後秦)가 군대를 보내어 南涼을 기습하고 夏나라를 토벌하였는데, 모두 크게 패하였다.

秦이 遣兵하여 襲南涼하고 討夏러니 皆敗績[22]하다

22) 秦遣兵……皆敗績 : "夏나라를 討라고 쓴 것은 어째서인가. 赫連勃勃은 옛날 秦나라의 신하이기 때문이다. 똑같은 秦나라 군대인데 혹은 襲이라고 쓰고 혹은 討라고 썼으니, 《資治通鑑綱目》의 書法이 엄격하다. 이 때문에 똑같은 袁術인데도 孫策이 공격을 가하면 討라고 쓰고 曹操가 공격을 가하면 擊이라고 쓴 것이요(이 내용은 漢 獻帝 建安 원년(196)에 보인다.), 똑같은 秦나라 군대인데 南涼에 공격을 가하면 襲이라고 쓰고 夏나라에 공격을 가하면 討라고 쓴 것이다.(이해(408)이다.)〔夏書討何 勃勃故秦臣也 一秦兵也 或書襲 或書討 綱目之書法嚴矣 是故袁術一也 孫策加之 書討 曹操加之則書擊(漢獻帝建安元年) 秦兵一也 加於南涼 書襲 加於夏 則書討(是年)〕" 《書法》
"秦나라가 이유 없이 군대를 일으켜서 禿髮傉檀을 공격하였으므로 곧바로 襲이라고 썼고, 赫連勃勃은 敗亡하여 항복한 오랑캐로서 秦나라를 섬기다가 다시 배반하였으므로 討라고 쓴 것이니, 한 글자 사이에 진실로 구차하지 않음이 이와 같은 것이다.〔秦無故興兵攻傉檀 故直書曰襲 勃勃以敗亡降虜 事秦復叛 故書之曰討 一字之間 固不苟也如此夫〕" 《發明》

【目】 秦王 姚興은 禿髮傉檀이 안팎으로 곤란한 일이 많다 하여 이 틈을 타 점령하고자 하여 韋宗으로 하여금 가서 엿보게 하였다. 독발욕단이 위종과 당세의 큰 지략을 논하였는데, 종횡으로 무궁무진하였다. 위종이 물러나와 감탄하기를 "기이한 재주와 걸출한 器局은 반드시 華夏에만 있는 것이 아니요, 현명하고 지혜로우며 민첩하고 식견이 있음은 반드시 책을 읽어서가 아니니, 나는 이제야 九州의 밖과 五經 이외에 다시 따로 훌륭한 사람이 있는 줄을 알았다." 하였다.

위종이 돌아와서 요흥에게 말하기를 "涼州가 비록 피폐하나 독발욕단의 권모술수가 보통 사람보다 뛰어나니, 도모할 수가 없습니다." 하였다. 요흥은 말하기를 "劉勃勃(赫連勃勃)이 오합지졸을 데리고서도 오히려 독발욕단을 격파하였는데, 하물며 내가 천하의 병력을 동원하여 공격을 가함에 있어서랴." 하니, 위종이 다음과 같이 말하였다.

"그렇지 않습니다. 형세가 바뀌어 만 갈래로 달라졌습니다. 남을 능멸하는 자는 쉽게 패하고 남을 경계하고 조심하는 자는 공격하기 어려우니, 독발욕단이 유발발에게 패했던 이유는 그를 얕보았기 때문입니다. 지금 우리가 대군으로 임한다면 저들은 반드시 두려워하여 온전하기를 구할 것입니다. 삼가 살펴보건대 우리 신하들 중에 재주와 지략이 독발욕단에 견줄 수 있는 자가 없고, 비록 폐하의 위엄으로 직접 임한다 하시더라도 또한 반드시 이길 것을 보장할 수 없습니다."

요흥은 그의 말을 듣지 않고 아들 廣平公 姚弼과 장군 斂成으로 하여금 보병과 기병 3만 명을 거느리고서 독발욕단을 기습하게 하고, 僕射 齊難은 기병 3만을 거느리고서 혁련발발을 토벌하게 하였다.

秦王興이 以傉檀內外多難이라하여 欲因而取之하여 使韋宗往覘之①하니 傉檀이 與宗論當世大略호되 縱橫無窮이라 宗이 退하여 歎曰 奇才英器 不必華夏요 明智敏識이 不必讀書니 吾乃今에 知九州之外, 五經之表에 復自有人也라하다 歸言於興曰 涼州雖弊나 傉檀이 權譎過人하니 未可圖也니이다 興曰 劉勃勃이 以烏合之衆으로 猶能破之어든 況我擧天下之兵以加之乎아 宗曰 不然하니 形移勢變하여 返覆萬端이라 陵人者易敗요 戒懼者難攻이니 傉檀之所以敗於勃勃者는 輕之也라 今我以大軍臨之하면 彼必懼而求全이리이다 竊觀群臣才略이 無傉檀比者요 雖以天威臨之라도 亦未敢保其必勝也니이다 興이 不聽하고 使其子廣平公弼과 將軍斂成으로 帥步騎三萬하여 襲傉檀하고 僕射齊難이 帥騎(二)〔三〕[23]萬하여 討勃勃②하다

23) (二)〔三〕: 저본에는 '二'로 되어 있으나, ≪資治通鑑綱目≫(≪朱子全書≫ 9, 上海古籍出版社) 및 ≪御

①〈'傉檀內外多難'은〉 이때 夏王 赫連勃勃이 禿髮傉檀을 공격하여 대파하였고, 또 軍諮祭酒 梁裒와 輔國司馬 邊憲 등이 반란을 도모하자, 독발욕단이 모두 그들을 주살하였다.
時, 夏王勃勃擊傉檀, 大破之, 又軍諮祭酒梁裒·輔國司馬邊憲等, 謀反, 傉檀悉誅之.
② 斂은 오랑캐인 羌族의 姓이다.
斂, 羌姓也.

【目】 姚弼이 먼 거리를 달려 姑臧에 이르니, 禿髮傉檀이 城을 둘러싸서 굳게 지키고 유격대를 출병시켜 격파하였다. 군현에게 명하여 소와 양을 들에 모두 풀어놓으니, 斂成이 군대를 풀어놓아 이것을 노략질하므로 또다시 그를 공격하여 격파하였다.

赫連勃勃은 장차 秦나라 군대가 쳐들어온다는 말을 듣고 후퇴하여 河曲을 지키니, 齊難이 마침내 군대를 풀어놓아 교외를 약탈하였다. 혁련발발이 은밀히 군대를 출동 기습해서 격파하고 그의 장병 1만 3,000명을 포로로 잡으니, 이에 嶺北의 오랑캐와 中華 사람들 중에 혁련발발에게 붙는 자가 만 명으로 헤아려졌다. 혁련발발은 모두 이 지역에 守宰를 설치하여 백성들을 어루만졌다.

弼이 長驅至姑臧하니 傉檀이 嬰城固守하고 出奇兵하여 擊破之하다 命郡縣하여 悉散牛羊於野하니 斂成이 縱兵鈔掠이어늘 又擊敗之하다 勃勃이 聞秦兵且至하고 退保河曲①하니 齊難이 遂縱兵野掠이어늘 勃勃이 潛師襲破禽之하고 及其將士萬三千人하니 於是에 嶺北夷夏 附於勃勃者以萬數라 勃勃이 皆置守宰以撫之하다

① 河曲은 朔方의 동북쪽에 있으니, 黃河가 1,000리에서 한 번 돌아가므로 하곡이라 하였다.
河曲, 在朔方東北, 黃河千里一曲.

【綱】 〈晉나라(東晉)가〉 將軍 劉敬宣을 보내어 毛脩之를 감독하여 譙縱을 토벌하게 하였는데, 이기지 못하고서 군대를 이끌고 돌아왔다.

遣將軍劉敬宣하여 **督毛脩之**하여 **討譙縱**이러니 **不克引還**[24)]하다

批資治通鑑綱目≫에 의거하여 '三'으로 바로잡았다.

24) 遣將軍劉敬宣……不克引還 : "桓玄의 잔당을 주살하고부터 4년이 되었는데, ≪資治通鑑綱目≫에서 무릇 晉나라의 일을 쓸 적에 한번도 劉裕를 쓰지 않은 적이 없는 것은 그의 전횡을 비판한 것이다. 이번 일 또한 유유가 표문을 올려 군대를 보낸 것인데 유유라고 쓰지 않은 것은 어째서인가. 유유를 질책한 것이다. 유유가 처음 毛脩之를 보내어 군대를 거느리고 譙縱을 토벌하게 했었는데, 이윽고 楊承祖가 난을 일으켜서 모수지가 후퇴한 지 이때 2년이 되었다. 그런데 마침내 다시 劉敬宣을 보내어 모수지를 감독하게 하였다. ≪자치통감강목≫에서 모수지를 보낼 때에는 유유가 보냈다고

【目】毛脩之가 楊承祖를 공격하여 참수하고 譙縱을 토벌할 것을 청하자, 劉裕는 표문을 올려 劉敬宣이 군대 5,000명을 거느리고 가서 정벌하게 하였다. 유경선이 三峽으로 들어가 전투를 벌이며 앞으로 나아가 군대가 黃虎에 이르니, 成都와 500리 거리였다. 秦나라(後秦)가 군대를 보내어 초종을 구원하고 초종 또한 병력을 총동원하여 험한 곳을 막았다. 서로 대치한 지 60여 일 만에 晉나라 군대 안에 기근이 들고 역병이 퍼져 죽은 자가 태반이었다. 이에 유경선이 군대를 이끌고 돌아오니, 유경선은 이로 인해 관직을 파면당하였고 유유는 중군장군으로 호칭을 강등하였다.

毛脩之 擊斬楊承祖하고 請討譙縱이어늘 劉裕表劉敬宣帥衆五千伐之하다 敬宣入峽에 轉戰而前하여 軍至黃虎하니 去成都五百里①라 秦이 遣兵救之하고 縱이 亦悉衆拒嶮하여 相持六十餘日에 軍中飢疫하여 死者大半이라 乃引軍還하니 敬宣이 坐免官하고 裕降號中軍將軍하다

① 峽은 이른바 三峽이다. 黃虎는 涪城에 가깝다.
峽, 所謂三峽也. 黃虎近涪城.

【綱】겨울 11월에 南涼이 다시 王을 칭하였다.

冬十一月에 南涼이 復稱王하다

【綱】南燕의 女水가 말랐다.

◑南燕(汝)〔女〕[25]水竭[26]하다

썼는데, 유경선을 보내어 모수지를 감독할 때에는 유유라고 쓰지 않아서 마치 조정의 의논에서 나온 것처럼 한 것은 전에 보낸 것이 끝내 功이 없음을 나타내어서 보낸 자(유유)의 허물을 드러낸 것이니, 그 뜻이 은미하다.〔自誅桓玄餘黨 至是四年 綱目凡書晉事 無一不書劉裕者 譏專也 此亦劉裕表遣也 其不書劉裕何 咎裕也 裕始遣脩之將兵討縱 旣而承祖作亂 脩之退屯 於是二年矣 乃復遣敬宣督之 綱目於遣毛脩之 書裕遣 於遣劉敬宣督毛脩之 則不書裕 使若出於朝議者 所以見前所遣之卒無功 而著遣之者之咎也 其旨深矣〕"≪書法≫

25) (汝)〔女〕: 저본에는 '汝'로 되어 있으나, 아래 訓義 ①에 의거하여 '女'로 바로잡았다. 아래도 같다.

26) 南燕(汝)〔女〕水竭 : "〈女水가 고갈된 것은〉 燕나라(後燕)가 망할 조짐이었다. 이 때문에 江水(長江)가 마르자 西漢이 쇠하였고 (成帝 元延 원년(B.C.12)이다.), 女水가 마르자 南燕이 망하였으니,(이 해(408)이다.) ≪資治通鑑綱目≫에 모두 이것을 삼가 쓴 것이다. ≪자치통감강목≫이 끝날 때까지 강물이 말랐다고 쓴 것은 이 2번 뿐이다.〔燕亡之祥也 是故江水竭而西漢衰(成帝元延元年) 女水竭而南燕亡(是年) 綱目皆謹書之 終綱目書水竭 二而已矣〕"≪書法≫

【目】南燕의 女水가 마르고 河水가 모두 꽁꽁 얼어붙었으나 澠水(승수)는 얼지 않으니, 南燕主 慕容超가 이를 싫어하여 李宣에게 물었다. 이선이 대답하기를 "승수가 얼지 않은 것은 진실로 皇城 가까이에서 띠처럼 두르고 있어 해와 달과 가깝기 때문입니다.[27)]" 하니 모용초가 크게 기뻐하였다.

南燕(汝)〔女〕水竭하고 河凍皆合이로되 而澠水不冰①하니 南燕主超 惡(오)之하여 問於李宣한대 對曰 澠水無冰은 良由逼帶京城하여 近日月也라하니 超大悅하니라

① 汝는 마땅히 女가 되어야 한다. 澠은 神陵의 切이다. ≪水經注≫에 "澠水는 營城 동쪽에서 발원하여 서북쪽으로 흘러 時水로 들어가니, 營城은 바로 臨淄城이다. 時水는 통틀어 澠水라는 이름이 있고 또한 時澠水라고도 한다. 時水가 동북쪽으로 흘러 淄水로 유입되고, 치수는 동북쪽으로 흘러 濁水와 합류하고 탁수가 동북쪽으로 흘러 廣固城 서쪽을 지나가니, 탁수 또한 혹 통틀어 승수라고도 칭한다." 하였다.
汝, 當作女. 澠, 神陵切. 水經注"澠水出營城東, 西北流入時水, 營城, 卽臨淄城. 時水通有澠水之名, 亦謂之時澠水, 時水東北入淄水, 淄水又東北合濁水, 濁水東北流, 逕廣固城西, 濁水亦或通名之爲澠水."

己酉年(409)

【綱】晉나라(東晉) 孝安皇帝 義熙 5년이다.

五年이라

【目】秦主(後秦) 姚興 弘始 11년이고, 魏나라(北魏) 太宗 拓跋嗣 永興 원년이다. 燕王(北燕) 馮跋 太平 원년이다. 西秦王 乞伏乾歸 更始 원년이다.[28)] 옛날에 있던 큰 나라가 둘(後秦·北魏)이고, 南涼, 北涼, 南燕, 西涼, 燕(北燕), 夏 등 작은 나라가 여섯이고, 새로 생긴 작은 나라(西秦)가 하나이니, 합하여 僭國이 아홉이다.

秦弘始十一이요 魏太宗拓跋嗣永興元年이라 ◑燕王馮跋太平元年이라 ◑西秦更始元年이라 ◑舊大國二요 南涼, 北涼, 南燕, 西涼, 燕, 夏 小國六이요 新小國一이니 凡九僭國이라

---

27) 승수가……때문입니다 : 해와 달은 임금을 상징하는바, 澠水는 南燕의 도성인 廣固에 흐르고 있어 慕容超의 높은 덕망과 광채 때문에 얼지 않는 것이라고 괴변을 한 것이다.
28) 西秦王……원년이다 : 西秦은 400년에 後秦에 망하고 군주였던 乞伏乾歸가 南涼으로 망명했다가 후진으로 가서 후진의 장수가 되었다. 409년 후진이 쇠하자 걸복건귀가 다시 서진을 재건하였다.

【綱】 봄 정월에 秦나라(後秦)가 譙縱을 봉하여 蜀王(後蜀)으로 삼았다.

春正月에 秦이 封譙縱하여 爲蜀王하다

【綱】 2월에 南燕이 宿豫를 침입하여 노략질하였다.

◑ 二月에 南燕이 寇掠宿豫하다

【目】 南燕主 慕容超가 正旦에 신하들에게 조회를 받을 적에 太樂이 구비되지 못함을 한탄하고서 晉나라(東晉) 사람을 약탈하여 기녀를 보충할 것을 상의하였다. 韓諱이 말하기를 "先帝(慕容德)께서는 옛 서울(中山)이 傾覆되었다 하여 三齊 지역에서 은거하며 때를 기다리셨는데, 폐하께서는 군사를 기르고 백성을 휴식시켜 회복할 기회를 엿보지 않으시고, 다시 남쪽의 이웃 나라를 침략하여 원수와 적을 넓히시는 것이 옳겠습니까." 하니, 모용초가 말하기를 "내 계획이 이미 정해졌으니, 경과 함께 말하지 않겠다." 하고는, 마침내 公孫五樓의 형 公孫歸를 보내어 군대를 거느리고 宿豫를 침략하게 해서 함락한 다음, 크게 약탈하고 떠나오면서 晉나라의 남녀 2,500명을 선발하여 太樂署에 맡겨 음악을 가르치게 하였다.

이때 공손오루가 조정의 정사를 단독으로 총괄하고 그의 종족과 친척들이 모두 현달하고 중요한 자리에 있으니, 內外에서 그를 두려워하지 않는 이가 없었다. 尙書都令史王儼이 공손오루를 아첨하여 섬겨서 해마다 거듭 승진하여 벼슬이 左丞에 이르니, 나라 사람들이 그를 두고 말하기를 '侯를 얻고자 한다면 공손오루를 섬기라.' 하였다.

모용초가 또다시 공손귀 등을 보내어 淮南을 침략해서 남녀 1천여 명을 포로로 잡아가니, 조정에서는 劉道憐에게 명하여 淮陰에 군대를 주둔해서 대비하게 하였다.

南燕主超 正旦에 朝會群臣할새 嘆太樂不備하여 議掠晉人以補伎①하니 韓諱曰 先帝以舊京傾覆이라하여 戢翼三齊②어시늘 陛下 不養士息民하여 伺釁恢復하시고 而更侵掠南隣하여 以廣讐敵이 可乎잇가 超曰 我計已定하니 不與卿言이라하고 遂遣公孫五樓兄歸하여 將兵寇宿豫하여 拔之하고 大掠而去하여 簡男女二千五百하여 付太樂教之③하니라 時에 五樓專總朝政하고 宗親이 竝居顯要하니 內外無不憚之라 尙書都令史王儼이 諂事五樓하여 比歲屢遷하여 官至左丞④하니 國人이 爲之語曰 欲得侯인대 事五樓라하니라 超又遣歸等하여 寇(濟)〔淮〕29)南하여 俘男女千餘人而去⑤하니 詔劉道

憐하여 鎭淮陰以備之하니라

① 3년(407)에 慕容超가 太樂署의 기생을 秦나라에 바쳤으므로 구비하지 못함을 탄식한 것이다.
三年, 超獻太樂伎于秦, 故嘆其不備.

② 中山이 함락되자 慕容德이 鄴 지역을 버리고 滑臺를 지켰는데, 얼마 안 되어 다시 활대를 잃고는 마침내 동쪽으로 齊 지역을 취하여 점거하였다.
中山陷, 慕容德棄鄴, 保滑臺, 旣而復失滑臺, 乃東取齊地而據之.

③ 宿豫城은 淮水의 북쪽에 있다. 황제(安帝) 때에 宿豫郡과 宿豫縣을 설치하였다.
宿豫城, 在淮北. 帝置宿豫郡及宿豫縣.

④ 漢나라 尙書는 令史 18명을 두었는데, 뒤에 증가하여 21명이 되었고, 그 뒤에 인원수가 더 많아져서 都令史를 두어 이들을 총괄하게 하였다.
漢尙書有令史十八人, 後增爲二十一人, 其後員數愈增, 置都令史以總之.

⑤ 이 淮南郡 또한 淮水 북쪽에 僑置한 것이다.
此(濟)〔淮〕南郡, 亦是僑置於淮北.

【綱】 乞伏乾歸가 秦나라(後秦)에서 도망하여 돌아왔다.

乞伏乾歸 自秦逃歸하다

【目】 乞伏熾磐이 들어가 秦나라 太原公 姚懿를 上邽에서 뵙자 彭奚念이 빈틈을 타고 공격하니, 걸복치반이 이 소식을 듣고 노하여 고하지도 않고 돌아가서 팽해념을 공격하여 격파하고 마침내 枹罕을 점령하였다. 乞伏乾歸가 도망하여 苑川으로 돌아와서 걸복치반을 남겨두어 포한에 진주하게 하고 그 무리를 거두어 2만 명을 얻었다.

乞伏熾磐이 入見秦太原公懿於上邽어늘 彭奚念이 乘虛伐之①하니 熾磐이 聞之하고 怒하여 不告而歸하여 擊奚念破之하고 遂克枹罕②하니 乾歸逃還苑川하여 留熾磐鎭枹罕하고 收其衆하여 得二萬人하다

① 姚懿는 姚興의 아들이다. 彭奚念은 秦나라 河州刺史로 배반하여 禿髮傉檀에게 항복하였다.
懿, 興之子也. 奚念, 秦河州刺史, 叛降於禿髮傉檀.

② 彭奚念이 枹罕을 점거하고 있었다.
奚念, 據枹罕.

---

29) (濟)〔淮〕: 저본에는 '濟'로 되어 있으나, ≪朱子全書≫ 및 ≪御批資治通鑑綱目≫에 의거하여 '淮'로 바로잡아 번역하였다. 아래의 訓義도 같다.

【綱】 3월에 恒山이 무너졌다.

三月에 恒山이 崩[30)]하다

【綱】 여름 4월에 魏나라(北魏) 天安殿에 우레가 쳤다.

◑夏四月에 雷震魏天安殿[31)]하다

【目】 우레가 魏나라 天安殿 동쪽 행랑에 치니, 魏主(拓跋珪)가 이것을 싫어하여 衝車로 동쪽과 서쪽 행랑을 공격하도록 명하여 모두 훼손하였다. 처음에 魏主가 寒食散을 먹고서 약해가 생겨 조급하고 성을 냄이 일정함이 없었는데, 이때 이르러 점점 심하였다.

또 災異가 자주 나타나니, 점치는 자가 말하기를 "위급한 변고가 가까운 곳에서 생길 것이다."라고 하였다. 魏主가 이에 근심하여 잠자고 밥 먹는 것도 폐하고 평소 자신의 成敗와 得失을 회상하여 혼자 웅얼거리기를 그치지 않았다. 매번 백관들이 일을 아뢰러 앞으로 나아오면 그의 지난 잘못을 기억하여 번번이 죽였으며, 기타 혹 얼굴빛이 변하거나 혹 숨소리가 고르지 않거나 혹 걸음걸이가 절도를 잃거나 혹 말실수를 저지르면

30) 恒山崩 : "恒山은 어디인가. 北嶽이니, 무너짐이 四嶽에 이름은 작은 변고가 아니다. 그러므로 華山이 무너졌다고 쓰자 漢나라가 망하였고,(獻帝 初平 4년(193)이다.) 恒山이 무너졌다고 쓰자 晉나라(東晉)가 망하였으니,(이해(409)이다.) 모두 임금의 기업이 기반한 곳이다. ≪資治通鑑綱目≫이 끝날 때까지 四嶽이 무너졌다고 쓴 것은 이 2번 뿐이다.〔恒山 何 北嶽也 崩至四嶽 非小變矣 故書華山崩而漢亡(獻帝初平四年) 書恒山崩而晉亡(是年) 皆帝業所基也 終綱目四嶽書崩 二而已矣〕" ≪書法≫

31) 雷震魏天安殿 : "≪資治通鑑綱目≫에 겨울에 우레가 쳤다고 쓴 것이 7번이니, 이는 이변을 기록한 것이다. 지금은 4월인데 어찌하여 우레가 친 것을 썼는가. 天安殿에 우레가 친 것은 魏나라(北魏)에 불길함이 됨이 큰 것이다. 그러므로 큰 바람이 王莽의 王路堂을 허물고 우레가 魏나라의 天安殿에 침은 모두 큰 이변인 것이다. ≪자치통감강목≫은 매번 이것을 삼가 기록하였으니, ≪자치통감강목≫이 끝날 때까지 우레가 친 것을 쓴 것이 10번인데,(漢나라 惠帝 5년(B.C.190)에 자세히 보인다.) 4월에 우레가 친 것을 쓴 것은 2번인바, (漢나라 成帝 元延 원년(B.C.12)은) 구름이 없이 우레가 쳤으므로 썼고 (이해(409)는) 우레가 天安殿에 쳤기 때문에 썼으니, 이것을 빼면 우레가 친 것을 쓴 경우가 없다.〔綱目書冬雷七 記異也 此四月爾 何以書 震天安殿 則爲魏之不祥也大矣 故大風毁莽王路堂 雷震魏天安殿 皆大異也 綱目每謹書之 終綱目書雷十(詳漢惠帝五年) 而四月雷二 (漢成帝元延元年)以無雲故書 (是年)以震天安殿故書 舍是無書雷者矣〕" ≪書法≫

"災異에 응험이 있다는 설은 견강부회에서 나온 듯하다. 그러나 그 응험이 또 일찍이 어긋나지 않았다. 앞에서 '南燕의 女水가 말랐다.'고 썼는데 얼마 안 있다가 남연이 멸망하였고, 여기에서 魏나라(北魏) 天安殿에 우레가 쳤다고 썼는데 얼마 안 있다가 魏主가 그 죽음을 제대로 얻지 못하였다. ≪자치통감강목≫은 사실에 근거하여 써서 그 응험을 말하지 않아도 응험이 진실로 이 안에 있는 것이다.〔災異證應之說 若出於附會 然其應亦未嘗爽也 前書南燕女水竭 未幾而燕滅亡 此書魏雷震天安殿 未幾而魏主不得其終 綱目據事書之 不言其應 而應固在中矣〕" ≪發明≫

'모두 마음에 품은 악한 마음이 외면에 나타난 것이다.'라고 하여 왕왕 자기 손으로 직접 쳐서 죽이고 죽은 자를 모두 천안전 앞에 진열하니, 신하들이 대부분 감히 가까이 가려 하지 않았다. 오직 著作郎 崔浩가 공손하고 부지런하여 게을리하지 않았고, 그의 아버지인 吏部尙書 崔宏이 일찍이 아첨하지 않았으나 또한 魏主의 뜻을 거스르지 않았다. 그러므로 이들 부자만이 견책을 당하지 않았다.

雷震魏天安殿東序하니 **魏主惡**(오)**之**하여 **命以衝車**로 **攻東西序**하여 **皆毁之**①하다 **初**에 **魏主服寒食散**하여 **藥發**에 **躁怒無常**이러니 **至是寖劇**②하다 **又災異數見**(삭현)하니 **占者言有急變生肘腋**이라한대 **魏主憂懣**하여 **廢寢食**하고 **追記平生成敗得失**하여 **獨語不止**하다 **每百官奏事至前**에 **記其舊惡**하여 **輒殺之**하며 **其餘或顔色變動**이어나 **或鼻息不調**어나 **或步趨失節**이어나 **或言辭差謬**하면 **皆以爲懷惡在心**하여 **發形於外**라하여 **往往手擊殺之**하고 **死者**를 **皆陳天安殿前**하니 **群臣**이 **多不敢求親近**이요 **唯著作郎崔浩 恭勤不懈**하고 **其父吏部尙書宏**이 **未嘗諂諛**나 **亦不忤旨**라 **故父子獨不被譴**하니라

① 동쪽과 서쪽의 행랑을 序라 이른다.
東·西廂, 謂之序.

② 胡三省이 말하였다. "晉나라의 많은 사람들이 寒食散을 먹었으니, 지금의 ≪千金方≫ 안에도 몇 가지 처방이 있다." 蘇軾이 말하였다. "세상에 石鍾乳와 烏喙(附子)를 먹고 酒色에 탐닉하면서 長壽를 바라는 자가 있으니, 이는 아마도 何晏에게서 시작된 듯하다. 하안은 젊어서 부귀하였기 때문에 한식산을 먹어 그 욕망을 이루려 하였다. 무릇 이 한식산을 먹은 자들은 등창이 나고 피를 토하여 죽은 자가 서로 이어졌다." 寖은 浸과 같으니, 점점 함이고, 劇은 더함이다.
胡三省曰 "晉人多服寒食散, 今千金方中, 有數方." 蘇軾曰 "世有食鍾乳·烏喙(훼)而縱酒色以求長年者, 蓋始於何晏. 晏少而富貴. 故服寒食散, 以濟其欲, 凡服之者, 疽背·嘔血相踵也. 寖, 與浸同, 漸也. 劇, 增也.

【綱】 劉裕가 南燕을 공격해서 6월에 南燕의 군대와 臨朐에서 싸워 대파하고 마침내 도성인 廣固를 포위하였다.

劉裕伐南燕하여 **六月**에 **及燕師**로 **戰於臨朐**하여 **大破之**하고 **遂圍廣固**[32)]하다

32) 劉裕伐南燕……遂圍廣固 : "南燕이 지난해에 晉나라를 침략했다고 썼으니, 정벌한 것이 마땅하다. 劉裕가 이미 표문을 올려 청하였는데, 유유라고 쓰고 군대를 거느리고 갔다고 쓰지 않은 것은 어째서인가.(桓溫이 두 번 정벌할 적에는 모두 군대를 거느리고 갔다고 썼다.) 유유는 중론을 어기고 계책을 독단으로 행하였으므로 장수만 칭하고 師라고 칭하지 않아서 다만 유유라고 썼으니, 이는 한결같이 功을 자신에게 돌리려고 한 것이다.〔南燕往年書寇 宜伐也 裕旣表請矣 書劉裕 不書帥師 何(桓溫再伐 皆書帥師) 裕違衆議而專行謀也 故稱將 不稱師 止書劉裕 蓋將壹以功歸之〕" ≪書法≫

【目】劉裕가 표문을 올려 南燕을 공격할 것을 청하니, 조정의 의논이 모두 불가하다 하였으나 오직 孟昶과 謝裕, 臧熹만이 출병을 권하였다. 유유가 맹창을 監留府事로 삼았다.

처음에 苻氏(苻堅)가 패했을 적에 王猛의 손자인 王鎭惡이 晉나라로 도망쳐 왔는데, 말타기와 활쏘기는 보통 사람에 미치지 못하였으나 지략이 있고 과감하며 軍國의 大事를 논하기를 좋아하였다. 이때 혹자가 그를 유유에게 천거하니, 유유가 그와 함께 말해 보고는 크게 기뻐하여 머물러 묵게 하였다. 다음 날 아침에 유유가 참모와 보좌들에게 이르기를 "내 들으니, '장수의 가문에서 장수가 난다.' 하니, 그 말이 참으로 옳다." 하고는 즉시 그를 中軍參軍으로 삼았다.

劉裕 抗表伐南燕하니 朝議皆以爲不可호되 惟孟昶, 謝裕, 臧熹 勸行이라 裕以昶監留府事①하다 初에 苻氏之敗에 王猛孫鎭惡이 來奔하니 騎射不能及人이나 而有謀略하여 善果斷하고 喜論軍國大事러니 至是에 或薦於裕하니 與語하고 悅之하여 因留宿하고 明旦에 謂參佐曰 吾聞將門有將이라하니 信然이라하고 卽以爲中軍參軍하다

① 謝裕는 謝安의 형의 손자이다.
裕, 安之兄孫也.

【目】4월에 유유가 舟師(水軍)를 거느리고 淮水에서 泗水로 쳐들어갔다. 5월에 下邳에 이르러 輜重 부대를 남겨두고 도보로 전진하여 琅邪에 이르렀는데, 지나가는 곳마다 모두 城을 축조하고 병사를 남겨두어 지키게 하였다.

혹자가 유유에게 이르기를 "燕나라 사람이 만약 大峴山의 험한 요새를 막고 혹 〈적에게 먹을 것을 주지 않기 위해〉 堅壁淸野의 전술을 쓰면 대군이 깊이 쳐들어가서 공을 세우지 못할 뿐만 아니라 장차 스스로 돌아오지 못할 것이니 어찌 이렇게 하십니까." 하니, 유유가 다음과 같이 말하였다.

"晉나라에 바른 정사가 없어서 藩鎭들이 왕왕 제멋대로 정벌하였으니, 이는 예전에 진실로 이미 논하였다. 지금 유유가 南燕을 평정한 것은 진실로 큰 공이 된다. 그러나 표문을 올리고 즉시 출동한 것은 환온이 蜀나라를 정벌한 것과 다름이 없다. 그러므로 환온이 신하 노릇 하지 않음은 황제를 폐위하기를 기다리지 않아도 볼 수 있고, 유유가 晉나라를 대신함은 또한 찬탈하고 시해함을 기다리지 않아도 알 수 있는 것이다. ≪論語≫에 '천하에 도가 있으면 예악과 정벌이 천자로부터 나오고 천하에 도가 없으면 예악과 정벌이 제후로부터 나온다.' 하였으니, ≪資治通鑑綱目≫에서 유유가 남연을 정벌한 일을 쓴 것을 보면 더욱 믿을 수 있다.〔晉氏無政 藩鎭往往專征 前固已論之矣 今劉裕平定南燕 誠爲雋功 然抗表卽行 與桓溫伐蜀無異 故溫之不臣 不待廢立而後見 而裕之代晉 亦不待簒弑而後知 語曰 天下有道 則禮樂征伐自天子出 天下無道 則禮樂征伐自諸侯出 觀之綱目所書劉裕伐南燕之事而益信〕" ≪發明≫

"나도 충분히 생각하였다. 鮮卑族은 탐욕스러워 장구한 계책을 알지 못하니, 전진하면 노획하는 것을 이롭게 여기고 후퇴하면 벼 싹을 아까워한다. 그들은 우리가 지원 세력이 없는 군대를 이끌고 깊숙이 쳐들어와 지구전을 하지 못할 것이라 생각해서, 그들이 전진해봤자 臨朐를 점거하거나 후퇴하여 廣固를 지킬 것이어서, 반드시 험한 곳을 지키고 견벽청야의 전술을 쓰지 못할 것이니, 내 감히 그대들에게 이를 보장하겠다."

四月에 裕帥舟師하고 自淮入泗하여 五月에 至下邳하여 留輜重하고 步進至琅邪호되 所過에 皆築城留兵守之①하니라 或謂裕曰 燕人이 若塞大峴之險하고 或堅壁淸野하면 大軍이 深入하여 不唯無功이라 將不能自歸리니 奈何②오 裕曰 吾慮之熟矣로라 鮮卑貪婪(람)하여 不知遠計하니 進利虜獲이요 退惜禾苗라 謂我孤軍遠入하여 不能持久라하여 不過進據臨朐하고 退守廣固하여 必不能守險淸野하리니 敢爲諸君保之③하노라

① 〈'皆築城留兵守之'는〉 南燕이 기습 군대로 그 뒤를 차단할까 염려한 것이다.
慮南燕以奇兵斷其後也.
② 魏收의 ≪魏書≫ 〈地形志〉에 "齊郡의 盤陽縣에 大峴山이 있다." 하였다.
魏收志 "齊郡盤陽縣, 有大峴山."
③ 朐는 음이 劬이다. 魏收의 ≪魏書≫ 〈地形志〉에 "臨朐는 바로 漢나라의 朐縣이니, 東海郡에 속하였다. 晉나라에서는 臨朐라 하였으니, 東莞郡에 속하였다." 하였다. 宋白이 말하기를 "臨朐山을 인하여 임구라고 縣을 이름한 것이다." 하였다.
朐, 音劬. 魏收志曰 "臨朐, 卽漢之朐縣也, 屬東海郡. 晉曰臨朐, 屬東莞郡." 宋白曰 "因臨朐山而名."

【目】 南燕主 慕容超가 신하들을 불러 회의하니, 公孫五樓가 다음과 같이 아뢰었다.

"吳(東晉)의 병사들은 날래고 과감하여 속전속결하는 것이 유리하니, 우리가 마땅히 大峴山을 점거해서 적으로 하여금 들어오지 못하게 하고, 여러 날 동안 시일을 끌어 그들의 예리한 기세를 꺾어야 합니다. 그런 뒤에 서서히 정예기병을 선발하여 바다를 따라 남쪽으로 가서 그들의 군량 수송로를 끊고 段暉에게 명하여 兗州의 병력을 거느리고 산을 따라 동쪽으로 내려가서 앞뒤에서 공격하면 이것이 상책입니다. 각각 守宰들에게 명하여 험한 곳에 의지해서 스스로 견고히 지켜 필요한 물자와 저축을 따져 남겨두고 나머지는 모두 불태우고 벼 싹을 베어버려 적으로 하여금 얻을 것이 없게 하면 열흘 내지 한 달 사이에 우리가 앉아서 제재할 수 있으니, 이것이 중책입니다. 적이 대현산으로 들어오도록 내버려두고 城을 나가 맞아 싸움은 이는 하책입니다."

南燕主超 召群臣會議하니 公孫五樓曰 吳兵이 輕果하여 利在速戰하니 宜據大峴하여 使不得入하고 曠日延時하여 沮其銳氣니 然後에 徐簡精騎하여 循海而南하여 絶其糧道하고 勅段暉하여 帥兗州之衆하여 緣山東下하여 腹背擊之하면 此上策也①니이다 各命守宰하여 依險自固하여 校其資儲하고 餘悉焚芟(삼)하여 使敵無所得이면 旬月之間에 可以坐制니 此中策也니이다 縱賊入峴하고 出城逆戰은 此下策也니이다

① 南燕은 兗州의 치소를 梁父로 하였다. '緣山東下'는 梁父山을 따라 동쪽으로 내려감을 말한 것이다.
南燕, 兗州治梁父. 緣山東下, 謂緣梁父之山而東下也.

【目】 이에 모용초가 다음과 같이 말하였다.

"지금 歲星[33]이 齊나라에 있으니, 天道를 가지고 미루어 보더라도 우리가 싸우지 않아도 저절로 승리할 것이요, 客軍과 主軍은 형세가 다르니, 人事를 가지고 말하더라도 저들은 멀리 쳐들어 와서 피폐하여 형편상 오랫동안 버티지 못할 것이다. 그런데 어찌하여 벼 싹을 베어버리고 백성들을 옮겨서 먼저 스스로 위축되고 약하게 할 필요가 있겠는가. 저들이 대현산으로 들어오도록 내버려두었다가 정예기병으로 유린하는 것만 못하니, 이렇게 하면 어찌 승리하지 못함을 근심하겠는가."

桂林王 慕容鎭이 아뢰기를 "폐하께서 반드시 기병은 평지에서 싸우는 것이 이롭다고 여기신다면 마땅히 대현산을 나가 적을 맞이하여 싸워야 합니다. 이렇게 하면 싸워서 승리하지 못하더라도 오히려 후퇴하여 지킬 수가 있으니, 적이 대현산으로 들어오도록 내버려두어 스스로 험고한 지역을 버려서는 안 됩니다." 하였으나, 모용초가 따르지 않았다. 모용진이 나와서 한탄하기를 "이미 적을 맞이하여 싸우지도 못하고 또 堅壁淸野의 전술을 쓰지도 않으며, 적을 인도하여 심복(도성 지역)으로 들어오게 해서 적이 공격하고 포위하기를 앉아서 기다리니, 옛날 劉璋과 매우 똑같다." 하였다. 모용초는 이 말을 듣고 노하여 모용진을 체포하여 下獄하였다.

超曰 今歲星이 居齊하니 以天道推之라도 不戰自克이요 客主勢殊하니 以人事言之라도 彼遠來疲弊하여 勢不能久니 奈何芟苗徙民하여 先自蹙弱乎리오 不如縱使入峴하여 以精騎蹂之니 何憂

33) 歲星 : 지금의 木星으로 1년에 한 星次(방위)를 이동하는 것을 歲星이라 한다. 應星·經星·紀星으로도 불리우며, 이 별이 있는 곳에 福이 있다 하여 德星이라 불리기도 한다. 歲星이 있는 나라는 공격해서는 안 되고, 그 나라에서 다른 나라는 공격할 수가 있다고 한다. 이에 대해서는 ≪資治通鑑綱目≫ 제21권 상 庚午年(370) 訓義에 자세한 설명이 보인다.

不克①이리오 桂林王鎭曰 陛下必以騎兵利平地者신대 宜出峴逆戰이니 戰而不勝이라도 猶可退守니 不宜縱敵入峴하여 自棄險固也니이다 超不從하니 鎭이 出하여 嘆曰 旣不能逆戰하고 又不肯淸野하며 延敵入腹하여 坐待攻圍하니 酷似劉璋矣②로다 超聞之하고 怒하여 收鎭下獄하다

① 蹂(짓밟음)는 人九의 切이다.
蹂, 人九切.
② 劉璋의 일은 漢나라 獻帝 建安 18년(213)에 보인다.[34]
劉璋事, 見漢獻帝建安十八年.

【目】 유유가 대현산을 지나가는데도 南燕의 군대가 출동하지 않으니, 유유가 손을 들어 하늘을 가리키며 기쁜 기색이 얼굴에 드러났다. 측근들이 말하기를 "公께서 아직 적을 보지도 않았는데 먼저 기뻐하심은 어째서입니까?" 하니, 유유가 말하기를 "군대가 이미 험한 대현산을 지나와 〈退路가 없으니,〉 군사들은 반드시 필사의 각오로 싸울 것이요, 넉넉한 양식이 밭두둑에 쌓여 있어서 군사들에게 군량이 부족할 염려가 없으니, 오랑캐는 이미 나의 손바닥에 있다." 하였다.

裕過大峴에 燕兵不出하니 裕擧手指天하여 喜形于色이어늘 左右曰 公이 未見敵而先喜는 何也잇고 裕曰 兵已過險하니 士有必死之志하고 餘糧이 棲畝하여 人無匱乏之憂하니 虜已入吾掌中矣①로라

① '兵已過險(군대가 이미 험한 곳을 지나왔다.)'은 이미 大峴山의 험한 곳을 지나왔음을 말한 것이고, '餘糧棲畝(넉넉한 양식이 밭두둑에 쌓여 있다.)'는 燕나라 사람들이 벼 싹을 제거하지 않았음을 말한 것이다.
兵已過險, 謂已得過大峴之險, 餘糧棲畝, 謂燕人不芟除禾苗.

【目】 6월에 유유가 東莞에 이르니, 모용초가 먼저 公孫五樓와 段暉 등을 보내어 보병과 기병 5만 명을 거느리고서 臨朐에 주둔시켰는데, 晉나라(東晉) 군대가 대현산으로 쳐들어왔다는 말을 듣고는 모용초가 직접 보병과 기병 4만 명을 거느리고 싸우러왔다.

---

34) 劉璋의……보인다 : 劉備가 劉璋을 공격해오자, 益州從事인 廣漢 사람 鄭度는 유장에게 巴西와 梓潼의 백성들을 모두 몰아내고, 창고와 들의 곡식을 모두 불태워 없애며, 보루를 높이 쌓고 해자를 깊이 파고서 유비의 싸움에 응하지 않는다면 100일이 못 되어 유비가 저절로 물러갈 것이라고 건의하였으나, 유장은 "나는 敵을 막아 백성을 편안하게 한다는 말은 들었고, 백성을 옮겨 적을 피한다는 말은 듣지 못하였다.〔吾聞拒敵以安民 未聞動民以避敵也〕"라고 하고는 장수 吳懿 등을 보내어 유비를 막게 하였다. 그러나 결국 연패를 당하고 雒城이 포위되었다. 이 내용이 ≪資治通鑑綱目≫ 제14권 하에 보인다.

유유가 兵車 4000乘으로 左翼과 右翼을 만들어서 병거를 나란히 몰아 서서히 전진해서 남연의 군대와 臨朐의 남쪽에서 싸워 해가 지도록 승부를 결단하지 못하였다. 이때 參軍 胡藩이 유유에게 말하기를 "남연이 군대를 모두 동원하여 출전하였으니, 臨朐의 성안에는 잔류하며 지키는 병사가 반드시 적을 것입니다. 유격대로 샛길을 따라 임구성을 점령하기를 원하오니, 이는 韓信이 옛날 趙나라를 격파한 방법[35)]입니다." 하였다.

유유가 호번 등을 보내어 은밀히 군대를 燕軍의 뒤로 내보내어 임구성을 공격하고 헛소문을 내기를 '경무장한 군대가 바닷길로 온다.' 하고서 마침내 임구성을 점거하니, 모용초가 크게 놀라서 單騎로 城南에 있는 단휘에게 갔다.

유유가 인하여 군대를 풀어 맹공을 가해서 燕軍을 대파하고 단휘 등 대장 10여 명을 참수하며 승세를 타고 달아나는 적을 추격하여 廣固에 이르러 큰 성을 점령하였다. 모용초가 작은 성으로 들어가 지키므로 유유가 긴 포위망을 구축하여 지키고, 항복하여 따르는 자들을 받아들이고 어루만지며, 어진 이와 준걸한 자를 선발하여 등용하고, 齊지역의 식량과 물자들을 이용하여 江水와 淮水의 조운을 정지하였다.

六月에 裕至東莞하니 超先遣五樓及段暉等하여 將步騎五萬하여 屯臨朐러니 聞晉兵入峴하고 自將步騎四萬하고 往就之어늘 裕以車四千乘으로 爲左右翼하여 方軌徐進하여 與燕兵으로 戰於臨朐南하여 日向昃에 勝負未決①이라 參軍胡藩이 言於裕曰 燕이 悉兵出戰하니 臨朐城中에 留守必寡라 願以奇兵으로 從間道하여 取其城하오니 此韓信所以破趙也니이다 裕遣藩等하여 潛師出燕兵後하여 攻臨朐하고 聲言輕兵이 自海道至라하여 遂克之하니 超大驚하여 單騎就暉於城南이라 裕因縱兵奮擊하여 大敗之하고 斬暉等大將十餘人하고 乘勝逐北(배)하여 至廣固하여 克其大城하다 超入保小城이어늘 裕築長圍守之하고 撫納降附하며 采拔賢俊하고 因齊地糧儲하여 停江淮漕運하다

①'左右翼'은 옆으로 그 수레를 벌려놓아 새가 날개를 펼친 것과 같음을 말한다.
左右翼, 謂旁引其車, 若鳥翼之爲也.

【目】모용초가 張綱을 보내어 秦나라(後秦)에 구원병을 청하고, 桂林王 慕容鎭을 사면하여 都督으로 삼고 한편으로 계책을 물으니, 모용진이 다음과 같이 말하였다.

"백성의 마음은 군주 한 사람에게 달려 있는데, 지금 폐하께서 친히 六師를 독려하여 싸우다가 패하고 돌아오시니, 군사와 백성들이 士氣가 꺾였습니다. 또 듣자니 '秦나라

35) 韓信이……방법 : 韓信은 漢나라의 장수로, 趙나라를 공격하면서 조나라의 군대를 유인하여 성을 비우고 나와 싸우게 한 뒤에, 정예 騎兵을 골라 조나라의 성으로 달려 들어가 조나라의 깃발을 뽑고 한나라의 붉은 깃발을 세워 조나라를 멸망시켰다.(≪史記≫ 권92 〈淮陰侯列傳〉)

에 내란이 있다.' 하니, 남(우리)을 구원할 겨를이 없을 듯합니다. 이제 흩어진 병졸이 아직도 수만 명이 있으니, 마땅히 금과 비단을 모두 내어 이들을 꾀어서 다시 一戰을 겨루어야 합니다. 만약 天命이 우리를 돕는다면 반드시 적을 격파할 것이요, 만일 그렇지 않으면 죽어도 또한 아름다운 일이 될 것입니다."

樂浪王 慕容惠가 말하기를 "晉나라 군대의 기세가 백 배나 올랐으니, 우리의 패전한 병졸로 그들을 당해내는 것이 어렵지 않겠습니까. 秦나라와 우리는 입술과 이빨처럼 떨어질래야 떨어질 수 없는 관계이니, 어찌 와서 우리를 구원하지 않겠습니까." 하였다.

모용초가 모용혜의 계책을 따라 다시 韓範을 秦나라에 보냈는데, 유유가 성을 더욱 급하게 포위하였다. 모용초가 땅을 떼어 바치고 藩臣을 칭할 것을 청하였으나 유유가 허락하지 않았다.

超遣張綱하여 乞師於秦하고 赦桂林王鎭하여 以爲都督하고 且問計焉하니 鎭曰 百姓之心이 係於一人이어늘 今陛下親董六師하여 奔敗而還하시니 士民이 喪氣니이다 聞秦自有內患하니 恐不暇救人[①]이라 今散卒이 尙有數萬하니 宜悉出金帛以餌之하여 更決一戰이니 若天命助我인댄 必能破敵이요 如其不然이면 死亦爲美리이다 樂浪王惠曰 晉軍이 氣勢百倍하니 我以敗卒當之 不亦難乎아 秦與我는 如脣齒也니 安得不來相救리오 超從惠計하여 復遣韓範如秦이러니 裕圍城益急이라 超請割地稱藩호되 不許하다

①〈'秦自有內患'은〉 秦나라에 안으로 赫連勃勃의 우환이 있음을 말한 것이다.
謂秦內有赫連之患也.

【目】秦王(後秦) 姚興이 사신을 보내어 유유에게 이르기를 "지금 내가 鐵騎 10만 명을 보내어 洛陽에 주둔시킬 것이니, 晉나라 군대가 돌아가지 않으면 내 마땅히 먼 길을 치달려 전진하겠다." 하였다. 유유가 秦나라 사신에게 이르기를 "너희 군주 요흥에게 가서 말하라. 내가 南燕을 점령한 뒤에 3년 동안 군대를 휴식시키고서 마땅히 秦나라의 關中과 洛陽 지역을 점령할 것이니, 지금 만일 직접 와서 사로잡히려 한다면 빨리 오라." 하였다.

劉穆之가 유유의 말을 듣고 유유를 허물하기를 "이 말씀은 적을 위협하지 못하고 다만 적을 격노하게 할 뿐이니, 우리가 만약 廣固를 함락하기 전에 羌族 오랑캐들이 갑자기 몰려오면 어떻게 상대하려고 그러십니까." 하였다. 유유가 웃으며 다음과 같이 말하였다.

"이는 바로 兵家의 술책이니, 卿이 알 바가 아니다. 군대는 신속함을 귀하게 여기니, 저들이 만약 참으로 달려와 구원하려 했다면 반드시 우리가 알까 두려워했을 것이다. 어찌 먼저 사신을 보내어서 미리 이런 말을 하겠는가. 이는 스스로 과장하는 말일 뿐이다. 우리 晉나라 군대가 〈국경을 넘어 다른 나라로〉 출동하지 않은 지가 오래되었다. 그런데 강족들이 우리가 齊 지역을 공격하는 것을 보고는 아마도 장차 마음속으로 두려움을 느껴 스스로를 보호하기에도 겨를이 없을 것이니, 어찌 남을 구원할 수 있겠는가."

秦王興이 遣使하여 謂裕曰 今遣鐵騎十萬하여 屯洛陽하리니 晉軍이 不還이면 當長驅而進矣①리라 裕謂其使者曰 語汝姚興하라 我克燕之後에 息兵三年하여 當取關洛하리니 今能自送인대 便可速來하라 劉穆之聞裕言하고 尤之曰② 此語는 不足威敵이요 適足以怒之니 若廣固未拔에 羌寇奄至하면 不審何以待之오 裕笑曰 此正是兵機니 非卿所解니라 夫兵貴神速하니 彼若審能赴救면 必畏我知니 寧容先遣信命하여 逆設此言이리오 是自張大之辭耳③니라 晉師不出이 爲日久矣라 羌見伐齊하고 殆將內懼하여 自保不暇리니 何能救人邪아

①'長驅而進'은 直進이란 말과 같으니, 막는 자가 없음을 말한 것이다.
長驅而進, 猶言直進, 謂無禦之者.

② 尤는 괴이함이고, 허물함이다.
尤, 怪也, 過也.

③ 張(과장하다)은 去聲이다.
張, 去聲.

【綱】 가을 7월에 西秦이 다시 王을 칭하였다. 9월에 秦王(後秦) 姚興이 夏나라를 공격하였는데, 夏王 赫連勃勃이 기습하여 패퇴시켰다.

秋七月에 西秦이 復稱王하다 九月에 秦王興이 伐夏러니 夏王勃勃이 襲而敗之하다

【目】 秦王 姚興이 직접 군대를 거느리고 夏나라를 공격할 적에 貳城에 이르러 將軍 姚詳 등을 보내어 租運을 나누어 감독하게 하였는데, 夏王 赫連勃勃이 빈틈을 타고 곧바로 쳐들어오니, 秦나라 군대가 크게 패하였다.

처음에 요흥이 장군 姚强을 보내어 보병과 기병을 거느리고 韓範을 따라 南燕을 가서 구원하게 하였는데, 이때 요강을 따라갔던 군사들이 秦나라로 돌아가니, 한범이 한탄하기를 "하늘이 우리 燕나라를 멸망시키는구나." 하고는 마침내 劉裕에게 항복하였고, 張

綱 또한 晉나라 군대에 사로잡히고 말았다.

유유가 한범을 데리고 성을 순행하고 장강을 樓車에 태워 성을 돌며 큰소리로 말하게 하기를 "秦나라가 劉勃勃(赫連勃勃)에게 패하여 구원할 군대가 없다." 하니, 성안의 모든 사람들이 크게 놀랐다.

장강이 다시 유유를 위해서 성을 공격하는 도구를 만들었는데 하나같이 모두 정교하니, 南燕主 慕容超가 노하여 그 어미를 성 위에 매달아놓고 사지를 찢어 죽였다.

秦王興이 自將擊夏할새 至貳城하여 遣將軍姚詳等하여 分督租運[①]이러니 夏王勃勃이 乘虛奄至하니 秦兵이 大敗하다 初에 興이 遣將軍姚强하여 帥步騎하고 隨韓範하여 往救南燕이러니 至是에 追强兵還하니 範이 嘆曰 天滅燕矣로다하고 遂降於裕하고 張綱이 亦爲晉軍所獲하다 裕將範循城[②]하고 升綱樓車하여 使周城하고 呼曰[③] 秦이 爲劉勃勃所敗하여 無兵相救라하니 城中이 莫不失色이러라 綱이 復爲裕造攻具호되 盡諸奇巧하니 南燕主超怒하여 懸其母於城上하고 支解之하다

① 貳城은 貳縣의 城이니, 杏城의 서북쪽 平涼의 동남쪽에 있다. 姚詳은 姚碩德의 형의 손자이다.
貳城, 貳縣城也, 在杏城西北平涼東南. 詳, 碩德之兄孫也.

② 將은 이끎(데리고 가다)이다.
將, 引也.

③ 樓車는 수레 위의 望櫓(望樓)이다.
樓車, 車上望櫓也.

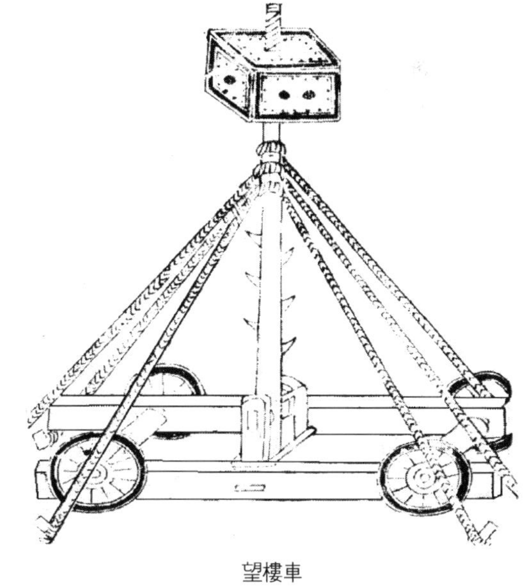

望樓車

【綱】 겨울 10월에 西秦이 焦遺를 太子太師로 삼았다.

冬十月에 西秦이 以焦遺로 爲太子太師하다

【目】 西秦王 乞伏乾歸가 焦遺를 太子太師로 삼아서 함께 軍國의 큰 계책에 참여하게 하고, 태자 乞伏熾磐에게 이르기를 "焦生은 다만 유명한 儒者일 뿐만 아니라, 바로 王者를 보좌할 수 있는 재주이다. 너는 그를 섬기기를 나를 섬기는 것처럼 해야 한다." 하니, 걸복치반이 平床 아래에서 초유에게 절하였다.

초유의 아들 焦華가 지극히 효성스러웠다. 걸복건귀가 그에게 딸을 시집보내려 하니, 초유가 사양하기를 "아내를 맞이하는 것은 아내와 함께 양친을 섬기고자 해서입니다. 그런데 지금 王의 따님을 초야의 선비에게 下嫁시키면 신은 그녀가 아녀자의 일을 잘 해내지 못할까 두렵습니다." 하였다. 걸복건귀가 말하기를 "경이 행하는 것은 옛사람의 일이니, 나의 딸을 며느리로 맞이하라고 경에게 강요할 수 없다."라고 하고는 마침내 초화를 尙書郞으로 삼았다.

西秦王乾歸 以焦遺로 爲太子太師하여 與參軍國大謀하고 謂熾磐曰 焦生은 非特名儒요 乃王佐才也라 汝事之를 當如事吾라하니 熾磐이 拜遺於牀下하니라 遺子華至孝라 乾歸欲以女妻之하니 辭曰 娶妻者는 欲與之共事二親也라 今以王姬로 下嫁蓬茅之士면 臣懼其闕於中饋也①하노이다 乾歸曰 卿之所行은 古人之事니 孤女不足以强卿이라하고 乃以爲尙書郞②하다

① 周나라는 國姓이 姬姓이기 때문에 왕의 딸을 王姬라고 하였는데, 후세에서는 인하여 왕희라고 칭해서 모든 王者의 딸을 왕희라고 말하였다. ≪周易≫ 家人卦에 "부인은 이루는 바가 없고 閨中에 있으면서 음식을 장만한다." 하였으니, 부인은 閨中에 거하여 음식 만드는 것을 주관하는 자이므로 中饋라고 말한 것이다.
周, 姬姓也. 故王女謂之王姬, 後世因而稱之, 凡王者之女, 皆謂之王姬. 易"無攸遂, 在中饋." 婦人居中而主饋者也. 故云中饋.

② 强(강요)은 其兩의 切이다.
强, 其兩切.

【綱】燕나라(北燕)가 군주 高雲을 시해하니, 馮跋이 스스로 즉위하여 天王이라 하였다.

燕이 弑其君雲하니 馮跋이 自立爲天王[36]하다

【目】北燕王 高雲은 자신이 공도 없고 덕도 없으면서 높은 지위에 있다 하여 위태롭고 두려운 마음을 품어 항상 장사들을 길러 심복과 爪牙[37]로 삼고 총애하는 신하인 離班과 桃仁에게 禁衛兵을 전담하게 하였다. 고운이 이들에게 상을 하사하는 것이 巨萬이요

36) 燕……自立爲天王 : "군주를 시해한 자는 離班과 桃仁인데 주동자의 이름을 쓰지 않은 것은 어째서인가. 군주가 무도하였기 때문이다. 그러므로 馮跋이 이들을 토벌하고 참수한 것을 쓰지 않은 것이다.〔弑君者 離班桃仁也 不書主名 何 君無道也 故馮跋討斬之不書〕" ≪書法≫

37) 爪牙 : 맹수의 발톱과 어금니라는 뜻으로, 훌륭한 장수나 무사 등을 뜻한다. ≪詩經≫ 〈小雅 祈父〉에 "祈父여, 나는 왕의 爪牙이다.〔祈父 予王之爪牙〕"라고 하였다.

의복과 음식과 起居를 모두 자신과 똑같이 하였으나, 이반과 도인은 바라는 것이 끝이 없어서 오히려 원망과 유감을 품었는데, 이때 이르러 고운을 살해하였다.

馮跋이 洪光門에 올라가 사태의 변화를 관망하였는데, 막하의 부하들이 이반과 도인을 모두 살해하니, 풍발이 마침내 천왕의 지위에 올라 자기 아우 范陽公 馮素弗을 錄尙書事로 삼았다. 풍소불은 젊은 시절에 호방하고 의협심이 있으며 얽매임이 없었다. 일찍이 尙書左丞 韓業에게 혼인을 청하니 한업이 거절하였는데, 풍소불은 宰輔가 되자 한업을 더욱 후대하고, 옛 가문의 자제를 발탁하기를 좋아하며 겸손하고 공손하고 겸약하여 부하들에게 몸소 솔선을 보이니, 백관들이 그를 두려워하고 의논하는 자들이 재상의 도량이 있다고 찬미하였다.

北燕王雲이 自以無功德而居位라하여 內懷危懼하여 常畜養壯士하여 以爲腹心爪牙하고 寵臣離班, 桃仁이 專典禁衛①하여 賞賜巨萬이요 衣食起居를 皆與之同이로되 而班, 仁이 志願無厭하여 猶有怨憾이러니 至是殺雲하다 馮跋이 升門觀變이러니 帳下共斬班, 仁하니 跋이 遂卽天王位하여 以其弟范陽公素弗로 錄尙書事하다 素弗이 少豪俠放蕩하여 嘗請婚於尙書左丞韓業하니 業이 拒之러니 及爲宰輔에 待業尤厚하고 好申拔舊門하며 謙恭儉約하여 以身率下하니 百僚憚之하고 論者美其有宰相之度하니라

① 離와 桃는 모두 姓이고, 班과 仁은 그들의 이름이다.
離・桃, 皆姓也, 班・仁, 其名.

【綱】 魏나라(北魏) 清河王 拓跋紹가 군주 拓跋珪를 시해하니, 齊王 拓跋嗣가 탁발소를 토벌하여 죽이고 스스로 즉위하였다.

魏清河王紹 弑其君珪하니 齊王嗣 討紹殺之하고 而自立[38]하다

---

38) 魏清河王紹……而自立 : "魏나라 道武帝(拓拔珪)가 平城으로 천도한 다음 가장 먼저 사신을 보내어 郡國을 순행했다고 썼으니 백성을 구휼하는 마음이 있다고 이를 만하고, 이미 황제를 칭한 뒤에는 즉시 五經博士를 설치했다고 썼으니 나라를 다스리는 근본을 알았다고 이를 만하고, 또 冠服을 제정하고 관직의 품계를 정했다고 썼으니 또한 거의 날마다 여가가 없어서 규모가 크고 원대한 자이다. 후인들을 밝게 깨우쳤으니, 太祖라 廟號한 것이 당연하나, 方術士에게 미혹되어 그 몸을 그르쳤으니, 이는 학문을 알지 못한 잘못이다.

○ 무릇 自立이라고 쓴 것은 찬탈했다는 말이다. 齊王 拓跋嗣가 마땅히 즉위해야 할 자인데, 自立이라고 쓴 것은 어째서인가. 그가 오직 嫡子이기 때문에 自立이라고 써도 혐의가 없는 것이다. 이 때문에 齊王 拓跋嗣는 적자여서 討라고 쓰고 自立이라고 썼고(이해(409)이다.) 西秦의 乞伏熾磐은 세자였으므로 討라고 쓰고 自立이라고 썼으니,(義熙 7년(411)이다.) 이들만이 오직 혐의가 없기 때문이다. 적자가 아니면 혐의스러워서 自立이라고 쓰지 못한다. 그러므로 武陵王 劉駿이 태자 劉

【目】魏主 拓跋珪가 장차 齊王 拓跋嗣를 세워 太子로 삼으려 하였는데, 魏나라(北魏)의 고사에 무릇 뒤를 이을 아들을 세울 적에는 모두 먼저 그의 어미를 죽였다. 그리하여 마침내 탁발사의 어미 劉貴人에게 사약을 내리고 탁발사를 불러 이 사실을 말하였는데, 탁발사는 성품이 효성스러워 슬피 울고 스스로 견디지 못하니 탁발규가 노여워하였다.

탁발사가 집으로 돌아가서 밤낮으로 울부짖자 탁발규가 다시 부르니, 탁발사의 좌우

劭를 토벌했을 적에 반드시 宋나라 사람이 유준을 세웠다고 썼고(文帝 元嘉 30년(453)이다.) 均王 友貞이 역적을 토벌했다고 썼을 적에는 다만 "友貞이 大梁에서 즉위하였다."라고만 썼으니,(五代 癸酉年(913) 後梁이다.) 여기에서 自라고 쓰면 찬탈인가 의심스럽다. 友貞에게는 형 友文이 있기 때문이다.〔魏道武自遷平城 首書遣使循行郡國 可謂有卹民之心 旣稱皇帝 卽書置五經博士 可謂知經國之本 又書制冠服 定官品 亦庶乎日不暇給 規模宏遠者矣 光啓後人 廟號太祖 宜哉 而惑於方士以誤其身 則不知學之過也 ○ 凡書自立 簒辭也 齊王嗣 宜立者也 則其書自立 何 惟嫡 故無嫌也 是故齊王嗣嫡子也 書討 書自立(是年) 西秦熾磐 世子也 書討 書自立(義熙七年) 唯無嫌故也 非嫡也 則嫌 不書自立矣 故武陵王駿書討劭矣 必書宋人立駿(文帝元嘉三十年) 均王友貞書討賊矣 止書友貞立於大梁(五代癸酉年梁) 此而書自 則疑於簒矣 友貞有兄友文〕"《書法》

"오호라, 아버지의 친함이 있고 군주의 높음이 있는데, 자식이 마침내 과감히 弑逆을 했다면 이는 天理의 큰 변고이고 人情에 매우 놀라운 일이다. 拓跋氏가 비록 오랑캐여서 匈奴의 頭曼과 冒頓(묵특)과 같았으나 중국으로 나왔으면 이미 순수한 오랑캐가 아닌 것이다. 옛날 先儒가 "《春秋》의 商臣의 일에 대하여 傳에 기재된 것을 상고해보면 그 소유래의 점점함을 볼 수 있다." 하였으니, 이는 傳을 案으로 삼고 經을 斷案(단정하는 글)으로 삼은 것이다. 지금 《資治通鑑綱目》을 《춘추》에 견주어보면 綱은 經과 같고 分注(目)는 傳과 같다. 分注를 상고해보면 拓跋珪가 처음 賀氏의 미모로 인하여 그녀의 남편을 죽이고 그녀를 아내로 맞아들여서 이윽고 拓跋紹를 낳았으니 그렇다면 大本이 이미 바르지 못한 것이니, 탁발소가 橫逆을 부림은 남은 악이 모인 것이 아니겠는가. 남을 죽이고서 그 아내를 자신의 아내로 맞아들였으니, 그 아내가 된 자가 진실로 사람의 마음을 가지고 있다면 마땅히 여기에서 마음을 고쳤어야 한다. 더구나 탁발규는 또 그 자식 때문에 장차 그녀를 살해하고자 하였으니, 이는 탁발규가 속히 난을 부른 것이다. 그러므로 天道를 가지고 말하면 선악의 보답이 그림자와 메아리처럼 빨라서 속일 수가 없고, 人事를 가지고 말하면 잘못 조처함에 禍變이 오는 것을 소홀히 할 수가 없는 것이다. 《자치통감강목》에 이것을 쓴 것은 또한 후인들로 하여금 미루어 상고해서 선악이 쌓이는 것에 삼가도록 함일 것이다. 그리고 또한 후인들로 하여금 경계해서 조처하는 즈음에 살피게 함일 것이다. 아, 슬프다.〔嗚呼 有父之親 有君之尊 而乃敢於弑逆 此天理之大變 人情所深駭者也 拓跋雖夷狄 若頭曼冒頓 然而進於中國 已不純乎狄矣 昔先儒於春秋商臣之事 謂考于傳之所載 可以見其所由致之漸 蓋以傳爲案 經爲斷爾 今綱目之比春秋 則猶經也 而分注則猶傳也 考之分注 珪始因賀氏之美 殺其夫而納之 旣而生紹 則大本已不正矣 紹之肆逆 得非餘惡之所鍾乎 夫殺人而納其妻 爲之妻者 苟有人心焉 宜於此焉變矣 況又以其子之故 將欲殺之 則是速之使亂也 故夫以天道言 則善惡之報 捷如影響 不可誣也 以人事言 則處置之繆 禍變之來 不可忽也 綱目書此 其亦使後人推考 而謹於善惡之積也夫 其亦使後人警戒 而審於處置之際也夫 吁〕"《發明》

춘추시대 楚나라 成王이 아들 商臣을 태자로 세우려 하자, 令尹인 공자 上이 상신은 '벌 눈에 늑대 소리〔蜂目而豺聲〕'를 내는 데다가 성격이 잔인하니, 그를 후사로 세워서는 안 된다고 하였으나 성왕은 그의 말을 듣지 않고 태자로 세웠다가, 뒤에 다시 상신을 죽이고 職을 태자로 세우려 하였다. 이에 상신이 왕궁의 호위병을 이끌고 궁중으로 쳐들어가서 성왕에게 자살하도록 강요하였는데, 성왕이 곰 발바닥 고기를 먹고 죽게 해달라고 간청하였으나 들어주지 않자 성왕이 목을 매어 죽었다.(《春秋左氏傳》 文公 원년)

들이 말하기를 "上이 몹시 노여워하여 들어가시면 장차 무슨 화가 생길지 모르니, 우선 피하시는 것만 못합니다." 하였다. 탁발사가 마침내 궁궐 밖으로 도망하여 숨으니, 오직 막하에 있는 車路頭와 王洛兒만이 그를 수행하였다.

魏主珪 將立齊王嗣爲太子러니 魏故事에 凡立嗣子에 輒先殺其母라 乃賜嗣母劉貴人死하고 召嗣諭之하니 嗣性孝라 哀泣不自勝하니 珪怒러라 嗣還舍하여 日夜號泣이어늘 珪復召之하니 左右曰 上怒甚하여 入將不測이니 不如且避之니라 嗣乃逃匿於外하니 惟帳下車路頭, 王洛兒隨之러라

【目】 처음에 탁발규는 賀太后의 여동생이 아름다운 것을 보고 그녀를 아내로 맞을 것을 청하니, 하태후가 말하기를 "안 된다. 이 아이는 너무 아름다우니 반드시 좋지 못한 일이 있을 것이요, 또 이미 지아비가 있으니 빼앗아서는 안 된다." 하였다.

탁발규가 은밀히 사람을 시켜서 그녀의 남편을 죽이고 그녀를 아내로 맞아들여 淸河王 拓跋紹를 낳았다. 탁발소는 흉악하고 불량하여 巷間을 함부로 쏘다니며 행인들을 약탈하고 옷을 벗기는 것을 낙으로 삼기를 좋아하였다. 탁발규가 〈노하여〉 일찍이 그를 우물 안에 거꾸로 매달아놓고 거의 죽게 되어서야 비로소 꺼내주었다.

이때 탁발규가 탁발소의 어미인 賀夫人을 견책하여 장차 죽이려 하였으나 아직 실행하지 않고 있었는데, 하부인이 은밀히 사람을 시켜서 탁발소에게 알리기를 "네가 어떻게 나를 구원하겠는가." 하니, 탁발소의 나이가 이때 16세였다. 밤에 환관과 궁녀들과 함께 모의하고는 담장을 넘어 궁중으로 들어가서 탁발규를 시해하고 삼베와 비단을 두루 내어 王公 이하에게 하사하였는데, 崔宏만이 홀로 받지 않았다.

初에 珪見賀太后之妹美하고 請納之하니 太后曰 不可하다 是過美하니 必有不善이요 且已有夫하니 不可奪也니라 珪密令人殺其夫而納之하여 生淸河王紹하다 紹兇狠無賴하고 好輕遊里巷하여 劫剝行人以爲樂①이어늘 珪嘗倒懸井中하여 垂死乃出之②하다 至是하여 譴責賀夫人하여 將殺之호되 未決이라 夫人이 密使告紹曰 何以救我오 紹年十六이라 夜與宦者宮人으로 通謀하고 踰垣入宮하여 弑珪하고 大出布帛하여 賜王公已下하니 崔宏이 獨不受하니라

① 劫은 强奪하여 취함이요, 剝은 行人의 衣服을 벗김을 이른다.
劫, 彊奪取之也, 剝, 謂褫剝行人衣服也.

② 垂는 거의이다.
垂, 幾也.

【目】 탁발사는 변고가 생겼다는 말을 듣고 王洛兒를 보내어 밤중에 平城으로 들어가서 장군 安同 등에게 이 사실을 통고하니, 여러 사람들이 하나로 뭉쳐 호응하여 다투어 나와 탁발사를 받들어 맞이하였다.

호위병이 탁발소를 붙잡아 탁발사에게 보내니, 탁발사는 賀氏와 內應한 자들을 모두 아울러서 살점을 저며 먹고, 마침내 즉위하여 탁발규를 宣武라 시호하고 묘호를 烈祖라 하였으며, 公卿 중에 먼저 파직당하여 집으로 돌아간 자들을 모두 불러서 등용하고 長孫嵩과 安同, 奚斤, 崔宏 등 8명에게 명하여 止車門 오른쪽에 앉아서 함께 당시의 정사를 다스리게 하니, 세상 사람들이 이들을 八公이라 칭하였다.

또 尙書 燕鳳이 옛날에 일찍이 拓跋什翼犍을 섬겼다 하여 그로 하여금 都坐大官 封懿 등과 함께 궁에 들어와서는 탁발사를 모시고 서적을 강론하고 궁을 나가서는 정사를 의논하게 하고, 왕낙아와 차노두를 散騎常侍로 삼았다.

일찍이 옛 신하 중에 先帝에게 친애를 받고 신임받은 자가 누구인가를 물으니, 왕락아가 李先이라고 대답하였다. 인하여 이선을 불러 "경이 무슨 재주와 무슨 공으로 선제의 知遇를 받았는가?"하고 물으니, 이선이 대답하기를 "신은 재주도 없고 공도 없으나 다만 충직함으로써 선제에게 지우를 받았습니다." 하였다. 이에 그로 하여금 항상 宮 안에 머물면서 顧問에 대비하게 하였다.

嗣聞變하고 遣洛兒하여 夜入平城하여 告將軍安同等하니 衆이 翕然響應하여 爭出奉迎이라 衛士執紹送嗣하니 嗣幷賀氏及爲內應者하여 皆臠食之하고 乃卽位하여 諡珪曰宣武라하고 廟號烈祖라하고 公卿先罷歸第者를 悉召用之하고 詔長孫嵩과 與安同, 奚斤, 崔宏等八人하여 坐止車門右하여 共聽時政하니 時人이 謂之八公[①]이라하니라 又以尙書燕鳳이 逮事什翼犍이라하여 使與都坐大官封懿等으로 入侍講論하고 出議政事하고 以洛兒, 路頭로 爲散騎常侍[②]하다 嘗問舊臣爲先帝所親信者爲誰오 洛兒言李先[③]한대 因召問先호되 卿以何才何功으로 爲先帝所知오 對曰 臣이 不材無功이로되 但以忠直으로 爲先帝所知耳라하니 乃令常宿於內하여 以備顧問하니라

① 臣子가 궁궐 문에 이르면 모두 수레에서 내려 궁으로 들어가므로 止車門이라 한 것이다.
臣子至宮門, 皆下車而入. 故謂之止車門.

② 拓跋什翼犍이 代王이 되어서 燕鳳을 左長史로 삼았다. 魏나라(北魏)에서는 尙書都省을 일러 尙書都坐라 하니, 都坐大官은 아마도 尙書의 長官인 듯하다.
什翼犍爲代王, 以鳳爲左長史. 魏謂尙書都省, 爲尙書都坐, 都坐大官, 蓋尙書長官也.

③ 李先은 慕容永의 謀主였다. 모용영이 멸망하자 이선이 中山으로 옮겼는데, 魏나라(北魏)가 燕나라를 공격하니 이선이 위나라에 귀의하였으므로 道武帝가 그를 친애하고 신임하였다.

先, 慕容永之謀主也. 永滅, 徙中山, 魏伐燕, 先歸魏, 道武親信之.

【綱】 12월에 太白星이 虛宿와 危宿를 범하였다.

十二月에 太白이 犯虛危①하다

①〈'虛危'는〉 虛宿 2성이고 危宿 3성이다. ≪晉書≫ 〈天文志〉에 "須女星의 8度로부터 危星의 15度까지를 玄枵라 하니, 齊 지역의 分野로 靑州에 속한다." 하였다.
虛二星, 危三星. 晉天文志"自須女八度, 至危十五度, 爲玄枵, 齊之分野, 屬靑州."

【目】 南燕의 靈臺令 張光이 南燕主 慕容超에게 권하여 성 밖으로 나가 晉나라(東晉)에게 항복하라 하니, 慕容超가 자기 손으로 직접 장광을 죽였다.

南燕靈臺令張光이 勸南燕主超하여 出降하니 超手殺之하다

庚戌年(410)

【綱】 晉나라(東晉) 孝安皇帝 義熙 6년이다.

六年이라

【目】 秦主(後秦) 姚興 弘始 12년이고, 魏나라(北魏) 太宗 拓跋嗣 永興 2년이다. 이해에 南燕이 망하니 큰 나라가 둘(後秦·北魏)이고 작은 나라가 여섯(北涼·南涼·北燕·夏·西秦)으로, 합하여 僭國이 여덟이다.

秦弘始十二요 魏永興二年이라 ◑是歲에 南燕亡하니 大二小六이니 凡八僭國이라

【綱】 봄 정월에 魏나라(北魏)가 柔然을 정벌하였다.

春正月에 魏伐柔然[39]하다

---

39) 魏伐柔然 : "魏나라(北魏)가 처음 柔然을 공격할 적에는 擊이라고 썼는데,(孝武帝 太元 16년(391)에 자세히 보인다.) 여기에서 伐이라고 쓴 것은 어째서인가. 魏나라를 처음으로 올려준 것이다. 이때 魏나라가 이미 2대가 되어 점점 중화의 풍속으로 바뀌었다. 그러므로 魏나라를 올려준 것이다.〔魏始加柔然書擊(詳孝武帝太元十六年) 此書伐 何 始進魏也 於是魏旣再世 漸變華風 故進之也〕" ≪書法≫

【綱】 2월에 魏나라(北魏)에 여러 도둑이 떼지어 일어나니, 魏主 拓跋嗣가 그들의 죄를 용서하고 군대를 보내어 남은 도둑들을 토벌해서 평정하였다.

◑ 二月에 魏寇盜群起하니 魏主嗣赦其罪[40)]하고 遣兵討餘寇하여 平之하다

【目】 魏主 拓跋嗣는 郡縣의 호족들 대다수가 백성들의 근심이 된다고 여겨 우대하는 조서를 내려 호족들을 불러 도성으로 옮겨오게 하였는데, 호족들이 고향 땅을 그리워하여 도성 안으로 이주하는 것을 달가워하지 않았다. 長吏(수령)들이 핍박하여 보내니, 이에 도둑들이 떼 지어 일어났다.

탁발사가 八公을 데리고 의논하여 말하기를 "짐이 백성들을 위하여 해를 제거하고자 하였으나 守宰들이 백성들을 어루만져 달래지 못해서 紛亂하게 하였다. 지금 죄를 범한 자가 이미 많아서 다 주벌할 수가 없으니, 나는 크게 사면령을 내려서 그들을 안심시키고자 하노니 어떠한가." 하자, 元城侯 拓跋屈이 다음과 같이 말하였다.

"백성들이 〈황명을 거역하고〉 도망하여 도둑이 되었는데 이들을 처벌하지 않고 사면한다면 이는 윗사람이 된 자가 도리어 아랫사람이 된 자에게 요구(홍정)하는 것입니다. 악의 괴수를 주벌하고 그 잔당을 사면하는 것만 못합니다."

崔宏이 다음과 같이 말하였다.

"聖王이 백성을 다스림에 백성들을 편안히 함을 힘쓸 뿐이요, 백성들과 승부를 겨루지 않았습니다. 사면하는 것이 비록 바른 법은 아니나 권도로 행할 수 있습니다. 탁발굴은 먼저 악의 괴수를 주벌하고 뒤에 그 잔당을 사면하고자 하였는데 요컨대 두 가지를 다 버릴 수가 없으니, 어찌 한번 사면하여 안정을 이루는 것만 하겠습니까. 사면하여도 따르지 않거든 그때 주살하여도 늦지 않을 것입니다."

탁발사가 최굉의 말을 따랐다. 이윽고 于栗磾(우율제)를 보내어 조정의 명령을 따르지 않는 자들을 토벌하니, 향하는 곳마다 모두 평정되었다.

魏主嗣 以郡縣豪右多爲民患이라하여 優詔徵之①러니 民戀土하여 不樂內徙호되 長吏逼遣之하니 於是에 寇盜群起라 嗣引八公議之하여 曰 朕이 欲爲民除蠹로되 而守宰不能綏撫하여 使之紛亂이라

40) 魏主嗣赦其罪 : "그들의 죄를 사면했다고 쓴 것은 어째서인가. 좋게 여긴 것이다. 建武의 篇(제9권 上)에 명하여 서로 참수하여 죄를 면제받을 수 있게 허락하였다고 썼는데, 이때 그들의 죄를 사면했다고 썼으니, 이는 모두 도둑을 대처하는 좋은 방법이다.〔書赦其罪 何 善之也 建武之篇 書詔許相斬除罪 於是書赦其罪 皆處盜之良法也〕" ≪書法≫

今犯者旣衆하여 不可盡誅니 吾欲大赦以安之하노니 何如오 元城侯屈曰[②] 民이 逃亡爲盜어늘 不罪而赦之면 是는 爲上者 反求於下也라 不如誅其首惡하고 赦其餘黨이니이다 崔宏曰 聖王御民에 務在安之而已요 不與較勝負也라 夫赦雖非正이나 可以行權이니이다 屈이 欲先誅後赦하니 要爲兩不能去니 曷若一赦而遂定乎잇가 赦而不從이어든 誅未晩也리이다 嗣從之[③]러니 旣而요 遣于栗磾하여 討不從命者하니 所向이 皆平하니라

① '豪右'는 大家이다.
豪右, 大家也.

② 拓拔屈은 魏나라 宗室의 먼 친족이다.
屈, 魏宗室疎屬也.

③ '兩不能去(두 가지를 다 버릴 수 없다.)'는 먼저는 주벌을 버릴 수 없고 뒤에는 또 사면을 버릴 수 없음을 말한 것이다.
兩不能去, 言先不能去誅, 後又不能去赦也.

【綱】〈晉나라(東晉)의〉 劉裕가 廣固를 함락하고 南燕主 慕容超를 사로잡아 建康으로 보내어서 참수하였다.

劉裕拔廣固하고 執南燕主超하여 送建康斬之[41)]하다

41) 劉裕拔廣固……送建康斬之 : "禍는 남의 나라를 멸망하는 것보다 더 큰 것이 없다. 그러나 여기에도 또한 일률적으로 논할 수 없는 것이 있다. 만약 옛날 제왕의 후손이거나 列國의 公侯거나 혹은 先代의 神明한 후손이거나 혹은 국가에 근로하여 공덕이 있는 신하로서 그 후세의 자손들이 대대로 그 나라를 지켜오는데 마침내 따라서 멸망시켰다면 진실로 不仁함이 심한 자라고 이를 만하다. 그러나 夷狄이 中華를 어지럽혀서 중국 땅을 도둑질했을 적에 능히 계획하여 이들을 소탕한 자가 있다면 또 어찌 으레 남의 나라를 멸망하는 것으로 대할 수 있겠는가. 晉나라 조정이 통제를 잃은 뒤로 천하가 분열되어서 劉氏, 石氏, 苻氏, 姚氏가 모두 오랑캐의 무리로 중원을 도탄에 빠트려서 마침내 충신과 의사들로 하여금 북쪽을 바라보고 서글피 생각하면서 한갓 神州(中國)가 적의 손에 망하고 여러 陵이 覆沒한 것을 한탄하게 하였고, 능히 河洛 지방을 평정하여 옛 물건을 회복한 자가 있지 못하였다. 劉裕가 미천한 신분으로 일어나 晉나라를 회복하고 이제 출병하여 북쪽으로 정벌해서 일거에 南燕을 평정하였으니, 또한 志士의 울분을 다소 펼 수 있었다. 저 慕容超라는 자는 비록 흉포함이 劉氏와 石氏만은 못하였으나, 또한 鮮卑의 후예일 뿐이니, 그를 취하여 죽이는 것은 진실로 지나침이 되지 않는다. 그러나 유유가 백성들을 위문하고 죄인을 정벌하는 생각을 넓히지 못한 것이 한스러울 뿐이다. 가령 의로운 명성을 천하에 밝게 퍼트려 四海를 모두 평정하여 통일하였다면 오히려 남의 나라를 멸망한 일로 책망할 수 있겠는가. 이는 ≪資治通鑑綱目≫에서 南燕을 이긴 일을 씀에 애당초 폄하하는 말이 없는 이유이다. 더구나 모용초가 이미 항복하지 않았으니 그를 建康에서 참수한 것이 당연하다. 저 후일에 姚泓은 그의 항복을 받아들이고 또다시 그를 죽였으니, 이는 유유의 잘못이다.〔禍莫大於滅人之國 然而亦有不可以一槩論者 若昔帝王之世 列國公侯 或先代神明之胄 或勤勞功德之臣 其後子孫 世守其國 乃從而滅之 誠可謂不仁之甚者 至於夷狄亂華 盜竊土宇 有能規恢掃除 又豈可例以滅國待之哉 自金行失馭 寓縣分裂 劉石苻姚 皆裔夷醜類 塗炭中原 遂使忠臣義士 北望慨

【目】南燕의 성문이 오랫동안 닫히니, 남녀 중에 각기병을 앓는 자가 태반이요 성을 나가 항복하는 자가 서로 이어졌다. 尙書 悅壽가 말하기를 "지금 戰士들이 쇠약하고 병들었으며 외부의 원조를 바랄 수가 없으니, 어찌 변통할 계책을 생각하시지 않습니까." 하자, 慕容超가 탄식하기를 "나라가 망하고 흥함은 天命이다. 내 차라리 검을 휘두르다 죽을지언정 璧玉을 입에 물고 항복하여 살지는 않겠다." 하였다.

劉裕가 병력을 총동원하여 성을 공격할 적에 혹자가 말하기를 "오늘은 往亡日(出陣을 꺼리는 흉일)이니, 행군하는 것이 이롭지 않습니다." 하자, 유유가 말하기를 "내가 가서 저들이 망하는 것이니 어찌 불리하겠는가." 하고는 사방에서 맹렬히 공격하였다.

열수가 성문을 열고 晉나라 군대를 받아들이니, 모용초가 포위망을 뚫고 달아났는데 추격하여 사로잡았다. 유유가 항복하지 않은 죄를 따지자, 모용초는 정신과 얼굴빛을 변하지 않고 한 마디도 하지 않은 채 오직 자기 어머니를 劉敬宣에게 부탁할 뿐이었다.

南燕이 城久閉하니 男女病脚弱者 太半이요 出降者相繼라 尙書悅壽曰 今戰士彫瘁하고 絶望外援하니 豈可不思變通之計리잇고 超嘆曰 廢興은 命也라 吾寧奮劍而死언정 不能銜璧而生이로라 劉裕悉衆攻城할새 或曰 今日往亡이라 不利行師①니이다 裕曰 我往彼亡이니 何爲不利오하고 四面急攻之한대 壽開門納晉師하니 超突圍出走어늘 追獲之하여 裕數以不降之罪하니 超神色自若하여 一無所言이요 惟以母로 託劉敬宣而已②러라

① 立春 후 7일과 驚蟄 후 14일, 淸明 후 21일과 立夏 후 8일, 芒種 후 16일과 小暑 후 24일, 立秋 후 9일과 白露 후 18일, 寒露 후 27일과 立冬 후 10일, 大雪 후 20일과 小寒 후 30일을 往亡이라 한다.
立春後七日, 驚蟄後十四日, 淸明後二十一日, 立夏後八日, 芒種後十六日, 小暑後二十四日, 立秋後九日, 白露後十八日, 寒露後二十七日, 立冬後十日, 大雪後二十日, 小寒後三十日, 謂之往亡.

② 劉敬宣이 예전에 일찍이 燕나라로 달아났었다. 그러므로 慕容超가 자기 어머니를 그에게 부탁한 것이다.
敬宣先嘗奔燕. 故超以母託之.

想 徒歎神州之陸沈 諸陵之覆沒 未有能蕩平河洛 克復舊物者 劉裕起自單微 興復晉室 今焉出師北伐 一擧而平南燕 亦可少伸志士憤鬱之氣 彼慕容超者 雖凶暴不若劉石 然亦鮮卑之餘耳 取而戮之 良不爲過 然猶恨劉裕未能廣弔伐之意 使義聲昭布於天下 擧四海而平壹之 尙可以滅國之事責之哉 此綱目於南燕之克 書之 初無貶詞也 況超旣不降 則斬之建康宜矣 若夫他日姚泓 旣受其降而又戮之 此則裕之過歟〕"《發明》

【目】 유유는 廣固城이 오랫동안 항복하지 않은 것을 분하게 여겨 이들을 모두 구덩이에 묻어 죽이고 그들의 아내와 딸을 장병들에게 賞으로 주고자 하니, 韓範이 다음과 같이 간하였다.

"晉나라(東晉)가 남쪽으로 천도함에 中原이 솥의 물이 끓듯 소란하였고 병사와 백성들이 의지할 곳이 없어서 강한 자가 있으면 그에게 붙었습니다. 저들이 이제 이미 君臣間이 되었으니, 저들은 반드시 南燕을 위하여 힘을 다해야 할 것이요, 또 저들은 모두 의관을 차려입은 中華의 舊族(예부터 내려온 지체 높은 집안)으로 先帝의 후예입니다. 그런데 지금 왕의 군대가 백성을 위로하고 죄 지은 자를 정벌해야 할 터인데 모두 묻어 죽인다면 西北 지역 사람들이 다시는 의로운 군대가 와서 소생시켜 주기를 바라는 이가 없을까 두렵습니다."

유유는 용모를 고치고 사과하였으나 그래도 王公 이하 3,000명을 참수하고 민가의 인구 1만여 명을 적몰하여 노비로 삼고 廣固의 城隍을 무너트리고 慕容超를 建康으로 압송하여 참수하였다.

裕忿廣固久不下하여 欲盡阬之하고 以妻女로 賞將士러니 韓範이 諫曰 晉室이 南遷에 中原이 鼎沸하고 士民이 無援하여 强則附之라 旣爲君臣하니 必須爲之盡力이요 彼皆衣冠舊族으로 先帝遺民이어늘 今王師弔伐而盡阬之하면 竊恐西北之人이 無復來蘇之望矣리이다 裕改容謝之나 然猶斬王公以下三千人하고 沒人家口萬餘하고 夷其城隍하고 送超詣建康하여 斬之[①]하다

① 隍은 胡光의 切이니, 城池(성의 해자)이다. 물이 있는 것을 池라 하고 물이 없는 것을 隍이라 한다.
隍, 胡光切, 城池也. 有水曰池, 無水曰隍.

【目】 司馬溫公(司馬光)이 다음과 같이 평하였다.

"晉나라(東晉)가 長江을 건너간 이래로 위엄을 떨치지 못하니, 오랑캐들이 멋대로 치달려서 中原을 집어삼켰다. 劉裕가 처음으로 王師를 거느리고 東夏를 평정하였으나, 이때 어질고 걸출한 자를 旌表하고 예우하며 피폐한 백성을 위로하고 어루만져서 선비들로 하여금 흠모하게 하고 남은 백성들로 하여금 발돋움하여 바라보게 하지 못하고서 다시 멋대로 도륙하여 분한 마음을 앙갚음하였으니, 그 시행한 것을 살펴보면 일찍이 苻堅과 姚萇만도 못하다. 그가 四海를 소탕하고 통일하여 아름답고 큰 사업을 이루지 못한 것이 당연하니, 어찌 지혜와 용맹은 있으나 仁義가 없어서 이렇게 된 것이 아니겠는가."

司馬公曰 晉이 自濟江以來로 威靈不競하고 戎狄橫鶩하여 虎噬中原이어늘 劉裕始以王師로 翦平東夏하니 不於此際에 旌禮賢俊하고 慰撫疲民하여 使群士嚮風하고 遺黎企踵하고 而更恣行屠戮하여 以快忿心하니 迹其施設하면 曾苻姚之不如[①]라 宜其不能蕩壹四海하여 成美大之業也로다 豈非有智勇而無仁義하여 使之然哉리오

① 苻·姚는 苻堅과 姚萇이다.
苻·姚, 苻堅·姚萇.

【綱】盧循이 長沙, 南康, 廬陵, 豫章을 침입하여 함락하니, 劉裕가 군대를 이끌고 돌아왔다.

盧循이 寇長沙, 南康, 廬陵, 豫章하여 陷之하니 劉裕引軍還하다

【目】처음에 徐道覆는 劉裕가 북쪽을 정벌한다는 말을 듣고는 盧循에게 권하여 建康을 기습하게 하니, 노순이 따르지 않았다. 서도부가 직접 番禺(번우)에 이르러 노순을 다음과 같이 설득하였다.

"본래 우리가 嶺外에 주둔한 것은 어찌 장차 이곳을 자손에게 물려주려 해서였겠습니까. 바로 유유가 상대하기 어려웠기 때문입니다. 그런데 이제 유유가 적의 견고한 성 아래에 군대를 주둔하여 언제 돌아올지 알 수 없으니, 우리가, 고향으로 돌아갈 것을 간절히 바라는 이 결사대로써 何無忌와 劉毅의 무리를 엄습한다면 손바닥을 뒤집는 것처럼 쉽게 승리할 것입니다. 이런 기회를 틈타지 않고 만일 하루의 편안함을 생각한다면 유유가 齊 지역을 평정한 뒤에 옥새를 찍은 친서로 그대를 부르고, 직접 군대를 거느리고 豫章에 주둔하며 여러 장수를 보내어 정예병을 거느리고 고개를 넘어온다면 장군이 능히 당해내지 못할까 두렵습니다. 만약 우리가 먼저 건강을 점령하여 그 뿌리와 꼭지를 전복시킨다면 유유가 비록 남쪽으로 돌아온다 하더라도 어떻게 할 수 없을 것입니다."

노순이 마침내 그의 말을 따랐다.

初에 徐道覆 聞劉裕北伐하고 勸盧循하여 襲建康하니 不從이어늘 自至番禺하여 說(세)之曰 本住嶺外는 豈將以此傳之子孫邪잇가 正以劉裕難與爲敵也[①]니이다 今裕頓兵堅城之下하여 未有還期하니 我以此思歸死士로 掩擊何劉之徒면 如反掌耳[②]어늘 不乘此機하고 而苟求一日之安인대

裕平齊後에 以璽書徵君하고 自將屯豫章하고 遣諸將하여 帥銳師過嶺이면 恐將軍不能當也리이다 若先克建康하여 傾其根蔕(체)하면 裕雖南還이나 無能爲矣리이다 循이 乃從之하다

① 交州와 廣州의 지역은 五嶺[42]의 밖에 있다.
交·廣之地, 在五嶺之外.

② 孫泰의 徒黨은 본래 三吳 지역 사람이었고 孫恩이 침략한 것도 또 삼오 지역 사람이었는데, 이들이 오랫동안 바다 섬에 있었다. 그러므로 모두 고향을 그리워하여 돌아갈 것을 생각한 것이다. 何·劉는 何無忌와 劉毅를 이른다.
孫泰徒黨, 本三吳之人, 孫恩所掠者, 又三吳人也, 久在海中. 故皆懷土思歸, 何·劉, 謂何無忌·劉毅也.

【目】 처음에 徐道覆가 사람을 시켜서 南康山에서 선박의 재목을 베어 始興에 가져다가 헐값에 파니 거주하는 백성들이 이것을 다투어 사갔는데, 이때 이르러 모두 그 재목을 취하여 배를 만드니, 열흘 만에 戰艦을 만드는 일이 끝났다. 盧循은 시흥에서 출발하여 長沙를 침략하고 서도부는 南康, 廬陵, 豫章을 침략하여 모두 항복시켰다. 서도부가 물길을 따라 내려오니, 배와 병기가 매우 많았다.

조정에서 급히 劉裕를 부르니, 유유는 이때 막 下邳에 머물며 주둔해서 〈後秦의〉 司州와 雍州를 경략하고자 논의하였는데, 마침 조령을 받고 이에 韓範을 都督八郡軍事로 삼고 封融을 勃海太守로 삼고서 군대를 이끌고 돌아왔다. 오랜 뒤에 劉穆之는 한범과 봉융이 모반했다고 날조하여 그들을 모두 죽였다.

初에 道覆使人伐船材於南康山하여 至始興하여 賤賣之하니 居人이 爭市之[①]러니 至是하여 悉取以裝艦하니 旬日而辦이라 循이 自始興寇長沙하고 道覆 寇南康, 廬陵, 豫章하여 皆陷之하다 道覆 順流而下하니 舟械甚盛[②]이라 朝廷이 急徵裕하니 裕方議留鎭下邳하여 經營司雍[③]이러니 會得詔하고 乃以韓範爲都督八郡軍事하고 封融爲勃海太守하고 引兵還[④]이러니 久之에 劉穆之稱範融謀反하여 皆殺之[⑤]하다

① 南康山은 南康縣의 산이다. 吳나라는 安南縣을 漢나라의 豫章郡 梅嶺에 세웠는데 晉나라 武帝 太康 원년(280)에 이름을 南康으로 바꾸니, 남강에서 서쪽으로 始興까지는 400리 거리이다.
南康山, 南康縣之山也. 吳立安南縣於漢豫章梅嶺, 武帝太康元年, 更名南康, 自南康西至始興, 四百里.

---

42) 五嶺 : 越城嶺, 都龐嶺, 萌渚嶺, 騎田嶺, 大庾嶺이다.

② '順流而下'는 贛石江의 흐름을 따라 내려가는 것이다. '舟械'는 선박과 병기이다.
順流而下, 順贛石之流而下也. 舟械, 舟船·器械也.
③ 司州는 洛陽이고, 雍州는 長安이다.
司州, 洛陽. 雍州, 長安.
④ 青州는 옛날 齊, 濟南, 樂安, 城陽, 東萊, 長廣, 平昌, 高密의 8개 郡을 감독하였다.
青州, 舊督齊·濟南·樂安·城陽·東萊·長廣·平昌·高密八郡.
⑤ 韓範과 封融 두 사람은 南燕의 옛 신하이니, 劉穆之는 이들이 변란을 일으킬까 두려워하였으므로 죽인 것이다.
二人, 燕之舊臣, 穆之恐其爲變, 故殺之.

【綱】 3월에 江州와 荊州의 都督인 何無忌가 徐道覆를 토벌하다가 패전하여 죽었다.

三月에 江荊都督何無忌 討徐道覆라가 戰敗死之[43]하다

【目】 何無忌가 尋陽에서 군대를 이끌고 盧循을 막았는데, 長史 鄧潛之가 다음과 같이 간하였다.

"노순의 戰艦이 기세를 떨치며 상류에 있으니, 마땅히 南塘의 물을 터놓고 두 성을 지키면서 기다려야 합니다. 이렇게 하면 저들은 필시 감히 우리를 버리고 멀리 내려가지 못할 것입니다. 힘을 기르고 銳氣를 길러서 저들이 지치기를 기다린 뒤에 공격해야 하니, 이것이 萬全의 계책입니다. 이제 한번 싸움에 승패를 결단하려 하다가 만에 하나 불리해지기라도 한다면 그때는 후회해도 어떻게 할 수 없을 것입니다."

參軍 殷闡이 또 다음과 같이 말하였다.

"노순이 거느린 군대는 모두 三吳 지방의 옛 賊으로 백번 싸운 용사들이요, 始興의 溪子는 힘이 세고 날래며 싸움을 잘합니다. 우리는 마땅히 豫章에 군대를 주둔하고 예속된 성들에서 병사를 징발하여야 하니, 군대가 오면 그때 교전해도 늦지 않습니다."

하무기는 이들의 말을 듣지 않고서 서도부와 예장에서 만나 싸웠는데, 적이 수백 명의 彊弩 부대로 하여금 산에 올라가 官軍을 맞이하여 활을 쏘게 하고 거센 바람을 타고

43) 江荊都督何無忌……戰敗死之 : "義를 일으켜 桓玄을 토벌한 여러 사람이 이따금 劉裕의 손에 살해당하였다. 何無忌가 비록 徐道覆에게 패하였으나 符節을 손에 쥐고 죽어서 忠義의 선비가 됨을 잃지 아니하여 이것을 책에 썼으니, 오히려 영화가 된다.〔起義諸人 往往見戕於劉裕之手 無忌雖敗於道覆 然能握節而死 不失爲忠義之士 書之于冊 猶爲榮也〕" ≪發明≫

서 큰 배로 핍박하니, 무리가 마침내 달아나 궤멸하였다.

하무기가 큰소리로 말하기를 "나의 蘇武의 節을 가져오라." 하였다. 절을 가져오자 이것을 잡고서 전투를 독려하였는데, 적의 무리가 구름 떼처럼 모여들었다. 하무기는 마침내 절을 손에 잡고 죽으니, 中外가 놀라고 두려워하였다. 시호를 忠肅이라 하였다.

無忌自尋陽으로 引兵拒盧循이어늘 長史鄧潛之諫曰 循이 兵艦盛勢하고 居上流하니 宜決南塘하고 守二城以待之니 彼必不敢捨我遠下하리이다 蓄力養銳하여 俟其疲老然後擊之면 此萬全之策也라 今決成敗於一戰이라가 萬一失利하면 悔將無及①이리이다 參軍殷闡曰 循所將이 皆三吳舊賊으로 百戰餘勇이요 始興溪子는 拳捷善鬪하니 宜留屯豫章하고 徵兵屬城이니 兵至合戰이 未爲晩也②니이다 無忌不聽하고 與徐道覆로 遇於豫章이러니 賊이 令彊弩數百으로 登山邀射하고 乘風暴急하여 以大艦逼之하니 衆遂奔潰라 無忌厲聲曰 取我蘇武節來하라 節至에 執以督戰이러니 賊衆이 雲集이라 遂握節而死하니 中外震駭하니라 諡曰忠肅이라하다

① 贛水는 漢나라의 豫章郡 南壄縣 聶都山에서 발원하니, 漢나라의 南壄는 晉나라의 南康 지역이다. 贛水가 南昌縣에 이르러 南塘을 지나가니, 남당은 徐孺子의 집[44] 서쪽에 있다. 두 城은 豫章과 尋陽을 이른다. ≪水經注≫에 "豫章城 동쪽에 큰 호수가 있으니, 10리 226步로 북쪽으로는 城과 맞닿아 있고 남쪽으로는 물을 따라 꺾어 흘러서 남당에 이른다. 본래 章江과 통하니, 물이 불어나고 줄어듦이 長江과 같다. 漢나라 永元 연간(89~105)에 太守 張躬이 塘(못)을 쌓아 남쪽 길을 통하게 하고 아울러 이 물을 막았다."라고 하였으니, 만약 이것을 南塘으로 터놓으면 盧循의 水軍이 쓸모가 없어져서 굳게 지키면서 그들이 피폐하기를 기다릴 수 있는 것이다.
贛水, 出漢豫章南壄縣聶都山, 漢南壄, 晉南康之地也. 贛水至南昌縣, 歷南塘, 南塘, 在徐孺子宅西. 二城, 謂豫章·尋陽也. 水經注"豫章城東大湖, 十里二百二十六步, 北與城齊, 南緣迴折至南塘, 本通(贛)〔章〕[45]江, 增減與江水同. 漢永元中, 太守張躬築塘以通南路, 兼遏此水." 若決南塘, 則盧循之舟兵無所用, 可以堅守而待其敝."

② 溪子는 蠻子이니, 始興의 溪子는 徐道覆가 통치하던 시흥의 군대를 이른다. 拳은 힘이다.
溪子, 蠻子也, 始興溪子, 謂徐道覆所統始興兵也. 拳, 力也.

【綱】 南涼이 北涼을 공격하다가 크게 패하고 마침내 樂都로 수도를 옮겼다.

44) 徐孺子의 집 : 徐孺子는 徐穉(97~168)로, 孺子는 그의 자이고 호는 聘君이다. 東漢의 賢人으로, 집안이 빈궁하여 직접 농사지어 먹고 살면서도 공손하고 검소하며 의롭고 겸양하였으며 조정으로부터 자주 부름을 받았으나 응하지 않았다. 南州高士라고 일컬어졌다.

45) (贛)〔章〕: 원문은 '贛'으로 되어 있으나, ≪水經注≫에 의거하여 '章'으로 바로잡았다.

南涼이 **擊北涼**이라가 **敗績**하고 **遂遷于樂都**하다

【目】〈南涼의〉 禿髮傉檀이 직접 5만 명의 기병을 거느리고 〈北涼의〉 沮渠蒙遜을 공격하여 窮泉에서 싸웠는데, 독발욕단이 크게 패하였다. 저거몽손이 승세를 타고서 전진하여 〈남량의 도성인〉 姑臧을 포위하자, 오랑캐와 중화의 1만여 호가 저거몽손에게 항복하였다.

독발욕단은 두려워하여 인질을 바치고 화친을 청하였는데, 저거몽손이 남량의 무리 8천여 호를 옮기고 떠나갔다. 독발욕단은 저거몽손의 핍박을 두려워하여 樂都로 수도를 옮기니, 고장 사람들이 焦朗을 추대하여 군주로 삼고서 저거몽손에게 항복하였다.

傉檀이 自將五萬騎하고 伐蒙遜하여 戰于窮泉이러니 傉檀이 大敗하다 蒙遜이 乘勝하여 進圍姑臧한대 夷夏萬餘戶 降於蒙遜이라 傉檀이 懼하여 納質請和한대 蒙遜이 徙其衆八千餘戶而去하다 傉檀이 畏逼하여 遷于樂都하니 姑臧人이 推焦朗爲主하여 降于蒙遜하다

【綱】 여름 4월에 劉裕가 建康에 도착하였다.

夏四月에 **劉裕 至建康**하다

【目】劉裕가 下邳에 이르러 輜重(군수물자)은 선박에 싣고 자신은 정예병을 거느리고 도보로 돌아왔는데, 何無忌가 패전하여 죽었다는 말을 듣고는 갑옷을 벗어서 말아 짊어지고 행군 속도를 곱절로 빠르게 하였다. 장차 長江을 건너려 할 적에 바람이 몰아치니, 여러 사람이 모두 난색을 표하였다. 유유가 말하기를 "만약 天命이 우리 나라를 돕는다면 바람이 마땅히 저절로 그칠 것이요, 그렇지 않아 〈하늘이 우리 나라를 버린다면〉 배가 전복되어 빠져 죽더라도 무엇이 나쁘겠는가." 하고는 즉시 명하여 배에 오르게 하니, 배가 움직이자마자 바람이 멈추었다.

4월에 建康에 이르니, 青州刺史 諸葛長民과 兗州刺史 劉藩과 幷州刺史 劉道憐이 각각 군대를 거느리고 들어와 호위하였다. 유번은 劉毅의 從弟이다.

劉裕至下邳하여 以船載輜重하고 自帥精銳步歸러니 聞何無忌敗死하고 卷甲兼行하여 將濟江할새 風急하니 衆咸難之라 裕曰 若天命助國이면 風當自息이요 不然이면 覆溺何害리오하고 卽命登舟하니 舟移而風止하니라 四月에 至建康하니 青州刺史諸葛長民과 兗州刺史劉藩과 幷州刺史劉道憐이 各將兵入衛[①]하니 藩은 毅之從弟也러라

① 青州, 兗州, 幷州는 이때 모두 長江과 淮水의 사이에 僑置되었다.
青州·兗州·幷州, 時皆僑在江·淮間.

【綱】 5월에 豫州都督 劉毅가 盧循과 桑落洲에서 싸워 크게 패하니, 노순이 전진하여 建康을 압박하였다.

五月에 豫州都督劉毅 及盧循으로 戰于桑落洲하여 敗績하니 循이 進逼建康하다

【目】 劉毅가 군대를 거느리고 직접 盧循을 막았는데, 劉裕가 그에게 편지를 보내기를 "적이 새로 승리하였으니, 그 예봉을 가볍게 보아서는 안 됩니다. 이제 선박의 수리가 거의 끝나가니, 마땅히 이 아우와 함께 공격해야 합니다." 하고는 또 劉藩을 보내어 타일러 중지하게 하였다.

유의가 노하여 유번에게 이르기를 "지난번 한 때의 공으로 서로 추대했을 뿐이니, 너는 내가 참으로 유유만 못하다고 여기는가." 하고는 유유의 편지를 땅에 던지고 水軍 2만 명을 거느리고서 姑孰을 출발하였다.

5월에 유의는 노순과 桑落洲에서 싸우다가 유의의 군대가 대패하였다. 유의의 군대가 배를 버리고 도보로 달아나니, 그의 무리가 모두 노순에게 사로잡혔다.

노순은 유유가 이미 돌아왔다는 말을 듣고는 무리들과 함께 서로 바라보며 대경실색하고 후퇴하여 尋陽으로 돌아와 江陵을 점령하고 두 州를 점거하여 조정과 항거하고자 하였는데, 徐道覆가 "마땅히 승세를 타고 곧바로 전진해야 한다." 하며 며칠 동안 굳이 다투니, 노순이 마침내 그의 말을 따랐다.

毅將自拒盧循이러니 裕與書曰 賊이 新獲利하니 其鋒을 不可輕이라 今脩船垂畢하니 當與弟同擧라하고 又遣劉藩하여 諭止之하니 毅怒하여 謂藩曰 往以一時之功으로 相推耳니 汝謂我眞不及劉裕邪아하고 投書於地하고 帥舟師二萬하고 發姑孰하다 五月에 與循으로 戰于桑落洲라가 毅兵이 大敗하여 棄船步走하니 其衆이 皆爲循所虜하다 循이 聞裕已還하고 與其黨으로 相視失色하여 欲退還尋陽하여 取江陵하고 據二州하여 以抗朝廷①이러니 徐道覆 謂宜乘勝徑進이라하고 固爭累日하니 循이 乃從之하다

① 두 주는 荊州와 江州를 이른다.
二州, 謂荊·江也.

【目】 유유가 사람을 모집하여 병사로 편성하되 京口에서 의리에 달려온 사람과 똑같이 賞을 주고 백성들을 징발하여 石頭城을 수리하니, 의논하는 자들이 마땅히 군대를 나누어 중요한 나루터를 지켜야 한다고 말하였다. 이에 유유는 다음과 같이 말하였다.

"적은 병력이 많고 우리는 적으니, 만약 군대를 나누어 주둔하여 지키면 적이 우리의 허실을 엿볼 수 있고, 또 한 곳이 승리하지 못하면 三軍의 鬪志를 떨어트릴 것이다. 이제 석두성에 병력을 모으고 형편에 따라 대응하여 달려가면 저들로 하여금 우리를 예측할 수 없게 하고 또 여러 군대의 힘이 분산되지 않는다. 만약 병력이 점점 모이게 되면 서서히 다시 의논하겠다."

조정에서는 劉毅가 패전했다는 말을 듣고 사람들 마음이 흉흉하고 두려워하였다. 이때 북쪽(유유)의 군대가 처음 돌아왔는데 장병 중에 부상을 당하고 병든 자가 많았고 建康의 戰士는 채 수천 명이 되지 못하였다.

盧循은 이미 두 藩鎭을 이긴 다음 전사가 10만 명이고 배와 수레가 100리에 뻗쳐 있고 樓船의 높이가 열두 길이었다.

裕募人爲兵하여 賞之를 同京口赴義之科[①]하고 發民治石頭城하니 議者謂宜分兵守津要라한대 裕曰 賊衆我寡하니 若分兵屯守면 則測人虛實이요 且一處失利면 則沮三軍之心이라 今聚衆石頭하여 隨宜應赴면 旣令彼無以測이요 又於衆力에 不分이라 若徒旅轉集이면 徐更論耳라하니라 朝廷이 聞劉毅敗하고 人情恟懼하고 時에 北師始還하여 將士多創病하고 建康戰士 不盈數千이라 循은 旣克二鎭에 戰士十餘萬이요 舟車百里요 樓船高十二丈[②]이러라

① 劉裕가 京口에서 군대를 일으켜 桓玄을 토벌할 적에 의리에 달려온 사람들에게 크게 상을 주되 당시의 제도보다 더 많게 하였다.
裕起兵於京口, 以討桓玄, 赴義之人, 酬賞重於當時.

② 두 鎭은 江州와 豫州를 이른다.
二鎭, 謂江·豫也.

【目】 孟昶과 諸葛長民이 황제를 받들고 長江을 건너가려 하였으나 유유가 듣지 않으니, 參軍 王仲德이 유유에게 말하기를 "明公이 새로 큰 공을 세워서 위엄이 천지와 사방에 진동하니, 요망한 적들이 이미 장군이 개선했다는 말을 들으면 스스로 마땅히 달아나 궤멸될 것입니다. 만약 우리가 먼저 장강을 건너 도망하면 형세가 匹夫와 같으니, 필부의 호령이 어떻게 남을 두렵게 할 수 있겠습니까." 하였다. 유유가 매우 기뻐하였으나 맹창은 군이 청하기를 그치지 않았다. 이에 유유가 다음과 같이 말하였다.

"지금 큰 번진(江州)이 밖에서 패하고 강한 적이 안(建康)을 핍박하니, 인심이 위태롭고 놀라서 확고한 의지가 없다. 그런데 만약 하루아침에 황제가 京城을 떠나면 곧 저절로 흙이 무너지듯 기왓장이 깨지듯 군대가 와해될 것이니, 江北에 어찌 갈 수 있겠는가. 설령 강북에 갈 수 있더라도 하루와 한 달을 연장함에 불과할 뿐이다. 지금 우리의 병사가 비록 적으나 충분히 한번 싸울 만하니, 만약 성공할 수만 있다면 신하와 군주가 기쁨을 함께 누릴 것이요, 만약 액운이 기필코 온다면 내 마땅히 나의 시신을 廟堂의 문 앞에 가로놓아 그동안 이 몸을 나라에 바치겠다는 뜻을 이룰 것이니, 草野에 숨어서 살기를 구하지 않겠다."

맹창이 매우 노하여 죽을 것을 청하니, 유유가 노하여 말하기를 "경이 우선 한번 싸우고 그때 가서 죽어도 늦지 않을 것이다." 하였다. 맹창은 마침내 항거하는 표문을 올리기를 "신이 북벌하는 계책을 찬성하였는데 미친 적으로 하여금 이 틈을 타고 여기에 오게 만들었으니, 삼가 이 책임을 지고 천하에 사죄하겠습니다." 하고는 마침내 머리를 들어 약을 마시고 죽었다.

孟昶, 諸葛長民이 欲奉乘輿過江이어늘 裕不聽하니 參軍王仲德이 言於裕曰 明公이 新建大功하여 威震六合하니 妖賊이 旣聞凱還이면 自當奔潰①리니 若先自遁逃이면 則勢同匹夫라 匹夫號令이 何以威物이리오 裕甚悅호되 昶이 固請不已하니 裕曰 今重鎭外傾하고 彊寇內逼하니 人情이 危駭하여 莫有固志라 若一旦遷動이면 便自土崩瓦解리니 江北을 亦豈可得至리오 設令得至라도 不過延日月耳라 今兵士雖少나 自足一戰이니 若其克濟면 則臣主同休요 苟厄運必至면 我當橫尸廟門하여 遂其由來以身許國之志하리니 不能草間求活也로라 昶이 恚(에)甚請死하니 裕怒曰 卿且一戰하고 死復何晚이리오 昶이 乃抗表曰 臣이 贊北伐之計러니 使狂賊으로 乘間至此하니 謹引咎以謝天下라하고 乃仰藥而死②하다

① 새로 큰 공을 세웠다는 것은 南燕을 멸망함을 이른다. 孫泰가 左道(이단)로 무리를 유혹하니, 孫恩과 盧循이 모두 그 徒黨이므로 이들을 일러 妖賊이라 한 것이다.
新建大功, 謂滅燕也. 孫泰以左道惑衆, 孫恩・盧循, 皆其黨也. 故謂之妖賊.

② '仰藥'은 머리를 치켜들고 독약을 마심을 이른다.
仰藥, 謂仰首而飮藥也.

【目】노순이 淮口에 이르니 中外가 戒嚴을 하였다. 琅邪王 司馬德文은 궁성을 총괄해 지키고 유유는 石頭城에 군대를 주둔하고서 장수와 보좌관들에게 이르기를 "적이 新亭에서 직진해오면 그 예봉을 당할 수가 없으니, 우선 마땅히 피해야 할 것이요, 만약 적이

돌아서 西岸에 정박하면 이들을 사로잡을 수 있을 것이다." 하였다.

徐道覆가 신정에서 白石에 이르러 배를 불태우고 상륙하여 몇 갈래의 길로 진격할 것을 청하자, 노순이 다음과 같이 말하였다.

"우리의 대군이 도착하기 전에 맹창이 멀리서 바라보고 자결하였으니, 대세를 가지고 말한다면 마땅히 며칠 안에 저들이 무너지고 혼란할 것이다. 이제 하루아침에 승부를 결단함은 이미 필승의 방도가 아니요, 또 사졸을 많이 죽이고 다치게 할 것이니, 군대를 주둔시키고 기다리느니만 못하다."

서도부가 탄식하기를 "내 끝내 盧公 때문에 지체하여 때를 놓쳤으니 일이 반드시 성공하지 못할 것이다. 나로 하여금 영웅의 군주를 위해 치달리게 한다면 천하는 평정하고 말고 할 것도 없을 것이다." 하였다.

유유가 석두성에 올라가 노순의 군대가 신정으로 향하는 것을 바라보고는 좌우를 돌아보고 크게 놀라 낯빛이 변하였는데, 얼마 후 배를 돌려 蔡洲에 정박하니, 유유가 기뻐하고는 마침내 석두성과 회구에 木柵을 쌓고 越城을 수리하고 査浦, 藥園, 廷尉에 세 보루를 쌓아 모두 군대를 배치해서 지켰다.

循이 至淮口하니 中外戒嚴이라 琅邪王德文은 都督宮城하고 裕는 屯石頭하고 謂將佐曰 賊於新亭에 直進이면 其鋒을 不可當이라 宜且避之요 若迴泊西岸이면 此成禽耳[①]니라 道覆 請於新亭至白石에 焚舟而上하여 數道進攻한대 循曰 大軍이 未至에 孟昶이 望風自裁하니 以大勢言之인대 當計日潰亂이라 今決勝負於一朝는 既非必克之道요 且多殺傷士卒이니 不如按兵待之니라 道覆嘆曰 我終爲盧公所誤하여 事必無成이로다 使我得爲英雄驅馳면 天下를 不足定也[②]리라하니라 裕登城하여 見循軍引向新亭하고 顧左右失色이러니 既而요 迴泊蔡洲하니 乃悅[③]하여 遂柵石頭淮口하고 修治越城하고 築査浦, 藥園, 廷尉三壘하여 皆以兵守之[④]하니라

① 西岸은 바로 蔡洲이다.
西岸, 卽蔡洲.

② '得爲'의 爲(위하다)는 去聲이다.
得爲之爲, 去聲.

③ 蔡洲는 石頭城 西岸에 있다.
蔡洲, 在石頭西岸.

④ 査浦는 大江 南岸에 있으니, 秦淮口와 가깝다. 藥園은 아마도 芍藥을 심은 곳일 것이다. 廷尉는 廷尉의 관사가 있던 곳을 따라 지명으로 삼은 것이다. ≪晉書≫ 〈帝紀 安帝〉를 근거해 보면 세 보루는 모두 淮口에 있었다.

查浦, 在大江南岸, 近秦淮口. 藥園, 蓋種芍藥之所. 廷尉, 寺舍所在, 因以爲地名. 據晉書帝紀, 三壘皆在淮口.

【目】 다음날 노순이 南岸에 군대를 매복하고 노약자들로 하여금 배에 올라 白石을 향하게 하고는 소문을 퍼트리기를 "병력을 총동원하여 백석에서 〈배를 버리고〉 걸어 올라간다." 하였다. 유유는 沈林子와 徐赤特을 남겨두어 남안을 지키게 해서 查浦와의 도로를 차단하고 경계하여 굳게 수비하고 출동하지 말게 하였다.

유유가 북쪽으로 나와 막자, 심임자가 말하기를 "요망한 적의 이 말은 반드시 진실이 아닐 것이니 마땅히 엄하게 막아야 합니다." 하니, 유유가 말하기를 "석두성은 지세가 험하고 淮水의 목책은 매우 견고하니, 경을 남겨두어 뒤에 있게 하면 충분히 지킬 수 있을 것이다." 하였다.

또 다음날에 노순이 사포에 불을 지르니 서적특이 장차 공격하려 하였는데, 심임자가 말하기를 "우리의 병력이 적어 맞설 수 없으니, 험한 곳을 지켜 대군이 오기를 기다리느니만 못하다." 하였다. 서적특이 그의 말을 따르지 않고 출전하였다가 대패하였다. 심임자가 목책을 점거하고 힘써 싸우니, 적이 마침내 물러갔다가 다시 군대를 이끌고 크게 올라와서 丹楊郡에 이르렀다.

유유는 여러 군대를 거느리고 급히 달려 석두성으로 돌아와서 서적특을 참수하고 나가 南塘에 군대를 주둔하였다.

明日에 循이 伏兵南岸하고 使老弱乘舟하여 向白石하고 聲言悉衆自白石步上①이라하니 裕留沈林子, 徐赤特하여 戍南岸하여 斷查浦하고 戒令堅守勿動하다 裕北出拒之하니 林子曰 妖賊此言이 未必有實이니 宜深爲之防이니이다 裕曰 石頭城險하고 淮柵甚固하니 留卿在後면 足以守之矣리라 又明日에 循이 焚查浦하니 赤特이 將擊之러니 林子曰 衆寡不敵하니 不如守險以待大軍이니라 赤特이 不從하고 出戰이라가 大敗어늘 林子據柵力戰하니 賊乃退라가 復引兵大上하여 至丹楊郡②하다 裕帥諸軍하고 馳還石頭하여 斬赤特하고 出陳於南塘③하다

① 南岸은 바로 秦淮口의 南岸이다.
南岸, 卽秦淮口南岸.

② 丹楊郡은 丹楊尹의 치소이다.
丹楊郡, 丹楊尹治所也.

③ 陳(진치다)은 陣으로 읽는다. 南塘은 秦淮口의 南岸이다.
陳, 讀曰陣. 南塘, 秦淮南岸也.

【綱】柔然이 魏나라(北魏)의 군대를 牛川에서 포위하자 魏主 拓跋嗣가 우천을 구원하였는데, 可汗인 郁久閭社崙이 달아나다가 죽고 아우 郁久閭斛律이 즉위하였다.

柔然이 圍魏師於牛川이어늘 魏主嗣救之러니 可汗社崙이 走死하고 弟斛律이 立하다

【綱】6월에 〈晉나라(東晉)의〉 劉裕가 스스로 太尉 中書監 加黃鉞이 되고, 다시 관직은 사양하고 黃鉞만 받았다.

◑六月에 劉裕自爲太尉中書監하여 加黃鉞하고 復辭官而受黃鉞[46]하다

【綱】〈晉나라(東晉)〉 宗室인 司馬國璠이 弋陽에서 秦나라(後秦)로 달아났다.

◑宗室司馬國璠이 自弋陽奔秦[47]하다

---

46) 劉裕自爲太尉……復辭官而受黃鉞 : "위에서는 '自爲'라고 쓰고 아래서는 다시 사양했다고 쓰고 뒤에는 처음으로 받았다고 써서 말을 번거롭게 하고 줄이지 않아 劉裕의 속임수가 드러났다.〔上書自爲 下書復辭 後書始受 辭繁不殺 裕之譎見矣〕" ≪書法≫

오호라. 때를 틈타 이익을 바라는 것은 시정배인 소인의 마음이다. 이때 오랑캐인 적은 기세가 하늘을 찔러 국운의 위태롭기가 깃발에 드리운 술과 같았는데, 劉裕는 또한 어찌 차마 스스로 자신의 관작과 직위를 올리고 또 거짓으로 사양하는 척한단 말인가. 더구나 왼손에 黃鉞을 잡음은 바로 周나라 武王이 殷나라의 紂王을 정벌한 일이다. 三國時代에 司馬昭가 魏나라를 찬탈할 것을 도모한 뒤로부터 처음으로 이것을 빌려서 위엄으로 中外를 제압하는 도구로 삼았는데, 유유가 또 다시 이것을 따라 행해서 마치 한 궤도에서 나온 것처럼 똑같았다. 그러나 예전의 역사책에 이것을 쓸 때에는 조정의 명령에서 나온 것처럼 하였으니, 황월을 더해줌이 깨끗한 조정의 좋은 법이 아니라는 것을 어찌 알았겠는가. 유유가 만약 넌지시 시킴이 없었다면 晉나라(東晉) 조정에서 어찌 감히 이것을 행하였겠는가. ≪資治通鑑綱目≫에서는 이것을 써서 그의 속내를 보듯이 하였으니, 천하 사람들을 과연 글로 속일 수 있겠는가.〔嗚呼 乘時而邀利者 市井小人之志也 是時寇賊滔天 國祚危若綴旒 裕亦何忍自進其爵位 而又作僞以辭之哉 況左仗黃鉞 乃武王伐紂之事 自司馬昭謀簒魏 始假此爲威制中外之具 裕又率而行之 如出一轍 然前史書此 則若出於朝廷之命者 豈知黃鉞之加 非淸朝令典 裕苟無風旨 晉朝詎敢行此 綱目書之 如見其肺肝然 天下果可以文欺也哉〕" ≪發明≫

47) 宗室司馬國璠 自弋陽奔秦 : "宗室은 劉縯 이외로 쓴 적이 있지 않은데 여기서 종실이라고 쓴 것은 어째서인가. 劉裕를 미워해서이다. 유유는 뜻이 晉나라의 국통을 빼앗는 데 있어서 먼저 황실의 지엽을 제거하였으니, 이에 司馬國璠이 화를 멀리 피하여 달아났다. ≪資治通鑑綱目≫에 쓰기를 '종실인 사마국번이 秦나라(後秦)로 달아났다.' 하고 또 쓰기를 '종실인 司馬楚之가 長社를 점거했다.' 하였으니, 이는 모두 유유를 죄책한 말이다. 그리고 사마국번이 弋陽에서 秦나라로 달아났다고 썼으니, 이는 화를 멀리 피함을 말한 것이다.〔宗室自劉縯外 未有書者 此其書宗室 何 惡裕也 裕志移晉鼎 先除枝葉 於是國璠遠禍出奔 綱目書曰 宗室司馬國璠奔秦 又書曰 宗室司馬楚之據長社 皆罪裕之辭也 國璠書自弋陽奔秦 言遠避也〕" ≪書法≫

【目】桓玄의 난리에 河間王 司馬曇의 아들 司馬國璠과 司馬叔璠이 南燕으로 달아났었는데 돌아옴에 弋陽을 침입하여 함락하였다가 이때 秦나라로 달아났다. 秦王 姚興이 말하기를 "劉裕가 이제 막 환현을 주살하고 晉나라(東晉) 황실을 보좌하는데 경이 어찌하여 이곳에 왔는가." 하니, 사마국번 등이 대답하기를 "유유가 황실을 깎아 약화시키고 저의 종족 중에 스스로 修立하는 자가 있으면 유유가 번번이 제거하니, 유유가 막 국가의 환란이 됨이 환현보다 더합니다." 하였다.

桓玄之亂에 河間王曇(담)之子國璠, 叔璠이 奔南燕이러니 還에 寇陷弋陽이라가 至是에 奔秦①하다 秦王興曰 劉裕方誅桓玄하고 輔晉室이어늘 卿何爲來오 對曰 裕 削弱王室하고 臣宗族에 有自修立者면 裕輒除之하니 方爲國患이 甚於桓玄耳라하니라

① 河間王 司馬顒이 죽고 후사가 없으므로 元帝가 彭城王 司馬植의 아들 司馬融을 사마옹의 후사로 삼았는데, 죽자 또 아들이 없으므로 황제가 다시 찾아서 彭城王 司馬釋의 아들 司馬欽을 사마융의 후사로 삼았다. 사마흠이 죽자 司馬曇之가 뒤를 이었고, 사마담지가 죽자 司馬國鎭이 뒤를 이었으니, 司馬國璠은 아마도 사마국진의 형제일 것이다.
河間王顒死, 無後, 元帝以彭城王植子融爲顒嗣, 薨, 又無子, 帝復尋以彭城王釋子欽爲融嗣, 欽薨, 曇之嗣, 曇之薨, 國鎭嗣, 國璠, 蓋國鎭兄弟.

【綱】가을 7월에 盧循이 후퇴하여 尋陽으로 돌아갔는데, 劉裕가 군대를 보내어 추격하였다.

秋七月에 盧循이 退還尋陽이러니 劉裕遣兵追之하다

【目】盧循이 여러 縣을 침입해 약탈하였으나 소득이 없었다. 徐道覆에게 이르기를 "우리 군대가 지쳐 있다. 尋陽으로 돌아가서 힘을 합하고 荊州를 점령해서 천하의 3분의 2를 점거하고 서서히 다시 建康과 패권을 다투는 것만 못하다." 하고는 마침내 돌아가니, 劉裕가 장군 王仲德 등으로 하여금 군대를 거느리고 추격하게 하였다.

盧循이 寇掠諸縣호되 無所得이라 謂徐道覆曰 師老矣라 不如還尋陽하여 幷力取荊州하여 據天下三分之二하고 徐更與建康爭衡耳라하고 遂還하니 裕使將軍王仲德等으로 帥衆追之하다

【綱】劉裕가 將軍 孫處 등을 보내어 군대를 인솔하고 番禺를 습격하였다.

劉裕 遣將軍孫處等하여 率兵襲番禺하다

【目】劉裕가 東府로 돌아와서 水軍을 크게 정돈하고 장군 孫處와 沈田子를 보내어서 바닷길로 番禺를 습격하게 하였다. 사람들이 말하기를 "바닷길은 어렵고 머니 반드시 도착하기가 어렵고, 또 현재의 병력을 나누어 파견하는 것은 목전에 시급한 일이 아닙니다." 하였으나, 유유는 따르지 않고 손처에게 명하기를 "우리의 대군이 12월 초에 반드시 요망한 적을 격파할 것이니, 경은 그때 먼저 그 소굴을 전복시켜서 저들로 하여금 달아나도 돌아갈 곳이 없게 하라." 하였다.

劉裕還東府하여 大治水軍하고 遣將軍孫處, 沈田子하여 自海道襲番禺①하다 衆以爲海道艱遠하니 必至爲難이요 且分撤見(현)力은 非目前之急②이라하되 裕不從하고 敕處曰 大軍이 十二月之交에 必破妖虜하리니 卿이 至時하여 先傾其巢窟하여 使彼로 走無所歸也하라하니라

① 沈田子는 沈林子의 형이다.
田子, 林子之兄也.
② 見(현재)은 賢遍의 切이다.
見, 賢遍切.

【綱】〈後蜀의〉 譙縱이 桓謙으로 하여금 秦나라(後秦) 장수 苟林과 회합하여 〈晉나라(東晉)로〉 들어와 침략하게 하였는데, 荊州刺史 劉道規가 그를 대파하여 참수하였다.

譙縱이 使桓謙으로 會秦將苟林하여 入寇어늘 荊州刺史劉道規 大破斬之하다

【目】譙縱이 使者를 보내어 秦나라에게 구원병을 청할 적에 桓謙을 荊州刺史로 삼아 병력 2만 명을 거느리고 형주를 침략하게 하니, 秦王 姚興이 장군 苟林을 보내어 騎兵을 거느리고 가서 회합하게 하였고, 환겸은 도중에서 옛날 은혜를 생각하는 의로운 무리들을 불러 모집하니, 백성들 중에 투신한 자가 2만 명이었다.

환겸은 枝江에 주둔하고 구림은 江津에 주둔하니, 江陵의 군사와 백성들이 두 마음을 품는 자가 많았다.

劉道規가 마침내 장병들을 모아 고하기를 "내 長者들의 말을 듣건대, 자못 '〈환겸에게로〉 떠나갈 생각이 있다.' 하니, 동쪽(建康)에서 온 우리의 문무 관원으로도 충분히 〈환겸을 격파하는〉 일을 이룰 수 있다. 만약 떠나고자 하는 자가 있으면 금하지 않겠다." 하

고는 인하여 밤에 성문을 열어놓고 새벽까지 닫지 않으니, 무리들이 모두 두려워하고 복종해서 떠나가는 자가 없었다.

譙縱이 遣使하여 請兵於秦할새 以謙爲荊州刺史하여 使帥衆二萬하고 寇荊州하니 秦王興이 遣將軍苟林하여 帥騎兵會之하고 謙이 於道에 召募義舊하니 民投之者 二萬人①이라 謙은 屯枝江하고 林은 屯江津하니 江陵士民이 多懷貳心②이러라 道規 乃會將士하여 告之曰 聞諸長者컨대 頗有去就之計라하니 吾東來文武 足以濟事라 若欲去者는 不相禁也③라하고 因夜開城門하여 達曉不閉하니 衆咸憚服하여 莫有去者러라

① 桓氏는 대대로 荊楚 지역에 거주하여 옛 은혜가 맺혀 있으니, 의리상 서로 잊을 수가 없으므로 '義舊'라고 한 것이다.
桓氏世居荊楚, 舊恩所結, 義不相忘, 謂之義舊.

② 枝江縣은 漢나라 이후로 南郡에 속하였다. 江水는 縣의 서쪽에서 따로 발원하여 두 갈래의 물〔沱〕이 되었다가 동쪽에서 다시 長江으로 합류하므로 '枝江(샛강)'이라 한 것이다.
枝江縣, 自漢以來, 屬南郡. 江水, 於縣西別出爲沱, 而東復合於江, 故曰枝江.

③ '東來文武(동쪽에서 온 우리의 문무 관원)'는 劉道規를 따라온 장수와 보좌관과 병사들이다.
東來文武, 謂道規從行將佐兵士也.

【目】 魯宗之가 수천 명의 병력을 인솔하고 襄陽에서 구원하러 달려오니, 혹자가 말하기를 "노종지의 속마음을 헤아릴 수 없습니다." 하였으나, 유도규가 한 필의 말로 城을 나가 그를 맞이하니, 노종지가 감격하여 기뻐하였다.

유도규는 그로 하여금 荊州를 지키게 하여 심복의 임무를 맡기고, 자신은 여러 군대를 거느리고 桓謙을 공격하여 물길과 육로로 일제히 진격해서 枝江에서 싸울 적에 天門太守 檀道濟가 먼저 출전하여 적진을 함락시켜 대파하니, 환겸과 苟林이 모두 달아나므로 함께 추격하여 이들을 참수하였다.

처음에 환겸이 지강에 이르니, 江陵의 선비와 백성들이 모두 이들에게 편지를 보내어 성안의 병력의 虛實을 말하고 內應이 되기를 허락하였다. 그런데 이때에 이르러 이것을 조사하여 찾아냈으나 유도규가 모두 불태우고 살펴보지 않으니, 무리들이 비로소 크게 안심하였다.

桓石綏 또한 洛口에서 군대를 일으켰는데, 梁州刺史 傅韶가 토벌하여 참수하니, 桓氏가 마침내 멸족당하였다.

魯宗之帥衆數千하고 自襄陽赴救하니 或謂宗之情未可測이라호되 道規 單馬迎之하니 宗之感

悅이러라 道規使之居守하여 委以腹心하고 自帥諸軍攻謙하여 水陸齊進하여 戰於枝江할새 天門太守檀道濟 先進陷陳하여 大破之하니 謙, 林이 皆走어늘 竝追斬之[①]하다 初에 謙이 至枝江하니 江陵士民이 皆與書하여 言城中虛實하고 許爲內應이러니 至是에 檢得之하여 道規 悉焚不視하니 衆乃大安하니라 桓石綏亦起兵於洛口러니 梁州刺史傅韶 討斬之하니 桓氏遂滅[②]하다

① 吳나라 孫休의 永安 6년(263)에 武陵을 나누어 天門郡을 세웠다.
吳孫休永安六年, 分武陵, 立天門郡.

② 桓石綏는 桓石生의 아우이다. ≪水經注≫에 "漢水가 魏興郡 安陽縣을 지나가고 또다시 동쪽으로 灙城 남쪽에 이르러 洛谷水와 합류하며, 이 물이 북쪽으로 흘러 洛谷으로 나오는데 낙곡은 북쪽으로 長安과 통한다. 이 물이 남쪽으로 흘러 漢水로 주입하니, 이곳이 이른바 洛口이다." 하였다. 傅韶는 傅祗의 증손이다.
石綏, 石生之弟也. 水經注"漢水過魏興安陽縣, 又東至灙城南, 與洛谷水合. 水北出洛谷, 谷北通長安, 其水南流注漢水, 所謂洛口也." 韶, 祗之曾孫也.

【綱】 西秦이 秦나라(後秦)의 略陽과 隴西의 여러 郡을 공격하여 점령하였다.

西秦이 攻秦略陽隴西諸郡하여 克之하다

【綱】 겨울 10월에 劉裕가 남쪽으로 盧循을 공격하였다.

◑冬十月에 劉裕南擊盧循하다

【目】 劉毅가 돌아와 建康에 이르러 〈패전을 이유로〉 강등되어 後將軍이 되었는데 굳이 盧循을 추격하여 토벌할 것을 청하니, 長史 王誕이 은밀히 劉裕에게 말하기를 "유의가 이미 패전하였으니, 그로 하여금 다시 공을 세우게 해서는 안 됩니다." 하였다. 유유가 마침내 劉藩과 檀韶 등을 거느려 남쪽으로 노순을 공격하고 유의로 留府를 감독하게 하였다.

劉毅還하여 至建康하여 降爲後將軍이러니 固求追討盧循하니 長史王誕이 密言於劉裕曰 毅旣喪敗하니 不宜復使立功이니이다 裕乃帥劉藩, 檀韶等하여 南擊循하고 以毅監留府[①]하다

① 檀韶는 檀道濟의 형이다.
韶, 道濟之兄也.

【綱】 徐道覆가 江陵을 침략하자, 劉道規가 그를 대파하였다.

徐道覆寇江陵이어늘 **劉道規大破之**하다

【目】徐道覆가 3만 명의 병력을 인솔하고 江陵으로 달려갈 적에 곧바로 破冢에 이르니, 江漢의 선비와 백성들은 劉道規가 〈옛날 자신들이 桓謙 등과 내통한〉 글을 불태운 은혜에 감동하여 다시는 두 마음을 품는 자가 없었다.

유도규가 劉遵으로 하여금 별도로 遊軍(유격대)을 만들게 하고 자신은 豫章口에서 직접 서도부를 막았는데, 선봉 부대가 패배하였다. 유준이 밖에서부터 적의 측면을 공격하여 대파하고 1만여 명의 수급을 베니, 나머지도 모두 물에 뛰어들어 죽었다. 이에 서도부는 한 척의 배로 달아나 湓口로 돌아갔다.

처음에 유도규가 유준으로 하여금 유군을 만들게 하니, 사람들이 모두 말하기를 "강한 적이 앞에 있으니 오직 병력이 적음을 걱정해야 합니다. 현재 있는 병력을 분산시켜 쓸데없는 곳에 두어서는 안 된다." 하였는데, 이때 이르러 마침내 심복하였다.

徐道覆 帥衆三萬하고 趣江陵할새 奄至破冢①하니 江漢士民이 感劉道規焚書之恩하여 無復貳志라 道規使劉遵으로 別爲遊軍하고 自拒道覆於豫章口러니 前驅失利어늘 遵이 自外橫擊하여 大破之하고 斬首萬餘級하니 餘悉赴水死라 道覆 單舸走還湓口하다 初에 道規使遵爲遊軍하니 衆咸以爲 彊敵在前하니 唯患衆少라 不應分割見(현)力하여 置無用之地라하더니 至是에 乃服하니라

① 破冢은 江津의 동쪽에 있었다.
破冢在江津之東.

【綱】11월에 孫處가 番禺를 공격하여 함락하였다.

十一月에 **孫處攻番禺**하여 **拔之**하다

【目】盧循의 병사로서 廣州를 지키는 자들은 바닷길을 염려하지 않았는데, 孫處가 바다를 통해 곧바로 쳐들어왔고, 마침 큰 안개가 끼었다. 손처가 사면에서 광주를 공격하여 당일에 성을 함락하였다. 손처는 광주의 옛 백성들을 어루만지고 노순의 親屬과 徒黨을 주륙하고, 군대를 무장하여 삼가 지키게 하고는 沈田子 등을 나누어 보내어서 嶺外의 여러 郡을 공격하게 하였다.

盧循兵守廣州者 不以海道爲虞러니 孫處乘海奄至하고 會大霧라 四面攻之하여 卽日拔其城하다

處撫其舊民하고 戮循親黨하고 勒兵謹守하고 分遣沈田子等하여 擊嶺表諸郡하다

【綱】12월에 劉裕가 盧循과 大雷에서 싸우고 또다시 左里에서 싸워 그를 대파하니, 노순과 徐道覆가 남쪽으로 달아나므로 유유가 장군 劉藩 등을 보내어 추격하게 하였다.

十二月에 劉裕及盧循으로 戰於大雷하고 又戰于左里하여 大破之하니 循及道覆南走어늘 裕遣將軍劉藩等하여 追之하다

【目】劉裕가 雷池에 주둔하니, 盧循이 소문을 퍼트리기를 "뇌지를 공격하지 않고 마땅히 물길을 따라 곧바로 동쪽으로 내려가 建康을 공격하려고 한다." 하였다. 유유는 그가 자신과 싸우려 한다는 것을 알고는 大雷로 진군하였는데, 노순과 徐道覆가 수만 명의 병력을 거느리고 강을 뒤덮으며 내려왔다.

유유는 빠른 전함을 총동원하여 여러 군대를 거느리고 공격하였고, 또 보병과 기병을 나누어서 西岸에 주둔하되 먼저 火攻할 도구를 준비하게 하였다. 유유가 강한 弓弩 부대로 노순의 군대를 향하여 쏘고 바람과 물(파도)의 형세를 이용하여 압박하니, 노순의 전함이 모두 서안에 정박하였다. 이때 언덕 위에 있는 군대가 불을 던져 노순의 전함을 불태우니, 노순의 군대가 대패하여 장차 豫章으로 달아나려 할 적에 마침내 모든 힘을 다하여 左里城에 목책을 세워 길을 차단하였다.

유유가 도착하여 군대를 지휘하여 공격하려 할 적에 깃대가 부러져 깃발이 물에 잠기니, 사람들이 모두 놀라 두려워하였다. 유유가 웃으며 말하기를 "지난해 覆舟山의 전투에서도 이와 같았는데 지금 마침내 다시 그러하니, 반드시 적을 격파할 것이다." 하고는 즉시 목책을 깨트리고 전진하니, 적을 죽이거나 물에 빠트려 죽게 한 것이 만여 명이었다.

노순은 흩어진 병졸을 거두어 곧바로 番禺로 돌아가고 서도부는 달아나 始興을 지켰다. 유유가 劉藩과 孟懷玉 등을 보내어 그들을 추격하게 하고 마침내 建康으로 돌아왔다. 劉毅는 劉穆之를 미워하여 매번 그의 권세가 너무 무겁다고 말하였으나 유유는 더욱 그를 친애하고 신임하였다.

劉裕軍雷池하니 盧循이 揚聲不攻雷池하고 當乘流徑下라하니 裕知其欲戰하고 進軍大雷①러니 循及徐道覆 帥衆數萬하고 塞江而下라 裕悉出輕艦하여 帥衆軍擊之하고 又分步騎하여 屯於西岸호되 先備火具하다 裕以勁弩로 射循軍하고 因風水之勢以蹙之하니 循艦이 悉泊西岸이라 岸上軍이 投火

焚之하니 循兵이 大敗하여 將趣豫章할새 乃悉力柵斷左里②러라 裕至攻之하여 麾兵將戰할새 麾折幡沈하니 衆皆懼라 裕笑曰 往年覆舟之戰에 如是러니 今乃復然하니 必破賊矣③라하고 卽破柵而進하니 殺溺死者萬餘人이라 循이 收散卒하여 徑還番禺하고 道覆는 走保始興이어늘 裕遣劉藩, 孟懷玉等하여 追之하고 遂還建康하다 劉毅惡(오)劉穆之하여 每言其權太重호되 裕益親任之하니라

① ≪同安志≫에 이르기를 "雷池의 발원지는 宿松縣의 경계에 있다. 동쪽으로 200여 리를 흘러 望江縣 남쪽으로 5리를 지나 龍潭河와 합류하고 30리를 지나 大江으로 나오니, 이곳이 바로 大雷池이다." 하였다. 杜佑가 말하였다. "晉나라의 大雷戍는 舒州 望江縣이 이곳이니, 지금 皖口의 서쪽에 雷江口가 있는바, 바로 그 지역이다."
同安志曰 "雷池源, (去)〔在〕[48]宿松縣界. 東流二百餘里, 經望江縣南五里, 龍潭河合流, 三十里出大江, 此卽大雷池也." 杜佑曰 "晉大雷戍, 舒州望江縣是, 今皖口之西有雷江口, 卽其地."

② 左里는 이 지역이 章江의 왼쪽에 있으므로 이름한 것이다.
左里, 以其地在章江之左, 故名.

③ 覆舟山의 전투는 桓玄과 桓謙 등과 싸울 때를 말한 것이다.
覆舟之戰, 謂討桓玄與桓謙等戰時也.

48) (去)〔在〕: 저본에는 '去'로 되어 있으나, ≪資治通鑑≫ 註에 의거하여 '在'로 바로잡았다.

思政殿訓義 資治通鑑綱目 제24권 상

-晉 安帝 義熙 7년(411)~晉 恭帝 元熙 원년(419)-

≪資治通鑑綱目≫ 제24권은 辛亥年(411) 晉나라(東晉) 安帝 義熙 7년부터 丁卯年(427) 宋나라 文帝 元嘉 4년과 魏나라(北魏) 太武帝 始光 4년까지이니, 모두 17년이다.

起辛亥晉安帝義熙七年하여 盡丁卯宋文帝元嘉四年과 魏太武帝始光四年하니 凡十七年이라

辛亥年(411)

【綱】 晉나라(東晉) 孝安皇帝 義熙 7년이다.

七年이라

【目】 秦主(後秦) 姚興 弘始 13년이고, 魏나라(北魏) 太宗 拓跋嗣 永興 3년이다.

秦弘始十三이요 魏永興三年이라

【綱】 봄 정월에 秦王(後秦) 姚興이 그의 아들 姚弼을 尙書令으로 삼았다.

春正月에 秦王興이 以其子弼爲尙書令[1)]하다

【目】 秦나라 廣平公 姚弼이 秦王 姚興에게 총애를 받아 雍州刺史가 되어 安定에 진주하였는데, 姜紀가 그에게 아첨하여 붙어서 요필에게 권하여 요흥의 측근들과 결탁해서 入朝할 것을 요구하였다. 요흥이 그를 불러 尙書令으로 삼자, 요필이 마침내 온 힘을 다해 조정의 인사들과 결탁해서 명예와 권세를 취하여 東宮(姚泓)을 위태롭게 하니, 나라

1) 以其子弼爲尙書令 : "이것을 쓴 것은 亂의 시작을 드러낸 것이다. 姚弼이 이로부터 권력을 차지하여 처음으로 嫡子를 빼앗을 계획이 있게 되었다.〔書著亂始也 弼自是招權 始有奪嫡之謀矣〕" ≪書法≫

사람들이 그를 미워하였다.

秦廣平公弼이 有寵於秦王興하여 爲雍州刺史하여 鎭安定①이러니 姜紀諂而附之하여 勸弼結興左右以求入朝어늘 興이 召以爲尙書令한대 弼이 遂傾身結納朝士하여 收采名勢하여 以傾東宮하니 國人이 惡(오)之러라

① 姚秦(後秦)은 嶺北의 5개 郡을 나누고 雍州刺史를 두어 安定에 진주하게 하였다.
姚秦, 分嶺北五郡, 置雍州刺史, 鎭安定.

【綱】 西秦이 다시 秦나라(後秦)에 항복하였다.

西秦이 復降于秦하다

【目】 秦나라가 太尉 索稜(삭릉)을 隴西에 진주시키고 西秦을 위무하여 복종시키자, 乞伏乾歸가 사신을 보내어 사죄하고 항복을 청하였다. 秦나라는 걸복건귀를 河南王에, 태자 乞伏熾磐을 平昌公에 임명하였다.

秦이 使太尉索稜으로 鎭隴西하고 招撫西秦하니 乞伏乾歸 遣使謝罪請降이어늘 秦이 拜乾歸河南王하고 太子熾磐平昌公하다

【綱】 秦王(後秦) 姚興이 여러 신하에게 명하여 어진 이와 재주 있는 이를 천거하게 하였다.

秦王興이 命群臣擧賢才[2)]하다

【目】 秦王 姚興이 신하들에게 명하여 어진 이와 재주 있는 이를 찾아 천거하게 하였다. 右僕射 梁喜가 말하기를 "臣이 여러 번 詔命을 받들었으나 적임자를 구하지 못했으니, 이 시대에 인재가 없다고 이를 만합니다." 하자, 요흥이 다음과 같이 말하였다.

"예로부터 帝王이 처음 흥기할 적에 일찍이 옛날의 이름난 정승에게서 정승을 구하지 않았고, 장래에 나타날 장군을 기다리지도 않았다. 때에 따라 재주 있는 사람에게 맡겨

2) 命群臣擧賢才 : "무릇 어진 자를 천거했다고 쓴 것은 찬미한 것이다. ≪資治通鑑綱目≫은 작은 善도 기록하였다. 그러므로 曹操가 명령을 내려 인재를 구할 적에 썼고,(漢나라 獻帝 建安 14년(209)이다.) 秦王 姚興이 여러 신하에게 명하여 어진 이와 재주 있는 이를 천거하게 할 적에 쓴 것이다.(이해(411)이다.)〔凡書擧賢 美也 綱目錄小善 故曹操下令求才書(漢獻帝建安十四年) 秦王興命群臣擧賢才書(是年)〕" ≪書法≫

서 모두 훌륭한 정치를 이룩하였으니, 卿 스스로가 인재를 알아보고 발탁하는 데에 밝지 못한 것이다. 어찌 온 四海를 속일 수 있겠는가."

이에 신하들이 모두 기뻐하였다.

秦王興이 命群臣搜擧賢才한대 右僕射梁喜曰 臣이 累受詔而未得其人하니 世可謂乏才矣로이다 興曰 自古帝王之興에 未嘗取相於昔人하고 待將於將來하고 隨時任才하여 皆能致治하니 卿自識拔不明이라 安得遠誣四海乎리오하니 群臣이 咸悅이러라

【綱】 夏나라가 秦나라(後秦)의 杏城을 공격하여 이곳을 지키던 장수 姚詳을 참수하고, 마침내 安定과 東鄕을 공격하여 모두 점령하였다.

夏攻秦杏城하여 斬其守將姚詳하고 遂攻安定, 東鄕하여 皆克之하다

【目】 秦나라 姚詳이 杏城에 주둔하였는데, 夏王 赫連勃勃의 핍박을 받아서 남쪽의 大蘇로 달아났다. 혁련발발이 추격하여 참수하고는 마침내 安定을 공격하여 楊佛嵩을 격파하고 그의 무리 수만 명을 항복시켰으며, 전진하여 東鄕을 공격해서 함락하였다. 秦나라의 鎭北參軍 王買德이 夏나라로 도망해오자, 혁련발발이 秦나라를 멸망시킬 수 있는 계책을 물으니, 왕매덕이 다음과 같이 대답하였다.

"秦나라의 德이 비록 쇠하였으나 藩鎭들이 아직도 견고하니, 우선 힘을 비축하고 기다려야 합니다."

혁련발발이 왕매덕을 軍師中郎將으로 삼았다.

秦姚詳이 屯杏城이러니 爲夏王勃勃所逼하여 南奔大蘇어늘 勃勃이 追斬之하고 遂攻安定하여 破楊佛嵩하고 降其衆數萬하고 進攻東鄕하여 下之[①]하다 秦鎭北參軍王買德이 奔夏어늘 勃勃이 問以滅秦之策한대 買德曰 秦德이 雖衰나 藩鎭이 猶固하니 願且蓄力以待之라하니 勃勃이 以爲軍師中郎將하다

① 鄕은 본음대로 읽으니, 東鄕은 郡의 이름이다. ≪史記索隱≫에 "頻陽縣에 있다." 하였다. ≪漢書≫ 〈地理志〉를 살펴보면 頻陽縣은 馮翊에 속하였다.
鄕, 如字. 東鄕, 郡名. 索隱曰 "在頻陽縣." 按漢地志, 頻陽屬馮翊.

【綱】 劉藩 등이 始興을 함락하고 徐道覆를 참수하였다.

劉藩等이 克始興하고 斬徐道覆하다

【綱】北涼이 姑臧을 함락하고 마침내 南涼을 공격하였으나 이기지 못하였다.

◑北涼이 拔姑臧하고 遂攻南涼이나 不克하다

【目】北涼王 沮渠蒙遜이 姑臧을 함락하여 焦朗을 사로잡고 자신의 아우 沮渠挐(저거너)로 고장에 진주하게 하였다. 마침내 南涼을 공격하여 남량의 도성인 樂都를 포위하였으나, 이기지 못하고 인질을 붙잡아 돌아왔다.

北涼王蒙遜이 拔姑臧하여 執焦朗하고 以弟挐鎭之①하고 遂攻南涼하여 圍樂都러니 不克하고 取質而還하다

① 挐는 女居의 切이니, 沮渠蒙遜의 아우 이름이다.
挐, 女居切, 蒙遜之弟名.

【綱】南涼이 北涼을 공격하다가 대패하고 돌아갔다.

南涼이 攻北涼이라가 大敗而還하다

【目】南涼王 禿髮傉檀이 北涼을 공격하려고 하자, 護軍 孟愷가 간하기를 "沮渠蒙遜이 새로 姑臧을 겸병하여 흉악한 기세가 한창 강성하니, 공격해서는 안 됩니다."라고 하였으나, 듣지 않았다.

군대를 징발하여 다섯 갈래의 길로 함께 전진하여 番禾와 苕藋(초조)에 이르러 5천여 戶를 약탈하고 돌아갔는데, 장군 屈右가 말하기를 "지금 이미 승리하였으니, 마땅히 회군하는 속도를 곱절로 높여 서둘러 위험한 지역을 빠져나가야 합니다. 저거몽손이 만약 경무장한 군대로 급히 쳐들어와서 큰 적이 밖에서 핍박하고 이주한 가호들이 안에서 배반하면 이는 위태로운 방법입니다." 하였으나, 또 듣지 않았다.

얼마 후 짙은 안개가 끼고 비바람이 치는데 저거몽손의 군대가 대거 몰려오니, 독발욕단이 패하여 달아났다. 저거몽손은 전진하여 樂都를 포위하고서 다시 그의 아들 禿髮染干을 잡아 인질로 삼고 돌아갔다.

南涼王傉檀이 欲伐北涼이어늘 護軍孟愷 諫曰 蒙遜이 新幷姑臧하여 凶勢方盛하니 不可攻也라한대

不聽하다 發兵하여 五道俱進하여 至番禾, 苕藋하여 掠五千餘戶而還이러니 將軍屈右曰 今旣獲利하니 宜倍道旋師하여 早度險阨이니 蒙遜이 若輕軍猝至하여 大敵外逼하고 徙戶內叛이면 此危道也라한대 又不聽이러니 俄而昏霧風雨하고 蒙遜兵이 大至하니 傉檀이 敗走라 蒙遜이 進圍樂都하여 復取其子染干하여 爲質而還하다

【綱】 3월에 劉裕가 비로소 太尉 中書監의 임명을 받았다.

三月에 劉裕 始受太尉中書監之命하다

【目】 劉裕가 劉穆之를 司馬로 삼았다. 유목지가 孟昶의 옛 관리인 謝晦를 천거하니, 유유가 그를 參軍으로 삼았다. 사회는 지식이 풍부하고 다방면에 통달하니, 유유가 깊이 칭찬하고 아꼈다.

裕以劉穆之爲司馬하니 穆之擧孟昶故吏謝晦어늘 裕以爲參軍①하다 晦博贍多通하니 裕深加賞愛러라

①〈謝晦는〉 謝安의 형인 謝據의 증손이다.
謝安兄, 據之曾孫也.

【綱】 여름 4월에 盧循이 番禺를 침략하였다가 이기지 못하고 交州로 달아나자, 交州刺史 杜慧度가 공격하여 참수하였다.

夏四月에 盧循이 寇番禺라가 不克하고 走交州어늘 刺史杜慧度 擊斬之하다

【目】 盧循이 순행하며 병력을 거두어 番禺에 이르러 마침내 포위하자, 孫處가 20여 일을 항거하며 버텼다. 沈田子가 劉藩에게 말하기를 "번우는 본래 적의 소굴이니 內亂이 일어날까 두렵고, 또 孫季高는 병력이 적고 힘이 약하니 지구전을 할 수 없습니다."라고 하고, 마침내 군대를 이끌고 나가 공격하니, 노순의 군대가 여러 번 패하였다.

노순이 마침내 交州로 달아나 龍編津에 이르자, 交州刺史 杜慧度가 家產을 털어 군사들에게 상을 주고 노순과 교전하였는데, 雉尾炬라는 횃불을 던져 적의 전함을 불태우고 步兵으로 江岸의 좌우에서 활을 쏘니, 노순의 전함이 불타고 무리가 궤멸되었다. 노순이 스스로 물에 투신하자, 두혜도가 시신을 가져다가 참수하고서 그의 머리를 상자에

담아 建康으로 보냈다.

盧循이 行收兵至番禺하여 遂圍之어늘 孫處拒守二十餘日이러니 沈田子言於劉藩曰 番禺는 本賊巢穴이라 恐有內變이요 且孫季高兵力寡弱하여 不能持久라하고 乃引兵擊之①하니 循兵이 屢敗라 遂奔交州하여 至龍編津②이어늘 刺史杜慧度 悉散家財하여 以賞軍士하고 與循合戰할새 擲雉尾炬하여 焚其艦하고 以步兵으로 夾岸射之③하니 循이 艦燃衆潰라 自投于水어늘 慧度取尸斬首하여 函送建康하다

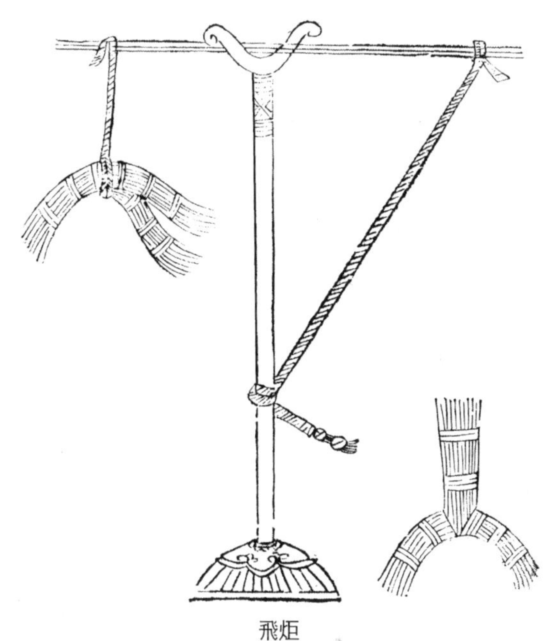
飛炬

① 季高는 孫處의 字이다.
季高, 處字.

② 龍編縣은 交趾郡에 속하였는데 州와 郡의 치소가 모두 이 縣에 있었다.
龍編縣, 屬交趾郡, 州・郡皆治焉.

③ 雉尾炬는 풀을 묶은 다발의 머리 쪽에는 화살촉을 끼우고 꼬리 쪽은 흩어놓으면 꿩 꼬리처럼 되는데, 여기에 불을 붙여 적에게 던지는 것이다.
雉尾炬, 束草之一頭, 施鐵鏃, 草尾則散開如雉尾然, 爇火以投敵.

【綱】〈晉나라(東晉)가〉 詔命을 내려 劉毅에게 都督江州軍事를 겸하게 하였다.

詔劉毅兼督江州軍事하다

【目】처음에 劉毅가 京口에 있을 적에 몹시 빈곤하였는데, 아는 사람들과 東堂에서 활쏘기를 할 적에 司徒長史 庾悅이 뒤늦게 와서 射堂을 빼앗자, 사람들은 모두 피했으나 유의만이 떠나가지 않았다. 유열이 부엌에서 음식을 풍성하게 장만하고도 유의에게는 주지 않았고, 유의가 유열에게 子鵝炙(거위 새끼 구이)을 요구하였으나, 유열이 또 주지 않았다.

이때에 이르러 유열이 江州刺史로 있었는데, 유의가 인하여 江州都督을 겸할 것을 청하니, 詔書를 내려 이를 허락하였다. 유의는 즉시 아뢰기를 "강주는 內地라서 백성을 다스리는 것을 직무로 삼으니, 여기에 軍府를 두어 백성의 재력을 소모해서는 안 됩니다.

마땅히 군부를 혁파하고 豫章으로 진영을 옮겨야 합니다. 다만 尋陽은 南蠻과 인접해 있으니, 江州府에 있는 1,000명의 병력을 보내어 郡(尋陽)의 수비를 돕게 해야 합니다." 하고는 이에 유열을 도독에서 해임하여 예장으로 진영을 옮기게 하고 친한 장수인 趙恢로 심양을 지키게 하니, 유열의 府에 있던 문무 관원 3,000명이 모두 유의의 府로 들어가게 되었다. 유의가 符節을 내려 강주를 엄격하게 단속하니, 유열이 분노하고 두려워하여 卒하였다.

初에 劉毅在京口에 貧困하여 與知識으로 射於東堂이러니 司徒長史庾悅이 後至하여 奪其處①한대 衆皆避之호되 毅獨不去러라 悅이 廚饌甚盛호되 不以及毅하고 毅從悅求子鵝炙(적)호되 悅이 又不與②러니 至是하여 悅이 爲江州刺史라 毅因求兼督江州하니 詔許之한대 毅卽奏江州는 內地라 以治民爲職하니 不當置軍府耗民力이라 宜罷軍府하고 移鎭豫章이요 惟尋陽은 接蠻하니 可卽州府千兵하여 以助郡戍③라하고 於是에 解悅都督하여 徙鎭豫章하고 而以親將趙恢로 守尋陽하니 悅府文武三千이 悉入毅府라 符攝嚴峻하니 悅이 忿懼而卒④하다

① 庾悅은 庾亮의 증손이다.
悅, 亮之曾孫也.
② 子鵝는 거위 새끼이니, 이것으로 구이를 만들면 더욱 살지고 맛이 좋다.
子鵝者, 雛鵝也, 子鵝爲炙, 尤肥美.
③ 卽은 나아감이다.
卽, 就也.
④ '符攝'은 符節을 내려 江州를 뒤따라 단속하게 한 것이다.
符攝, 符下江州追攝之也.

【綱】 가을 7월에 柔然이 燕나라(北燕)에 말을 바치고 혼인을 청하였다.

秋七月에 柔然이 獻馬求昏於燕하다

【目】 柔然의 可汗 郁久閭斛律이 사신을 보내어 燕나라에 말을 바치고 혼인을 청하였다. 燕王 馮跋이 신하들에게 의논하도록 명하자, 馮素弗이 말하기를 "前代에는 모두 宗室의 딸을 六夷[3]들에게 시집보냈으니, 公主를 같은 族類가 아닌 오랑캐에게 下嫁시켜서는 안 됩니다." 하였다. 풍발이 말하기를 "朕이 막 풍속이 다른 오랑캐들을 높이고 믿으니,

3) 六夷 : 胡族(匈奴族), 羯族, 氐族, 羌族, 段氏와 巴蠻을 말한다.(≪資治通鑑綱目≫ 제20권 下)

어찌 종실의 딸을 공주라고 속이겠는가." 하고는 마침내 자신의 딸을 곡률에게 시집보냈다.

풍발은 정사에 힘쓰고 농사짓고 누에 치는 일을 부지런히 권장하였으며, 부역을 줄이고 세금을 적게 하며, 매번 守令들을 임지로 보낼 때마다 반드시 직접 引見하고서 정사하는 요점을 물어 그의 능력을 관찰하니, 燕나라 사람들이 매우 기뻐하였다.

柔然可汗斛律이 遣使하여 獻馬求昏於燕①이어늘 燕王跋이 命群臣議之한대 素弗曰 前世에 皆以宗女妻六夷하니 公主 不宜下降非類니이다 跋曰 朕方崇信殊俗하니 奈何欺之리오하고 乃以其女로 妻斛律하다 跋이 勤於政事하고 勸課農桑하며 省(생)徭役하고 薄賦斂하고 每遣守宰에 必親引見하여 問爲政之要하여 以觀其能하니 燕人이 悅之②러라

① ≪資治通鑑≫에는 "馮跋의 딸 樂浪公主에게 장가들기를 요구했다." 하였다.
通鑑"求娶跋女樂浪公主."

② 見(알현하다)은 賢遍의 切이다.
見, 賢遍切.

【綱】 西秦이 南涼을 공격하여 남량의 군대를 패퇴시켰다.

西秦이 攻南涼하여 敗其兵하다

【綱】 北涼이 西涼을 기습하였으나 이기지 못하였다.

◑北涼이 襲西涼이나 不克하다

【目】 北涼王 沮渠蒙遜이 경무장한 騎兵을 거느리고 西涼을 기습하자, 西涼公 李暠(이고)가 말하기를 "전쟁에는 싸우지 않고도 적을 패퇴시키는 경우가 있으니, 그 銳鋒을 꺾는 것이다. 저거몽손이 새로 우리와 맹약을 맺고서는 갑자기 와서 우리를 습격하니, 우리가 성문을 닫고 싸우지 않고 기다리다가 그들의 銳氣가 다했을 때에 공격하면 승리하지 못할 이유가 없다." 하였다. 얼마 후에 저거몽손이 식량이 떨어져 돌아가자, 이고가 군대를 보내어 요격해서 대파하였다.

北涼王蒙遜이 帥輕騎하고 襲西涼한대 西涼公暠曰 兵有不戰而敗敵者하니 挫其銳也라 蒙遜이 新與吾盟이어늘 而遽來襲我하니 我閉門不戰하여 待其銳氣竭而擊之면 蔑不克矣리라 頃之에 蒙遜이

糧盡而歸어늘 **纍遣兵邀擊**하여 **大敗之**하다

【綱】 西秦이 秦나라(後秦)의 柏陽堡와 水洛城을 공격하여 모두 점령하였다.

西秦이 **攻秦柏陽堡, 水洛城**하여 **皆克之**①하다

① 鄭戩(정전)이 말하였다. "水洛城은 서쪽으로 隴坻를 점유하여 秦州와 왕래하는 길과 통한다. 隴 지방의 두 물이 城을 돌아 서쪽으로 흘러서 渭河를 띠처럼 두르니, 냇물의 흐름이 평온하고 땅이 비옥하여 너비가 수백 리였다."
鄭戩曰 "水洛城, 西占隴坻, 通秦州往來路. 隴之二水, 環城西流, 繞帶渭河, 川平土沃, 廣數百里."

壬子年(412)

【綱】 晉나라(東晉) 孝安皇帝 義熙 8년이다.

八年이라

【目】 秦主(後秦) 姚興 弘始 14년이고 魏나라(北魏) 太宗 拓跋嗣 永興 4년이다. 西秦王 乞伏熾磐 永康 원년이고 北涼王 沮渠蒙遜 玄始 원년이다.

秦弘始十四年이요 魏永興四年이라 ◑ 西秦王乞伏熾磐永康元이요 北涼玄始元年이라

【綱】 여름 4월에 劉毅를 都督荊·寧·秦·雍軍事로 삼았다.

夏四月에 **以劉毅**로 **都督荊寧秦雍軍事**하다

【目】 荊州刺史 劉道規가 병을 이유로 建康으로 돌아갈 것을 청하자, 詔令을 내려 劉毅로 대신하게 하였다. 유도규가 형주에 있은 지 여러 해였는데 추호도 재물을 범함이 없어, 그가 돌아갈 때에 府庫와 帷幕이 엄연히 옛날과 똑같았다. 자신을 따르던 甲士 두 사람이 유도규가 官府에서 사용하던 거적자리를 배 안으로 옮기자, 유도규가 그들을 즉시 시장에서 형벌하였다.

유의는 성격이 드세고 괴팍하여 스스로 功이 劉裕와 대등하다고 여겨서 비록 임시로

유유를 섬기고 받들었으나 마음속으로는 복종하지 않았다. 方岳의 지위(형주자사)에 있게 되자 항상 뜻을 얻지 못한 것에 불만을 품으므로 유유가 매번 부드러우면서 온순하게 대하니, 유의는 교만하고 방자함이 더욱 심하였다. 그러다가 桑落에서 패하자, 인심이 자신을 떠난 것을 알고는 마음속으로 더더욱 격분하였다.

荊州刺史劉道規 以疾求歸어늘 詔以劉毅代之하다 道規在州累年에 秋毫無犯하고 及歸에 府庫帷幕이 儼然若舊러니 隨身甲士二人이 遷席于舟中이어늘 道規刑之於市하니라 毅剛愎하여 自謂功與裕埒이라하여 雖權事推裕나 而心不服①이러라 及居方岳에 常怏怏不得志어늘 裕每柔而順之하니 毅驕縱恣甚이러니 及敗於桑落에 知物情去已하고 彌復憤激이러라

① 埒은 음이 劣이니, 똑같음이다.
埒, 音劣, 等也.

【目】 유유는 평소 학문을 하지 않았고 유의는 자못 文雅를 섭렵하였다. 이 때문에 조정의 인사 중에 고아한 명망을 지닌 자들이 대부분 유의에게 귀의하였는데, 僕射 謝混, 丹陽尹 郗僧施와 더욱 깊이 의지하고 결탁하였다. 유의가 上流인 형주를 차지하자, 은밀히 유유를 도모할 생각을 품어 交州와 廣州를 겸하여 都督할 것을 요구하고, 치승시를 南蠻校尉로 삼고 毛修之를 南郡太守로 삼겠다고 하니, 유유가 이것을 모두 허락하였다.

유의가 다시 表文을 올려 京口에 이르러 선영에 하직할 것을 청하자 유유가 직접 가서 그를 만났는데, 이때 장군 胡藩이 유유에게 말하기를 "公은 劉衛軍이 끝내 公의 부하가 되리라고 여기십니까?" 하니, 유유가 한동안 침묵하고 있다가 말하기를 "卿은 어떻게 생각하는가?" 하였다. 호번이 다음과 같이 말하였다.

"공께서는 백만의 무리를 연합해서 통솔하여 공격하면 반드시 점령하고 싸우면 반드시 승리하시니, 유의가 참으로 이 때문에 공에게 복종하고 있으나, 傳記(書籍)를 섭렵하여 한번 담론하고 한번 시를 읊음에 이르러는 자신이 영웅호걸이라고 여깁니다. 이 때문에 搢紳과 白面書生들이 몰려들어 그에게 귀의하는 것입니다. 그가 끝내 공의 부하가 되지 않을까 두려우니, 기회를 보아 체포하는 것만 못합니다."

유유는 말하기를 "내가 유의와 더불어 적(桓玄)을 이겨 나라를 회복하는 공을 함께 세웠으니, 그의 허물이 드러나기 전에 내가 스스로 도모할 수 없다." 하였다.

劉道規가 얼마 후에 卒하였다.

裕素不學하고 而毅頗涉文雅라 故朝士有淸望者 多歸之하니 與僕射謝混, 丹陽尹(郄)〔郗〕[4]

僧施로 深相憑結①이러라 旣據上流에 陰有圖裕之志하여 求兼督交, 廣하고 以僧施爲南蠻校尉하고 毛修之爲南郡太守어늘 裕皆許之하다 復表求至京口辭墓어늘 裕往會之한대 將軍胡藩이 言於裕曰 公謂劉衛軍이 終能爲公下乎②잇가 裕默然久之에 曰 卿謂何如오 藩曰 連百萬之衆하여 攻必取하고 戰必克하시니 毅固以此服公이어니와 至於涉獵傳記하여 一談一詠하여는 自許以爲雄豪③라 以是로 搢紳白面之士 輻湊歸之하니 恐終不爲公下하리니 不如因會取之니이다 裕曰 吾與毅로 俱有克復之功하니 其過未彰에 不可自相圖也니라 道規尋卒하다

① 郗僧施는 郗超의 조카이다.
僧施, 超之從子也.
② 劉毅가 衛將軍이 되었으므로 劉衛軍이라고 칭한 것이다.
毅爲衛將軍, 故稱之.
③ 涉은 물을 건넘과 같고 獵은 짐승을 사냥하는 것과 같으니, 〈'涉獵傳記'는〉 書籍을 대략 지나쳐 보기만 하고 전일하고 정밀하지는 않음을 말한 것이다.
涉, 若涉水, 獵, 若獵獸, 言歷覽之, 不專精也.

【綱】 6월에 西秦의 乞伏公府가 군주 乞伏乾歸를 시해하자, 가을에 세자 乞伏熾磐이 토벌하여 그를 죽이고 스스로 즉위하였다.

六月에 西秦乞伏公府 弒其君乾歸어늘 秋에 世子熾磐이 討殺之而自立5)하다

【目】 乞伏公府가 西秦王 乞伏乾歸 및 그의 아들 10여 명을 죽이고 달아나 大夏를 점거하여 지키자, 乞伏熾磐이 그의 아우 乞伏智達을 보내어 토벌하게 하였다. 秦나라(後秦)의 많은 사람들이 西秦의 내란을 틈타 걸복치반을 공격할 것을 秦王 姚興에게 권하자, 요흥이 말하기를 "남의 喪을 틈타 공격하는 것은 禮가 아니다."라고 하였다.

夏王 赫連勃勃이 공격하려고 하자, 王買德이 말하기를 "걸복치반은 우리의 동맹국입니다. 지금 초상과 내란을 만났는데 우리가 그를 구휼하지 못하고 또 공격하는 것은 匹夫도 오히려 이런 짓을 하는 것을 부끄러워하는데, 하물며 萬乘을 소유한 天子이겠습니까." 하니, 혁련발발이 마침내 중지하였다.

---

4) (郄)〔郗〕 : 저본에는 '郄'으로 되어 있으나, ≪資治通鑑綱目≫(≪朱子全書≫ 9, 上海古籍出版社) 및 ≪資治通鑑≫에 의거하여 '郗'로 바로잡았다. 아래도 같다.
5) 世子熾磐 討殺之而自立 : "무릇 '自立'이라고 쓴 것은 찬탈하는 경우의 글이다. 乞伏熾磐은 세자인데도 '자립'이라고 쓴 것은 어째서인가. 오직 적자이기 때문에 혐의가 없는 것이다.(義熙 5년(409)에 자세히 보인다.)〔凡書自立 簒辭也 熾磐 世子也 則其書自立 何 惟嫡故無嫌也(詳義熙五年)〕" ≪書法≫

7월에 걸복지달이 걸복공부를 격파하여 그를 사로잡아 譚郊에서 車裂刑에 처하였다. 8월에 걸복치반이 스스로 즉위하여 河南王이 되고 枹罕으로 천도하였다.

乞伏公府 弑西秦王乾歸及其子十餘人하고 走保大夏①어늘 熾磐이 遣其弟智達討之러니 秦人이 多勸秦王興乘亂取熾磐이어늘 興曰 伐人喪이 非禮也니라 夏王勃勃이 欲攻之어늘 王買德曰 熾磐은 吾之與國이라 今遭喪亂에 吾不能恤하고 而又伐之면 匹夫도 且猶恥爲온 況萬乘乎잇가 勃勃이 乃止하다 七月에 智達이 擊破公府하여 獲而轘之譚郊②하다 八月에 熾磐이 自立爲河南王하고 遷都枹罕하다

① 乞伏公府는 乞伏國仁의 아들이니, 즉위하지 못했기 때문에 弑逆을 행한 것이다.
公府, 國仁之子也, 以不得立, 故行弑逆.
② 乞伏氏가 譚郊에 도읍하였으니, 譚郊는 治城의 서북쪽에 있다.
乞伏, 都譚郊, 譚郊, 在治城西北.

【綱】〈晉나라(東晉)〉 皇后 王氏가 崩하였다.

皇后王氏崩하다

【綱】僖皇后6)를 장례하였다.

◑葬僖皇后하다

【綱】겨울에 〈晉나라(東晉)〉 太尉 劉裕가 군대를 거느리고 荊州를 습격하여 都督 劉毅를 죽였다.

◑冬에 太尉裕 帥師襲荊州하여 殺都督劉毅하다

【目】劉毅가 江陵에 부임하자, 대부분의 守令들을 교체하고 곧장 豫州와 江州의 문무 관원과 병력 1만여 명을 나누어 자신을 따르게 하였다. 유의가 때마침 병이 위독하였는데, 郗僧施가 유의에게 권하여 유의의 從弟인 兗州刺史 劉藩을 자신의 副官으로 삼게 해줄 것을 청하니, 劉裕가 거짓으로 허락하는 체하였다. 유번이 廣陵에서 入朝하자, 유유는 詔書로 유의와 유번과 謝混이 함께 不軌를 도모한다고 죄상을 나열하여 유번과 사

6) 僖皇后 : 皇后 王氏를 가리킨다. 僖는 시호이다.

혼을 賜死하고, 마침내 여러 군대를 거느리고 建康을 출발하였다. 이때 王鎭惡이 큰 배 백 척을 지급받아 선봉이 될 것을 청하고 밤낮으로 배를 몰면서 소문내기를 "劉兗州(劉藩)가 올라온다." 하였다.

毅至江陵에 多變易守宰하고 輒割豫江文武兵力萬餘人以自隨[①]러니 會疾篤에 (郄)〔郗〕僧施勸毅請從弟兗州刺史藩以自副한대 劉裕僞許之하다 藩이 自廣陵入朝어늘 裕以詔書로 罪狀毅與藩及謝混이 共謀不軌라하여 賜藩, 混死하고 遂帥諸軍發建康이러니 王鎭惡이 請給百舸爲前驅하여 晝夜兼行하여 揚聲言劉兗州上[②]이라하다

① 〈'豫江文武兵力'은〉 ≪資治通鑑≫에는 '豫州文武江州兵力(豫州의 文武 관원과 江州의 兵力)'이라고 되어 있다.
通鑑, 豫州文武・江州兵力.

② 上(올라감)은 時掌의 切이다. 아래 '步上'의 上도 같다.
上, 時掌切, 下步上同.

【目】10월에 왕진악이 豫章口에 도착하여 江陵城에서 20리 떨어진 곳에 배를 두고 도보로 올라가면서, 배마다 한두 사람을 남겨두어 지키게 하고 배를 마주한 江岸 위에 6, 7개의 깃발을 세우고, 깃발 아래 북을 설치하였다. 배에 남아 지키는 병사에게 당부하기를 "내가 장차 江陵城에 도착할 때를 잘 헤아려서 곧 북을 요란스럽게 쳐서 마치 뒤에 大軍이 있는 것처럼 하라." 하고, 또 사람을 나누어 보내서 강나루에 있는 배와 전함을 불태우게 하였다.

왕진악이 곧바로 앞으로 나아가 강릉성을 기습하니, 5, 6리를 남겨놓고 나서야 劉毅가 비로소 알게 되었다. 유의가 명령을 내려 성문들을 닫게 하였으나, 미처 성문들을 내리기 전에 왕진악이 이미 달려 들어가서 성안에 있는 병사와 싸워 金城에 구멍을 뚫고 들어가니, 성안의 군대가 흩어졌다. 유의가 좌우를 거느리고 포위를 뚫고 나가서 밤에 佛寺에 찾아가 몸을 의탁하였으나 불사의 승려가 거절하니, 마침내 목을 매어 죽었다.

十月에 至豫章口하여 去江陵城二十里하여 捨船步上하고 舸留一二人하여 對舸岸上에 立六七旗하고 旗下置鼓하고 語所留人호되 計我將至城하여 便鼓嚴하여 令若後有大軍狀[①]하라하고 又分遣人하여 燒江津船艦하다 鎭惡이 徑前襲城하니 未至五六里에 毅乃覺之하고 行令閉諸城門이러니 未及下關에 鎭惡이 已馳入하여 與城內兵鬪하여 穴其金城而入하니 城中兵이 散[②]이라 毅帥左右突出하여 夜投佛寺러니 寺僧이 拒之하니 乃縊而死[③]하다

① '鼓嚴'은 북을 요란스럽게 치는 것이다.
鼓嚴, 擂鼓也.

② 무릇 城 안의 牙城을 晉, 宋 시대에는 金城이라 하였다.
凡城內牙城, 晉・宋時謂之金城.

③ 처음 桓蔚이 패했을 적에 달아나 牛牧寺의 승려인 昌에게 몸을 의탁하자 昌이 그를 보호하여 감춰주었는데, 劉毅가 昌을 죽였다. 이때 절의 승려가 유의를 거절하며 말하기를 "예전에 우리 죽은 大師께서 환울을 받아주었다가 劉衛軍에게 살해당했으니, 지금 실로 감히 다른 사람을 받아줄 수 없습니다." 하였다. 유의가 탄식하기를 "자기가 만든 법에 자기가 해를 입음이 마침내 이 지경에 이르렀단 말인가." 하고는 마침내 목을 매어 죽었다.
初桓蔚之敗也, 走投牛牧寺僧昌, 昌保藏之, 毅殺昌. 至是, 寺僧拒之曰 "昔亡師容桓蔚, 爲劉衛軍所殺, 今實不敢容異人." 毅歎曰 "爲法自弊, 一至於此." 遂縊而死.

【目】 처음에 謝混이 劉毅와 매우 친하였는데, 사혼의 從兄인 謝澹이 항상 이것을 염려하여 점점 소원히 하였고, 또 아우 謝璞에게 이르기를 "益壽(謝混)의 이러한 성질이 끝내 집안을 망칠 것이다." 하였는데, 이때 이르러 과연 그 말이 맞았다.

유의의 季父 劉鎭之는 한가로이 京口에 살면서 나라의 부름에 응하지 않고, 항상 유의와 劉藩에게 이르기를 "너희들의 재주와 器局이 충분히 뜻을 얻을 수 있으나, 다만 오래 유지하지 못할까 염려될 뿐이다. 내가 너희들을 찾아가서 재물과 지위를 구하지 않았으니, 또한 너희들과 함께 죄를 받지도 않겠다." 하고, 매번 유의와 유번의 부하들이 문에 이르는 것을 보면 그때마다 번번이 욕을 하니, 유의가 매우 공경하고 두려워해서 季父의 집을 수백 보쯤 남겨놓았을 때 호위병들을 모두 물리쳤다. 이때 이르러 유의가 조정에 아뢰어 유진지를 불러 散騎常侍를 삼았으나, 굳이 사양하고 오지 않았다.

初에 謝混이 與毅款昵①이러니 混從兄澹이 常以爲憂하여 漸與之疎②하고 且謂弟璞曰 益壽此性이 終當破家라하더니 至是하여 果驗③하다 毅季父鎭之 閒居京口하여 不應辟召하고 嘗謂毅及藩曰 汝輩才器 足以得志나 但恐不久耳라 我不就爾求財位하니 亦不同爾受罪累라하고 每見毅, 藩導從到門이면 輒詬之하니 毅甚敬畏하여 未至宅數百步에 悉屛儀衛러라 至是하여 裕奏徵爲散騎常侍하니 固辭不至하다

① 款昵은 款密이니, 密은 친밀하고 가까운 것이다.
款昵, 款密, 密, 親昵也.

② 謝澹은 謝安의 손자이다.
澹, 安之孫也.

③ 益壽는 謝混의 젊었을 때의 字이다.
益壽, 混小字.

【目】 11월에 劉裕가 江陵에 이르러 郗僧施를 죽이고 毛修之는 평소 자신과 친하였으므로 특별히 용서하였다. 유유가 劉毅의 옛 관리인 申永에게 묻기를 "지금 내가 무엇을 베풀면 좋겠는가." 하자, 대답하기를 "묵은 원한을 없애고 혜택을 곱절로 베풀며, 문벌의 차서에 따라 敍用하되 재주 있고 유능한 자를 발탁해야 하니, 이와 같이 할 뿐입니다." 하였다. 유유가 그의 말을 따르니, 荊州 사람들이 기뻐하였다.

十月에 裕至江陵하여 殺(郗)〔郄〕僧施하고 毛脩之는 素自結於裕라 故特宥之하다 裕問毅故吏申永曰 今日何施而可오 對曰 除宿釁하고 倍惠澤하여 敍門次하되 擢才能이니 如此而已[①]니이다 裕用其言하니 荊人이 悅之러라

① 魏·晉 이래로 대체로 문벌의 높고 낮음을 가지고 사람을 등용하는 차례로 삼았다.
魏晉以來, 率以門地高下爲用人之次第.

【綱】 秦나라(後秦) 雍州刺史 楊佛嵩이 夏나라를 공격하였는데, 夏王 赫連勃勃이 그와 싸워 격파하였다.

秦雍州刺史楊佛嵩이 攻夏러니 夏王勃勃이 與戰하여 破之하다

【綱】 北涼이 姑臧으로 수도를 옮겼다.

◑ 北涼이 遷于姑臧하다

【目】 〈北涼의〉 沮渠蒙遜이 처음으로 河西王을 칭하고 官僚를 배치하였다.

蒙遜이 始稱河西王하고 置官僚하다

【綱】 12월에 益州刺史 朱齡石을 보내어 군대를 거느리고 蜀 지방(後蜀)을 공격하게 하였다.

十二月에 遣益州刺史朱齡石하여 帥師伐蜀하다

【目】劉裕가 蜀 지방을 공격할 것을 도모할 적에 朱齡石이 무예가 있고 관리의 직무에 노련하다고 하여 그를 元帥로 삼으려 하니, 사람들이 모두 말하기를 "주영석의 資歷(자격과 경력)과 명망이 아직은 가벼워 중임을 감당하기에는 버겁습니다." 하였으나, 유유는 그 말을 따르지 않고 주영석을 益州刺史로 삼아서 장군 臧熹와 蒯恩, 劉鍾 등을 거느리고 蜀 지방을 공격하게 하였다. 장희는 유유의 妻弟(손아래 처남)로, 지위가 주영석보다 위에 있었으나 그 역시 주영석에게 예속시켰다.

유유가 주영석과 다음과 같이 은밀히 모의하였다.

"지난해 劉敬宣이 〈內水에 있는〉 黃虎로 출병했다가 功이 없이 돌아왔으니, 적들은 우리가 이번에는 응당 外水를 따라 쳐들어올 것이라고 생각할 것이다. 그러나 우리가 마땅히 자신들이 예상하지 못한 쪽을 공격하기 위하여 오히려 내수를 따라 올 것이라고 예상하고 있을 것이다. 이와 같다면 반드시 많은 병력으로 涪城을 지켜서 내수의 안에 통행하는 길을 대비할 것이니, 우리가 만약 황호로 향하면 바로 그들의 계략에 빠지는 것이다. 〈그러지 말고〉 이제 대병력을 거느리고 외수로부터 成都를 점령하고 疑兵(적을 교란시키는 가짜 군사)을 내수로 출병하면 이것이야말로 적을 제압할 수 있는 기이한 계책이다. 다만 소문이 먼저 알려지면 적이 허실을 알게 될까 염려스럽다."

유유는 별도로 函書(편지)를 써서 봉함하여 주영석에게 주고, 함서 옆 가장자리에 쓰기를 "白帝城에 이르러 비로소 열어보라." 하니, 여러 군대가 비록 앞으로 나아가면서도 〈내수로 갈지 외수로 갈지〉 處分한 경로를 알지 못하였다.

劉裕謀伐蜀할새 以齡石有武幹하고 練吏職이라하여 欲以爲元帥하니 衆皆以齡石이 資名尙輕하여 難當重任이로되 裕不從하고 以齡石으로 爲益州刺史하여 率將軍臧熹, 蒯恩, 劉鍾等하여 伐蜀하니 熹는 裕之妻弟라 位居齡石之右러니 亦使隸焉하다 裕與齡石으로 密謀曰 往年에 劉敬宣이 出黃虎라가 無功而還하니 賊謂我今應從外水往이나 而料我當出其不意하여 猶從內水來也[①]리니 如此면 必以重兵으로 守涪城以備內道니 若向黃虎면 正墮其計라 今以大衆으로 自外水로 取成都하고 疑兵出內水하면 此制敵之奇也로되 而慮此聲先馳면 賊審虛實이라하고 別有函書하여 封付齡石하고 署函邊曰 至白帝乃開[②]라하니 諸軍이 雖進이나 而未知處分所由러라

① 庾仲雍이 말하였다. "巴郡의 江州縣은 두 물의 어구와 마주하니, 오른쪽은 涪內水이고 왼쪽은 蜀外水이다."
庾仲雍曰 "巴郡江州縣對二水口, 右則涪內水, 左則蜀外水."

② 署는 쓰는 것이고 函은 匱와 같으니, 函은 편지를 넣는 것이므로 函書라 한 것이다. 邊은 函 겉의 가장자리를 이른다.

署, 簽書也, 函, 猶匱也, 所以盛書, 故曰函書. 邊, 謂函外邊畔.

【綱】太尉 劉裕가 스스로 太傅와 揚州牧을 더했다가 다시 사양하고 받지 않았다.

太尉裕 自加太傅, 揚州牧하고 **復辭不受**[7)]하다

癸丑年(413)

【綱】晉나라(東晉) 孝安皇帝 義熙 9년이다.

九年이라

【目】秦主(後秦) 姚興 弘始 15년이고, 魏나라(北魏) 太宗 拓跋嗣 永興 5년이다. 夏主 赫連勃勃 鳳翔 원년이다.

秦弘始十五요 **魏永興五年**이라 ◑ **夏鳳翔元年**이라

【綱】봄에 太尉 劉裕가 建康으로 돌아와서 豫州刺史 諸葛長民을 죽였다.

春에 **太尉裕 還建康**하여 **殺豫州刺史諸葛長民**[8)]하다

【目】처음에 劉裕가 서쪽(劉毅의 荊州)을 정벌할 적에 諸葛長民을 남겨두어 留府의 일을 감독하게 하였는데, 단독으로 감당하기 어려울까 염려하여 마침내 劉穆之에게 建武將軍을 더하여 관리를 배치하고 군대를 지급하여 방비하게 하였다.

이윽고 제갈장민은 교만하고 방종하고 탐욕스럽고 사치하여 백성들의 근심이 되었고

---

7) 復辭不受 : "위에서는 스스로 더했다고 쓰고 아래에서는 다시 사양했다고 쓴 것이 이때 2번 보이니, 劉裕의 교활함을 또 볼 수 있다.〔上書自加 下書復辭 於是再見 裕之譎 又可見矣〕" ≪書法≫

8) 豫州刺史諸葛長民 : "劉毅가 수령들을 마음대로 바꾸었고, 諸葛長民이 교만하고 사치스럽고 탐욕하고 방종하였다. 그러나 ≪資治通鑑綱目≫에 모두 이들이 죄가 있다고 쓰지 않음은 어째서인가. 劉裕가 晉나라의 國鼎(國統)을 옮길 것을 모의하여 자기와 다른 자들을 제거해서 마침내 기습하여 이들을 죽였기 때문이다. 더구나 그들과 함께 모의하여 의병을 일으켜 桓玄을 토벌하였으니, 비록 죄가 있더라도 오히려 장차 용서해야 하는데 하물며 죄가 없음에 있어서이겠는가. 그러므로 모두 유유가 죽였다고 쓰고 그들의 관직을 제거하지 않은 것이다.〔劉毅變易守宰 長民驕侈貪縱 然綱目皆不書有罪 何哉 劉裕謀移晉鼎 驅除異己 遂襲而殺之爾 矧其同謀起義 雖罪 猶將宥之 況無罪乎 故皆書裕殺 而不去其官〕" ≪發明≫

유유가 돌아와 자기의 죄를 조사하여 처벌할 것을 두려워하였다. 그는 劉毅가 죽임을 당했다는 소식을 듣고 친한 사람에게 이르기를 "지난해에는 彭越을 죽여 젓을 담고 금년에는 韓信을 죽였으니,[9] 禍가 닥칠 것이다." 하고는 유목지에게 묻기를 "사람들이 말하기를 '太尉(劉裕)가 나와 화목하지 못하다.' 하니, 어찌하여 이 지경에 이르렀는가." 하자, 유목지가 말하기를 "공(유유)이 물을 거슬러 올라가 멀리 정벌함에 늙은 어머니와 어린 자식을 節下[10]에게 맡겼으니, 만약 일호라도 미진함이 있으면, 어찌 이와 같이 할 수 있겠는가." 하니, 제갈장민의 마음이 그제서야 다소 편안해졌다.

初에 裕之西征也에 留長民하여 監留府事로되 而疑其難獨任하여 乃加劉穆之建武將軍하여 置吏給兵以防之러니 既而요 長民이 驕縱貪侈하여 爲百姓患하고 懼裕歸按之러니 聞劉毅被誅하고 謂所親曰 往年에 醢彭越하고 今年에 殺韓信하니 禍其至矣로다 問穆之曰 人言太尉與我不平이라하니 何以至此오 穆之曰 公이 泝流遠征에 以老母稚子로 委節下하니 若一毫不盡이면 豈容如此리오 長民이 意乃小安이러라

【目】 제갈장민의 아우 諸葛黎民이 제갈장민을 설득하기를, '劉裕가 돌아오기 전에 도모해야 한다.'라고 하였으나, 제갈장민은 머뭇거리고 실행하지 못하였다. 제갈장민은 이윽고 한탄하기를 "가난하고 천할 때에는 항상 부귀할 것을 생각하지만, 부귀해지면 반드시 위기를 만나게 되니, 지금에 와서 내가 丹徒의 평민이 되려고 한들 어찌 될 수 있겠는가." 하고는 인하여 冀州刺史 劉敬宣에게 편지를 보내기를 "盤龍(劉毅)이 제멋대로 방자하여 멸망을 자초하였습니다. 異端[11]이 장차 다 없어지고 世路가 막 평화롭게 될 것입니다. 부귀와 영화를 그대와 함께 하겠습니다." 하니, 유경선이 답서에 이르기를 "下官은 항상 福이 넘치면 재앙이 생길 것을 염려해서 가득찬 것을 피하고 부족한 곳에 처할 것을 생각하고 있으니, 부귀의 뜻은 내가 감당할 수 있는 바가 아닙니다." 하고는 또 사람을 시켜 이 편지를 유유에게 보내자, 유유가 말하기를 "阿壽(劉敬宣)는 본래〔故〕

9) 지난해……죽였으니 : 韓信과 彭越과 黥布는 모두 漢 高祖 劉邦의 신하로 천하를 통일한 다음 한신을 楚王에, 팽월을 魏王에, 경포를 淮南王으로 分封하였으나, 고조는 이들을 두려워하여 먼저 한신을 처형하고 팽월을 죽이자, 경포 또한 불안해하여 반란을 일으켰다. 위의 말은 회남왕 경포가 반란을 일으키자 고조가 薛公을 불러 그 이유를 물었을 때 설공이 했던 말이다. 설공은 유방의 물음에 대해 "지난해에 팽월을 죽이고 그 전해에 한신을 죽였으니, 이 세 사람은 功이 똑같아 한 몸처럼 생각하는 사람들입니다. 스스로 화가 자신에게 미칠까 의심하였기 때문에 반란한 것입니다.〔往年 殺彭越 前年 殺韓信 此三人者 同功一體之人也 自疑禍及身 故反耳〕"라고 대답하였다.(≪資治通鑑綱目≫ 제3권 上)

10) 節下 : 符節을 지닌 사람이라는 뜻으로, 장수에 대한 경칭이다. 여기서는 諸葛長民을 가리킨다.

11) 異端 : 劉裕에게 동조하지 않은 자들을 말한 것으로 諸葛長民과 劉敬宣도 장차 제거될 것이란 말이다.

나를 저버리지 않았다." 하였다.

弟黎民이 說(세)長民하여 因裕未還圖之한대 長民이 猶豫未發이러니 旣而요 歎曰 貧賤엔 常思富貴로되 富貴엔 必履危機하나니 今日에 欲爲丹徒布衣나 豈可得邪[①]아하고 因遺冀州刺史劉敬宣書曰 盤龍이 專恣하여 自取夷滅하니 異端이 將盡하고 世路方夷라 富貴之事를 相與共之[②]하리라 敬宣이 報曰 下官은 常懼福過災生하여 方思避盈居損하니 富貴之旨는 非所敢當이라하고 且使以書呈裕하니 裕曰 阿壽 故爲不負我也[③]로다

① 諸葛長民은 琅邪 陽都 사람이었는데, 임시로 丹徒에 우거하였다.
長民, 琅邪陽都人, 僑居丹徒.
② 盤龍은 劉毅의 어렸을 때의 字이다.
盤龍, 劉毅小字.
③ 劉敬宣의 字가 萬壽이므로 劉裕가 그를 칭하여 阿壽라 한 것이다.
敬宣字萬壽, 故裕稱之曰阿壽.

【目】 유목지는 제갈장민이 변란을 일으킬 것을 염려해서 參軍 何承天에게 묻자, 하승천이 말하기를 "公이 예전에 左里에서 다시 石頭城으로 들어가실 적에 〈신변에 대한 방비를〉 매우 등한히 하였으니, 지금 돌아오실 적에는 마땅히 신중히 방비해야 합니다." 하였다. 유목지가 말하기를 "그대가 아니면 내가 이러한 말을 듣지 못한다." 하였다.

이때 劉裕가 江陵에서 동쪽으로 돌아올 적에 정해진 날짜보다 앞서 도착하였으나 매번 체류하며 나아가지 않으니, 제갈장민이 公卿들과 여러 날 新亭에서 安否를 받들려고 하였다.

2월 그믐에 유유가 마침내 빠른 배로 곧바로 전진하여 은밀히 東府로 들어갔다.

3월 초하루에 제갈장민이 이 소식을 듣고 허둥지둥 내달려 유유의 문전에 이르렀다. 유유가 壯士 丁旿 등을 장막 안에 매복시킨 뒤에 제갈장민을 데리고 들어가서 다른 사람을 물리치고 한가로이 말할 적에 평소 꺼내지 않았던 일들을 모두 언급하니, 제갈장민이 매우 기뻐하였다. 이때 정오가 장막 뒤에서 나와 그를 때려 죽이고서 시신을 수레에 실어 廷尉에게 회부하고 그의 세 아우도 함께 죽였다.

穆之憂長民爲變하여 問參軍何承天한대 承天曰 公이 昔年에 自左里로 還入石頭에 甚脫爾하시니 今還에 宜加重愼[①]이니이다 穆之曰 非君이면 不聞此言이라하다 至是하여 裕自江陵東還할새 前刻至日이로되 而每淹留不進하니 長民이 與公卿頻日奉候於新亭이러라 二月晦에 裕乃輕舟徑進하여 潛入東府하니 三月朔에 長民이 聞之하고 驚趨至門이러라 裕伏壯士丁旿等於幔中[②]이라가 引長民하여

却人閑語할새 **平生所不盡者**를 **皆及之**하니 **長民**이 **甚悅**이러니 **昨自幔後出**하여 **拉殺之**하여 **輿尸付廷尉**하고 **幷殺其三弟**③하다

①'脫爾'는 가볍게 빠져나와 돌아와서 〈신변을〉 엄하게 대비하지 않음을 말한 것이다.
脫爾, 謂輕脫而還, 不爲嚴備也.
②昨는 음이 午이다.
昨, 音午.
③세 아우는 諸葛黎民과 諸葛幼民, 從弟인 諸葛秀之를 이른다.
三弟, 謂黎民・幼民及從弟秀之.

【綱】 詔令을 내려 土斷의 法[12)]을 거듭 닦게 하고 임시로 설치한 郡縣을 합병하여 줄였다.

詔申土斷之法하여 **倂省**(생)**流寓郡縣**하다

【目】 太尉 劉裕가 표문을 올리기를 "大司馬 桓溫은 流離해온 백성들이 정해진 本籍地가 없어서 정치를 해치는 것이 심하다 하여, 庚戌年에 土斷法을 시행하면서 그 생업을 하나로 통일시켰는데, 이때에 재정이 풍부하고 나라가 풍요로웠던 것은 실로 여기에 연유했습니다. 그런데 이제 이 법이 점점 무너지고 해이해지니, 예전의 제도를 거듭 닦을 것을 청합니다." 하였다. 이에 각 州의 경계를 따라 土斷法을 시행하니, 임시로 설치한 여러 郡縣이 많이 합병되어 줄어들었다.

太尉裕上表曰 大司馬溫이 **以民無定本**으로 **傷治爲深**이라하여 **庚戌土斷**에 **以一其業**하니 **于時**에 **財阜國豐**이 **實由於此**러니 **今漸頹弛**하니 **請申前制**①하노이다 **於是**에 **依界土斷**하니 **諸流寓郡縣**이 **多所倂省**②이러라

①庚戌年의 제도는 晉 哀帝 興寧 2년(364)에 보인다.
庚戌制, 見哀帝興寧二年.
②이때 각 州의 경계를 따라 土斷法을 사용하였는데, 오직 靑州, 兗州, 徐州 3개 州의 백성으로 晉陵에 거주하는 자는 土斷의 준례에 들어 있지 않았다.
時各依界限, 用土斷之法, 唯靑・兗・徐三州居晉陵者, 不在斷例.

---

12) 土斷의 法 : 晉나라와 南朝 때에 시행한 호적 정리법이다. 임시로 설치한 僑置郡縣을 없애고, 僑置郡縣에 임시로 붙어사는 戶口를 현재 거주하고 있는 郡縣에 편입시킴으로써 왕권을 강화하고 부역과 병력의 자원을 확대시킨 제도이다.

【綱】秦나라(後秦)의 太尉 索稜이 隴西를 가지고 西秦에 항복하였다.

秦太尉索稜이 **以隴西降西秦**①하다

① 義熙 7년(411)에 秦나라가 索稜으로 하여금 隴西를 지키게 하고, 乞伏氏를 위무하여 복종하게 하였다.
七年, 秦令索稜守隴西, 以招撫乞伏.

【綱】夏나라가 統萬城을 축조하였다.

◑**夏築統萬城**하다

【目】夏王 劉勃勃(赫連勃勃)이 叱干阿利를 임명하여 將作大匠을 겸하게 해서 오랑캐와 중화의 10만 명을 징발하여 朔方의 黑水 남쪽에 도성을 축조하고 말하기를 "朕이 막 천하를 통일하여 만방에 군림하려 하니, 새로 축조한 城을 마땅히 統萬으로 이름하겠다." 하였다.

질간아리는 재주가 정교하고 잔인하였다. 진흙을 쪄서 벽돌을 만들어 성을 쌓았는데, 송곳이 한 치 깊이가 들어가면 즉시 그 벽돌을 만든 자를 죽여서 그 시체를 성을 쌓는데 집어넣으니, 유발발은 그가 충성한다 하여 그에게 위임하였다. 무릇 병기를 만들어서 질간아리에게 바치면 工人 중에 반드시 죽임을 당하는 자가 있으니, 갑옷을 화살로 쏘아 뚫리지 않으면 활 만든 사람을 참수하고, 갑옷이 뚫리면 갑옷을 만든 장인을 참수하였다. 이 때문에 기물이 모두 정교하고 예리하였다.

유발발은 스스로 자기 할아버지가 어머니의 姓인 劉氏를 따른 것은 禮가 아니라고 하여 마침내 姓을 赫連氏로 고쳤으니,[13] 이는 그 아름답고 혁혁함이 하늘과 맞닿았음을 말한 것이다. 그리고 정통이 아닌 자는 鐵伐氏라 하였으니, 강하고 예리함이 쇠와 같아서 사람을 공격할 만함을 말한 것이다.

夏王勃勃이 **以叱干阿利**로 **領將作大匠**①하여 **發夷夏十萬人**하여 **築都城於朔方黑水之南**하고 **曰朕**이 **方統一天下**하여 **君臨萬邦**하리니 **新城**을 **宜名統萬**②이라하다 **阿利性巧而殘忍**하여 **蒸土築城**호되

13) 자기……고쳤으니 : 匈奴族은 원래 각 씨족의 姓이 있고 中國式 姓은 없었는데, 뒤에 單于가 漢나라에 장가들자, 그 후손들이 外家(漢나라)의 성을 따라 劉氏라 하였다. 晉나라 초기에 漢나라의 劉淵 역시 흉노족으로서 姓을 劉, 國名을 漢이라 하였다. 赫連勃勃이 기존의 중국식 성씨인 유씨를 버리고 유목족식 성씨인 赫連을 쓴 것이다.

錐入一寸이면 卽殺作者而幷築之하니 勃勃이 以爲忠이라하여 委任之하다 凡造兵器成에 呈之하면 工人이 必有死者하니 射甲不入則斬弓人하고 入則斬甲匠이라 由是로 器物이 皆精利러라 勃勃이 自謂其祖從母姓劉는 非禮라하여 乃改姓赫連氏하니 言其徽赫與天連也라 其非正統者는 爲鐵伐氏하니 言剛銳如鐵하여 堪伐人也[3]러라

① 叱干은 代北의 複姓이요, 阿利는 그의 이름이다.
叱干, 代北複姓, 阿利, 其名.

② ≪水經註≫에 "奢延水는 또 朔方水라고도 하니, 奢延縣 서남쪽 赤沙阜에서 발원하여 동북쪽으로 흘러 奢延縣 옛 성 남쪽을 지나간다. 赫連勃勃이 이 물의 남쪽에 統萬城을 축조하였다. 사연수는 또 동쪽으로 흐르는데 黑水가 이 물로 유입되니, 흑수는 사연현 黑澗의 동남쪽에서 발원하여 沙陵을 지나 사연수로 주입된다." 하였다.
水經註 "奢延水, 又謂之朔方水, 源出奢延縣西南赤沙阜, 東北流, 逕奢延縣故城南. 赫連於是水之南, 築統萬城. 奢延水又東流, 黑水入焉, 水出奢延縣黑澗東南, 歷沙陵, 注奢延水."

③ 劉勃勃의 아버지 劉衛辰이 본래 鐵弗氏이므로 그 正統(嫡統)이 아닌 자를 고쳐 鐵伐氏라 한 것이다.
勃勃父衛辰, 本鐵弗氏. 故改其非正統者, 爲鐵伐氏.

統萬城 遺址

【綱】 가을 7월에 〈晉나라(東晉)의〉 朱齡石이 成都로 쳐들어가니, 〈後蜀의〉 譙縱이 패하여 죽었다. 주영석에게 명하여 六郡의 軍事를 감독하게 하였다.

秋七月에 朱齡石이 入成都하니 譙縱이 走死어늘 詔齡石하여 監六郡軍事하다

【目】 朱齡石 등이 白帝城에 이르러 〈劉裕가 준〉 函書(편지)를 뜯어보니, 이르기를 "여러 군대는 모두 外水를 따라 成都를 점령하고, 臧熹는 中水를 따라 廣漢을 점령하고, 노약자들은 높고 큰 배를 타고서 內水를 따라 黃虎로 향하라." 하였다. 이에 여러 군대가 행군 속도를 곱절로 높이니, 譙縱이 과연 譙道福으로 하여금 많은 병력으로 涪城을 지켜서 內水를 방어하게 하였다.

주영석이 平模에 이르니, 成都와 200리 떨어진 지점이었다. 초종이 侯暉를 보내어 江岸의 좌우에 성을 쌓아 막자, 주영석이 劉鍾에게 말하기를 "지금 적이 군대를 배치하여 험한 곳을 굳게 지키니, 공격하여도 함락시킬지 장담할 수 없다. 우선 銳氣를 길러 틈을 엿보려 하는데 어떠한가?" 하자, 유종이 다음과 같이 말하였다.

"옳지 않습니다. 지난번에 우리의 많은 병력이 內水로 향한다고 소문을 퍼트렸으니, 초도복이 감히 涪城을 버리고 이곳에 오지 못할 것이요, 이제 많은 군대가 갑자기 쳐들어왔으니 후휘의 무리가 이미 간담이 서늘해졌을 것입니다. 저들이 군대로 막아 험한 곳을 지키는 이유는 두려워서 감히 싸우지 못하는 것이니, 이 틈을 타 공격하면 형편상 반드시 승리할 수 있습니다. 만약 출병을 늦추어 서로 지키기만 한다면 저들은 장차 우리의 虛實을 알아 涪城의 군대가 갑자기 와서 힘을 합하여 우리를 막을 것이니, 이렇게 되면 싸우려 해도 싸울 수가 없고, 군량이 떨어지면 2만여 명의 병사가 모두 蜀 지방 사람들의 포로가 될 것입니다."

이에 주영석은 그의 말을 따랐다.

齡石等이 至白帝하여 發函書하니 曰 衆軍은 悉從外水하여 取成都하고 臧熹는 從中水하여 取廣漢하고 老弱은 乘高艦하고 從內水하여 向黃虎[①]러라 於是에 諸軍이 倍道兼行하니 譙縱이 果使譙道福으로 以重兵守涪城하여 備內水러라 齡石이 至平模하니 去成都二百里라 縱이 遣侯暉하여 夾岸築城以拒之어늘 齡石이 謂劉鍾曰 今賊이 嚴兵固險하니 攻之에 未必可拔이라 且欲養銳以伺其隙하노니 何如오 鍾曰 不然하다 前聲言大衆이 向內水하니 道福이 不敢捨涪城이요 今重軍猝至하니 侯暉之徒 已破膽矣라 所以阻兵守險은 是其懼不敢戰也니 因而攻之하면 其勢必克이라 若緩兵相守하면 彼將知人虛實하여 涪軍忽來하여 幷力拒我리니 求戰不獲하고 軍食無資면 二萬餘人이 悉爲蜀子虜矣리이다 齡石이 從之하다

① ≪水經註≫에 "洛水는 洛縣 章山 남쪽에서 발원하여 낙현의 옛 성 남쪽을 지나가니, 廣漢郡의 치소이다. 또 남쪽으로 新都縣을 지나 縣의 물과 합류하고 또다시 湔水와 합류하니, 또한 이곳을 郫江이라 이른다. 또 犍爲의 牛鞞水를 지나고 또 동쪽으로 資中縣을 지나가니,

이곳을 緜水라 한다. 면수는 江陽縣 方山의 아래에 이르러 長江으로 들어가니, 이곳을 緜水口라 하는바, 中水라고도 한다." 하였다. 鞞는 음이 髀이다.
水經註"洛水出洛縣章山南, 逕洛縣故城南, 廣漢郡治也. 又南逕新都縣, 與縣水合, 又與湔水合, 亦謂之郫江. 又逕犍爲牛鞞水, 又東逕資中縣, 謂之緜水. 緜水至江陽縣方山下入江, 謂之緜水口, 曰中水." 鞞, 音髀.

【目】7월에 朱齡石이 〈外水 강안의〉 북쪽 城을 공격하여 점령하고 侯暉를 참수하니, 남쪽 城이 또한 궤멸되었다. 이에 배를 버리고 도보로 진격하니, 적의 진영은 멀리서 바라보고는 연이어 달아나 궤멸되었다. 譙縱이 成都城을 버리고 달아나자, 尙書令 馬耽이 府庫를 봉함하고서 晉나라 군대를 기다렸다. 주영석이 마침내 성도에 들어와서 초종의 종족과 친척을 주살하고 나머지는 모두 편안히 살며 다시 생업으로 돌아가게 하였다.

초종이 나아가서 선영에 하직할 적에 그 딸이 말하기를 "도망하더라도 반드시 죽음을 면치 못하고 다만 욕만 취할 뿐이니, 선영의 묘에서 죽는 것이 옳습니다." 하였으나, 따르지 않고 譙道福에게 가서 몸을 의탁하려 하였는데 초도복이 받아주지 않자, 마침내 목을 매어 죽었다.

주영석이 마탐을 越嶲(월수)로 옮기니, 마탐이 말하기를 "朱侯가 나를 京師로 보내지 않는 것은 나의 입을 막으려 해서이니, 내가 반드시 화를 면치 못할 것이다." 하고는 마침내 목욕하고 손을 씻고서 누워서 끈을 가져다가 목을 매어 죽었다. 詔令을 내려서 주영석을 監梁·秦州·六郡諸軍事로 승진시켰다.

七月에 攻其北城하여 克之하고 斬侯暉하니 南城이 亦潰라 於是에 捨船步進하니 賊營이 望風하고 相次奔潰라 譙縱이 棄城出走어늘 尙書令馬耽이 封府庫以待晉師러니 齡石이 遂入成都하여 誅縱宗親하고 餘皆按堵하여 使復其業하다 縱이 出辭墓에 其女曰 走必不免이요 祇取辱焉이니 死於先人之墓可也니이다 不從하고 去投道福이러니 不納하니 乃縊而死하다 齡石이 徙馬耽於越嶲하니 耽曰 朱侯不送我京師는 欲滅口也①니 我必不免이라하고 乃盥洗而臥하여 引繩而死하다 詔以齡石으로 進監梁秦州六郡諸軍事하다

①〈'欲滅口'는〉 朱齡石이 府庫의 재물을 많이 취하였으므로 馬耽을 죽여서 그가 말을 하지 못하게 함을 이른다.
謂齡石多取庫物, 殺耽以滅口也.

【綱】겨울에 魏나라(北魏)가 사신을 보내어 秦나라(後秦)에 혼인을 청하였다.

冬에 魏遣使하여 請昏于秦하다

【綱】〈晉나라(東晉)가 敦煌 사람〉 索邈(삭막)을 梁州刺史로 삼았다.

○ 以索邈으로 爲梁州刺史하다

【目】 처음에 索邈이 漢川(漢中)에 임시로 거처할 적에 別駕인 姜顯과 틈이 있었는데, 15년 만에 삭막이 〈梁州刺史가 되어〉 한천에 진주하니, 강현이 마침내 사죄하는 뜻으로 웃통을 벗고 미리 마중을 나가서 기다렸다. 그러자 삭막은 서운해하는 기색이 없이 더욱 친하게 대하고서 물러나와 사람들에게 이르기를 "내가 옛날에 이곳에 임시로 거처할 적에 여러 해 동안 뜻을 펴지 못하였으니, 만약 강현을 원수로 삼는다면 두려워하는 자가 적지 않을 것이다. 상대방이 다만 복종하는 것이 본래 좋으니, 하필 분풀이를 하여 뜻을 펴겠는가." 하니, 이에 온 경내가 기뻐하였다.

初에 邈이 寓居漢川할새 與別駕姜顯으로 有隙이러니 凡十五年에 而邈이 鎭漢川하니 顯이 乃肉袒迎候어늘 邈이 無慍色하여 待之彌厚하고 退而謂人曰 我昔寓此에 失志多年하니 若讐姜顯이면 懼者不少리라 但服之自佳니 何必逞志리오하니 於是에 闔境이 皆悅이러라

甲寅年(414)

【綱】 晉나라(東晉) 孝安皇帝 義熙 10년이다.

十年이라

【目】 秦主(後秦) 姚興 弘始 16년이고, 魏나라(北魏) 太宗 拓跋嗣 神瑞 원년이다. 이해에 南涼이 망하니, 큰 나라가 둘(後秦 · 北魏)이고 작은 나라가 다섯(北涼 · 西涼 · 北燕 · 夏 · 西秦)이니, 합하여 僭國이 일곱이다.

秦弘始十六이요 魏神瑞元年이라 ○ 是歲에 南涼이 亡하니 大二요 小五니 凡七僭國이라

【綱】 봄 3월에 〈晉나라(東晉)〉 太尉 劉裕가 譙王 司馬文思를 폐하여 庶人으로

삼았다.

春三月에 太尉裕 廢譙王文思爲庶人[14)]하다

【目】荊・雍都督 司馬休之가 長江과 漢水 지역의 민심을 상당히 얻었는데, 그의 아들 譙王 司馬文思는 建康에 있으면서 성질이 凶暴하고 경솔한 俠客들과 즐겨 어울리니, 劉裕가 그를 미워하였다.

有司가 아뢰기를 '사마문사가 제멋대로 국가의 관리를 죽였다.'라고 하자, 詔令을 내려서 그 무리는 주벌하고 사마문사는 용서해주었다. 사마휴지가 상소하여 사죄하고 해직을 청하였는데, 유유는 허락하지 않고 사마문사를 잡아 그에게 보내어 직접 훈계하게 하니, 이는 사마휴지로 하여금 사마문사를 죽이게 하려고 한 것이었다. 그런데 사마휴지가 단지 표문을 올려 사마문사를 폐위하기를 청하고 편지를 보내 유유에게 사죄하였다. 유유는 기뻐하지 않고서 江州刺史 孟懷玉으로 하여금 豫州의 6개 郡을 겸하여 도독해서 대비하게 하였다.

荊雍都督司馬休之 頗得江漢民心하고 子譙王文思 在建康하여 性凶暴하고 好通輕俠하니 劉裕惡(오)之[①]러니 有司奏文思擅殺國吏어늘 詔誅其黨하고 而宥文思하다 休之上疏謝罪하고 請解所任한대 裕不許하고 而執文思送之하여 令自訓厲하니 欲使殺之어늘 休之但表廢文思하고 以書陳謝하니 裕不說(열)하여 使江州刺史孟懷玉으로 兼督豫州六郡以備之[②]하다

① 司馬文思는 司馬休之의 長子이다. 譙王 司馬尙之가 桓玄의 난리에 죽었는데, 皇帝(安帝)가 反正함에 사마문사로써 나라를 잇게 하였다.
文思, 休之之長子也. 譙王尙之死於桓玄之難, 帝反正, 以文思嗣國.

② 豫州의 6개 郡은 宣城, 襄城, 淮南, 廬江, 安豐, 歷陽이다.
豫州六郡, 宣城・襄城・淮南・廬江・安豐・歷陽也.

【綱】여름 5월에 秦나라(後秦) 尙書令 姚弼이 죄를 짓고 면직하였다.

夏五月에 秦尙書令姚弼이 有罪免하다

14) 太尉裕 廢譙王文思爲庶人 : "荊州를 기습하여 都督 劉毅를 죽일 적에 '太尉 裕'라고 쓰고, 豫州刺史 諸葛長民을 죽일 적에 '太尉 裕'라고 쓰고, 譙王 司馬文思를 폐하여 庶人으로 삼을 적에 '太尉 裕'라고 쓰고, 군대를 거느려 荊州를 공격할 적에 '太尉 裕'라고 써서 여러 번 쓰고 한 번만 쓰지 않았으니, 劉裕가 신하 노릇 하지 않음이 분명하다.〔襲荊州 殺都督劉毅 書太尉裕 殺豫州刺史諸葛長民 書太尉裕 廢譙王文思爲庶人 書太尉裕 帥師擊荊州 書太尉裕 屢書不一書 而裕之不臣昭昭矣〕" ≪書法≫

【目】 秦나라 廣平公 姚弼이 秦王 姚興에게 총애를 받아 말만 하면 모두 들어주니, 요흥의 좌우에 機務와 要職을 맡은 자들은 모두 요필의 무리였다. 僕射 梁喜 등이 요흥에게 다음과 같이 말하였다.

"부자지간은 남들이 말하기 어렵지만, 군신간의 의리도 부자지간보다 덜하지 않습니다. 그러므로 신들이 침묵할 수 없는 것입니다. 廣平公 姚弼이 嫡子를 빼앗으려는 마음을 남몰래 품고 있는데 전하께서 지나치게 총애하시어, 무뢰배들이 몰려가 그를 따르고 있습니다. 길가는 사람들이 모두 말하기를 '폐하께서 장차 태자를 폐하고 요필을 세울 생각이시다.'라고 하니, 참으로 그러하십니까?"

요흥이 말하기를 "어찌 그러한 일이 있겠는가." 하니, 양희가 말하기를 "진실로 없으시다면 폐하께서 요필을 사랑함은 다만 그에게 화를 끼치는 것입니다. 바라옵건대 그의 측근을 제거하고 그의 위엄과 권세를 줄이면 비단 요필을 편안하게 할 뿐만 아니라, 바로 宗廟와 社稷을 편안하게 하는 것입니다." 하였으나, 요흥이 응하지 않았다.

때마침 유흥이 병이 들자, 요필이 은밀히 무리를 모아 난을 일으키고자 하였다. 장군 劉羌이 울면서 요흥에게 고하고 양희 등이 다시 요필을 주살할 것을 청하니, 요흥은 어쩔 수 없이 마침내 요필을 尙書令에서 면직하여 사저로 돌아가게 하였다. 姚宣이 조정에 들어가 눈물을 흘리며 강력히 말하였고, 姜虬(강규) 또한 상소하여 흉악한 무리들을 배척해 흩어지게 해서 禍의 단서를 끊을 것을 청하였으나, 모두 듣지 않았다.

秦廣平公弼이 有寵於秦王興하여 言無不從하니 興左右掌機要者 皆其黨也라 僕射梁喜等이 言於興曰 父子之際는 人所難言이나 然君臣之義 不薄於父子라 故로 臣等이 不得默然이니이다 廣平公弼이 潛有奪嫡之志어늘 陛下寵之太過하사 無賴之徒 輻湊附之라 道路皆言陛下將有廢立之計라하니 信有之乎잇가 興曰 豈有此邪아 喜曰 苟無之시면 則陛下愛弼은 適所以禍之니 願去其左右하고 損其威權이면 非特安弼이라 乃所以安宗社也니이다 興이 不應이러라 會에 興이 有疾하니 弼이 潛聚衆欲作亂이어늘 將軍劉羌이 泣以告興하고 梁喜等이 復請誅弼한대 興이 不得已乃免弼尙書令하여 還第하다 姚宣이 入朝하여 流涕極言하고 姜虬亦上疏하여 請斥散凶徒하여 以絶禍端호되 皆不聽①하다

① 姚宣은 姚興의 아들이다.
宣, 興之子也.

【綱】西秦이 南涼을 기습하여 멸망시키고 禿髮傉檀을 데리고 가서 죽였다.

西秦이 襲滅南涼하고 以傉檀歸하여 殺之[15]하다

【目】唾契汗(타글한)과 乙弗 등의 부락이 南涼을 배반하니, 南涼王 禿髮傉檀이 이들을 토벌하고자 하였다. 이에 孟愷가 다음과 같이 간하였다.

"지금 우리 나라는 여러 해를 계속하여 기근이 들고 남쪽으로는 乞伏熾磐, 북쪽으로는 沮渠蒙遜에게 핍박을 받아서 백성들이 불안해하니, 원정을 나가 비록 이긴다 하더라도 반드시 후환이 있을 것입니다. 걸복치반과 맹약을 맺고 곡식을 무역하도록 열어주어 여러 부족을 위로하며 양식을 풍족히 하고 병기를 수선하여 때를 기다려 움직이는 것만 못합니다."

독발욕단이 그의 諫言을 따르지 않고 태자 禿髮虎臺에게 이르기를 "저거몽손은 갑자기 쳐들어오지 못할 것이요, 걸복치반은 병력이 적어 방어하기가 쉬우니, 너는 樂都를 신중히 지켜라. 내가 한 달이 지나기 전에 반드시 돌아올 것이다." 하고는 마침내 7,000명의 기병을 거느리고 을불을 기습하여 대파하였다.

唾契汗, 乙弗等部 叛南涼①하니 南涼王傉檀이 欲討之어늘 孟愷諫曰 今連年饑饉하고 南逼熾磐하고 北逼蒙遜하여 百姓不安하니 遠征雖克이나 必有後患이라 不如與熾磐으로 結盟通糴(적)하여 慰撫雜部하고 足食繕兵하여 俟時而動이니이다 傉檀이 不從하고 謂太子虎臺曰 蒙遜은 不能猝來요 熾磐은 兵少易禦니 汝謹守樂都하라 吾不過一月에 必還矣리라 乃帥騎七千하고 襲乙弗하여 大破之하다

① 契은 欺訖의 切이고, 汗은 何干의 切이다. ≪北史≫에 "乙弗國에 契汗의 한 부족이 있으니, 풍속이 또한 같다." 하였다.
契, 欺訖切. 汗, 何干切. 北史曰"乙弗國有契汗一部, 風俗亦同."

【目】西秦王 乞伏熾磐이 이 소식을 듣고 보병과 기병 2만 명을 거느리고 樂都를 기습하

---

15) 以傉檀歸 殺之 : "禿髮傉檀은 누구인가. 南涼의 군주이다. 그런데 어찌하여 그 군주라고 쓰지 않았는가. 국가가 먼저 망했기 때문이다. 이에 독발욕단이 乙弗을 기습하고 돌아오기 전에 나라가 망했으니, 능히 자기 나라를 주관하는 자가 이와 같이 심할 수가 없다고 여겼다. 그러므로 다만 독발욕단을 데리고 갔다고 쓴 것이다. 亡國의 군주에게는 그에 대해 판단하는 말이 다섯 가지이니, 죽였다고 하는 것이〔死之〕 최상이고, 사로잡혔다고 하는 것〔執虜〕이 그 다음이고, 데리고 갔다고 하는 것〔以歸〕이 그 다음이고, 노획하였다고 하는 것이 그 다음이고, 항복했다고 하는 것이 하등이 된다. 〔傉檀何 南涼主也 曷爲不以其主書 國先亡也 於是傉檀襲乙弗 未返而國亡矣 以爲能主其國者 不若是甚也 故止書以傉檀歸 亡國之君 其辭五 死之上也 執虜次之 以歸次之 獲次之 降爲下〕" ≪書法≫

니, 禿髮虎臺가 城을 의지하여 막고 지켰다. 걸복치반이 사면에서 공격하여 하룻저녁에 성이 함락되니, 걸복치반이 낙도로 쳐들어가서 독발호대와 그의 문무 관원, 백성 1만여 戶를 枹罕으로 옮겼다. 禿髮傉檀의 형의 아들 禿髮樊尼가 달려가 독발욕단에게 이 사실을 고하자, 장병들은 내란이 일어났다는 말을 듣고는 모두 도망하여 흩어졌으나, 오직 독발번니만은 떠나가지 않았다. 독발욕단이 다음과 같이 말하였다.

"넓은 사해에 나는 몸 둘 곳이 없으니, 한곳에 모여 함께 죽기보다는 분산되어 누구라도 사는 것만 못하다. 너는 우리 집 큰형님의 아들로 종족과 부락이 매여 있는 몸이다. 沮渠蒙遜이 한창 선비와 백성들을 모아 회유해서 멸망한 나라를 보존하고 끊어진 대를 이어주니, 너는 그를 따르라. 나는 늙어서 가는 곳마다 받아주지 않을 것이니, 차라리 처자식을 만나보고 죽겠다." 하고는 마침내 걸복치반에게 돌아가니, 오직 陰利鹿만이 뒤를 따랐다. 독발욕단이 그에게 이르기를 "우리 친족이 다 흩어졌는데 卿은 어째서 홀로 남아 있는가?" 하니, 음리록이 다음과 같이 대답하였다.

"臣의 노모가 집에 계시니, 돌아가고 싶지 않은 것은 아닙니다. 그러나 몸을 바쳐 신하가 되었으니, 忠과 孝의 道 모두를 온전히 하기가 어렵습니다. 신이 재주가 없어서 폐하를 위해 피눈물을 흘리면서 이웃 나라에 구원을 청하지 못하였지만, 감히 좌우를 떠날 수 있겠습니까."

西秦王熾磐이 聞之하고 帥步騎二萬하고 襲樂都하니 虎臺憑城拒守어늘 熾磐이 四面攻之하여 一夕에 城潰하니 熾磐이 入樂都하여 徙虎臺及其文武, 百姓萬餘戶于枹罕하다 傉檀兄子樊尼 馳告傉檀[①]한대 將士聞亂하고 皆逃散호되 唯樊尼不去어늘 傉檀曰 四海之廣에 無所容身하니 與其聚而同死로 不若分而或全이니 汝는 吾長兄之子로 宗部所寄라 蒙遜이 方招懷士民하고 存亡繼絶하니 汝其從之하라 吾老矣라 所適不容이니 寧見妻子而死라하고 遂歸于熾磐하니 唯陰利鹿이 隨之라 傉檀이 謂曰 吾親屬이 皆散이어늘 卿何獨留오 對曰 臣老母在家하시니 非不思歸로되 然委質爲臣하니 忠孝之道 難以兩全이라 臣이 不才하니 不能爲陛下泣血求救於隣國이어니와 敢離左右乎잇가

① 禿髮樊尼는 아마도 禿髮烏孤의 아들일 것이다.
樊尼, 蓋烏孤之子也.

【目】 독발욕단의 여러 성이 모두 걸복치반에게 항복하였으나, 홀로 尉賢政만이 浩亹(고문)에 주둔하여 굳게 지키고 항복하지 않았다. 걸복치반이 사람을 시켜서 그에게 이르기를 "樂都가 이미 함락되고 卿의 처자가 모두 나의 처소에 있는데, 그대만이 한 성을

지켜서 장차 어떻게 하려는 것인가." 하자, 울현정이 다음과 같이 대답하였다.

"저는 涼王(독발욕단)의 두터운 은혜를 받아서 나라를 지키는 重臣이 되었으니, 비록 낙도가 이미 함락되고 처자가 사로잡힌 줄은 알고 있으나 主上의 存亡을 알지 못하여 감히 명령을 따르지 못하였으니, 처자식의 작은 일에 어찌 마음을 동요하겠습니까. 만약 한때의 이로움을 탐하여 맡기신 중한 직책을 잊는다면 이러한 사람을 大王인들 또한 어디에 쓰시겠습니까."

걸복치반이 마침내 禿髮虎臺를 보내어 손수 편지를 써서 항복하도록 타이르자, 울현정이 말하기를 "너는 世子가 되어서 절개를 다하지 못하고 남에게 포박을 당하여 부모를 버리고 군주를 잊어서 만세의 基業을 실추하였다. 나는 의로운 선비이니, 어찌 너를 본받겠는가." 하였다. 그러다가 독발욕단이 左南에 이르렀다는 말을 듣고 마침내 항복하였다.

걸복치반은 독발욕단이 왔다는 말을 듣고 사신을 보내어 교외에서 맞이하여 上賓의 예로 대우하였는데, 1년 뒤에 사람을 시켜 독발욕단을 鴆殺(짐살)하고 독발호대까지 죽이고는 다시 秦王을 칭하고 百官을 설치하였다.

傉檀諸城이 皆降於熾磐호되 獨尉賢政이 屯浩亹하여 固守不下①러니 熾磐이 使人謂之曰 樂都已潰하고 卿妻子皆在吾所어늘 獨守一城하고 將何爲也오 對曰 受涼王厚恩하여 爲國藩屛하니 雖知樂都已陷하고 妻子爲禽이나 不知主上存亡하여 未敢歸命이라 妻子小事로 何足動心이리오 若貪一時之利하여 忘委付之重者면 大王이 亦安用之리잇고 熾磐이 乃遣虎臺하여 以手書喩之한대 賢政曰 汝爲儲副하여 不能盡節하고 面縛於人하여 棄父忘君하여 墮萬世之業하니 賢政은 義士라 豈效汝乎아 聞傉檀至左南하고 乃降②하다 熾磐이 聞傉檀至하고 遣使郊迎하여 待以上賓之禮러니 歲餘에 使人鴆之하고 幷殺虎臺하고 復稱秦王하고 置百官③하다

① 尉은 紆勿의 切이니 姓이다.
尉, 紆勿切, 姓也.

② 闞駰의 ≪十三州志≫에 "左南城은 金城郡 白土縣 동쪽 60리 지점에 있다." 하였다. ≪晉書≫ 〈地理志〉에 "張氏가 晉興郡을 설치하니, 左南縣이 여기에 속하였다. 이 縣은 아마도 또한 張氏가 설치한 듯하다." 하였다.
闞駰十三州志曰 "左南城, 在金城白土縣東六十里." 晉志 "張氏置晉興郡, 左南縣屬焉. 是縣, 蓋亦張氏所置也."

③ 乞伏熾磐이 왕위를 계승하고 이어 스스로 河南王이라 칭하였는데, 이제 南涼을 점령하고서 다시 秦王이라 칭한 것이다.

熾磐嗣位, 自稱河南王, 今幷南涼, 復稱秦王.

【綱】 柔然의 郁久閭步鹿眞이 그의 可汗인 郁久閭斛律을 축출하고 스스로 즉위하였는데, 郁久閭大檀이 그를 죽이고 자신이 대신하여 즉위하였다.

柔然步鹿眞이 **逐其可汗斛律而自立**이러니 **大檀**이 **殺而代之**[16]하다

【目】 柔然의 可汗인 郁久閭斛律이 장차 딸을 燕나라(北燕)에 시집보내려 하였는데, 형의 아들 郁久閭步鹿眞이 大臣들에게 말하기를 "욱구려곡률이 너희들의 딸을 燕王의 媵妾(잉첩)으로 삼으려 한다." 하였다. 대신들이 두려워하여 마침내 욱구려곡률과 그의 딸을 사로잡아 두 사람을 모두 燕나라에 보내고 욱구려보록진을 세워 가한으로 삼았다.

郁久閭大檀이란 자는 郁久閭社崙의 季父의 아들이다. 別部를 거느리면서 사람들의 마음을 얻었는데, 혹자가 욱구려보록진에게 나라 사람들이 욱구려대단을 가한으로 세우고자 한다고 고하니, 욱구려보록진이 군대를 일으켜 기습하였다가 군대가 패하여 죽임을 당하고 욱구려대단이 마침내 스스로 즉위하였다. 욱구려곡률이 和龍에 이르니, 燕王 馮跋이 손님의 예로 대우하였다. 욱구려곡률이 돌아갈 것을 청하자, 풍발이 萬陵을 보내어 기병을 거느리고 전송하게 하였는데, 만릉이 먼 行役을 꺼려하여 그를 죽이고 돌아갔다.

柔然可汗斛律이 **將嫁女於燕**이러니 **兄子步鹿眞**이 **謂諸大臣曰 斛律**이 **欲以汝女爲媵**이니라 **大臣**이 **恐**하여 **遂執斛律與女**하여 **皆送於燕**하고 **而立步鹿眞爲可汗**이러라 **大檀者**는 **社崙季父之子**라 **領別部**하여 **得衆心**이러니 **或**이 **告步鹿眞**하여 **國人**이 **欲立大檀**이라한대 **步鹿眞**이 **發兵襲之**라가 **兵敗見殺**하여 **而大檀**이 **遂自立**하다 **斛律**이 **至和龍**하니 **燕王跋**이 **待以客禮**러니 **斛律**이 **請還**한대 **跋**이 **遣萬陵**하여 **帥騎送之**하니 **陵**이 **憚遠役**하여 **殺之而還**하다

16) 大檀 殺而代之 : "임금을 축출하고 스스로 즉위한 것은 찬탈인데 討라고 쓰지 않고 殺이라고 쓴 것은 어째서인가. 郁久閭大檀의 토벌을 토벌로 인정하지 않은 것이다. 어찌하여 토벌로 인정하지 않았는가. 욱구려대단은 진실로 義로 토벌한 자이니, 郁久閭步鹿眞을 죽이고 郁久閭斛律을 맞이하여 돌아갔으면 토벌이라고 말할 수 있다. 그런데 이를 이용해 자신이 대신하여 즉위하였으니 이 또한 똑같이 찬탈한 것이니, 이는 적이 적을 죽였을 뿐이다. 그러므로 다만 殺이라고 쓴 것이다.〔逐君自立 簒也 不書討 書殺何 不以討予大檀也 曷爲不以討予之 大檀誠義討者 殺步鹿眞 迎歸斛律 斯可以言討矣 因而代之 是又一簒也 賊殺賊而已矣 故止書殺〕" ≪書法≫

【綱】가을 8월에 魏나라(北魏)가 于什門을 燕나라(北燕)에 사신으로 보내었다.

秋八月에 魏遣于什門如燕[17)]하다

【目】魏主 拓拔嗣가 謁者인 于什門을 燕나라에 사신으로 보냈는데, 우십문이 和龍에 이르러 연나라 조정에 들어가 알현하려 하지 않고, 말하기를 "大魏의 황제가 조서를 내리시니, 모름지기 馮王(馮跋)이 나와서 조서를 받은 뒤에 감히 들어가겠습니다." 하였다.

燕王 馮跋이 사람을 시켜서 강제로 끌어 들어오게 하니, 우십문이 절하지 않았다. 풍발이 사람을 시켜서 그의 머리를 누르자, 우십문이 말하기를 "풍왕이 만약 절하고 조서를 받으면 내 저절로 賓主의 예를 갖추어 알현할 것인데, 어찌 이리도 핍박을 하는가." 하였다. 풍발이 노하여 우십문을 잡아 가두어서 항복시키고자 하였으나, 우십문은 끝내 굴복하지 않았다. 오랜 뒤에 衣冠이 모두 헤져 거의 다 떨어져서 이와 서캐가 득실거리자 풍발이 의관을 보내주었는데, 우십문은 받지 않았다.

魏主嗣 遣謁者于什門하여 使於燕이러니 至和龍하여 不肯入見하고 曰 大魏皇帝有詔하사 須馮王出受然後에 敢入이라한대 燕王跋이 使人牽逼令入하니 什門이 不拜라 跋이 使人按其項한대 什門曰 馮王이 若拜受詔하면 則吾自以賓主禮見이니 何苦見逼邪아 跋이 怒하여 幽執什門하여 欲降之러니 什門이 終不屈하다 久之에 衣冠이 弊壞略盡하여 蟣蝨(기슬)流溢이어늘 跋이 遺之衣冠한대 什門이 不受하다

【綱】9월 초하루에 일식이 있었다.

九月朔에 日食하다

【綱】겨울 11월에 魏나라(北魏)가 사신을 보내어 여러 州를 순행하였다.

◑冬十一月에 魏遣使者하여 巡行諸州하다

【目】守宰들의 물자와 재화를 검열해서 본래 자기 집에서 가져온 것이 아니면 모두 장부에 적어 장물로 여겼다.

---

17) 魏遣于什門如燕 : "무릇 사신의 이름을 쓴 것은 使命을 욕되지 않게 한 것이다.〔凡使書名 不辱命也〕" ≪書法≫

校閱守宰資財하여 非家所齎者면 悉簿爲贓하다

【綱】 12월에 柔然이 魏나라(北魏)를 침략하였다.

十二月에 柔然이 侵魏하다

【目】 柔然의 可汗 郁久閭大檀이 魏나라를 침략하자 魏主 拓拔嗣가 공격하니, 대단이 패하여 달아났다. 魏나라 군대가 그를 추격하였는데, 함박눈이 내려 욱구려대단의 士卒 중에 얼어 죽거나 동상에 걸려 손가락이 떨어져 나간 자가 10명에 2, 3명이었다.

柔然可汗大檀이 侵魏어늘 魏主嗣擊之하니 大檀이 走라 魏兵이 追之러니 遇大雪하여 士卒凍死墮指者 什二三이러라

乙卯年(415)

【綱】 晉나라(東晉) 孝安皇帝 義熙 11년이다.

十一年이라

【目】 秦主(後秦) 姚興 弘始 17년이고, 魏나라(北魏) 太宗 拓跋嗣 神瑞 2년이다.

秦弘始十七이요 魏神瑞二年이라

【綱】 봄에 〈晉나라(東晉)〉 太尉 劉裕가 군대를 거느리고 荊州를 공격하니, 都督인 司馬休之가 항거하여 싸우다가 무리가 궤멸하였다.

春에 太尉裕 帥師擊荊州하니 都督司馬休之拒戰이라가 衆潰하다

【目】 정월에 劉裕가 司馬休之의 둘째 아들 司馬文寶와 형의 아들 司馬文祖를 체포하여 賜死하고, 직접 荊州刺史를 겸하여 군대를 거느리고 사마휴지를 공격할 적에 장군 劉道憐으로 留府의 일을 감독하게 하고 劉穆之로 右僕射를 겸하여 일을 모두 결단하게 하였다. 雍州刺史 魯宗之는 스스로 유유에게 용납 받지 못한다고 의심하여 그의 아들 竟陵

太守 魯軌와 함께 군대를 일으켜 사마휴지를 도왔다.

正月에 劉裕 收司馬休之次子文寶와 兄子文祖하여 賜死하고 自領荊州刺史하여 將兵擊之할새 以將軍劉道憐으로 監留府事하고 劉穆之로 兼右僕射하여 事皆決焉하다 雍州刺史魯宗之 自疑不爲裕所容하여 與其子竟陵太守軌로 起兵助休之하다

【目】2월에 사마휴지가 표문을 올려서 유유의 죄상을 열거하고 군대를 정비하여 유유를 막았다. 유유가 密書로 사마휴지의 錄事인 韓延之를 부르자, 한연지는 다음과 같은 내용으로 답서를 보냈다.

"보내주신 편지를 받고 譙王(司馬文思)의 예전 일[18] 때문에 공격하심을 알았습니다. 公께서 직접 軍馬를 거느리고서 멀리 西畿까지 오시니, 참으로 한탄스럽습니다. 司馬平西(司馬休之)는 나라에 忠貞을 다하고 관대한 마음으로 남을 대하였습니다. 그는 公이 나라를 구원하고 부흥한 功이 있어서 집안과 나라가 도움을 입었다고 생각하여, 은덕을 미루어 넓히고 정성을 바쳐서 일마다 공에게 묻고 의존했는데, 초왕이 탄핵을 받자 스스로 표문을 올려 지위를 내려놓았고 또다시 아뢰어 초왕을 폐위하니, 아직 다하지 않은 것은 그의 목숨뿐입니다. 公이 이 목숨을 빼앗기 위하여 갑자기 군대를 일으키니, 이른바 '상대에게 죄를 뒤집어씌우려고 한다면 어찌 핑계 댈 말이 없겠는가.'라는 것이 아니겠습니까.

劉裕 足下시여! 온 나라 사람들이 누군들 족하의 이 마음을 모르겠습니까. 그런데 저를 속이고자 하여 '원래부터 정성스러운 마음으로 남을 대하였다.'고 스스로 말씀하셨습니다. 그런데 劉藩은 閶闔에서 죽었고 諸葛長民은 左右에게 죽었으며, 달콤한 말로 方伯을 속여서 경무장한 군대로 劉毅를 기습하고서 이제 또다시 남의 군주를 공격하면서 사람(자신)을 이익으로 유인하시니, 참으로 정성스러운 마음으로 자처하여 남을 대함에 본래 유래가 있다고 하겠습니까. 저는 진실로 비루하고 용렬하나 일찍이 군자에게 道를 들었으니, 사마평서의 지극한 덕으로 볼 때 어찌 그를 위해 목숨을 바치는 신하가 없을 수 있겠습니까. 가령 하늘이 喪亂을 조장하여 천하[19]가 혼란해지면 마땅히 〈後漢 때 사람인〉 臧洪과 지하에서 놀겠습니다."

---

18) 譙王(司馬文思)의……일 : 본서 義熙 10년(414) 3월 기사에 보인다.

19) 천하 : 원문은 九流이다. 여기 訓義 ⑦에는 儒家, 道家 등의 九流로 보았다. 그러나 九流를 九河, 즉 중국의 큰 강하를 크게 가리킨 말로 천하를 의미하는 것으로 보기도 한다.(≪新譯 資治通鑑≫(張大可 等 譯注, 三民書局)) 여기서는 九流를 九河로 보고 해석하였다.

유유는 그의 편지를 보고 감탄하고는 장수와 보좌관들에게 보여주고 말하기를 "사람을 섬기기를 마땅히 이와 같이 해야 한다." 하였다.

二月에 休之上表하여 罪狀裕하고 勒兵拒之어늘 裕密書로 招休之錄事韓延之하니 延之復書曰 辱疏에 知以譙王前事로라 親帥戎馬하여 遠履西畿하니 良增歎息①이로이다 司馬平西 體國忠貞하고 款懷待物이라 以公有匡復之勳하여 家國蒙賴라하여 推德委誠하여 每事詢仰②이러니 譙王見劾에 自表遜位하고 又奏廢之하니 所不盡者는 命耳라 而公이 以此로 遽興兵甲하니 所謂欲加之罪인댄 其無辭乎③잇가 劉裕足下아 海內之人이 誰不見足下此心이완대 而欲欺誑國士하여 自謂處懷期物이 自有由來矣④라 夫劉藩이 死於閶闔하고 諸葛이 斃於左右⑤하며 甘言詫方伯하여 襲之以輕兵⑥하고 今又伐人之君하여 啗人以利하니 眞可謂處懷期物이 自有由來乎아 吾誠鄙劣이나 嘗聞道於君子하니 以平西之至德으로 寧可無授命之臣乎아 假令天長喪亂하여 九流渾濁이면 當與臧洪으로 遊於地下耳⑦로라 裕視書歎息하고 以示將佐曰 事人을 當如此矣니라

① 辱疏는 密書를 보낸 것이다. ≪周禮≫에 "王畿의 1,000리 밖을 侯畿, 甸畿, 男畿, 采畿, 衛畿, 蠻畿, 夷畿, 鎭畿, 蕃畿라 한다." 하였으니, 畿라고 말한 것은 王(황제)에게 세금과 공물을 바침을 직무로 여기는 것이다. 韓延之가 荊楚를 西畿라 한 것은 이 뜻을 취한 것이다.
辱疏, 卽上密書也. 周禮 "王畿千里之外, 曰侯畿・甸畿・男畿・采畿・衛畿・蠻畿・夷畿・鎭畿・蕃畿." 謂之畿者, 責以共王稅貢爲職. 延之以荊楚爲西畿, 取此義.

② 司馬休之가 平西將軍이 되었다. 그러므로 司馬平西라고 칭한 것이다. 款은 정성이요, 詢은 자문이다.
休之爲平西將軍, 故稱司馬平西. 款, 誠也, 詢, 咨也.

③ 〈'欲加之罪 其無辭乎'는〉 ≪春秋左氏傳≫의 晉나라 大夫 里克의 말이다.[20]
左傳, 晉大夫里克之言.

④ 國士는 韓延之가 자신을 가리켜 말한 것이다. 處(대처함)는 昌呂의 切이다. 懷는 襟懷요 物은 人物(남)이다. 내가 이 지성스러운 흉금으로 자처하여 남을 대하고 물건을 접함을 이르니, 이는 劉裕가 보낸 편지 속에 있는 말을 기술한 것이다.
國士, 延之自謂也. 處, 昌呂切. 懷, 襟懷. 物, 人物也. 謂我處此至誠之懷, 以待人接物, 此述

20) 春秋左氏傳의……말이다 : 춘추시대 晉나라의 獻公은 일찍이 太子 申生을 죽이고 重耳와 夷吾 등을 축출하고서 총애하는 驪姬의 아들 奚齊를 태자로 세웠는데 헌공이 僖公 10년(B.C. 650)에 죽었다. 그리하여 해제가 즉위하자 里克은 그를 미워하여 죽이고 여희의 여동생이 낳은 卓子를 세웠으나, 또다시 그를 죽이고 망명해 있던 이오를 군주로 추대하였다. 그리하여 이오가 즉위하여 惠公이 되었다. 이해 5월 周公忌父와 王子黨이 齊나라 隰朋에서 회합하여 惠公을 晉侯로 세웠는데, 혜공은 자신의 즉위를 도운 이극을 죽여 자신이 찬탈하지 않았다는 것을 설명하려 하였다. 그러자 이극은 죄를 덮어씌울 작정만 한다면 트집 잡을 말이 없겠느냐는 의미로 이와 같이 말하고 칼에 엎어져 죽었다.(≪春秋左氏傳≫ 僖公 10년)

劉裕來書中語也.

⑤ 劉藩의 일은 위 8년(408)에 보이고 諸葛長民의 일은 9년(409)에 보인다.
劉藩事, 見上八年, 諸葛事, 見九年.

⑥ 〈'甘言詫方伯'은〉 劉毅를 기습함을 이르니, 이 일은 위 8년(408)에 보인다. 詫는 丑亞의 切이니, 속임이다.
謂襲劉毅也, 事見上八年. 詫, 丑亞切, 誑也.

⑦ 長(조장하다)은 展兩의 切이다. 九流는 儒家, 道家, 法家, 陰陽家, 名家, 墨家, 從橫家, 雜家, 農家의 부류를 이른다. '渾濁'은 혼잡하여 혼탁하고 더러운 것이다. 臧洪의 일[21]은 漢 獻帝 興平 2년(195)에 보인다.
長, 展兩切. 九流, 謂儒家・道家・法家・陰陽家・名家・墨家・從橫家・雜家・農家. 渾濁, 渾雜而濁穢也. 臧洪事, 見漢獻帝興平二年.

【目】 韓延之는, 劉裕의 아버지 이름이 劉翹이고 字가 顯宗이라 하여 마침내 자신의 字를 顯宗으로 바꾸고 그의 아들을 韓翹라고 이름하여 劉氏에게 신하 노릇 하지 않을 것임을 보였다.

유유가 마침내 參軍 檀道濟와 朱超石으로 하여금 보병과 기병을 거느리고 襄陽에서 출발하게 하였는데, 江夏太守 劉虔之가 양식을 모아놓고 이들을 기다렸으나 魯軌가 습격하여 유건지를 죽였다. 유유가 또다시 사위인 徐逵之로 하여금 蒯恩과 沈淵子를 통솔하여 江夏口로 출동해서 노궤와 싸우게 하였는데 패하여 모두 죽으니, 유유가 매우 노하였다.

3월에 유유가 장수들을 거느리고 長江을 건너갔는데 司馬休之의 군대가 가파른 언덕에 임하여, 유유의 군사들이 오를 수 있는 자가 없었다. 유유가 직접 갑옷을 입고 언덕을 오르려고 하자 장수들이 말렸는데, 듣지 않고 더욱 노여워하였다. 主簿 謝晦가 앞으로 나아가 유유를 끌어안자, 유유가 검을 뽑아 사회를 겨누며 말하기를 "내가 卿을 참수하겠다." 하였다. 사회가 말하기를 "천하에 저는 없어도 되지만 公이 없어서는 안 됩니다." 하였다.

將軍 胡藩이 마침내 칼끝으로 언덕을 파서 겨우 발가락을 비집어 넣을 수 있었다. 이것을 밟고 올라가니, 따르는 자들이 점점 많아지자, 곧바로 나아가 힘을 다해 싸우니,

21) 臧洪의 일 : 臧洪은 後漢 때의 인물로, 孝廉에 천거되었으며 張超를 도와 董卓을 토벌하였다. 후에 袁紹의 휘하에 있었으나 원소의 시기를 받았다. 曹操의 공격이 있자 장홍은 원소에게 구원병을 보내달라고 요청하였는데, 원소가 거절하면서 관계가 끊어졌다. 결국 장홍은 원소에게 사로잡혀 죽임을 당하였다.(≪資治通鑑綱目≫ 제13권 上)

사마휴지의 군대가 차츰 퇴각하였다. 유유의 군대가 이 틈을 타고 올라가니, 사마휴지의 군대가 마침내 크게 궤멸하였다. 유유가 江陵을 점령하니, 사마휴지와 司馬宗之는 모두 달아나고 노궤는 石城에 머물렀다.

延之以裕父名翹요 字顯宗이라하여 乃更其字曰顯宗하고 名其子曰翹하여 以示不臣劉氏하다 裕遂使參軍檀道濟, 朱超石으로 將步騎하고 出襄陽이러니 江夏太守劉虔之 聚糧以待어늘 魯軌襲擊殺之[①]하다 裕又使婿徐逵之로 統蒯恩, 沈淵子하여 出江夏口하여 與軌戰이러니 敗皆死[②]하니 裕怒甚하다 三月에 帥諸將濟江이러니 休之兵이 臨峭岸하니 裕軍士無能登者라 裕自被甲欲登이어늘 諸將諫이나 不從하고 怒愈甚이라 主簿謝晦 前抱持裕한대 裕抽劍指晦曰 我斬卿하리라 晦曰 天下에 可無晦어니와 不可無公이니이다 將軍胡藩이 以刀頭穿岸하여 劣容足指라 騰之而上[③]하니 隨者稍衆이어늘 直前力戰하니 休之兵이 稍却이라 裕兵이 乘之하니 休之兵이 遂大潰라 裕克江陵하니 休之, 宗之皆走하고 軌留石城하다

① 朱超石은 朱齡石의 아우이다.
超石, 齡石之弟也.

② 沈淵子는 沈林子의 형이다. ≪水經≫에 "江水는 江陵의 城 남쪽을 지나가고 또 동쪽으로 흘러 華容縣 서쪽에 이르니 夏水가 여기에서 발원하고, 또 동쪽으로 公安縣 북쪽을 지나 다시 동쪽으로 흘러 왼편의 夏口와 합류한다." 하였다.
淵子, 林子之兄也. 水經 "江水過江陵城南, 又東至華容縣西, 夏水出焉, 又東過公安縣北, 又東左合于夏口."

③ 劣은 부족함(겨우)이다. 일설에는 아래쪽이라 한다.
劣, 少也. 一云下邊也.

【綱】 秦나라(後秦)가 姚弼을 보내어 군대를 거느리고 秦州를 지키게 하였다.

秦遣姚弼하여 將兵守秦州하다

【目】 秦나라 廣平公 姚弼이 秦王 姚興에게 姚宣을 모함하자, 요흥이 사신을 보내어 杏城에 가서 요선을 체포하여 하옥시키고 요필에게 명하여 3만 명의 병력을 거느리고서 秦州를 지키게 하였다. 이에 尹昭가 말하기를 "광평공이 태자와 화목하지 못한데, 지금 광평공에게 강한 군대를 밖에서 장악하게 하시니, 폐하께서 하루아침에 不諱(별세)하신다면 社稷이 반드시 위태로울 것입니다." 하였으나, 요흥은 따르지 않았다.

秦廣平公弼이 譖姚宣於秦王興하니 興이 遣使就杏城하여 收宣下獄하고 命弼將三萬人하여 守秦

州한대 尹昭曰 廣平公이 與太子不平이어늘 今握强兵於外하시니 陛下一旦不諱면 社稷必危리이다 興이 不從하다

【綱】夏나라가 秦나라(後秦)의 杏城을 공격하여 함락하였다.

夏攻秦杏城하여 拔之하다

【綱】北涼이 西秦을 공격하여 廣武를 함락하였다.

◑北涼이 攻西秦하여 拔廣武하다

【綱】〈晉나라(東晉)의〉 靑·冀參軍 司馬道賜가 그의 刺史 劉敬宣을 죽였다.

靑冀參軍司馬道賜 殺其刺史劉敬宣[22)]하다

【目】司馬道賜는 宗室의 먼 족속이었다. 劉敬宣을 죽여 司馬休之에게 호응하였는데, 유경선의 府吏에게 죽임을 당하였다.

道賜는 宗室疎屬也라 殺敬宣以應司馬休之러니 爲敬宣府吏所殺하다

【綱】司馬休之가 秦나라(後秦)로 달아나니, 秦나라가 그를 揚州刺史로 삼았다.

司馬休之出奔秦하니 秦이 以爲揚州刺史하다

【目】劉裕가 군대를 보내어 石城을 공격하여 깨트리니, 司馬休之가 魯宗之, 魯軌 등과 함께 秦나라로 달아났다. 노종지는 평소 군사와 백성의 마음을 얻고 있었기에 군사와 백성이 앞을 다투어 그를 호위해 전송하여 국경을 나가게 하니, 추격군이 국경 끝까지 쫓아갔다가 그대로 돌아왔다.

사마휴지가 長安에 이르니, 秦王 姚興은 그를 揚州刺史로 삼아서 襄陽을 침입하여 소

---

22) 靑冀參軍司馬道賜 殺其刺史劉敬宣 : "〈司馬道賜가 劉敬宣을 죽인 것은〉 司馬休之에게 呼應한 것이다. 사마도사가 얼마 후 유경선의 관리에게 살해당했는데, ≪資治通鑑綱目≫에 그가 사마휴지에게 호응했다고 쓰지 않고, 그가 살해당할 적에 伏誅라고 쓰지 않은 것은 사마도사를 용서한 것이요, 사마도사를 용서한 것은 劉裕를 미워한 것이다.〔應休之也 道賜尋爲敬宣吏所殺 綱目於其應休之也 不書應其見殺也 不書伏誅 恕道賜也 恕道賜 所以惡裕也〕" ≪書法≫

란을 일으키게 하고, 얼마 후 다시 노종지로 하여금 군대를 거느리고 양양을 침략하게 하였는데, 노종지는 양양에 이르기 전에 卒하였다.

劉裕遣兵하여 攻破石城하니 休之與魯宗之, 軌等으로 俱奔秦하다 宗之素得士民心이라 爭爲之衛送出境하니 追兵이 盡境而還하다 休之至長安하니 秦王興이 以爲揚州刺史하여 使侵擾襄陽하고 尋復使宗之로 將兵寇襄陽이러니 未至而卒하다

【綱】 太尉 劉裕가 劍을 차고 신을 신고서 궁전에 오르고, 조정에 들어갈 때 종종걸음을 걷지 않고, 贊拜할 때 이름을 부르지 않게 하였다.

太尉裕 劍履上殿하고 入朝不趨하고 贊拜不名[23)]하다

【綱】 北涼이 사신을 보내어 표문을 올려 內附하였다.

◑ 北涼이 遣使하여 上表內附[24)]하다

【目】〈晉나라(東晉)〉 益州刺史 朱齡石이 北涼에 사신을 보내어서 조정의 위엄과 덕으로 타이르니, 北涼王 沮渠蒙遜이 주영석에게 사신을 보내고 또 표문을 올려 아뢰기를 "삼가 듣자하니 '車騎將軍 劉裕가 中原을 평정하려 한다.' 하니, 원컨대 그의 右翼이 되어서 오랑캐들을 몰아내겠습니다." 하였다.

益州刺史朱齡石이 遣使詣北涼하여 喩以朝廷威德하니 北涼王蒙遜이 遣使詣齡石하고 且上表하여 言伏聞車騎將軍裕 欲淸中原이라하니 願爲右翼하여 驅除戎虜하노이다

【綱】 가을 7월 그믐에 일식이 있었다.

秋七月晦에 日食하다

【綱】 8월에 太尉 劉裕가 建康으로 돌아왔다.

---

23) 太尉裕……贊拜不名 : "이것은 특별한 예이다. ≪資治通鑑綱目≫에 자세히 쓴 것이 4번인데, 오직 蕭何에게만 賜라고 썼고 董卓과 曹操, 劉裕에게는 글이 똑같으니, 그렇다면 僭濫한 일일 뿐이다.〔此殊禮也 綱目備書者四 惟蕭何得書賜 卓操裕同辭 則僭而已矣〕" ≪書法≫

24) 北涼遣使 上表內附 : "義를 사모함을 가상히 여긴 것이다. 그러므로 특별히 쓴 것이다.〔嘉慕義也 故特書之〕" ≪書法≫

◑ 八月에 太尉裕 還建康[25]하다

【綱】 劉穆之를 左僕射로 삼았다.

◑ 以劉穆之爲左僕射하다

【綱】 魏나라(北魏)에 거듭 기근이 들었다.

◑ 魏荐饑하다

【目】 魏나라가 매년 서리가 일찍 내리고 가뭄이 드니, 雲中과 代郡의 백성들이 기근으로 죽는 자가 많았다. 太史令 王亮이 魏主 拓跋嗣에게 말하기를 "圖讖說을 살펴보건대 魏나라가 마땅히 鄴 지역에 도읍을 하면 부유하고 안락할 수 있을 것입니다." 하였다. 拓跋嗣가 이것을 신하들에게 물으니, 博士祭酒 崔浩와 特進인 周澹이 다음과 같이 말하였다.

"鄴 지역으로 도성을 옮기면 올해의 기근을 면할 수 있으나 장구한 계책이 아닙니다. 山東 사람들은 우리 국가가 광활한 지역에 거처하여 사람과 가축이 끝도 없이 많다 하여 이름을 牛毛之衆(쇠털같이 많다)이라고 합니다. 지금 군대를 남겨두어 옛 도성을 지키게 하고 집을 나누어 남쪽으로 옮겨가면 여러 州의 한 지역도 못 될 것이니, 이런 진상이 드러나면 사방이 모두 우리를 경시하고 업신여기는 마음을 둘까 염려됩니다. 또 이주한 백성들은 水土가 맞지 않아서 疫病으로 죽는 자가 반드시 많을 것이요, 옛 도성에 병력이 적으면 屈丐와 柔然이 장차 이곳을 엿보려는 마음을 품을 것입니다. 조정은 천 리로 이어진 恒山과 代郡의 험난함에 막혀 달려가 구원하기 어려우니, 이는 名과 實을 모두 손해보는 것입니다. 지금 북방에 거처하면서 山東 지역에 변란이 생길 경우 경무장한 騎兵으로 남쪽으로 내려가서 林薄의 사이에 널리 퍼져 있으면 누가 우리 병력의 많고 적음을 가늠할 수 있겠습니까. 백성들이 먼지만 바라보고도 겁을 먹고 복종할 것

25) 太尉裕 還建康 : "乘輿(황제)의 경우 '還'이라 쓰니, 劉裕가 돌아온 것인데 어찌하여 이것을 썼는가. 유유가 강해서 엄연한 군주였다. 그러므로 오직 後漢 때 竇憲의 경우 '京師로 돌아왔다.'고 썼고, 오직 유유의 경우에만 '建康으로 돌아왔다.'고 2번 썼으니, 그 쓴 것을 보면 강한 신하는 전후로 자취가 똑같다.(義熙 9년(413)에 자세히 보인다.)〔乘輿書還 裕還耳 何以書 裕强也 儼然君矣 故惟竇憲書還京師 唯劉裕再書還建康 觀其所書 强臣 先後一轍也(詳義熙九年)〕" ≪書法≫

이니, 이는 우리 국가가 중화를 위엄으로 제압할 수 있는 방법입니다. 내년 봄에 풀이 자라면 우유와 타락이 생산될 것이요, 채소와 과일을 겸해 먹다가 가을에 곡식이 익을 때에 이르면 일이 이루어질 것입니다."

탁발사가 말하기를 "지금 창고가 이미 고갈되었으니, 만약 내년 가을에 또다시 기근이 들면 어찌하겠는가?" 하자, 대답하기를 "마땅히 굶주리고 가난한 家戶를 골라서 산동 지역에 나아가 먹게 할 것이요, 만약 내년 가을에 또다시 기근이 들면 마땅히 그때 다시 도모해야 하니, 다만 지금 수도를 옮겨서는 안 됩니다." 하였다. 탁발사가 기뻐하여 그 말을 따랐다.

탁발사가 또 몸소 籍田[26]을 경작하고 농사짓고 누에 치는 일을 부지런히 권장하니, 다음 해에 크게 풍년이 들어서 백성들이 마침내 풍족하고 안락하였다.

처음에 최호가 탁발사를 위하여 ≪周易≫과 ≪書經≫ 〈洪範〉을 강할 적에 탁발사가 인하여 天文과 術數를 물었는데 최호가 점을 친 것이 많이 맞으니, 이로 인해 총애를 받아 무릇 軍國의 은밀한 계책에 모두 참여하였다.

魏 比歲霜旱하니 雲代民이 多飢死①라 太史令王亮이 言於魏主嗣曰 按讖書에 魏當都鄴이면 可得富樂이라한대 嗣以問群臣하니 博士祭酒崔浩와 特進周澹曰 遷都於鄴이면 可救今年之饑어니와 非長久計也니이다 山東人이 以國家居廣漠之地하여 人畜無涯라하여 號曰牛毛之衆②이라하니이다 今留兵守舊都하고 分家南徙하면 不能滿諸州之地니 情見(현)事露에 恐四方皆有輕侮之心③이니이다 且百姓이 不便水土하여 疫死必多요 而舊都兵少하면 屈丏, 柔然이 將有窺窬之心④이리이다 朝廷이 隔恒代千里之險하여 難以赴救하니 此則聲實俱損也⑤라 今居北方에 山東有變이면 則輕騎南下하여 布濩林薄之間이면 孰能測其多少리고 百姓이 望塵慴服이니 此國家所以威制諸夏也⑥라 來春草生에 湩酪(동락)將出이요 兼以菜果하여 得及秋熟이면 則事濟矣⑦리이다 嗣曰 今倉廩已竭하니 若來秋又饑면 則若之何오 對曰 宜簡饑貧之戶하여 使就食山東이요 若來秋復饑어든 當更圖之니 但方今에 不可遷都耳니이다 嗣悅하여 從之하다 嗣又躬耕籍田하고 勸課農桑하니 明年에 大熟하여 民遂富安하다 初에 浩爲嗣하여 講易, 洪範할새 嗣因問天文術數어늘 浩占決多驗하니 由是有寵하여 凡軍國密謀를 皆預之러라

①雲·代는 雲中과 代郡 두 郡의 지역이다.
雲·代, 雲中·代郡二郡之地.

26) 籍田 : 임금이 백성들에게 勸農하는 뜻으로 친히 시범을 보이기 위해 경작하는 田地인데, 백성들의 힘을 빌려〔籍〕 경작한다 하여 붙여진 이름이다. 藉田으로도 표기하는바, 藉(자)와 籍(적)은 서로 통용된다. 여기에서 수확된 곡식으로 상제와 종묘 등의 粢盛에 사용하였다.

② 漢은 큼이다.
漢, 大也.
③ 옛 도읍은 平城을 이른다.
舊都, 謂平城也.
④ ≪北史≫에 이르기를 "明元帝가 赫連勃勃의 이름을 고쳐 屈丏라 하였으니, 北方의 말에 屈丏는 卑下하는 것이다." 하였다.
北史曰 "明元改赫連勃勃名曰屈丏. 北方言屈丏者, 卑下也."
⑤ 恒山으로부터 代郡에 이르기까지 飛狐의 어구, 倒馬의 관문, 夏屋, 廣昌, 五迴의 험한 지역이 있다.
自恒山至代, 有飛狐之口, 倒馬之關, 夏屋・廣昌・五迴之險.
⑥ 濩는 음이 護이니, 布濩는 흩어져 분포하는 것이다. 나무가 우거진 것을 林이라 하고 풀과 나무가 뒤섞여 함께 자란 것을 薄이라 한다. 慴은 두려워하여 기가 꺾인 것이다.
濩, 音護, 布濩, 流散也. 叢木曰林, 草木交錯曰薄. 慴, 失氣也.
⑦ 湩은 乳汁(우유)이고 酪은 乳漿(타락)이다.
湩, 乳汁也, 酪, 乳漿也.

【綱】 秦나라(後秦) 姚弼이 난을 일으킬 것을 꾀하였는데 그의 도당인 唐盛 등이 伏誅되었다.

秦姚弼이 **謀作亂**이러니 **其黨唐盛等**이 **伏誅**[27]하다

【目】 秦王 姚興이 〈五石散을 복용한 뒤에〉 약의 독이 나타나니, 廣平公 姚弼이 병을 핑계 대고 조회하지 않고는 사저에서 병력을 모았다. 요흥이 이 말을 듣고 노해서 요필의 도당인 唐盛과 孫玄을 체포하여 주살하고 장차 요필을 죽이려 하였다. 그런데 태자 姚泓이 눈물을 흘리며 굳이 간청하자, 요흥이 마침내 그를 용서하였다. 요흥은 옛날처럼 요필을 대하여 성내거나 원망하는 기색이 없었다.

27) 秦姚弼……伏誅 : "燕王 劉旦이 謀反하였는데, ≪資治通鑑綱目≫에서 사면하여 治罪하지 않고 黨與는 모두 伏誅되었다고 썼으니,(漢나라 昭帝 元鳳 원년(B.C. 80)이다.) 이는 형벌이 공정성을 잃었음을 비난한 것이다. 그런데 여기에서는 사면하고 치죄하지 않았다고 쓰지 않은 것은 어째서인가. 용서한 말이다. 이때 姚興이 姚弼의 행위에 노해서 장차 죽이려 하였는데, 姚泓이 눈물을 흘리며 굳이 간청하였으니, 이는 형제간의 천륜이다. ≪자치통감강목≫에서 진실로 형벌이 공정성을 잃었다는 이유로 요흥을 질책할 수 없는 것이다. 그러나 그가 다시 난을 일으켜 賜死함에 이르러서는 ≪자치통감강목≫에 伏誅라고 써서 평상시의 말과 똑같이 하였다.〔燕王旦謀反 綱目書赦弗治 黨與皆伏誅(漢昭帝元鳳元年) 譏失刑也 此其不書赦弗治 何 恕辭也 於是興怒弼 將殺之 泓流涕固請 兄弟天倫 綱目固不得以失刑病興也 至其再亂賜死 則綱目書伏誅 如恒辭矣〕" ≪書法≫

秦王興이 藥動하니 廣平公弼이 稱疾不朝하고 聚兵於第어늘 興이 聞之하고 怒하여 收弼黨唐盛, 孫玄하여 誅之하고 將殺弼이러니 太子泓이 流涕固請이어늘 乃赦之하니 泓이 待弼如初하여 無忿恨之色이러라

【綱】 熒惑星이 80여 일 동안 보이지 않다가 다시 東井에 나타났는데, 秦나라(後秦)에 큰 가뭄이 들었다.

熒惑이 不見八十餘日이라가 復出東井이러니 秦이 大旱[28)]하다

【目】 魏나라(北魏) 太史가 아뢰기를 "熒惑星이 匏瓜의 가운데 있다가 갑자기 없어져서 어디에 있는지를 모르겠습니다. 이는 점치는 법으로 따지면 마땅히 위태롭고 멸망할 나라의 分野로 들어간 것이니, 〈형혹성이 있는 나라는〉 먼저 童謠와 유언비어가 퍼진 뒤에 하늘이 禍와 罰을 시행합니다." 하였다.

魏主 拓跋嗣가 명망 있는 儒者 몇 사람을 불러서 太史와 함께 형혹성이 간 곳을 의논하게 하였는데, 崔浩가 말하기를 "≪春秋左氏傳≫에 神이 莘 지역에 강림하자, 그 신이 이른 날로써 그 신에 대한 물건(祭物)을 미루어 알았습니다. 지금 형혹성이 사라져 없어진 것이 庚午日과 辛未日 이틀 사이에 있었으니, 庚午는 秦 지역을 주장하고 辛은 西夷에 해당되니, 형혹성은 아마도 秦나라의 분야로 들어갔을 것입니다." 하였다. 그 후 80여 일 만에 형혹성이 과연 東井으로 나와서 鉤己에 머물러 있다가 오랜 뒤에 마침내 사라졌는데 그 후 秦나라에 큰 가뭄이 들어서 昆明池가 말랐다. 동요와 유언비어가 퍼져서 나라 사람들이 불안해하였는데, 1년 사이에 秦나라가 망하였다.

魏太史奏 熒惑이 在匏瓜中이라가 忽亡하여 不知所在①하니 於法에 當入危亡之國이니 先爲童謠訛言然後에 行其禍罰②이라한대 魏主嗣 召名儒數人하여 與太史로 議熒惑所詣러니 崔浩曰 春秋傳에 神降于莘이어늘 以其至之日로 推知其物③니이다 今熒惑之亡이 在庚午, 辛未二日之間하니 庚午主秦이요 辛爲西夷하니 熒惑이 其入秦乎④인저 後八十餘日에 果出東井하여 留守鉤己하여 久之에 乃去⑤러니 秦이 大旱하여 昆明池竭이라 童謠訛言에 國人이 不安이러니 間一歲而亡하다

28) 熒惑……秦大旱 : "≪資治通鑑綱目≫에 熒惑星을 쓴 것이 5번인데(康帝 建元 2년(344)에 자세히 보인다.) 이와 같은 이변이 있지 않았다. 뒤이어 秦나라(後秦)에 큰 가뭄이 들었다고 썼으니, 변고가 헛되이 생기지 않는다는 말이 사실이다.〔綱目書熒惑五(詳康帝建元二年) 未有若此之異者 繼書秦大旱 變不虛生 信哉〕" ≪書法≫

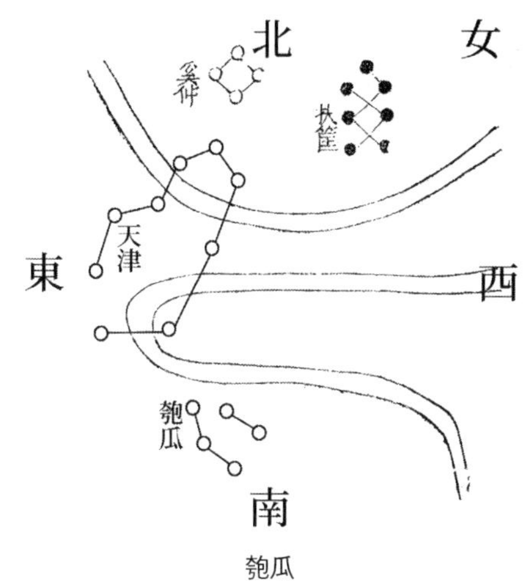

匏瓜

① 匏瓜 5星이 天津의 남쪽에 있다.
匏瓜五星, 在天津之南.

② 法은 天文을 추측하여 점치는 정상적인 법을 이른다.
法, 謂推占之常法.

③ 《春秋左氏傳》 莊公 32년에 "神이 莘 지역에 강림하자, 周 惠王이 內史 過에게 묻기를 '이것이 무슨 연고인가?' 하니, 대답하기를 '나라가 장차 흥왕하려 할 적에 밝은 神이 내림은 그 덕을 살펴보기 위해서요, 나라가 장차 망하려 할 적에 신이 또다시 강림함은 그 악함을 살펴보려고 하는 것입니다. 그러므로 신을 얻어 흥왕한 경우가 있고 또한 이로써 망한 경우가 있으니, 虞·夏와 商·周가 모두 이러한 경우가 있었습니다.' 하였다. 왕이 말하기를 '어찌 해야 하는가?' 하자, 대답하기를 '그 신에 대한 물건(제물)을 가지고 祭享해야 하니, 神이 이른 날에 또한 그에 맞는 제물로 해야 합니다.' 했다." 하였다. 이에 대해 杜預가 말하기를 "享은 제향이니, 甲乙日[29]에 신이 이르렀으면 제향할 때에 脾를 먼저하고 玉은 푸른 옥을 사용하고 옷은 청색을 숭상하여 이러한 類로써 제사하는 것이다." 하였다. 莘은 虢나라 지역이다.
左傳莊公三十二年 "有神降于莘, 惠王問內史過曰 '是何故也.' 對曰 '國之將興, 明神降之, 監其德也, 將亡, 神又降之, 觀其惡也. 故有得神以興, 亦有以亡, 虞·夏·商·周皆有之.' 王曰 '若之何.' 對曰 '以其物享焉, 其至之日, 亦其物也.'" 杜預曰 "享, 祭也, 若以甲乙日至, 祭先脾, 玉用蒼, 服尙靑, 以此類祭之." 莘, 虢地.

④ 《晉書》 〈天文志〉에 "東井 16度로부터 柳星 8度에 이르기까지를 鶉首라 하고 방위〔辰〕에 있어서는 未에 있으니, 秦나라의 分野이다. 柳星 9度로부터 張星 12度까지를 鶉火라 하고 방위에 있어서는 午에 있으니, 周나라의 分野이다." 하였다. 이때 姚秦이 關中과 洛陽의 지역을 겸하여 소유하였으므로 모두 秦을 주장한다고 말한 것이다. 庚辛은 西方이기 때문에 西夷라 한 것이다.
晉書天文志 "自東井十六度, 至柳八度爲鶉首, 於辰在未, 秦之分野. 自柳九度, 至張十二度爲鶉火, 於辰在午, 周之分野." 時姚秦兼有關·洛之地. 故云皆主於秦. 庚辛, 西方也, 故爲西夷.

⑤ 정체하여 떠나가지 않는 것을 留라 하고 그 별자리에 머물러 있는 것을 守라 한다. 鉤는 굽음이고 己 또한 굽은 모양이니, '鉤己'는 굽어 돌아서 갈고리와 같고 또 '己'자 모양을 이룸을 말한 것이다. 《晉書》 〈天文志〉에 "熒惑星은 난리와 역적, 질병과 초상, 기근과 병란이 되니, 이 분야에 있는 나라는 재앙을 받는다. 굽어 돌아서 '己'자처럼 다시 돌고 별빛 끝이

29) 甲乙日 : 甲乙은 五行상 東方木으로 색깔은 靑色이고, 사람의 五臟에 있어서는 脾臟이다.

흔들리고 색깔이 변하여 잠깐 사이에 앞으로 갔다가 뒤로 오고 왼쪽에 있다가 오른쪽에 있으면 재앙이 더욱 심하다." 하였다.

停遲不去曰留, 居其宿曰守. 鉤, 曲也, 已亦曲貌, 鉤已, 謂環繞而行如鉤, 又成已字也. 晉書天文志曰 "熒惑爲亂, 爲賊, 爲疾, 爲喪, 爲飢, 爲兵, 所居國受殃. 環繞鉤已, 芒角(勤搖)〔動搖〕[30]變色, 乍前乍後, 乍左乍右, 其殃愈甚."

【綱】 겨울 10월에 秦나라(後秦)가 딸을 魏나라(北魏)로 보냈는데, 魏나라가 그녀를 〈皇后로 삼지 않고〉 夫人으로 삼았다.

冬十月에 秦이 送女于魏하니 魏以爲夫人[31]하다

丙辰年(416)

【綱】 晉나라(東晉) 孝安皇帝 義熙 12년이다.

十二年이라

【目】 秦主(後秦) 姚泓의 永和 원년이고 魏나라(北魏) 太宗 拓跋嗣의 泰常 원년이다.

秦主姚泓永和元이요 魏泰常元年이라

【綱】 봄 정월에 〈晉나라(東晉)〉 太尉 劉裕가 스스로 都督二十二州軍事를 더하였다.

春正月에 太尉裕 自加都督二十二州軍事①하다

① 22개 州는 徐州, 南徐州, 豫州, 南豫州, 兗州, 南兗州, 靑州, 冀州, 幽州, 幷州, 司州, 郢州, 荊州, 江州, 湘州, 雍州, 梁州, 益州, 寧州, 交州, 廣州, 南秦州이다.

---

30) (勤搖)〔動搖〕: 저본에는 '勤搖'로 되어 있으나, ≪晉書≫에 의거하여 '動搖'로 바로잡았다.

31) 秦送女于魏 魏以爲夫人 : "和親을 쓴 것이 많으나 그를 아무개로 세웠다고 쓴 적은 있지 않았는데, 여기서 夫人으로 삼았다고 쓴 것은 어째서인가. 魏나라가 신의가 없어서이다. 앞에 魏나라가 사신을 보내어 혼인을 청했다고 쓴 것은 예의인데, 秦나라가 이미 딸을 보내자 〈皇后로 삼지 않고〉 부인으로 삼았을 뿐이니, 魏나라가 신의가 없다고 여겼다. 그러므로 특별히 쓴 것이다.〔書和親多矣 未有書以爲某者 此書以爲夫人 何 魏無信也 前書魏遣使請昏 禮也 秦既送女矣 則以爲夫人而已 以魏爲無信 故特書之〕" ≪書法≫

二十二州, 徐・南徐・豫・南豫・兗・南兗・青・冀・幽・幷・司・郢・荊・江・湘・雍・梁・益・寧・交・廣・南秦也.

【綱】秦나라(後秦)의 姚弼과 姚愔이 난을 일으켰다가 伏誅되고 秦王 姚興이 卒하자 太子 姚泓이 즉위하였다.

◑ **秦姚弼, 姚愔**이 **作亂**이라가 **伏誅**하고 **秦王興**이 **卒**커늘 **太子泓**이 **立**[32)]하다

【目】秦王 姚興이 華陰에 갈 적에 太子 姚泓으로 하여금 도성(長安)을 감독하게 하였는데, 요흥이 병이 위독하여 長安으로 돌아오니, 姚弼의 徒黨인 侍郞 尹沖은 요홍이 나와서 요흥을 맞이할 때를 틈타 요홍을 죽이고 요흥을 모시고 요필의 집으로 가서 난을 일으킬 것을 모의하였으나 모두 결행하지 못하였다. 요흥이 이미 궁중으로 들어오자, 요홍을 명하여 錄尙書事로 삼고 東平公 姚紹는 禁中의 군대를 관장하게 하고 요필의 사저에 있는 갑옷과 병장기를 거두어 武器庫에 넣게 하였다.

요흥의 병이 더욱 위독하자, 南陽公 姚愔이 즉시 윤충과 함께 군대를 거느리고 端門을 공격하니, 요흥이 병을 무릅쓰고 前殿에 임하여 요필을 賜死하였다. 금중의 군사들은 유흥을 보고 기뻐 날뛰면서 다투어 나아가 적에게 달려드니, 요음 등이 크게 패하였다. 요흥이 마침내 요소와 姚讚, 梁喜, 尹昭, 斂曼嵬를 불러 입궐하여 遺詔를 받게 하였다. 요흥이 다음 날 卒하니, 요홍이 상을 숨겨 발표하지 않고 요음 등을 체포하여 죽이고는 마침내 즉위하여 황제를 칭하였다.

秦王興이 如華陰할새 使太子泓으로 監國이러니 興이 疾篤하여 還長安하니 弼黨侍郞尹沖이 謀因泓出迎殺之하고 奉興幸弼第하여 作亂이로되 皆不果①하다 興이 旣入宮에 命泓錄尙書事하고 東平公紹典禁中兵하고 收弼第中甲仗하여 內(납)之武庫②하다 興이 疾轉篤하니 南陽公愔이 卽與尹沖으로 帥甲攻端門③이어늘 興이 力疾하고 臨前殿하여 賜弼死하다 禁兵이 見興하고 喜躍하여 爭進赴賊하니 愔等이 大敗라 興이 乃引紹及姚讚, 梁喜, 尹昭, 斂曼嵬하여 入受遺詔하고 明日에 卒하니 泓이 秘不發喪하고 捕愔等誅之하고 乃卽位하여 稱皇帝하다

① ≪資治通鑑≫에는 다음과 같이 되어 있다. "黃門侍郞 尹沖은 姚泓이 나와서 姚興을 맞이할 때를 틈타 그를 살해할 것을 도모하였다. 요흥이 이르자 요홍이 장차 나가 맞이하려 하였

32) 秦姚弼……太子泓立 : "≪資治通鑑綱目≫에 姚弼에 대하여 모두 5번 썼으니, 이는 嫡子와 대등하려는 것에 대한 경계를 보임이 엄한 것이다.〔綱目於姚弼 凡五書 所以示匹嫡之戒嚴矣〕" ≪書法≫

는데, 궁중의 신하가 간하기를 '주상의 병환이 위독하고 간신이 옆에 있으니, 殿下께서 지금 나가신다면 나가서는 주상을 뵙지 못하고 물러나서는 예측할 수 없는 禍가 있을 것입니다.' 하였다. 요홍이 말하기를 '臣子가 君父의 병환이 위독하시다는 말을 듣고서도 한가로이 거처하면서 나가지 않으면 어떻게 스스로 편안할 수 있겠는가?' 하자, 대답하기를 '몸을 온전히 하여 사직을 편안히 하는 것이 큰 孝입니다.' 하니, 요홍이 마침내 중지하였다.

尙書 姚沙彌가 尹沖에게 다음과 같이 말하였다. '太子가 나와서 황제를 맞이하지 않으니, 마땅히 乘輿(皇帝)를 받들고 廣平公 姚弼의 집으로 가야 합니다. 宿衛하는 장병들은 승여가 이곳에 있다는 말을 들으면 저절로 마땅히 와서 모일 것이니, 太子가 누구와 더불어 太子宮을 지키겠습니까. 또 우리들은 광평공 때문에 이름이 이미 역신의 대열에 들어가 있으니, 장차 어느 곳에 의탁할 수 있겠습니까. 이제 승여를 받들어 거사하면 바로 대의명분을 내세워 단지 광평공의 화를 구원할 뿐만 아니라, 우리들이 지난날 지은 죄도 모두 씻을 수 있을 것입니다.'

윤충은 요홍의 생사를 아직 알 수 없다 하여 요흥을 따라 궁중에 들어가 亂을 일으키고자 해서 요사미의 말을 따르지 않았다."

通鑑"黃門侍郎尹沖, 謀因泓出, 迎而殺之. 興至, 泓將出迎, 宮臣諫曰'主上疾篤, 姦臣在側, 殿下今出, 進不得見主上, 退有不測之禍.' 泓曰'臣子聞君父疾篤, 而端居不出, 何以自安.' 對曰'全身以安社稷, 孝之大者也.' 泓乃止. 尙書姚沙彌謂尹沖曰'太子不出迎, 宜奉乘輿, 幸廣平公第, 宿衛將(出)〔士〕[33], 聞乘輿所在, 自當來集, 太子誰與守乎. 且吾屬, 以廣平公之故, 已陷名逆節, 將何所自容? 今奉乘輿以擧事, 乃(杖)〔仗〕[34]大順, 不惟救廣平之禍. 吾屬前罪, 亦盡雪矣.' 沖以興死生未可知, 欲隨興入宮作亂, 不用沙彌之言."

② 姚紹는 姚興의 아우이다. 內은 들임이다.

紹, 興之弟也. 內(납), 入也.

③ 姚愔은 姚興의 아들이다.

愔, 興之子也.

【綱】 3월에 太尉 劉裕가 스스로 中外大都督을 더하고 계엄령을 내려 秦나라(後秦)를 공격하니, 詔書를 내려 琅邪王 司馬德文을 보내어 〈秦나라의 洛陽에 있는〉 山陵에 경의를 표하게 하였다.

三月에 **太尉裕 自加中外大都督**[35]하고 **戒嚴伐秦**하니 **詔遣琅邪王德文**하여 **修敬山陵**하다

---

33) (出)〔士〕: 저본에는 '出'로 되어 있으나, ≪資治通鑑≫에 의거하여 '士'로 바로잡았다.

34) (杖)〔仗〕: 저본에는 '杖'으로 되어 있으나, ≪資治通鑑≫에 의거하여 '仗'으로 바로잡았다.

35) 太尉裕 自加中外大都督 : "董卓 이래로 관직을 除拜할 적에 '自'라고 쓴 것이 많다. 동탁은 3번 썼고 曹操는 4번 썼으나 오직 劉裕는 7번 썼으니, 유유 또한 전횡이 심하다고 할 것이다. ≪資治通鑑綱目≫이 끝날 때까지 '自'라고 쓴 것이 많으나 유유처럼 많은 경우는 있지 않았다.〔自董卓以來 除拜書

【綱】氐王 楊盛이 秦나라(後秦)를 공격하여 祁山을 함락하고 이곳을 지키던 장수 姚嵩을 죽였다.

◑ 氐王楊盛이 攻秦하여 拔祁山하고 殺其守將姚嵩①하다

① ≪水經註≫에 "祁山은 嶓冢山 서쪽 70리쯤 되는 지점에 있으니, 동북쪽으로 上邽와의 거리가 240리이다." 하였다.
水經註 "祁山, 在嶓冢之西七十許里, 東北去上邽二百四十里."

【綱】여름에 〈晉나라(東晉)에서〉 秦나라(後秦)를 공격하여 上邽와 陰密, 安定과 雍城을 점령하였다. 秦나라가 군대를 보내어 晉나라 군대를 공격하여 퇴각시키고 다시 安定을 점령하였다.

◑ 夏에 攻秦하여 克上邽, 陰密, 安定, 雍城이어늘 秦이 遣兵擊郤之하고 復取安定하다

【綱】가을 8월에 〈晉나라(東晉)〉 太尉 劉裕가 여러 군대를 독려하여 建康에서 출발하였다.

◑ 秋八月에 太尉裕 督諸軍하여 發建康하다

【目】寧州에서 琥珀 베개를 劉裕에게 바치자, 유유는 호박이 金瘡[36]을 치료한다 하여 명하여 이것을 깨부수어서 北征하는 장병들에게 下賜하였다.

유유는 世子 劉義符를 中軍將軍으로 삼아 留府의 일을 감독하게 하고, 劉穆之에게 軍司를 겸하여 들어와 東府에 거처하면서 內外를 총괄하게 하고, 司馬 徐羨之를 副로 삼았다. 유유가 마침내 建康에서 출발할 적에 장군 王鎭惡과 檀道濟를 보내어 보병을 거느리고 淮水와 淝水에서 許昌과 洛邑으로 향하게 하고, 朱超石과 胡藩은 陽城으로 달려가고, 沈田子와 傅弘之는 武關으로 달려가게 하고, 沈林子와 劉遵考는 水軍을 거느리고 石門을 나가 汴水에서 黃河로 들어가게 하고, 王仲德에게 前鋒을 감독하여 鉅野의 하천을 파서 황하로 들어가게 하였다.

自 多矣 卓三書 操四書 惟裕七書 裕亦專甚矣哉 終綱目書自之多 未有如裕者也]" ≪書法≫

36) 金瘡 : 쇠로 만든 무기나 연장에 다친 상처를 말한다.

유목지가 왕진악에게 이르기를 "劉公이 지금 卿에게 秦나라를 정벌하는 임무를 맡겼으니, 경은 부디 노력하라." 하자, 왕진악이 말하기를 "제가 關中(長安)을 점령하지 못하면 맹세코 다시 강을 건너오지 않겠습니다." 하였다.

寧州獻琥珀枕於劉裕어늘 裕以琥珀이 治金瘡이라하여 命碎之하여 以賜北征將士[①]하다 以世子義符로 爲中軍將軍하여 監留府事하고 劉穆之로 領軍司하여 入居東府하여 總攝內外하고 司馬徐羨之로 副之하고 遂發建康할새 遣將軍王鎭惡, 檀道濟하여 將步軍하고 自淮淝로 向許洛하고 朱超石, 胡藩은 趨陽城하고 沈田子, 傅弘之는 趨武關하고 沈林子, 劉遵考는 將水軍하고 出石門하여 自汴入河하고 以王仲德으로 督前鋒하여 開鉅野入河[②]하다 穆之 謂鎭惡曰 公이 今委卿以伐秦之任하니 卿其勉之하라 鎭惡曰 吾不克關中이면 誓不復濟江호리이다

① 琥珀은 哀牢의 오랑캐 지방에서 나온다. ≪廣雅≫에 이르기를 "호박은 땅속에서 생겨나니, 그 위와 옆에는 풀이 자라지 않는다. 땅속 깊이 있는 것은 8, 9척이고 크기는 열 말 들이 휘〔斛〕와 같은데, 껍질을 깎아 제거하면 말〔斗〕만 한 호박을 이룬다. 처음에는 복숭아나무의 진과 같고 단단하게 굳으면 비로소 호박을 얻는다." 하였다. ≪博物志≫에 "송진이 땅속으로 들어가 천 년이 되면 변화하여 茯苓이 되고 복령이 천 년이 되면 변화하여 호박이 된다." 하였다.
琥珀, 出哀牢夷. 廣雅曰"琥珀生地中, 其上及旁不生草. 深者八九尺, 大如斛, 削去皮, 成琥珀如斗. 初時如桃膠, 凝堅乃成." 博物志"松脂淪入地, 千年化爲茯苓, 茯苓千年化爲琥珀."
② 傅弘之는 傅昭의 아들이다. 劉遵考는 劉裕의 族弟이다.
弘之, 昭之子. 遵考, 裕之族弟也.

【目】劉穆之가 안으로는 조정의 政事를 총괄하고 밖으로는 군대의 물자를 공급하되 물이 흐르듯 결단하여 막히는 일이 없었고, 사람들의 요구와 하소연, 자문과 보고서가 뜰을 채우고 방 안에 가득하였으나, 유목지는 눈으로 보고 귀로 들으며 손으로 답하고 입으로 酬應함에 서로 어긋나지 아니하여 모두 다 여유롭게 처리하였다. 또 賓客을 좋아하여 談笑를 나누는 데 싫어함이 없었고, 조금의 여가가 생기면 손수 직접 글을 베끼고 책을 찾아보고 교정하였다.

성품이 사치스럽고 호방하여 밥상이 반드시 사방 한 길이나 되었으나 홀로 먹은 적이 없었다. 일찍이 劉裕에게 말하기를 "내 집이 본래 貧賤하여 사는 데 부족함이 많았는데, 외람되이 벼슬에 오른 이후로 아침저녁으로 쓰는 것이 조금은 지나치게 풍족합니다. 그러나 이외에는 털끝만큼도 公을 저버리지 않았습니다." 하였다.

유유가 彭城에 이르자, 王鎭惡과 檀道濟가 秦나라(後秦) 경계로 쳐들어가서 향하는 곳마다 모두 승리하니, 주둔하여 수비하던 秦나라의 병사들이 멀리서 바라보고 歸附하였다. 단도제가 마침내 許昌에 이르고 沈林子가 汴水에서 黃河로 들어가서 倉垣縣을 점령하였다.

穆之內總朝政하고 外供軍旅호되 決斷如流하여 事無壅滯하고 求訴咨禀이 盈堦滿室호되 穆之目覽耳聽하고 手答口酬하여 不相參涉하여 悉皆贍擧①하다 又喜賓客하여 談笑無倦하고 裁有閒暇면 手自寫書하고 尋覽校定②이러라 性이 奢豪하여 食必方丈호되 未嘗獨餐③이러라 嘗白裕曰 穆之家本貧賤하여 贍生多闕이러니 自叨忝以來로 朝夕所須 微爲過豐이나 然此外一毫를 不以負公④이니이다 裕至彭城에 王鎭惡, 檀道濟入秦境하여 所向皆捷하니 秦諸屯守 望風款附라 道濟遂至許昌하고 沈林子自汴入河하여 克倉垣⑤하다

①'盈堦滿室(뜰에 가득하고 방에 가득하다.)'은 자문하고 보고하는 문서들을 이른다.
盈堦滿室, 謂咨稟之文書也.
②裁(겨우)는 纔와 같다.
裁, 與纔同.
③《資治通鑑》에 "우선 번번이 10인분의 반찬(음식)을 만들고 일찍이 홀로 먹지 않았다." 하였다.
通鑑"且輒爲十人饌, 未嘗獨餐."
④叨는 외람됨이고, 忝은 욕됨이다.
叨, 濫也, 忝, 辱也.
⑤倉垣은 縣의 이름이다.
倉垣, 縣名.

【綱】〈晉나라(東晉)〉 冀州刺史 王仲德이 魏나라(北魏)의 滑臺로 쳐들어갔다.

冀州刺史王仲德이 入魏滑臺하다

【目】王仲德의 水軍이 黃河로 들어가서 장차 滑臺를 핍박하려 하니, 魏나라의 兗州刺史 尉建이 성을 버리고 북쪽으로 강을 건너갔다. 왕중덕이 성에 들어가서 선언하기를 "우리 晉나라가 본래 布帛 7만 필을 가지고 魏나라에게 길을 빌리려 하였는데, 이곳을 지키던 장수(울건)가 갑자기 성을 버리고 떠날 줄은 생각지 못했다." 하였다.

魏主 拓跋嗣는 이 말을 듣고 叔孫建과 公孫表를 보내어 군대를 이끌고 黃河를 건너가

서 활대성 아래에서 울건을 참수하고 晉나라 군대를 불러서 魏나라의 영토를 침입한 정상을 따져 묻자, 왕중덕이 사람을 시켜서 대답하기를 "劉太尉(劉裕)가 王征虜(王仲德)로 하여금 黃河에서 洛陽으로 들어가 先祖의 山陵을 깨끗이 청소하고 빈 城을 빌려 군대를 휴식하게 하려 하였다. 장차 서쪽으로 군대를 이끌고 갈 것이니, 우리 兩國의 우호 관계는 손상이 없다." 하였다.

탁발사가 또다시 숙손건으로 하여금 劉裕에게 따져 묻게 하자, 유유가 대답하기를 "洛陽은 우리 晉나라의 옛 도읍인데 오랑캐들 羌族(後秦)이 이곳을 점거하였고, 여러 桓氏의 宗族과 司馬休之의 兄弟는 晉나라를 좀먹는 좀벌레인데 강족이 이들을 거두어주니, 晉나라가 이들을 공격하고자 하므로 魏나라에 길을 빌리려는 것이요, 감히 魏나라에게 불리한 짓을 하려는 것은 아니다." 하였다.

仲德水軍이 入河하여 將逼滑臺하니 魏兗州刺史尉建이 棄城北渡어늘 仲德이 入城하여 宣言曰 晉本欲以布帛七萬匹로 假道於魏러니 不謂守將遽去로라 魏主嗣 聞之하고 遣叔孫建, 公孫表하여 引兵濟河하여 斬尉建於城下하고 呼晉軍하여 問以侵寇之狀한대 仲德이 使人對曰 劉太尉使王征虜로 自河入洛하여 掃清山陵하고 借空城以息兵하여 行當西引이니 無損於好也니라 嗣又使建問裕한대 裕謝之曰 洛陽은 晉之舊都어늘 而羌據之하고 諸桓宗族과 休之兄弟는 晉之蠹也어늘 而羌收之①하니 晉欲伐之라 故假道於魏요 非敢爲不利也니라

① ≪資治通鑑≫에 "여러 桓氏의 宗族과 司馬休之와 司馬國璠 형제와 魯宗之의 父子는 모두 晉나라를 좀먹는 좀벌레인 셈인데, 羌族(後秦)이 이들을 거두어 晉나라의 폐해가 되게 하였다. 義熙 원년(405)에 桓謙 등이 秦나라로 달아났다가 6년(410)에 晉나라로 쳐들어와 침략하였고, 11년(415)에 사마휴지와 노종지 등이 秦나라로 달아났는데, 秦나라가 이들로 하여금 군대를 거느리고 가서 襄陽을 소란케 하였으며, 6년에 사마국번 등이 秦나라로 달아나 자주 秦나라의 병력을 거느리고 변경을 소란케 했다." 하였다.
通鑑 "諸桓宗族・司馬休之・國璠兄弟・魯宗之父子, 皆晉之蠹也, 而羌收之, 以爲晉患. 義熙元年, 桓謙等奔秦, 六年入寇, 十一年, 司馬休之・魯宗之等奔秦, 秦使將兵擾襄陽, 六年, 司馬國璠等奔秦, 數(삭)率衆擾邊."

【綱】 겨울 10월에 〈晉나라(東晉)의〉 將軍 檀道濟가 洛陽을 점령하였다.

冬十月에 將軍檀道濟 克洛陽하다

【目】 秦나라(後秦)의 陽城과 滎陽이 모두 晉나라에 항복하고 檀道濟 등의 군대가 成皐에

이르니, 秦나라의 陳留公 姚洸이 洛陽을 지키다가 사신을 보내어 長安에 구원을 청하였다. 秦主 姚泓이 군대를 보내어 구원하였는데, 將軍 趙玄이 요광에게 다음과 같이 말하였다.

"지금 晉나라가 더욱 깊숙이 침입해왔고 병력이 많아 상대할 수 없으니, 만약 출전하였다가 승리하지 못하면 大事가 잘못될 것입니다. 마땅히 여러 수비군을 총괄하여 金墉을 굳게 지켜서 서쪽 군대의 구원을 기다려야 합니다. 금용이 함락되지 않으면 晉나라 군대가 절대로 감히 우리를 넘어 서쪽으로 가지 못할 것이니, 이는 우리가 싸우지 않고도 가만히 앉아서 저들이 피폐해짐을 취하는 것입니다."

司馬 姚禹는 은밀히 晉나라와 내통하고서 요광에게 말하기를 "殿下께서는 英明하고 武勇이 뛰어난 지략으로 한 방면의 임무를 받으셨는데, 이제 城을 둘러 지키면서 〈나가서 晉나라 군대와 交戰하지 않아〉 나약함을 보이면 조정의 책망을 받지 않겠습니까." 하였다. 요광이 그의 말을 옳게 여기고 조현을 보내어 천여 명의 병력을 거느리고 남쪽으로 柏谷을 지키게 하니, 조현이 울면서 말하기를 "제가 세 임금의 막중한 은혜를 받았으니, 제가 지킬 것은 다만 나라를 위하여 죽음만이 있을 뿐입니다. 다만 明公(요광)이 忠言을 따르지 않고 간신에게 誤導되시니, 뒤에 반드시 이를 뉘우칠 것입니다." 하였다. 이윽고 成皐와 虎牢가 모두 와서 항복하니, 단도제 등이 승승장구하여 전진하였다.

秦陽城, 滎陽이 皆降하고 檀道濟等兵이 至成皐하니 秦陳留公洸이 守洛陽이라가 遣使求救於長安①하니 秦主泓이 遣兵救之러니 將軍趙玄이 言於洸曰 今晉寇益深하고 衆寡不敵하니 若出戰不克이면 則大事去矣라 宜攝諸戍之兵하여 固守金墉하여 以待西師之救②니이다 金墉이 不下하면 晉必不敢越我而西니 是는 我不戰而坐收其弊也니이다 司馬姚禹 陰與晉通하여 言於洸曰 殿下以英武之略으로 受任方面하니 今嬰城示弱이면 得無爲朝廷所(貴)〔責〕[37]乎잇가 洸이 然之하여 遣玄將兵千餘하고 南守柏谷③하니 玄이 泣曰 玄이 受三帝重恩하니 所守正有死耳④라 但明公이 不用忠言하고 爲姦人所誤하니 後必悔之라하더니 旣而요 成皐, 虎牢皆來降하니 道濟等이 長驅而進이러라

① 姚洸은 姚興의 아들이다.
洸, 興之子也.
② 攝은 잡아 통솔하는 것이다.
攝, 持也.
③ 杜佑가 말하기를 "柏谷塢는 緱氏縣(후지현) 동북쪽에 있다." 하였다.
杜佑曰 "柏谷塢, 在(維)〔緱〕[38]氏縣東北."

37) (貴)〔責〕: 저본에는 '貴'로 되어 있으나, ≪資治通鑑≫에 의거하여 '責'으로 바로잡았다.

④姚萇, 姚興, 姚泓이 세 황제가 된다.
萇·興·泓爲三帝.

【目】 조현이 전쟁에서 패하고 10여 곳에 상처를 입자, 그의 司馬인 蹇鑒이 晉軍의 칼날을 무릅쓰고 조현을 안고 울었다. 조현이 말하기를 "나는 상처가 이미 심하니 그대는 빨리 떠나가라." 하니, 건감이 말하기를 "장군이 黃河를 건너가지 않으면 제가 간들 어디로 가겠습니까." 하고는 그와 함께 모두 죽었다. 요우가 성을 넘어 단도제에게 달려가자, 단도제가 마침내 전진하여 낙양을 압박하니, 요광이 나와 항복하였다.

단도제가 秦나라(後秦) 사람 4천여 명을 노획하였는데, 의논하는 자들이 이들을 모두 구덩이에 묻어 죽이려 하자 단도제가 말하기를 "도탄에 빠진 백성을 위로하고 죄 있는 자를 정벌하는 것이 바로 오늘에 달려 있다." 하고는 모두 이들을 풀어주어 보냈다. 이에 오랑캐와 중화 사람들이 감동하고 기뻐하여 귀의하는 자들이 날로 많아졌다.

檀道濟

玄이 戰敗하여 被十餘創이어늘 其司馬蹇鑒이 冒刃抱玄而泣한대 玄日 吾創已重하니 君宜速去하라 鑒曰 將軍이 不濟시면 鑒去安之리오하고 與之皆死하다 姚禹 踰城奔道濟어늘 道濟 遂進逼洛陽하니 洸이 出降하다 道濟 獲秦人四千餘하니 議者欲盡坑之러니 道濟曰 弔民伐罪 正在今日이라하고 皆釋而遣之하니 於是에 夷夏感悅하여 歸者日衆이러라

【綱】 詔令을 내려 司空 高密王 司馬恢之를 보내어 五陵[39]을 수리하고 알현하게 하였다.

詔遣司空高密王恢之하여 修謁五陵[①40]하다

38) (維)〔緱〕: 저본에는 '維'로 되어 있으나, 《資治通鑑》 註에 의거하여 '緱'로 바로잡았다.

39) 五陵 : 《資治通鑑》 註에 "五陵은 宣帝(司馬懿)의 陵은 河陰에 있으니 高原이고, 景帝(司馬師)의 능은 峻平, 文帝(司馬昭)의 능은 崇陽, 武帝(司馬炎)의 능은 峻陽, 惠帝(司馬衷)의 능은 太陽이라 한다." 하였다.

40) 詔遣司空高密王恢之 修謁五陵 : "陵을 수리함을 반드시 쓴 것은 山陵을 중요시해서이다. 晉나라가 永和 말년으로부터 1번 桓溫을 썼고 뒤이어 車灌(東晉의 尙書)을 썼었는데 이때 60년이 되었다. 《資治通鑑綱目》은 산릉을 수리하고 공경을 표하며 산릉을 수리하고 알현함에(모두 이해(416)이다.)

① 彭城王 司馬紘의 아들 司馬俊이 高密王 司馬略의 나라를 계승하니, 司馬恢之는 그의 손자이다. 司馬紘은 宣帝(司馬懿)의 아우인 東武城侯 司馬馗의 玄孫이다.
彭城王紘之子俊, 嗣高密王略國, 恢之, 其孫也. 紘, 宣帝弟東武城侯馗之玄孫.

【綱】12월에 〈晉나라(東晉)〉 太尉 劉裕가 스스로 相國 揚州牧을 더하고 宋公에 봉해져 九錫[41]을 갖추고는 다시 사양하고 받지 않았다.

◑ 十二月에 太尉裕 自加相國揚州牧하고 封宋公하고 備九錫하고 復辭不受[42]하다

【目】劉裕가 長史 王弘을 보내어 建康으로 돌아와서 조정에 넌지시 지시하여 九錫을 요구하니, 이때 劉穆之가 留府의 임무를 맡았으나 이러한 뜻이 모두 북쪽의 유유로부터 왔다. 유목지가 이 때문에 부끄러워하고 두려워하여 병이 났다. 詔令을 내려 유유를 相國으로 삼아 百官을 총괄하게 하고 10개 郡을 봉하여 宋公으로 삼고 九錫의 禮를 갖추게 하니, 유유가 사양하고 받지 않았다.

裕遣長史王弘하여 還建康하여 諷朝廷하여 求九錫①하니 時에 劉穆之掌留任이나 而旨從北來라 穆之由是로 愧懼發病이러라 詔以裕爲相國하여 總百揆하고 封十郡하여 爲宋公하고 備九錫之禮하니 裕辭不受하다

① 王弘은 王珣의 아들이다.
弘, 珣之子也.

【綱】西秦이 사신을 보내어 〈晉나라(東晉)에〉 內附하였다.

西秦이 遣使內附하다

모두 특별히 썼으니, 이는 기뻐한 것이다. ≪자치통감강목≫이 끝날 때까지 능을 수리했다고 쓴 것이 5번이고 산릉을 호위했다고 쓴 것이 1번이고 여러 능을 살펴보았다고 쓴 것이 1번이다.(漢나라 獻帝 初平 2년(191)에 자세히 보인다.)〔修陵必書 重山陵也 晉自永和之末 一書桓溫 繼書車灌 至是六十年矣 綱目於修敬修謁(竝是年) 皆特書之 蓋喜之也 終綱目書修陵五 書鎭衛山陵一 書按視諸陵一(詳漢獻帝初平二年)〕" ≪書法≫

41) 九錫 : 천자가 공로가 있는 제후나 대신을 예우하여 내려 주는 기물로서, 車馬・衣服・樂器・朱戶・納陛・虎賁・鈇鉞・弓矢・秬鬯(검은 기장과 향초를 섞어 빚은 술)을 말한다.

42) 太尉裕……復辭不受 : "위에서는 스스로 더했다고 쓰고 아래에서는 다시 사양했다고 쓰고 뒤에는 처음 받았다고 쓴 것이 이때 3번 보이니, 劉裕의 속임수를 더욱 볼 수 있다.〔上書自加 下書復辭 後書始受 於是三見 裕之譎 益可見矣〕" ≪書法≫

【目】西秦王 乞伏熾磐이 사신을 보내어 太尉 劉裕에게 와서 秦나라(後秦)를 공격하여 스스로 공을 바칠 것을 청하자, 유유가 그를 平西將軍 河南公으로 삼았다.

西秦王熾磐이 遣使하여 詣太尉裕하여 求擊秦自效어늘 裕以爲平西將軍河南公하다

【綱】秦나라(後秦)의 蒲坂을 지키던 장수 姚懿가 배반했다가 伏誅되었다.

秦蒲坂守將姚懿 反伏誅하다

【綱】魏나라(北魏) 丁零의 翟猛雀이 亂을 일으키자, 魏나라가 토벌하여 평정하였다.

◑魏丁零翟猛雀이 作亂이어늘 魏討平之하다

【目】翟猛雀이 관리와 백성들을 몰아 노략질하고는 白𡼖山에 들어가 난을 일으키니, 魏나라의 內都大官 張蒲와 冀州刺史 長孫道生이 그를 토벌하였다. 장손도생이 진군하려고 하자, 장포가 다음과 같이 말하였다.

"관리와 백성들이 난을 일으킴을 좋아한 것이 아니요, 적맹작에게 협박을 받았을 뿐이니, 이제 이것을 분별하지 않고 함께 공격하면 저들이 비록 善으로 돌아오고자 해도 그 방법이 없습니다. 그러면 반드시 힘을 합쳐 험한 곳을 점거하고 우리를 막을 것이니, 이렇게 되면 난을 빠르게 평정하기가 쉽지 않습니다. 먼저 사자를 보내어 적맹작과 함께 모의하지 않은 자들을 모두 연좌시키지 않겠다고 타이르는 것만 못하니, 이렇게 하면 반드시 기뻐하면서 이산할 것입니다."

장손도생이 그의 말을 따르니, 항복하는 자가 수천 가호이므로 다시 옛 생업에 종사하게 하였다. 적맹작이 徒黨들과 함께 성을 나가 도망하자, 장포 등이 추격하여 토벌해서 모두 주살하였다.

猛雀이 驅略吏民하고 入白𡼖山爲亂①이어늘 魏內都大官張蒲와 冀州刺史長孫道生이 討之②러니 道生이 欲進兵한대 蒲曰 吏民이 非樂爲亂이요 爲猛雀所迫脅耳니 今不分別하고 幷擊之면 雖欲返善이나 其道無由라 必同力據險以拒我리니 未易猝平也라 不如先遣使하여 喩之以不與猛雀同謀者를 皆不坐하면 則必喜而離散矣리라 道生이 從之하니 降者數千家어늘 使復舊業하다 猛雀이 與其

黨出走어늘 蒲等이 追討하여 悉誅之하다

①巉은 음이 諫이니, 白巉山은 마땅히 漢나라 河東郡 濩澤縣 서쪽에 있었을 것이다.
巉, 音諫. 白(澗)〔巉〕[43]山, 當在漢河東濩澤縣西.

②魏나라(北魏)에 外都大官과 內都大官이 있었다.
魏有外都大官・內都大官.

丁巳年(417)

【綱】晉나라(東晉) 孝安皇帝 義熙 13년이다.

十三年이라

【目】秦主(後秦) 姚泓 永和 2년이고 魏나라(北魏) 太宗 拓跋嗣 泰常 2년이다. 西涼公 李歆 嘉興 원년이다. 이해에 秦나라(後秦)가 망하니, 큰 나라가 하나(北魏)이고 작은 나라가 다섯(北涼・西涼・北燕・夏・西秦)이다. 합하여 僭國이 여섯이다.

秦永和二요 魏泰常二年이라 ○ 西涼公李歆嘉興元年이라 ○ 是歲에 秦亡하니 大一이요 小五니 凡六僭國이라

【綱】봄 정월 초하루에 일식이 있었다.

春正月朔에 日食하다

【目】秦나라(後秦)가 前殿에서 조회를 하였는데 군주와 신하가 서로 울었다.

秦朝會前殿에 (居)〔君〕[44]臣이 相泣①이러라

①〈'君臣相泣'은〉 안으로는 형제가 난을 일으키고 밖으로는 晉나라(東晉)와 夏나라에게 압박을 받기 때문이었다.
以內則兄弟構難, 外爲晉・夏所迫也.

43) (澗)〔巉〕: 저본에는 '澗'으로 되어 있으나, 위의 본문에 의거하여 '巉'으로 바로잡았다.
44) (居)〔君〕: 저본에는 '居'로 되어 있으나, ≪資治通鑑≫에 의거하여 '君'으로 바로잡았다.

【綱】 秦나라(後秦)의 安定을 지키던 장수 姚恢가 배반하였다가 伏誅되었다.

秦安定守將姚恢 反이라가 伏誅하다

【目】 晉나라 군대가 許昌을 지나갈 적에 秦나라 東平公 姚紹가 秦主 姚泓에게 말하기를 "晉나라 군대가 이미 압박을 가하고 있는데 安定은 먼 곳에 외로이 떨어져 있어 구원하기가 어려우니, 마땅히 그 鎭戶들을 옮겨 京畿 지역에 內實을 기한다면 정예병 10만 명을 얻을 수 있으니, 이렇게 되면 晉나라와 夏나라가 번갈아 침략하더라도 오히려 나라가 망하지는 않을 것입니다." 하였다. 僕射 梁喜가 말하기를 "齊公 姚恢가 위엄과 명망이 있어서 嶺北 지역에서 두려워하는 존재가 되었고 또 鎭戶의 사람들이 이미 夏나라와 깊은 원수가 되었으니, 이치상 마땅히 두 마음을 품지 않을 것입니다. 赫連勃勃이 결국에는 안정을 넘어 京畿 지역을 침략하지 못하였지만, 만약 안정을 잃는다면 오랑캐의 말〔馬〕이 郿縣에 이를 것입니다. 지금 關中의 군대로도 충분히 晉나라 군대를 막을 수 있으니 미리 스스로 덜고 약하게 할 필요가 없습니다." 하였다.

요홍이 그의 말을 따르니, 吏部郎 懿橫이 은밀히 말하기를 "요회가 나라에 충성한 功이 있는데 지금 특별한 상을 더해주지 않고 死地에 두었으니, 안정 사람들은 이 지역이 외따로 떨어져 위태롭고 적과 가깝다 하여 남쪽으로 옮겨갈 것을 생각하는 자가 10가구에 9가구입니다. 만약 요회가 이들을 데리고서 京師로 향한다면 社稷의 우환이 되지 않겠습니까. 마땅히 그를 불러 돌아오게 해서 그의 마음을 위로해야 합니다." 하였으나, 요홍이 또다시 듣지 않았다.

이때에 이르러 요회가 鎭戶 3만 8,000명을 거느리고 長安으로 향하고 州郡에 檄文을 돌리니, 장안이 크게 진동하였다. 요홍이 東平公 姚紹로 하여금 그를 공격하게 하니, 요회가 패하여 죽었다.

晉師之過許昌也에 秦東平公紹 言於秦主泓曰 晉兵이 已逼하고 安定이 孤遠難救하니 宜遷其鎭戶하여 內實京畿하면 可得精兵十萬이리니 雖晉, 夏交侵이라도 猶不亡國[①]이리이다 僕射梁喜曰 齊公恢 有威名하여 爲嶺北所憚하고 且鎭人이 已與夏爲深仇하니 理應無貳[②]라 勃勃이 終不能越安定而寇京畿어니와 若無安定이면 則虜馬至郿矣리이다 今關中兵이 足以拒晉이니 無爲豫自損削也니이다 泓이 從之하니 吏部郎懿橫이 密言曰[③] 恢有忠勳이어늘 今未加殊賞하고 而置之死地[④]하시니 安定人이 以孤危逼寇라하여 思南遷者 十室而九라 若恢擁之以向京師면 得不爲社稷之憂乎잇가 宜徵還以慰其心이니이다 泓이 又不聽하다 至是하여 恢帥鎭戶三萬八千하여 趨長安하고 移檄州郡하니 長

安이 大震이어늘 泓이 使東平公紹擊之하니 恢敗而死하다

①姚萇이 일어날 적에 安定을 본거지로 삼았는데, 뒤에 關中을 얻고 안정을 중요한 진영으로 만들어서 백성을 옮겨 채우고는 이것을 鎭戶라 하였다.
姚萇之興也, 以安定爲根本, 後得關中, 以安定爲重鎭, 徙民以實之, 謂之鎭戶.

②'深仇'는 鎭戶의 군대가 일찍이 赫連勃勃과 血戰을 벌여 부형과 자제의 원수가 되었음을 말한 것이다.
深仇, 謂鎭兵常與勃勃血戰, 有父兄子弟之仇.

③懿는 姓이다.
懿, 姓也.

④'有忠勳(忠勳이 있다.)'은 姚恢가 呂超를 죽인 것을 이른다. 上年(416)에 姚弼과 姚愔이 난을 일으켰다가 伏誅를 당하자, 姚泓이 劉恢에게 명하여 安定太守 呂超를 죽이게 하니, 여초가 요필의 徒黨이었기 때문이다.
有忠勳, 謂殺呂超也. 上年, 姚弼・姚愔作亂, 伏誅, 泓命恢, 殺安定太守呂超, 超黨於弼.

【綱】太尉 劉裕가 수군을 이끌고 彭城에서 출발하였다.

太尉裕 引水軍하고 發彭城하다

【綱】2월에 西涼公 李暠(이고)가 卒하니, 世子 李歆이 즉위하였다.

◑二月에 西涼公李暠卒하니 世子歆이 立하다

【目】李暠가 병으로 눕게 되자, 長史 宋繇에게 遺命을 내리기를 "내가 죽은 뒤에 世子는 卿의 아들과 똑같으니, 잘 가르치고 인도하라." 하였다. 그가 卒하자 官屬들이 世子 李歆을 받들어 涼公으로 삼고 송요를 錄三府事로 삼고, 이고를 武昭王이라 諡號하였다.

처음에 이고의 司馬 索承明이 이고에게 北涼을 공격할 것을 권하였는데, 이고가 말하기를 "북량의 沮渠蒙遜이 백성의 우환이 되니, 내 어찌 그를 잊겠는가. 다만 우리의 세력이 제거하지 못할 뿐이다. 卿이 저거몽손을 반드시 사로잡을 계책이 있거든 마땅히 나를 위하여 말해야 하지만, 곧장 큰소리(헛말)를 쳐서 나에게 나로 하여금 동쪽으로 토벌하게 충동질한다면, 이는 하찮은 石虎를 잡아 죽여서 市朝에 시신을 진열해야 했다고 말하던 자들[45]과 무엇이 다르겠는가." 하였다. 삭승명이 부끄러워하고 두려워하여

45) 이는……자들 : ≪御批資治通鑑綱目≫에는 이 일이 晉나라 惠帝 永興 3년(306)에 보인다고 하였으

물러갔다.

暠寢疾에 遺命長史宋繇曰 吾死之後에 世子는 猶卿子也니 善訓導之하라 及卒에 官屬이 奉世子歆爲涼公하고 以繇로 錄三府事하고 諡暠曰 武昭王①이라하다 初에 暠司馬索承明이 勸暠伐北涼한대 暠謂之曰 蒙遜이 爲百姓患하니 孤豈忘之리오 顧勢力이 未能除耳라 卿有必禽之策이어든 當爲孤陳之호되 直唱大言하여 使孤東討면 此與言石虎小豎宜肆諸市朝者로 何異리오 承明이 慙懼而退하다

① 三府는 大都督 大將軍府와 涼公府, 州牧府를 이른다.
三府, 大都督大將軍府・涼公府・州牧府也.

【綱】 吐谷渾의 慕容樹洛干이 죽으니, 아우 慕容阿柴가 즉위하였다.

吐谷渾樹洛干이 死하니 弟阿柴立[46]하다

【目】 吐谷渾의 慕容阿柴가 점차 전쟁을 일으켜 주변의 작은 종족들을 침략하여 합병하니, 지역이 사방 수천 리가 되어 마침내 강대국이 되었다.

阿柴稍用兵하여 侵併旁小種하니 地方數千里라 遂爲强國하다

【綱】 3월에 將軍 王鎭惡이 潼關을 공격하여 秦나라(後秦)의 太宰 姚紹와 싸워 크게 격파하였다.

三月에 將軍王鎭惡이 攻潼關하여 與秦太宰姚紹戰하여 大破之하다

【目】 王鎭惡이 潼關으로 진군하니, 檀道濟와 沈林子가 陝北에서 黃河를 건너 襄邑堡를 함락하고 尹昭를 蒲阪에서 공격하였으나 승리하지 못하였다. 秦主 姚泓이 東平公 姚紹를 太宰로 삼고 魯公에 봉하여 장군 姚鸞 등이 보유한 보병과 기병 5만 명을 감독하여 동관을 지키게 하고, 別將 姚驢(요려)를 보내어 포판을 구원하게 하였다.

나, 자세하지 않다. 《新譯 資治通鑑》에 보면, 石虎가 後趙의 石勒의 아들 石弘을 죽이고 황제가 된 뒤에 폭정을 행하였다. 신하들이 당시에 아무 말 못하고 그의 폭정을 방기하게 하고서 그가 죽은 뒤에 비판한 것과 다를 바 없다고 말한 것이다.

46) 吐谷渾樹洛干……弟阿柴立 : "吐谷渾은 처음에 燕나라 慕容廆의 형이었다. 元帝 초년에는 吐谷渾의 죽음을 卒이라고 썼다.(317) 이때 다시 보이는데 어찌해서 死라 썼는가. 오랑캐의 법(제도)을 사용하였기 때문에 오랑캐로 여긴 것이다.〔吐谷渾 其初慕容廆兄也 元帝之初 吐谷渾書卒 於是再見 則曷爲書死 用夷也 故夷之〕" 《書法》

심임자가 단도제에게 이르기를 "포판은 성이 견고하고 병력이 많으니, 대번에 함락할 수 없습니다. 돌아가서 왕진악과 병력을 합하여 동관을 다투는 것만 못하니, 만약 우리가 동관을 얻는다면 포판의 윤소는 공격하지 않아도 스스로 궤멸될 것입니다." 하니, 단도제가 그의 말을 따랐다.

王鎭惡이 進軍潼關하니 檀道濟, 沈林子 自陝北渡河하여 拔襄邑堡하고 攻尹昭於蒲阪이나 不克①이러라 秦主泓이 以東平公紹로 爲太宰하고 封魯公하여 督將軍姚鸞等步騎五萬하여 守潼關하고 遣別將姚驢하여 救蒲阪하다 林子謂道濟曰 蒲阪이 城堅兵多하니 不可猝拔이라 不如還與鎭惡并力하여 以爭潼關이니 若得之면 則尹昭는 不攻自潰矣리라 道濟從之하다

① 襄邑堡는 河北郡에 있다.
襄邑堡, 在河北郡.

【目】 3월에 檀道濟 등이 潼關에 이르니, 姚紹가 군대를 이끌고 나와 싸웠으나 단도제 등이 힘을 다해 공격하여 대패시켰다. 요소가 후퇴하여 定城에 주둔하고서 험한 곳을 점거하여 항거하고, 姚鸞을 보내어 大路에 주둔해서 晉나라의 군량 보급로를 차단하였다.

晉나라가 요란의 別將 尹雅를 사로잡아 장차 죽이려 하였는데, 윤아가 말하기를 "오랑캐와 중화가 비록 다르나 君臣간의 의리는 똑같습니다. 晉나라가 大義로 출병하였으니, 어찌 秦나라로 하여금 절개를 지키는 신하가 있게 하지 않으십니까." 하자, 마침내 죽음을 면하게 하였다. 沈林子가 밤에 기습하여 요란을 죽이니, 요소가 또다시 東平公 姚讚을 보내어 黃河 가에 군대를 주둔해서 水路를 끊었는데, 심임자가 공격하여 패주시켰다.

三月에 至潼關하니 紹引兵出戰이어늘 道濟等이 奮擊大破之하니 紹退屯定城하여 據險拒守하고 遣姚鸞屯大路하여 絶晉糧道①하다 晉이 獲鸞別將尹雅하여 將殺之러니 雅曰 夷夏雖殊나 君臣之義는 一也라 晉以大義行師하니 獨不使秦有守節之臣乎아 乃免之하다 林子夜襲殺鸞하니 紹又遣東平公讚하여 屯河上하여 以斷水道러니 林子擊走之하다

① 郭緣生의 ≪述征記≫에 "定城은 潼關과 30리 거리에 있으니, 길 좌우에 각각 한 城이 있는데, 渭水가 그 북쪽을 지나간다." 하였다. 胡三省이 말하기를 "澠池로부터 서쪽으로 관문으로 들어갈 적에 두 길이 있으니, 남쪽 길은 回谿阪을 경유하는바, 漢나라 이전에는 모두 이 길을 경유하였으나 曹公(曹操)이 남쪽 길이 험난한 것을 싫어하여 다시 북쪽 길을 뚫고 마침내 북쪽 길을 大路로 삼았다." 하였다.

郭緣生述征記曰 "定城去潼關三十里, 夾道各一城, 渭水逕其北." 胡三省曰 "自澠池, 西入關, 有兩路, 南路由回谿阪, 自漢以前皆由之, 曹公惡南路之險, 更開北路, 遂以北路爲大路.

【綱】〈晉나라(東晉)의〉 太尉 劉裕가 사신을 보내어 魏나라(北魏)에 길을 빌리니, 魏나라가 군대를 보내어 河北에 주둔하였는데, 유유가 마침내 水軍을 이끌고 黃河로 들어갔다.

太尉裕遣使하여 **假道於魏**하니 **魏遣兵屯河北**한대 **裕遂引兵入河**[47]하다

【目】劉裕가 수군을 거느리고 淮水와 泗水에서 淸河로 들어가 장차 黃河를 거슬러 서쪽으로 올라가려 할 적에 미리 魏나라에 사신을 보내어 길을 빌리게 하였는데, 秦主(後秦) 姚泓도 사신을 보내어 魏나라에 구원을 청하였다.

魏主 拓拔嗣가 신하들로 하여금 의논하게 하자, 모두들 말하기를 "潼關은 천연적인 요새이니, 劉裕가 수군으로 공격하기는 매우 어렵겠지만 만약 江岸에 올라와 북쪽으로 침입한다면 그 형세가 매우 쉽습니다. 유유가 秦나라를 정벌한다고 소문을 퍼뜨렸으나 그의 속셈을 측량하기 어렵고, 또 秦나라는 우리와 혼인한 나라이므로 구원하지 않을 수 없으니, 마땅히 군대를 징발하여 황하의 상류를 차단하여 유유로 하여금 서쪽으로 올라오지 못하게 해야 합니다." 하였다.

劉裕將水軍하고 **自淮泗入淸河**하여 **將泝河西上**할새 **先遣使**하여 **假道於魏**러니 **秦主泓**이 **亦遣使**하여 **求救於魏**하다 **魏主嗣 使群臣議之**한대 **皆曰 潼關**은 **天險**이니 **劉裕以水軍攻之甚難**이어니와 **若登岸北侵**이면 **其勢甚易**라 **裕聲言伐秦**이나 **其志難測**이요 **且秦**은 **婚姻之國**이라 **不可不救**니 **宜發兵斷河上流**하여 **勿令得西**니이다

【目】이에 崔浩가 다음과 같이 말하였다.

"劉裕가 秦나라(後秦)를 도모한 지가 오래되었습니다. 이제 秦나라의 위태로운 틈을 타고서 정벌하니, 반드시 취하려는 데에 목적이 있습니다. 만약 우리가 黃河의 상류를 막는다면 유유의 마음에 분노가 일어 반드시 江岸에 올라와 북쪽으로 우리를 침공할 것이니, 이는 우리가 秦나라를 대신하여 유유의 공격을 받는 것입니다. 지금 柔然이 변경

47) 魏遣兵屯河北 裕遂引兵入河 : "遂라고 쓴 것은 어째서인가? 劉裕의 건장함을 가상히 여긴 것이다. 〔書遂 何 嘉裕壯也〕" ≪書法≫

을 침략하고 백성들의 양식도 궁핍하니, 만약 여기에 다시 유유와 적이 된다면, 남쪽으로 달려가 晉나라를 공격하면 북쪽의 유연이 더욱 깊숙이 침입할 것이요, 〈군대를 돌려〉 북쪽을 구원하면 남쪽의 州郡이 다시 위태로울 것이니, 좋은 계책이 아닙니다. 유유가 서쪽으로 올라오도록 내버려두는 것만 못하니, 그런 뒤에 군대를 주둔하여 그 동쪽을 막아야 합니다. 만일 유유가 승리한다면 반드시 우리가 길을 빌려준 것을 은덕으로 여길 것이요, 유유가 승리하지 못하더라도 우리가 秦나라를 구원했다는 명분을 잃지 않을 것이니, 이것이 좋은 계책입니다. 또 남쪽 지역과 북쪽 지역은 풍속이 다르니, 가령 우리 국가가 恒山 이남을 버리더라도 유유가 반드시 吳·越 지역의 병력으로 이곳을 지키지는 못할 것이니, 어찌 능히 우리의 근심이 되겠습니까. 또 나라를 위하여 계책을 세우는 자는 오직 社稷을 이롭게 할 뿐이니, 어찌 秦나라에 시집보낸 한 딸자식을 돌아보시겠습니까."

의논하는 자들은 여전히 말하기를 "유유가 〈배를 타고〉 서쪽으로 關中(長安)에 들어가면 우리가 그의 후미를 차단할 것을 염려할 것이요, 〈배를 두고 황하 북쪽 강안에 올라 육로로 우리를 향해〉 북쪽으로 올라오면 姚氏가 반드시 관중을 나와 우리를 돕지 못할 것이니, 이는 반드시 유유가 서쪽을 공격한다고 소문을 퍼트렸으나 실제는 북쪽으로 우리를 공격하려는 것입니다." 하였다.

拓拔嗣가 마침내 長孫嵩와 阿薄干 등을 보내어 10만의 병력을 거느리고서 黃河의 北岸에 주둔하니, 유유가 마침내 수군을 이끌고 황하로 들어가면서 將軍 向彌(상미)로 하여금 남아 碻磝(교오)를 수비하게 하였다.

崔浩曰 裕圖秦이 久矣라 今乘其危而伐之하니 其志必取라 若遏其上流하면 裕心忿戾하여 必上岸北侵이리니 是는 我代秦受敵也라 今柔然이 寇邊하고 民食이 又乏하니 若復與裕爲敵이면 南赴則北寇愈深이요 救北則南州復危리니 非良計也①라 不若聽裕西上이니 然後에 屯兵以塞其東이라 使裕克捷이면 必德我之假道요 不捷이라도 吾不失救秦之名이니 此策之得者也라 且南北이 異俗하니 借使國家 棄恒山以南이라도 裕必不能以吳越之兵守之니 安能爲吾患이리오 且夫爲國計者는 惟社稷是利니 豈顧一女子乎잇가 議者猶曰 裕西入關이면 則恐吾斷其後요 北上이면 則姚氏 必不能出關助我리니 此必聲西而實北也니이다 嗣乃遣長孫嵩, 阿薄干等하여 將兵十萬하여 屯河北岸②하니 裕乃引軍入河하고 而使將軍向彌로 留戍碻磝하다

① 남쪽 州郡은 魏나라(北魏)의 남쪽 경계에 있는 相州와 황하 가의 여러 郡을 이른다.
南州, 謂魏之南境相州·瀕河諸郡.

② 阿는 姓이다.
阿, 姓也.

【綱】 弘農 사람들이 義租를 보내어 王鎭惡 등의 군대에 공급하였다.

弘農人이 **送義租**하여 **給王鎭惡等軍**[48)]하다

【目】 처음에 劉裕가 王鎭惡 등에게 명하기를 "만약 洛陽을 점령하거든 大軍을 기다려 함께 전진하라." 하였다. 왕진악 등이 승세를 타고 경솔하게 潼關으로 달려갔다가 秦나라의 저항에 부딪혔다. 시일이 오래되어 군량이 바닥나니, 사람들의 마음이 의심하고 두려워해서 輜重 부대를 버리고 다시 유유의 大軍에게 달려가고자 하였다. 이에 沈林子가 검을 어루만지며 노하여 다음과 같이 말하였다.

"相公(劉裕)이 六合(천하)을 깨끗이 소탕하여 통일하려는 뜻을 두어 許昌과 洛陽이 이미 평정되었고 關右 지역이 장차 평정될 것이다. 이 일의 성공 여부는 선봉 부대에게 달려 있는데, 어찌하여 승세를 탄 기세를 꺾어 거의 이룬 功을 버린단 말인가. 또 大軍이 아직 멀리 있고 적군의 무리가 한창 강성하니, 비록 우리가 돌아가고 싶어도 또한 될 수 없다. 이 下官(자신의 겸사)은 목숨을 바치기를 꺼리지 않는다. 금일의 일은 내 마땅히 장군(유유)을 위하여 성공해야 하겠지만 다만 두서너 군자들은 장차 무슨 낯으로 상공의 깃발과 북을 볼지 모르겠다."

왕진악 등이 사자를 보내어 달려가 유유에게 고해서 군량과 구원을 청하니, 유유가 사자를 불러서 배의 북쪽 창문을 열고 황하 가에 있는 魏나라(北魏) 군대를 가리켜 보여주며 말하기를 "내가 경솔하게 전진하지 말라고 당부하였는데, 지금 江岸의 魏나라 군대가 저와 같이 많으니, 내가 무슨 수로 구원병을 보낼 수 있겠는가." 하였다. 왕진악이 마침내 弘農에 이르러 백성들을 설득하고 타이르자, 백성들이 다투어 義租를 보내니 군대의 양식이 있어 군사들의 사기가 다시 진작되었다.

初에 劉裕命鎭惡等호되 若克洛陽이어든 須大軍俱進이라하다 鎭惡等이 乘利輕趨潼關이라가 爲秦所拒하여 久之乏食하니 衆心이 疑懼하여 欲棄輜重하고 還赴大軍이러니 沈林子 按劍怒曰 相公이 志

48) 送義租 給王鎭惡等軍 : "義租는 어찌하여 썼는가. 忠順을 도움을 가상히 여긴 것이다. 이때 王鎭惡이 弘農에 이르러 백성들에게 군량을 협조하도록 타이른 것은 쓰지 않고 스스로 백성들이 바친 것으로 글을 만들어 '送(보냈다)'이라고 썼으니, 그 義를 따르도록 권면함이 깊다.〔義租 何 嘉助順也 於是 鎭惡至弘農 勸諭不書 而以自致爲文 書送 其爲從義之勸深矣〕" ≪書法≫

清六合하여 今許, 洛已定하고 關右將平이라 事之濟否 繫於前鋒이어늘 奈何沮乘勝之氣하여 棄垂成之功乎아 且大軍이 尙遠하고 賊衆이 方盛하니 雖欲求還이나 亦不可得이니 下官이 授命不顧라 今日之事는 當爲將軍辦之[①]어니와 但未知二三君子 將何面으로 以見相公之旗鼓邪아 鎭惡等이 遣使馳告裕하여 求糧援하니 裕呼使者하여 開舫北戶하고 指河上魏軍以示之하고 曰 我語令勿輕進이러니 今岸上如此하니 何由得遣軍[②]이리오 鎭惡이 乃至弘農하여 說(세)諭한대 百姓이 競送義租하니 軍食이 復振이러라

① 爲(위하다)는 去聲이다.
　爲, 去聲.
② 語는 고함이다.
　語, 告也.

【綱】 여름 4월에 〈晉나라(東晉)〉 太尉 劉裕가 군대를 보내어 魏나라(北魏)를 黃河 가에서 공격하여 크게 깨트렸다.

夏四月에 太尉裕 遣兵擊魏於河上하여 大破之하다

【目】 魏나라 사람들이 수천 명의 기병으로 黃河를 따라 서쪽으로 가는 劉裕의 군대를 뒤따라가다가 유유의 軍船 중에 표류하여 北岸으로 넘어오는 경우가 있으면 번번이 魏나라 군사들에게 죽거나 약탈을 당하였는데, 유유가 군대를 보내어 공격하면 곧바로 달아났다가 후퇴하면 다시 오곤 하였다.

4월에 유유가 丁旿를 보내어 仗士(병기를 보유한 병사) 700명과 兵車 100乘을 거느리고서 北岸을 건너가 황하와 백여 보 떨어진 곳에 却月陣(반달 모양의 진영)을 쳐서 진영의 양 끝이 황하를 감싸게 하고 병거마다 7명의 仗士를 배치하고는 배치가 끝나자 하나의 흰 깃발 장식을 꽂게 하였다.

유유가 미리 朱超石에게 명하여 戒嚴하게 하였는데, 흰 깃발 장식이 들려지자 주초석이 병사 2,000명을 거느리고 빠르게 달려갔다. 魏나라 사람들이 3만 명의 기병으로 에워싸고서 사방에서 육박전을 벌이니, 江岸의 弓弩 부대가 이들을 제압할 수 없었다. 주초석이 창 1천여 개를 모두 3, 4척의 길이로 〈짧게〉 자르고서 큰 쇠망치로 때려 〈화살처럼〉 날려 보내니, 한 개의 창마다 魏軍 서너 명을 동시에 관통하였다. 魏나라 군사들이 달아나 궤멸하자 그의 장수 阿薄干을 참수하니, 魏主 拓拔嗣가 그제야 崔浩의 말을

따르지 않은 것을 후회하였다.

魏人이 **以數千騎**로 **緣河**하여 **隨裕軍西行**이라가 **船有漂渡北岸者**면 **輒爲魏人所殺掠**이라 **裕遣軍擊之**하면 **輒走**하고 **退則復來**러라 **四月**에 **裕遣丁旿**하여 **帥仗士七百人, 車百乘**하고 **渡北岸**하여 **去水百餘步**에 **爲却月陣**하여 **兩端抱河**하고 **車置七仗士**하여 **事畢**에 **使竪一白毦**[①]하다 **裕先命朱超石戒嚴**이러니 **毦擧**에 **超石**이 **帥二千人**하고 **馳赴之**하니 **魏人**이 **以三萬騎圍之**하여 **四面肉薄**하여 **弩不能制**[②]라 **超石**이 **斷矟(삭)千餘**하여 **皆長三四尺**하여 **以大鎚(추)鎚之**하니 **一矟**이 **輒洞貫三四人**[③]이라 **魏兵**이 **奔潰**어늘 **斬其將阿薄干**하니 **魏主嗣 乃恨不用崔浩之言**이러라

① 毦는 仍吏의 切이니, 깃털을 엮어 만든다.
毦, 仍吏切, 績羽爲之.
② 薄(접근하다)은 普各의 切이니, 肉薄이란 몸으로써 적진에 압박하여 血戰하는 것이다.
薄, 普各切. 肉薄者, 以身迫營血戰.
③ 鎚는 直追의 切이니, 쇠몽둥이(쇠망치)이다.
鎚, 直追切, 金鎚也.

【綱】〈晉나라(東晉)〉 將軍 沈林子가 秦나라(後秦) 姚紹를 공격하여 깨트리니, 요소가 병으로 卒하였다.

將軍沈林子 擊秦姚紹破之하니 **紹病卒**하다

【目】秦나라 魯公 姚紹가 군대를 보내어 河北의 九原에 주둔시켜 晉나라의 군량과 구원하는 길을 끊게 하였는데, 沈林子가 이들을 요격하여 깨트려서 거의 대부분을 죽이거나 사로잡았다. 요소가 분노하여 피를 토하고 군대를 東平公 姚讚에게 맡기고 卒하였다.

秦魯公紹 遣兵하여 **屯河北之九原**하여 **絶晉糧援**이러니 **沈林子 邀擊破之**하고 **殺獲殆盡**하니 **紹憤恚嘔血**하고 **以兵屬東平公讚而卒**하다

【綱】〈晉나라(東晉)의〉 太尉 劉裕가 洛陽에 들어갔다.

太尉裕 入洛陽하다

【目】齊郡太守 王懿가 魏나라(北魏)에 항복하고서 上書하여 말하기를 "劉裕가 洛陽에 있으니 마땅히 출병하여 돌아가는 길을 차단해야 합니다. 이렇게 하면 싸우지 않고도 승

리할 수 있습니다." 하였다. 魏主 拓拔嗣가 그의 말을 좋게 여겨 崔浩에게 묻기를 "유유가 이번에 승리하겠는가." 하니, 최호가 대답하기를 "승리할 것입니다." 하였다. 탁발사가 "무슨 이유인가?" 하니, 최호가 대답하기를 "姚興은 헛된 명성을 일삼기 좋아하여 實用이 적었고, 아들 姚泓은 나약하여 형제간에 다툼이 일어났는데, 유유가 그 위태로운 상황을 노려 정예병과 용맹한 장수로 공격하니, 무슨 연고로 이기지 못하겠습니까." 하였다. 탁발사가 말하기를 "유유의 재주가 慕容垂에 비하여 어떠한가?" 하자, 최호는 다음과 같이 대답하였다.

"모용수는 父兄의 힘을 빌려서 옛 基業을 닦고 회복하니, 나라 사람들이 그에게 귀의하였습니다. 이 때문에 功을 세우기가 쉬웠습니다. 그러나 유유는 가난하고 미천한 출신에서 떨치고 일어나 의지할 만한 한 자의 땅도 없었으나, 여러 도적들을 토벌하여 멸망시켜 향하는 곳마다 앞을 가로막는 자가 없었으니, 그 재주가 월등합니다."

탁발사가 말하기를 "유유가 이미 關中에 들어옴에 자기 마음대로 전진하거나 후퇴하지 못할 것이니, 우리가 정예 기병으로 곧바로 彭城을 공격하면 유유가 장차 어찌하겠는가." 하자, 최호가 다음과 같이 대답하였다.

"지금 屈丐(赫連勃勃)와 柔然이 우리의 빈틈을 엿보고 있고 장수들의 용병술이 모두 유유의 상대가 되지 못합니다. 군대를 일으켜 멀리 공격하는 것은 승리를 장담할 수 없으니, 조용히 기다리는 것만 못합니다. 유유가 秦나라(後秦)를 이기고 돌아가면 반드시 그 황제의 지위를 찬탈할 것입니다. 關中 지역은 중화와 오랑캐가 뒤섞여 살고 풍속이 굳세고 사나운데, 유유가 荊州와 揚州의 교화를 函秦 지역에 시행하려고 하면 이는 옷을 벗어서 불을 싸고 새그물을 펼쳐 호랑이를 잡는 것과 다름이 없습니다. 비록 군대를 남겨두어 지키더라도 백성들의 마음이 만족스러워하지 않고 취향이 똑같지 않으니, 다만 적에게 이용당할 뿐입니다. 원컨대 우선 전쟁을 중지하고 백성들을 쉬게 하고서 사태의 변화를 관찰하소서. 그렇게 하면 秦나라 지역이 끝내 우리 나라의 소유가 되어서 가만히 앉아 지킬 수 있을 것입니다."

탁발사가 웃으며 말하기를 "卿이 잘 헤아렸도다." 하였다.

齊郡太守王懿 降魏하여 上書言 劉裕在洛하니 宜發兵하여 絶其歸路하면 可不戰而克이라한대 魏主嗣 善之하여 以問崔浩曰 劉裕克乎아 對曰 克之니이다 嗣曰 何故오 對曰 姚興이 好事虛名而少實用하고 子泓이 懦弱하여 兄弟乖爭이어늘 裕乘其危하여 兵精將勇하니 何故不克이리잇고 嗣曰 裕才何如慕容垂오 對曰 垂는 藉父兄之資하여 修復故業하니 國人歸之라 易以立功이어니와 裕는

奮寒微하여 不階尺土하고 討滅群盜하여 所向無前하니 其才優矣니이다 嗣曰 裕既入關에 不能進退어든 我以精騎로 直擣彭城이면 裕將若之何오 對曰 今屈丐, 柔然이 伺我之隙하고 而諸將用兵이 皆非裕敵이라 興兵遠攻이 未見其利니 不如靜以待之니이다 裕克秦而歸하면 必簒其主리니 關中은 華戎雜錯하고 風俗勁悍이어늘 裕欲以荊揚之化로 施之函秦이면 此는 無異解衣包火요 張羅捕虎라 雖留兵守之나 人情未洽하고 趨向不同하니 適足資敵耳①라 願且按兵息民하여 以觀其變이니 秦地終爲國家之有하여 可坐而守也리이다 嗣笑曰 卿이 料之審矣로다

① 秦나라 지역에 函谷關이 있는데 秦나라 사람들이 이곳을 믿고서 險固하다고 여겼으므로 函秦이라 한 것이다.
秦地有函谷關, 秦人恃之以爲險固, 故曰函秦.

【目】 최호가 말하기를 "신이 일찍이 근래의 장수와 재상에 대해 사적으로 논하였으니, 예컨대 王猛이 秦나라(前秦)를 다스림은 苻堅에게 管仲과 같은 존재이고, 慕容恪이 어린 군주를 보필함은 慕容暐에게 霍光과 같은 존재이고, 劉裕가 禍亂을 평정함은 司馬德宗에게 曹操와 같은 존재입니다." 하였다.[49]

탁발사가 묻기를 "屈丐(赫連勃勃)는 어떠한가?" 하자, 최호가 대답하기를 "굴개는 나라가 격파되고 집안이 전복되고서 姚氏에게 더부살이하여 그의 封함을 받았으나 은혜를 갚을 것을 생각하지 않고 때를 틈타 이익을 바라서 한 지역을 도둑질하여 소유함에 사방의 이웃과 원한을 맺었으니, 비록 한때에 제멋대로 포악한 짓을 자행하나 끝내 남에게 倂呑될 것입니다." 하였다.

탁발사가 매우 기뻐하여 한밤중이 되도록 그와 함께 말하고 御縹醪(임금이 마시는 청백색의 술) 10병〔觚〕과 水精鹽 1兩을 하사하고 말하기를 "朕이 卿의 말에 재미를 느끼는 것이 이 술과 소금의 맛을 느끼는 것과 같다. 그러므로 이 좋은 음식을 함께 먹으려 한다." 하였다. 그러나 오히려 長孫嵩과 叔孫建에게 명하여 각각 정예병을 선발해서 유유가 서쪽으로 지나가는 것을 엿보아 남쪽으로 彭城과 沛郡을 침략하게 하였다.

49) 예컨대……하였다 : 王猛은 前秦 苻堅의 명재상이고 管仲은 춘추시대 齊 桓公의 명재상이며, 慕容恪은 前燕의 명재상으로 어린 군주인 慕容暐를 잘 보필하였으며, 霍光은 前漢 武帝 때의 장수로 무제의 顧命을 받고 어린 昭帝를 잘 보필하였다. 司馬德宗은 현재 東晉의 황제인 安帝의 이름이며, 曹操는 後漢 말기의 권신으로 황제인 獻帝를 옆에 끼고 제후들을 호령한 인물이다. 이는 곧 부견에게 있어 왕맹은 제 환공의 관중과 같은 존재이고, 모용위에게 있어 모용각은 소제에게 있어 곽광과 같은 존재여서 모두 유익한 신하였으나, 사마덕종에게 있어 유유와 같은 자는 헌제의 조조와 같은 존재여서 실제는 황제에게 충성하지 않고 찬탈한 자임을 말한 것이다.

浩曰 臣嘗私論近世將相하니 若王猛之治國는 苻堅之管仲也요 慕容恪之輔幼主는 慕容暐之霍光也요 劉裕之平禍亂은 司馬德宗之曹操也라하노이다 嗣曰 屈丐何如오 對曰 屈丐는 國破家覆에 寄食姚氏하여 受其封殖이어늘 不思報恩하고 而乘時徼利하여 盜有一方에 結怨四隣하니 雖能縱暴於一時나 終爲人所呑耳①리이다 嗣大悅하여 語至夜半하고 賜御縹醪(표료)十觚와 水精鹽一兩하고 曰 朕味卿言을 如此라 故로 欲共饗其美②하노라 然猶命長孫嵩, 叔孫建하여 各簡精兵하여 伺裕西過하여 南侵彭沛③러라

① '結怨四隣(사방의 이웃과 원한을 맺었다.)'은 魏(北魏), 秦(後秦), 涼(北涼)과 원한을 맺음을 이른다.
結怨四隣, 謂與魏・秦・涼構怨也.

② 縹는 匹紹의 切이니 청백색이요, 醪는 음이 勞이니 찌꺼기가 있는 술이다. 觚는 음이 孤이니, 세 되들이 술 그릇을 觚라 한다. 이는 魏主가 직접 마시는 것이다. 그러므로 御縹醪라 한 것이다. 소금이 水精처럼 투명하므로 이것을 일러 水精鹽이라 한 것이다.
縹, 匹紹切, 青白色, 醪, 音勞, 汁滓酒也. 觚, 音孤, 觴受三升者, 謂之觚. 此魏主所自御者. 故曰御縹醪. 鹽透明如水精, 故謂之水精鹽.

③ 彭・沛는 彭城과 沛郡을 이른다.
彭・沛, 謂彭城・沛郡也.

【綱】 魏나라(北魏)가 六部大人을 설치하였다.

魏置六部大人하다

【目】 天・地와 東・西・南・北으로 칭호를 삼아 諸公을 명하여 직함으로 삼게 하였다.

以天地四方으로 爲號하여 命諸公爲之①하다

① 諸公은 이때 公의 지위에 있는 자 및 품계가 公의 서열과 같은 자를 이른다.
諸公, 謂時居公位及位從公者.

【綱】 가을 7월에 〈晉나라(東晉)의〉 장군 沈田子가 武關으로 쳐들어갔다. 8월에 秦主 姚泓이 직접 군대를 거느리고 공격하였는데 크게 패하고 돌아갔다.

秋七月에 將軍沈田子 入武關하다 八月에 秦主泓이 自將擊之러니 大敗而還[50]하다

---

50) 將軍沈田子……大敗而還 : "이때 沈田子와 傅弘之가 함께 關門에 들어갔는데 부홍지를 쓰지 않은 것

【目】沈田子와 傅弘之가 武關으로 쳐들어가니, 秦나라(後秦)의 衛戍하는 장수들이 모두 城을 버리고 달아나므로 심전자 등이 전진하여 青泥에 주둔하였다.

8월에 太尉 劉裕가 閿鄕에 이르니, 秦主 姚泓이 직접 군대를 거느리고 유유를 막고자 하였는데, 심전자 등이 후미를 기습할 것을 염려하여 먼저 심전자 등을 공격하여 멸망시킨 뒤에 국력을 총동원하여 동쪽으로 출병하려 하여 마침내 보병과 기병 수만 명을 거느리고 갑자기 청니에 도착하였다.

심전자는 이때 본래 疑兵(적을 교란시키는 가짜 군대)이었으므로 거느리고 있는 병력이 겨우 천여 명이었다. 요홍이 갑자기 달려왔다는 말을 듣고 그를 공격하려고 하자, 부홍지는 적이 많아 대적할 수 없다는 이유로 만류하였다. 심전자가 말하기를 "군대는 기이한 계책을 쓰는 것을 귀하게 여기고 반드시 병력이 많아야 하는 것은 아니다. 이제 병력의 많고 적음이 서로 현격하여 양립할 수 없는 형세이다. 만약 저들의 포위가 견고해지면 우리가 도망갈 곳이 없을 것이니, 그들이 처음 이르러 진영이 아직 세워지지 않은 틈을 타 먼저 공격하는 것만 못하다. 이렇게 하면 공을 세울 수 있다." 하고는 마침내 진군하였다.

秦나라 군사들이 몇 겹으로 포위하자, 심전자는 사졸들을 위로하고 달래기를 "그대들이 멀리 이곳에 온 것은 바로 이번의 전투를 하기 위해서이다. 죽느냐 사느냐가 이 한 번의 싸움에서 결판나니, 侯에 봉해지는 功業이 이번 싸움에 달려 있다." 하였다. 사졸들이 모두 발을 구르며 북을 치고 함성을 지르고는 短兵을 잡고 떨쳐 일어나 공격하니, 秦나라 군대가 대패하였다. 1만여 명의 首級을 베니, 姚泓이 달아나 灞上으로 돌아갔다.

沈田子, 傅弘之入武關하니 秦戍將이 皆委城走어늘 田子等이 進屯青泥하다 八月에 太尉裕 至閿鄉①하니 秦主泓이 欲自將禦裕호되 恐田子等襲其後하여 欲先擊滅田子等然後에 傾國東出하여 乃帥步騎數萬하고 奄至青泥하다 田子는 本爲疑兵이라 所領이 裁千餘人이러니 聞泓至하고 欲擊之어늘 弘之以衆寡不敵으로 止之한대 田子曰 兵貴用奇요 不必在衆이니 今衆寡相懸하여 勢不兩立이라 若彼圍既固면 則我無所逃矣리니 不如乘其始至하여 營陣未立而先薄之면 可以有功이라하고 遂進兵하다 秦兵이 合圍數重이어늘 田子慰撫士卒曰 諸君遠來는 正求此戰이라 死生一決이니 封侯之業이 於此在矣니라 士卒이 皆踊躍鼓譟하여 執短兵奮擊하니 秦兵이 大敗어늘 斬萬餘級하니 泓이 奔還灞上하다

은 어째서인가. 그가 비겁했기 때문이다. 한 사람은 칭찬하고 한 사람은 깎아내렸으니, 나라를 위해 목숨을 바치는 것을 권면함이 깊고 적을 두려워하여 머뭇거리고 달아나는 것을 경계함이 엄하다.〔於是田子與傅弘之俱入關 不書弘之 何 怯也 一予一奪 其爲殉國之勸深矣 其爲逗撓之戒嚴矣〕" ≪書法≫

① 閿은 음이 旻이니, 閿鄕은 弘農郡 湖縣에 있었다.
閿, 音旻, 閿鄕, 在弘農湖縣.

【綱】〈晉나라(東晉)〉 太尉 劉裕가 潼關에 이르러 王鎭惡을 보내어서 水軍을 거느리고 黃河에서 渭水로 들어가 秦나라(後秦) 군대를 크게 격파하고 마침내 長安으로 들어가니, 秦主 姚泓이 나와 항복하였다.

太尉裕 至潼關하여 **遣王鎭惡**하여 **帥水軍**하고 **自河入渭**하여 **大破秦兵**하고 **遂入長安**하니 **秦主泓**이 **出降**하다

【目】 劉裕가 潼關에 이르니, 王鎭惡이 수군을 거느리고 黃河에서 渭水로 들어가 長安으로 달려갈 것을 청하자, 유유가 이를 허락하였다. 秦主 姚泓이 姚丕로 하여금 渭橋를 지켜 막게 하니, 왕진악이 위수를 거슬러 올라갈 적에 蒙衝[51]의 작은 전함을 타고 배를 모는 자들을 모두 〈덮개가 있는〉 전함의 안에 있게 하였는데 秦나라 사람들은 〈사람이 없이〉 전함이 전진하는 것을 보고는 놀라서 神妙하다 하였다.

위교에 이르자, 왕진악이 군사들로 하여금 밥을 먹은 뒤에 모두 兵器를 가지고 江岸에 오르게 하고 뒤처지는 자는 참수하였다. 병사들이 강안에 이미 오르자, 즉시 은밀히 사람을 시켜서 배와 전함을 풀어놓으니, 위수의 물살이 급하여 삽시간에 배들이 떠내려가 보이지 않았다.

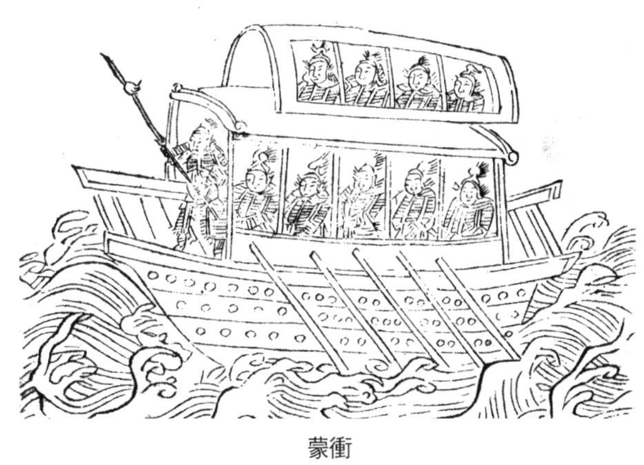
蒙衝

왕진악이 마침내 사졸들에게 말하기를 "이곳이 長安의 北門이니, 우리들은 집에서 만리 멀리 떠나왔다. 배와 노, 옷과 양식이 모두 이미 떠내려갔으니, 지금 나가 싸워서 승리하면 功과 명성이 모두 드러나겠지만 승리하지 못하면 해골도 돌아가지 못할 것이니, 다른 방법이 없다." 하고는 마침내 몸소 사졸들보다 앞장서니, 병사들이 뛰어올라 다투

51) 蒙衝 : 戰船의 일종으로, 주로 돌격용으로 사용한다. ≪釋名≫ 〈釋船〉에 "바깥이 좁고 긴 것을 몽충이라 하니, 적선과 충돌시킨다.〔外狹而長曰蒙衝 以衝突敵船〕"라고 하였다.

어 나아가 요비의 군대를 대파하였다.

裕至潼關하니 王鎭惡이 請帥水軍하고 自河入渭하여 以趨長安이어늘 裕許之하다 秦主泓이 使姚丕로 守渭橋以拒之하니 鎭惡이 泝渭而上할새 乘蒙衝小艦하고 行船者 皆在艦內하니 秦人이 但見艦進하고 驚以爲神이러라 至渭橋한대 鎭惡이 令軍士食畢에 皆持仗登岸하고 後者斬이러니 旣登에 卽密使人으로 解放舟艦하니 渭水迅急이라 倏(숙)忽不見이어늘 乃喩士卒曰 此爲長安北門이니 去家萬里라 舟楫衣糧이 皆已隨流하니 今進戰而勝이면 則功名俱顯이어니와 不勝이면 則骸骨不返이니 無他岐矣①라하고 乃身先士卒하니 衆이 騰踊爭進하여 大破姚丕軍하다

① 岐는 옆으로 나오는 샛길이다.
岐, 旁出之道也.

【目】 요홍이 군대를 이끌고 구원하러 왔다가 패잔병에게 짓밟혀 싸워보지도 못하고 궤멸하였다. 왕진악이 平朔門으로 들어가니, 요홍이 장차 나와 항복하려 하였다. 그의 아들 姚佛念이 나이가 11세였는데, 요홍에게 말하기를 "晉나라 사람들이 장차 그들의 욕심대로 할 것이니, 비록 항복하더라도 반드시 죽임을 면치 못할 것입니다. 자결하는 것만 못합니다." 하였으나, 요홍이 망연자실하여 응하지 않으니, 요불염이 宮의 담장에 올라가 스스로 몸을 던져 죽었다.

요홍이 마침내 처자와 신하들을 거느리고 壘門에 나와 항복하니, 왕진악이 이들을 관리에게 회부하였다. 성안에 있는 오랑캐와 晉나라 사람(漢人)이 6만여 戶였다. 왕진악이 나라의 은혜로써 달래고 위로하면서 號令을 엄숙하게 내리니, 백성들이 안도하였다.

泓이 引兵救之라가 爲敗卒의 所蹂踐하여 不戰而潰라 鎭惡이 入自平朔門①하니 泓將出降이러니 其子佛念이 年十一이라 言於泓曰 晉人이 將逞其欲이니 雖降이나 必不免이리니 不如引決이니이다 泓이 憮然不應②하니 佛念이 登宮牆自投死하다 泓이 乃將妻子群臣하고 詣壘門降하니 鎭惡이 以屬吏하다 城中夷晉이 六萬餘戶라 鎭惡이 以國恩撫慰하고 號令嚴肅하니 百姓이 安堵러라

① 漢나라 때에는 平朔門이 없었으니, 아마도 長安城 北門일 것이니, 後人이 그 이름을 고친 듯하다.
漢無平朔門, 蓋長安城北門也, 後人改其名耳.

② '引決'은 自裁(자살)함을 이른다. '憮然'은 失意한 모양이다.
引決, 謂自裁也. 憮然, 失意貌.

【綱】 9월에 〈晉나라(東晉)〉 太尉 劉裕가 長安에 이르러 姚泓을 建康으로 보내어 참수하였다.

九月에 太尉裕 至長安하여 送姚泓詣建康하여 斬之[52)]하다

【目】 王鎭惡은 성품이 탐욕스러워 秦나라(後秦)의 府庫를 도둑질한 것을 이루 다 기록할 수 없었다. 劉裕가 도착하여 이 사실을 알았으나 그의 功이 크다 하여 不問에 붙이고, 秦나라의 鐘과 鼎, 渾天儀와 土圭, 記里鼓(里數를 알아내는 북이 달린 수레)와 指南車를 거두어 建康으로 보내고, 기타 금과 비단, 진귀한 보물은 모두 장병들에게 나누어 주고 姚泓을 건강으로 보내어 참수하였다.

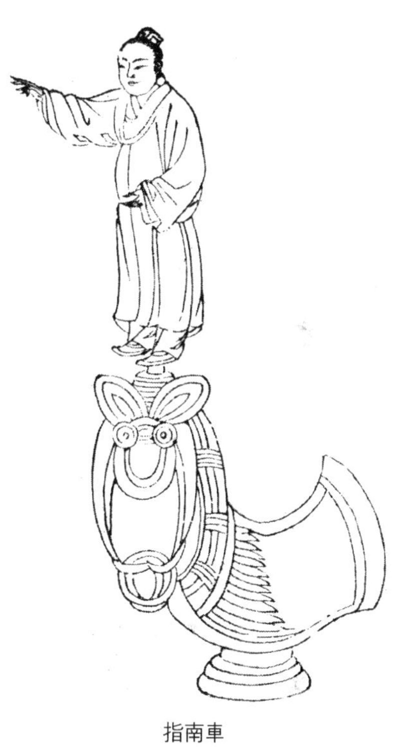

指南車

유유가 장차 洛陽으로 도읍을 옮길 것을 의논하였는데, 王仲德이 말하기를 "군대가 외지로 나와 비바람을 맞은 지가 오래되어 사졸들이 고향으로 돌아갈 것을 생각하니, 도읍을 옮기는 일을 의논해서는 안 됩니다." 하였다.

北涼王 沮渠蒙遜은 유유가 秦나라를 멸망시켰다는 말을 듣고는 매우 노하였는데, 門下校郎인 劉祥

52) 太尉裕……斬之 : "姚泓의 이름을 곧바로 써서 指斥한 것은 어째서인가. 이미 항복하였으므로 '秦主'라고 쓰지 않은 것이다. 위에서는 나와서 항복했다고 쓰고 아래에서는 참수했다고 썼으니, 晉나라를 책망한 것이다.〔斥姚泓 何 旣降也 故不書秦主 上書出降 下書斬之 甚晉也〕" ≪書法≫

中原이 板蕩(혼란)함으로부터 능히 토벌을 이룬 자가 없었는데, 劉裕가 홀로 때를 틈타고 떨쳐 일어나 향하는 곳마다 功을 이루었다. 그리하여 이미 南燕을 평정하고 마침내 關中과 洛陽을 평정하니, 中國의 형세가 또한 다소 진작되었다. 그러나 끝내 晉나라에 보탬이 되지 못했던 것은 정벌이 天子에게서 나오지 아니하여 권세가 이미 아래로 옮겨감에 잘못되었기 때문이었다. ≪資治通鑑綱目≫에 앞에서는 劉裕가 스스로 都督을 더하여 계엄하고 秦나라를 공격했다고 쓰고, 뒤이어 유유가 낙양에 들어가고 潼關에 이르고 長安에 이르렀다고 썼었는데, 얼마 안 되어 또 유유가 동쪽으로 돌아올 적에 아들을 남겨두어 都督秦雍州軍事를 삼았다고 썼으니, 이는 모두 유유의 독단적인 행위에서 나온 것이요, 詔命이 미치지 않은 것이다. 書法이 이와 같으니, 유식한 자들은 여기에서 유유를 살펴볼 수 있을 것이다.〔自中原版蕩 莫克致討 劉裕獨能乘時奮發 所向成功 旣定南燕 遂平關洛 中國之勢 亦少振矣 然卒無補於晉者 征伐不由於天子 權柄已失於下移故也 綱目前書裕自加都督 戒嚴伐秦 繼書裕入洛陽 至潼關 至長安 未幾 又書裕東還 留子都督秦雍 皆出於裕之所自爲 非有詔命及之也 書法如此 識者可以觀矣〕" ≪發明≫

이 들어와서 職務와 관련된 일을 말하자, 저거몽손이 말하기를 "너는 유유가 關中으로 들어왔다는 말을 듣고 감히 得意揚揚하는가." 하고 그를 참수하였다.

鎭惡이 **性貪**하니 **盜秦府庫**를 **不可勝紀**라 **裕至**하여 **知之**로되 **以其功大**라하여 **不問**하고 **收秦彝器, 渾儀, 土圭, 記里鼓, 指南車**하여 **送建康**하고 **餘金帛珍寶**는 **皆以頒將士**하고 **送姚泓至建康**하여 **斬之**①하다 **議將遷都洛陽**이러니 **王仲德曰 暴師日久**하여 **士卒思歸**하니 **未可議也**니이다 **北涼王蒙遜**이 **聞裕滅秦**하고 **怒甚**이러니 **門下校郎劉祥**이 **入言事**②한대 **蒙遜曰 汝聞劉裕入關**하고 **敢研研然也**아하고 **斬之**③하다

土圭

① 彝는 떳떳함이니, 鐘과 鼎을 宗廟의 떳떳한 기물로 삼음을 말한 것이다. 渾天儀(天文圖)에 대한 注는 後漢 順帝 陽嘉 2년(133)에 보인다. 《周禮》에 "地官이 土圭로써 땅의 깊이를 측량하고 해의 그림자를 바로잡아서 땅의 중앙을 찾는다." 하였는데, 注에 "土圭는 四時의 해와 달의 그림자를 알아내는 것이다." 하였다. 土圭는 길이가 1尺 5寸이니, 夏至의 날에 8尺의 表木을 세우면 그 그림자가 마침 土圭와 같아지니, 이곳을 地中이라 하는바, 지금 潁川의 陽城 지역이 그러하다. 뒤에 宋나라 仁宗 天聖 5년(1027)에 內侍인 盧道隆이 記里鼓車를 창안하였는데, 한 轅(수레 끌채)에 두 바퀴가 있고 車廂 위에는 두 층이 있어서 각각 木人을 만들어 앉혔다. 손에 나무망치를 잡고 있어 수레가 1리를 가면 아래층의 목인이 북을 치고 위의 평평한 바퀴가 한 바퀴를 돌며, 수레가 10리를 가면 위층의 목인이 징을 치니, 일명 大章車라 한다. 指南車(저절로 남쪽 방향을 지향하여 가는 수레)는 바로 司南車이니, 注가 蜀漢 後主 建興 13년(234)에 보인다.
彝, 常也, 謂鐘鼎爲宗廟之常器. 渾儀注, 見漢順帝陽嘉二年. 禮"地官以土圭測土深, 正日景(영), 以求地中." 注"土圭, 所以致四時日月之景也." 土圭之長, 尺有五寸, 夏至之日, 立八尺之表, 其景適與土圭等, 謂之地中, 今潁川陽城地爲然. 後宋仁宗天聖五年, 內侍盧道隆, 創記里鼓車, 獨轅雙輪, 廂上有兩層, 各安木人, 手執木槌, 車行一里, 下一層木人擊鼓, 上平輪轉一周, 車行十里, 上一層木人擊鐲, 一名大章車. 指南車, 卽司南車, 注見漢後主建興十三年.

② 曹操와 孫權 때로부터 校事를 설치하여 신하들을 司察하고 이들을 校郎이라 하였는데, 뒤에 마침내 이것을 인습하였다. 沮渠蒙遜이 여러 曹에 校郎을 설치하니, 門下校郎과 中兵校郎과 같은 것이 이것이다.
自曹操・孫權置校事, 司察群臣, 謂之校郎, 後遂因之. 蒙遜置諸曹校郎, 如門下校郎, 中兵校郎, 是也.

③ 河西 지역의 선비와 백성들은 晉나라에 마음을 두고 있었는데, 오랑캐 사람인 沮渠蒙遜이

그 상류 지역을 도둑질하여 점거하였다. 저거몽손은 劉裕가 關中에 들어왔다는 말을 듣고는 이들이 유유에게 호응할까 염려하였으므로 劉祥을 참수하여 사람들을 두렵게 만들어서 그 마음을 강제로 복종시킨 것이다. '硏硏'은 ≪魏書≫ 〈沮渠傳〉에 姸姸으로 되어 있으니, 중화 사람들은 복식이 곱고 화려함을 스스로 만족스럽게 여겨 좋아한다. 그러므로 저거몽손이 이렇게 말한 것이다. 姸은 본음대로 읽으니, 음과 뜻이 모두 통한다. 일설에는 "글 뜻과 음의 뜻으로 미루어보면 '齗齗'과 서로 유사하니, 忿하여 다투고 强辯하는 뜻이다. 다만 본음대로 읽어야 한다." 하였다.

河西士民, 乃心晉室, 蒙遜胡人, 竊據其上. 聞裕入關, 慮其響應. 故斬祥以威衆, 以鎭服其心也. 硏硏, 魏書沮渠傳, 作姸姸, 華人服飾姸靡自喜, 故蒙遜云然. 姸, 讀如字, 音義皆通. 一說"以文義及音意推之, 與齗齗相類, 忿爭强辯之意. 只如字讀."

【綱】 夏나라 사람이 전진하여 安定을 점거하였다.

夏人이 進據安定하다

【目】 夏王 赫連勃勃은 劉裕가 秦나라(後秦)를 공격한다는 말을 듣고 말하기를 "유유가 關中을 점령할 것은 틀림없으나 오래 머물지는 못할 것이다. 반드시 장차 남쪽으로 돌아갈 것이니, 만약 자제들과 장수들을 남겨두어 지키게 한다면 내가 관중을 점령하는 것이 지푸라기를 줍는 것처럼 쉬울 것이다." 하고는 마침내 말에게 곡식을 먹이고 군사를 잘 먹이고서 전진하여 安定을 점거하니, 嶺北의 郡縣들이 모두 항복하였다.

유유는 사신을 보내어 혁련발발에게 편지를 전하여 형제가 되기로 약속하니, 혁련발발이 이에 답하였다.

夏王勃勃이 聞裕伐秦하고 曰 裕取關中必矣나 然不能久留라 必將南歸리니 若留子弟及諸將守之면 吾取之如拾芥耳리라 乃秣馬養士하여 進據安定하니 嶺北郡縣이 皆降之러라 裕遣使遺勃勃書하여 約爲兄弟하니 勃勃이 報之하다

【綱】 겨울 10월에 魏나라(北魏)가 將軍 刁雍을 보내어 固山에 주둔시켰다.

冬十月에 魏遣將軍刁雍하여 屯固山하다

【目】 〈秦나라(後秦)로 망명해 있던 晉나라의〉 司馬休之와 魯軌, 韓延之와 刁雍 등이 모두 魏나라에 항복하였다. 사마휴지는 얼마 있다가 卒하였고, 조옹은 표문을 올려 남쪽 변방

을 맡아 스스로 공을 바칠 것을 요구하였다. 魏나라가 그를 장군으로 삼아 黃河와 濟水 사이에서 병력을 모아 徐州와 兗州를 침략하게 하였는데, 劉裕가 군대를 보내 토벌하였으나 이기지 못하였다. 조옹이 나아가 固山에 주둔하니, 병력이 2만 명에 이르렀다.

司馬休之, 魯軌, 韓延之, 刁雍等이 **皆降魏**①러니 **休之**는 **尋卒**하고 **刁雍**은 **表求南鄙自效**하니 **魏以爲將軍**하여 **使聚衆河濟間**하여 **擾徐兗**하나 **劉裕遣兵討之不克**하다 **雍**이 **進屯固山**하니 **衆至二萬**이러라

① 刁雍은 刁逵의 아우의 아들이다.
雍, 逵之弟子也.

【綱】〈晉나라(東晉)〉 太尉 劉裕가 스스로 爵位를 올려 王이 되고 10개 郡을 추가로 봉하였는데, 다시 사양하고 받지 않았다.

太尉裕 自進爵爲王하고 **增封十郡**이러니 **復辭不受**[53)]하다

【綱】 11월에 〈晉나라(東晉)〉 劉穆之가 卒하였다.

◑ **十一月**에 **劉穆之卒**[54)]하다

【綱】 12월에 〈晉나라(東晉)〉 太尉 劉裕가 동쪽으로 돌아오고 아들 劉義眞을 남겨두어 都督雍·梁·秦州軍事로 삼았다.

◑ **十二月**에 **太尉裕東還**하고 **留子義眞**하여 **都督雍梁秦州軍事**[55)]하다

---

53) 太尉裕……復辭不受 : "아무개가 爵位를 올려 王이 되었다고 한 것은 曹操와 司馬昭에서 이미 보았으니, 스스로 승진한 것을 비난한 것인데 '自'라고는 쓰지 않았다. 그런데 이때 劉裕에게 홀로 '自'라고 쓴 것은 어째서인가. 유유가 다시 사양하는 속임수를 드러내기 위한 것이다. 위에서는 스스로 승진하였다고 쓰고 아래에서는 다시 사양하였다고 쓰고 뒤에서는 비로소 받았다고 쓴 것이 이때 4번 보인다. 천하에 속임수가 유유와 같은 자는 있지 않았다.〔某進爵爲王 曹操司馬昭見之矣 譏自進也 而不書自 於是獨書自 何 所以著其復辭之譎也 上書自進 下書復辭 後書始受 至是四見矣 天下之譎 未有如裕者也〕" 《書法》

54) 劉穆之卒 : "《資治通鑑綱目》에 漢나라와 晉나라의 여러 신하가 卒한 것을 쓸 적에 관직을 쓰지 않은 것은 모두 폄하한 것이다. 劉穆之는 어찌하여 폄하하였는가. 유목지는 晉나라의 신하인데 오직 劉裕에게 마음을 두었을 뿐이다. 그러므로 그의 관직을 삭제한 것이다. 유유가 이미 宋公의 임명을 받았으니, 그 書法이 또한 曹操의 荀攸일 뿐이다.(荀攸가 卒했을 때 魏라고 썼다.)〔綱目卒漢晉諸臣 不書官者 皆貶也 穆之何貶焉 穆之晉臣 心乎裕而已矣 故削之 使裕已受宋公之命 則其書法亦荀攸耳(荀攸卒 書魏)〕" 《書法》

55) 太尉裕東還……都督雍梁秦州軍事 : "막 劉裕가 長安에 있을 때 이미 夏나라 사람들이 전진하여 安定을 점거했다고 썼으니, 유유는 事機에 어두운 자가 아니다. 바둑을 배우면서 기러기와 고니가 날아오면

【目】 劉裕가 長安에 남아서 서북 지역을 經略하고자 하였으나 여러 장수와 보좌관들이 오랜 전쟁에 지쳐 고향으로 돌아갈 것을 생각해서 대부분 장안에 머물고자 하지 않았다. 유유는 때마침 劉穆之가 卒했다는 말을 듣고는 근거지(建康)를 부탁할 사람이 없게 되었다고 여겨 동쪽으로 돌아갈 것을 결심하였다. 王弘으로 유목지를 대신하려 하였는데, 謝晦가 말하기를 "休元은 경솔하니, 徐羨之만 못합니다." 하였다.

그리하여 마침내 서선지를 丹陽尹으로 삼아서 留府의 임무를 주관하게 하고, 次子인 劉義眞을 安西將軍으로 삼아 關中을 지키게 하고, 王脩를 長史로, 王鎭惡을 司馬로, 沈田子, 毛德祖, 傅弘之를 모두 參軍從事로 삼았다.

이보다 앞서 隴上의 流戶(타향을 떠도는 백성)로서 關中에 임시로 거처하는 자들이 晉나라 군대의 위엄으로 인해 다시 본토를 회복하기를 바랐는데, 이때에 이르러 유유가 더 이상 서쪽을 경략할 뜻이 없음을 알고는 모두 탄식하고 실망하였다.

裕欲留長安하여 經略西北이나 而諸將佐 久役思歸하여 多不欲留러니 會聞劉穆之卒하고 裕以根本無託이라하여 決意東還하다 欲以王弘으로 代穆之러니 謝晦曰 休元이 輕易하니 不若羨之①니이다 乃以徐羨之로 爲丹陽尹하여 管留任하고 而以次子義眞으로 爲安西將軍하여 守關中하고 王脩爲長史하고 王鎭惡爲司馬하고 沈田子, 毛德祖, 傅弘之를 皆爲參軍從事하다 先是에 隴上流戶寓關中者 望因兵威하여 得復本土러니 至是하여 知裕無復西略之意하고 皆歎息失望이러라

① 休元는 王弘의 字이다.
休元, 弘字.

【目】 關中 사람들이 평소 王猛을 소중히 여겼는데, 이 전쟁에 王鎭惡이 功을 많이 세웠다.[56] 그러므로 남쪽 사람들이 왕진악을 시기하였고 沈田子는 왕진악과 공을 다투어서 더욱 불화하였다. 劉裕가 장차 建康으로 돌아갈 적에 심전자 등이 여러 번 말하기를 "왕진악의 가솔들이 관중에 있으니 믿을 수 있다고 보장할 수 없습니다." 하자, 유유가 말

그것을 쏘아 잡을 것을 생각하였다.(본업에 힘쓰지 않고 딴 생각을 함을 이르는 말로, 여기서는 마음에 찬탈할 것을 생각한다는 말이다.) 이에 秦나라(後秦) 지역인 崤山과 函谷關을 통째로 버려서 발걸음을 미처 되돌리기도 전에 옛 도읍(長安)을 이미 잃었다. '太尉 劉裕가 동쪽으로 돌아옴에 아들을 남겨두어 都督秦雍州軍事를 삼았다.'고 썼으니, 유유의 經略을 알 수 있다. 눈물을 흘리며 북쪽을 바라봄에 과연 무슨 유익함이 있겠는가.〔方裕在長安 已書夏人進據安定 裕非懵於事機者 學奕方勤 鴻鵠已至 於是擧崤函而棄之 踵未及旋 故都已失 書太尉裕東還 留子都督秦雍 裕之經略 可知已 流涕北望 果何益哉〕" ≪發明≫

56) 關中……세웠다 : 王鎭惡이 前秦의 명재상 王猛의 손자였기 때문에 關中 사람들이 소중히 여긴 것이다.

하기를 "옛날 鍾會가 난을 일으키지 못했던 것은 衛瓘이 있었기 때문이었다. 속담에 이르기를 '맹수(호랑이)가 여러 마리의 여우만 못하다.' 하였으니, 卿 등 10여 명이 어찌 왕진악을 두려워하는가." 하였다.

三秦의 父老들은 유유가 장차 돌아가려 한다는 말을 듣고는 유유의 집 門에 나아와 눈물을 흘리며 말하기를 "잔약한 저희 백성들이 조정의 교화를 입지 못한 지가 지금 백 년이 되었습니다. 처음으로 중국의 衣冠을 보고는 사람들마다 서로 축하하였는데, 이곳을 버리고 어디로 가려 하십니까." 하자, 유유가 그들을 위하여 측은히 여겨 위로하고 타일러 보내었다.

12월에 유유가 장안을 출발하여 洛水에서 黃河로 들어와서 汴渠(汴京으로 통하는 운하)를 개통하여 돌아왔다. 이때 유의진은 12살이었다.

關中人이 素重王猛이러니 而是役也에 鎭惡이 功爲多라 故南人이 忌之하고 沈田子與鎭惡爭功하여 尤不平이러라 裕將還에 田子等이 屢言鎭惡이 家在關中하여 不可保信이라한대 裕曰 鍾會不得遂其亂者는 以有衛瓘故也①라 語曰 猛獸不如群狐라하니 卿等十餘人이 何懼鎭惡邪아 三秦父老 聞裕將還하고 詣門流涕曰 殘民이 不霑王化 於今百年이라 始覩衣冠하고 人人相賀어늘 捨此欲何之乎잇가 裕爲之愍然하여 慰喩遣之하다 十二月에 裕發長安하여 自洛入河하여 開汴渠以歸하다 義眞이 生十二年矣러라

① 鍾會와 衛瓘의 일[57]은 〈三國時代〉 魏나라 元帝 咸熙 원년(264)에 보인다.
會・瓘事, 見(현)魏元帝咸熙元年.

【目】 司馬溫公(司馬光)이 다음과 같이 평하였다.

"옛사람이 말하기를 '의심하면 맡기지 말고 맡기면 의심하지 말라.' 하였다. 劉裕가 이미 王鎭惡에게 關中을 맡기고 다시 沈田子와 뒷말을 하였으니, 이는 이들을 서로 싸워서 亂을 일으키게 한 것이다. 애석하다. 백 년이나 된 적과 천 리의 강토를 어렵게 얻었다가 잠깐 사이에 잃었다. 荀子가 말하기를 '兼幷은 能하기 쉬우나 견고하게 지키기는 어렵다.' 하였으니, 그 말이 참으로 맞도다."

司馬公曰 古人이 有言疑則勿任이요 任則勿疑라하니라 裕既委鎭惡以關中하고 而復與田子有後言하니 是鬪之使爲亂也라 惜乎라 百年之寇와 千里之土를 得之艱難이라가 失之造次하니 荀子曰

57) 鍾會와 衛瓘의 일 : 魏나라 元帝의 咸熙 원년(264)에 鍾會가 監軍 衛瓘을 보내어 鄧艾를 살해한 후 반란을 꾀하였으나 위관에 의해 평정되었다.(≪資治通鑑綱目≫ 제16권 中)

兼幷는 易能也어니와 堅凝之難이라하니 信哉로다

【綱】 魏나라(北魏)가 南雍州를 설치하였다.

魏置南雍州하다

【目】 秦州와 雍州의 사람으로서 魏나라 경내로 흘러 들어간 자가 1만 명으로 헤아려졌다. 魏나라가 마침내 南雍州를 설치하고 寇讚을 南雍州刺史로 삼아 洛陽에 치소를 두어 이들을 어루만지게 하니, 구찬이 사람들을 잘 불러 회유하였다. 그리하여 流民으로 그에게 귀의한 자가 처음보다 3배나 많았다.

秦雍人流入魏境이 以萬數라 魏乃置南雍州하고 以寇讚爲刺史하여 治洛陽以撫之하니 讚이 善招懷라 流民歸之者 三倍其初러라

【綱】 夏王 赫連勃勃이 군대를 보내어 長安으로 향하게 하였다.

夏王勃勃이 遣兵向長安하다

【目】 夏王 赫連勃勃은 劉裕가 동쪽으로 돌아갔다는 말을 듣고 크게 기뻐하여 王買德을 불러 계책을 묻자, 왕매덕이 다음과 같이 말하였다.

"關中은 지형이 뛰어난 곳인데 유유가 어린 아들에게 이곳을 지키게 하고 다급하게 돌아갔으니, 이는 바로 찬탈하는 일을 서둘러 이루고자 해서입니다. 다시는 中原을 염두에 둘 겨를이 없을 것이니, 이는 하늘이 관중을 우리에게 주는 것입니다. 이 기회를 놓쳐서는 안 됩니다. 靑泥와 上洛은 남쪽과 북쪽의 험한 요새이니, 마땅히 먼저 遊軍(유격대)을 보내어 길을 차단하고 동쪽으로 潼關을 막아서 수로와 육로를 끊은 뒤에 三輔 지역에 격문을 돌리고 은덕을 베풀면 劉義眞은 그물에 걸려든 신세가 될 것이니, 관중은 군이 취할 것이 못 됩니다."

혁련발발이 마침내 그의 아들 赫連璝로 하여금 기병 2만 명을 거느리고 長安으로 향하게 하고 別將을 청니와 동관에 주둔시키고, 자신은 직접 大軍을 거느리고 뒤따라갔다.

夏王勃勃이 聞劉裕東還하고 大喜하여 召王買德問計한대 買德曰 關中은 形勝之地어늘 而裕以幼子守之하고 狼狽而歸하니 正欲急成簒事라 不暇復以中原爲意리니 此는 天以關中賜我라 不可

失也니이다 青泥, 上洛은 南北之險이니 宜先遣遊軍斷之하고 東塞潼關하여 絶其水陸之路니 然後에 傳檄三輔하고 施以恩德하면 則義眞이 在網罟之中이라 不足取也니이다 勃勃이 乃使其子璝로 帥騎二萬하여 向長安①하고 別將屯青泥及潼關하고 而自將大軍爲後繼하다

① 璝는 公回의 切이다.
璝, 公回切.

戊午年(418)

【綱】 晉나라(東晉) 孝安皇帝 義熙 14년이다.

十四年이라

【目】 魏나라(北魏) 太宗 拓跋嗣 泰常 3년이다. 夏主 赫連勃勃 昌武 원년이다.

魏泰常三年이라 ◑ 夏昌武元年이라

【綱】 봄 정월에 王鎭惡과 沈田子가 군대를 거느리고 夏나라 군대를 막았는데, 심전자가 劉裕의 명을 사칭하여 왕진악을 죽이니, 安西長史 王脩가 심전자를 토벌하여 참수하고, 參軍 傅弘之가 夏나라 군대를 공격하여 물리쳤다.

春正月에 王鎭惡, 沈田子 帥師拒夏兵이러니 田子矯殺鎭惡하니 安西長史王脩 討田子하여 斬之하고 參軍傅弘之 擊夏兵하여 却之[58]하다

【目】 夏나라 赫連璝가 渭水에 이르니, 關中의 백성으로서 항복하는 자가 길에 이어졌다. 沈田子가 군대를 거느리고 혁련괴를 막을 적에 그의 병력이 강성함을 두려워하여 감히 전진하지 못하였다. 王鎭惡이 이 소식을 듣고 말하기를 "劉公(劉裕)이 10세의 어린아이를 우리에게 부탁하였으니, 마땅히 함께 힘을 다해야 하는데, 군대를 거느리고서도 전진하지 않

58) 王鎭惡……却之 : "劉裕가 秦나라를 이긴 것은 여러 장수의 힘이 컸는데 이제 마침내 자기들끼리 서로 도륙하였으니, 그 패망함이 당연하다. 그러나 首惡은 沈田子에게 있었다. 그러므로 위에는 '矯殺(명을 사칭하여 죽이다)'이라고 써서 그의 죄를 단정하고 아래에는 '討'·'斬'이라고 써서 그의 주벌을 바로잡은 것이다.〔劉裕克秦 諸將之力爲多 今乃自相屠戮 其敗宜矣 然首惡在於田子 故上書矯殺以定其罪 下書討斬以正其誅也〕" ≪發明≫

으면 오랑캐를 어떻게 평정할 수 있겠는가." 하고는 마침내 심전자와 함께 출동하였다.

심전자는 왕진악과 평소에 서로 상대를 도모하려는 뜻이 있었는데 이때에 이르러 더욱 분노하고 두려워하였고, 軍中에 또 유언비어가 퍼지기를 "왕진악이 남쪽 사람을 다 죽이고 관중을 점거하여 배반하고자 한다." 하였다.

심전자가 마침내 왕진악에게 傅弘之의 진영에 가서 일을 계획하자고 청하였다가 인하여 사람을 물리치고 조용히 말하고는 사람을 시켜 왕진악을 참수하고 太尉(劉裕)의 명령을 받았다고 사칭하였다.

劉義眞이 王脩와 함께 갑옷을 입고 성문에 올라서 사태의 변화를 관찰하였는데, 왕수가 심전자를 사로잡아서 제 마음대로 왕진악을 죽인 것을 數罪하여 참수하고, 부홍지가 夏나라 군대를 격파하니, 夏나라 군대가 마침내 후퇴하였다.

夏赫連璝 至渭하니 關中民降之者 屬(촉)路러라 沈田子 將兵拒之할새 畏其衆盛하여 不敢進이러니 王鎭惡이 聞之하고 曰 公以十歲兒로 付吾屬하니 當共竭力이어늘 而擁兵不進이면 虜何由得平이리오 遂與田子俱出하다 田子與鎭惡으로 素有相圖之志러니 至是에 益忿懼하고 軍中이 又訛言鎭惡이 欲盡殺南人하고 據關中反이라하니 田子遂請鎭惡하여 至傅弘之營하여 計事라가 因屛人語하고 使人斬之하고 矯稱受太尉令하다 義眞이 與王脩로 被甲登門하여 以察其變이러니 脩執田子하여 數以專戮而斬之하고 弘之破夏兵하니 夏兵이 乃退하다

【綱】〈晉나라(東晉)〉 太尉 劉裕가 彭城에 이르러 계엄령을 해제하니, 琅邪王 司馬德文이 建康으로 돌아왔다.

太尉裕 至彭城하여 解嚴하니 琅邪王德文이 還建康[59]하다

【綱】 劉義隆을 荊州刺史로 삼았다.

◑ 以劉義隆爲荊州刺史하다

---

59) 太尉裕 至彭城……還建康 : "太尉 劉裕가 일찍이 建康으로 돌아왔다고 쓴 것은 그를 비난한 것인데, 여기에서 司馬德文이 건강으로 돌아왔다고 쓴 것은 어째서인가. 이를 기뻐한 것이다. 사마덕문은 하루도 황제의 처소를 떠날 수 없음이 오래되었다. 유유가 이미 서쪽 지역을 공격함에 사마덕문이 잠시 나간 것은 부득이해서였다. 유유가 彭城에 이르렀으면 황제의 처소에 사마덕문이 없을 수 없으니, 특별히 써서 기뻐한 것이다.〔太尉裕嘗書還建康矣 譏也 此其書還建康 何 喜之也 德文一日不可去帝所 久矣 裕旣西伐 德文暫出 非得已也 裕至彭城 帝所不可無德文矣 特書喜之〕" ≪書法≫

【目】 劉裕가 世子 劉義符를 荊州에 진주시키려 하였는데, 張邵가 간하기를 "儲貳(세자)의 중함은 四海와 관계되니, 세자를 밖(지방)에 거처하게 해서는 안 됩니다." 하였다. 이에 마침내 劉義隆을 荊州刺史로 삼고 到彦之와 張邵, 王曇首와 王華 등으로 參佐를 삼았다. 유의륭이 아직 어리므로, 府의 일을 모두 장소에게 결단하게 하였다. 유유가 유의륭에게 이르기를 "왕담수는 침착하고 굳세며 기국과 도량이 있으니, 재상의 재질이다. 너는 매사를 그에게 물어라." 하였다.

劉裕欲以世子義符로 鎭荊州러니 張邵諫曰 儲貳之重은 四海所繫니 不宜居外라한대 乃以義隆으로 爲荊州刺史하고 以到彦之, 張邵, 王曇首, 王華等으로 爲參佐①하니 義隆이 尙幼라 府事를 皆決於邵러라 裕謂義隆曰 曇首는 沈毅有器度하니 宰相才也라 汝每事諮之하라

① 劉義隆은 劉裕의 셋째 아들이다. 到는 姓이다. 王曇首는 王弘의 아우이고 王華는 왕담수의 從兄이다.
義隆, 裕第三子. 到, 姓也. 曇首, 弘之弟. 華, 曇首之從兄也.

【綱】 晉나라(東晉)가 3월에 사신을 魏나라(北魏)에 보내었다.

三月에 遣使如魏하다

【綱】 여름 5월에 魏나라(北魏) 사람이 燕나라(北燕)를 습격하였으나 승리하지 못하였다.

◑夏五月에 魏人이 襲燕不克하다

【目】 처음에 〈北燕의 도성인〉 和龍에 붉은 기운(구름)이 사방에 가득하여 해를 가려서 寅時부터 申時까지 지속되니, 太史令 張穆이 燕王 馮跋에게 말하기를 "이는 兵亂의 기운(조짐)입니다. 지금 魏나라가 한창 강성한데 우리가 그들이 보낸 사신을 억류하니, 臣은 삼가 〈양궁의 우호가 깨질까〉 두렵습니다." 하였다.

이때 魏나라가 長孫道生을 보내어 군대를 거느리고 燕나라를 기습해서 乙連城을 함락하고 전진하여 화룡에 이르렀다. 풍발이 城을 둘러싸서 스스로 지키니, 魏나라 사람이 공격하였으나 이기지 못하고 燕나라 1만여 가호의 백성을 포로로 잡아서 돌아갔다.

初에 和龍에 有赤氣四塞蔽日하여 自寅至申하니 太史令張穆이 言於燕王跋曰 此는 兵氣也라 今

魏方彊이어늘 **而執其使者**하니 **臣竊懼焉**①하노이다 **至是**하여 **魏遣長孫道生**하여 **帥兵襲燕**하여 **拔乙連城**하고 **進至和龍**이라 **跋**이 **嬰城自守**하니 **魏人**이 **攻之不克**하고 **掠其民萬餘家而還**하다

① '執其使者(그들이 보낸 사신을 붙잡았다.)'는 于什門을 억류함[60]을 이른다.
執其使者, 謂留于什門也.

【綱】 6월에 〈晉나라(東晉)〉 太尉 劉裕가 相國과 宋公과 九錫을 내린 명을 처음으로 받았다.

六月에 **太尉裕 始受相國, 宋公, 九錫之命**[61]하다

【目】 劉裕가 이미 명을 받자, 繼母 蕭氏를 높여 太妃라 하고 孔靖을 尙書令으로 삼고 王弘을 僕射로, 傅亮과 蔡廓을 侍中으로, 謝晦를 右衛將軍으로, 殷景仁을 秘書郎으로 삼았는데, 공정은 사양하고 받지 않았다.

은경인은 학문할 때 문장을 짓는 방법을 배우지 않았으나 〈문장을 잘 지어〉 민첩하여 문학적 발상이 있고, 입으로 의리를 말하지 않았으나 이치의 대체를 깊이 통달하였으며, 국가의 典故와 조정의 儀式, 옛 典章과 記注(역사의 사실)에 이르러도 글을 지어 기록하지 않음이 없으니, 유식한 자들은 그가 당세에 뜻이 있음을 알았다.

裕旣受命에 **崇繼母蕭氏爲太妃**하고 **以孔靖爲尙書令**하고 **王弘爲僕射**하고 **傅亮, 蔡廓爲侍中**하고 **謝晦爲右衛將軍**하고 **殷景仁爲秘書郎**하니 **靖**이 **辭不受**①하다 **景仁**이 **學不爲文**하고 **敏有思致**하며 **口不談義**호되 **深達理體**②하고 **至於國典, 朝儀, 舊章, 記注**하여도 **莫不撰錄**하니 **識者 知其有當世之志**③러라

① 傅亮은 傅咸의 손자이고, 蔡廓은 蔡謨의 증손이고, 殷景仁은 殷融의 증손이다.
亮, 咸之孫. 廓, 謨之曾孫. 景仁, 融之曾孫也.

② 思(생각함)는 去聲이다.
思, 去聲.

---

60) 于什門을 억류함 : 이 일은 본서 제24권 상 義熙 10년(414) 8월 조에 보인다.

61) 太尉裕……始受相國宋公九錫之命 : "만일 爵名을 받은 것이 합당하다면 전일에 받은 것이 잘못이 아닐 것이요, 만일 받은 것이 합당하지 않다면 금일에 받은 것이 옳지 않을 것이다. 또 이미 스스로 爵命을 더하였는데 또다시 사양하고, 이미 사양하였다가 또다시 받은 것을 역사책에 쓰기를 또한 단지 이처럼 분분하게 했을 뿐이니, 천하와 후세를 과연 글로 속일 수 있겠는가.〔使其當受 則前日受之不爲非 使其不當受 則今日受之不爲是 且旣自加爵命矣 又復辭之 旣辭之 又受之 書之於冊 亦徒爲是紛紛爾 天下後世 果可以文欺也哉〕" ≪發明≫

③記注는 선과 악을 겸하여 쓴 글이다.
記注, 兼書善惡之文.

【綱】 겨울 10월에 西涼公 李歆을 鎭西大將軍으로 삼았다.

冬十月에 **以西涼公李歆**으로 **爲鎭西大將軍**하다

【目】 李歆이 사신을 보내와 자신이 지위를 세습한다고 고하였다. 그러므로 이런 명령이 있었고 인하여 이흠을 酒泉公에 봉하였다.

歆이 遣使來告襲位라 故有是命이러니 仍封酒泉公하다

【綱】 魏나라(北魏) 天部大人인 白馬公 崔宏이 卒하였다.

魏天部大人白馬公崔宏이 **卒**[62]하다

【目】 諡號를 文貞이라 하였다.

諡曰文貞이라

【綱】 〈晉나라(東晉)의〉 劉義眞이 長史 王脩를 죽이니, 關中이 크게 혼란하였다. 11월에 夏王 赫連勃勃이 長安을 함락하니, 유의진이 도망하여 돌아왔다.

劉義眞이 **殺其長史王脩**하니 **關中大亂**이러라 **十一月**에 **夏王勃勃**이 **陷長安**하니 **義眞**이 **逃歸**하다

【目】 劉義眞이 사람들에게 물건을 내려주는 것이 절도가 없자 王脩가 매번 이를 제재하니, 좌우의 사람들이 모두 왕수를 원망하여 왕수가 배반하려 한다고 참소하였다. 유의진이 왕수를 죽이니, 이에 인심이 이반하고 놀라서 서로 통일되지 못하였다. 유의진이 밖에 있는 군대를 모두 불러 성문을 닫고 막아 지키니, 關中의 郡縣이 모두 夏나라에

---

62) 魏天部大人白馬公崔宏 卒 : "≪資治通鑑綱目≫에 魏나라 신하의 죽음을 쓴 것이 崔宏으로부터 시작되었으니, 최굉은 어질었다. 그러므로 관직을 갖추어 卒했다고 쓴 것이다.〔綱目卒魏臣 自崔宏始 宏賢也 故具官卒之〕" ≪書法≫

항복하였다. 夏王 赫連勃勃이 전진하여 咸陽을 점거하니, 長安은 〈夏나라 군대에게 봉쇄당하여〉 나무를 채취하는 길이 끊겼다.

劉裕가 이 말을 듣고 蒯恩으로 하여금 유의진을 불러 동쪽으로 돌아오게 하고 朱齡石에게 관중을 지키게 하고는 그에게 이르기를 "卿이 장안에 도착하거든 유의진에게 명하여 행장을 가볍게 꾸려 속히 출발하여 관중을 나온 뒤에야 천천히 오게 하며, 만약 關右(關西) 지역을 반드시 지킬 수 없다고 판단되면 유의진과 함께 돌아오라." 하였다.

劉義眞이 賜與無節이어늘 王脩每裁抑之하니 左右皆怨하여 譖脩欲反이라하니 義眞이 殺之하다 於是에 人情이 離駭하여 莫相統一이라 義眞이 悉召外兵하여 閉門拒守하니 關中郡縣이 悉降於夏①러라 夏王勃勃이 進據咸陽하니 長安樵采路絶이라 劉裕聞之하고 使蒯恩으로 召義眞東歸하고 而以朱齡石으로 守關中하고 謂曰 卿至에 可敕義眞하여 輕裝速發하여 出關然後徐行하고 若關右를 必不可守어든 可與義眞俱歸하라

① '外兵'은 蒲阪에 주둔하여 魏나라(北魏)를 막고 渭水 북쪽에 주둔하여 夏나라를 막은 군대를 이른다.
外兵, 謂屯蒲阪以捍魏, 屯渭北以捍夏之軍也.

【目】 11월에 주영석이 長安에 이르니, 유의진의 장병들이 크게 노략질하며 동쪽으로 가면서 보화와 미녀를 가득 싣고 수레를 나란히 몰며 천천히 행군하여 하루에 10리도 가지 못하니, 傅弘之가 간하였으나 유의진이 듣지 않았다. 赫連璝가 군대를 거느리고 추격하자 부홍지와 蒯恩이 후미를 차단하여 날마다 힘을 다해 싸웠으나 靑泥에 이르러 크게 패하여 夏나라 군대에게 사로잡혔다.

유의진의 측근이 모두 흩어지고 유의진만이 홀로 풀 속에 숨었다. 參軍 段宏이 쫓아와 그를 찾아내서 등에 묶고 한 필의 말로 돌아오니, 유의진이 말하기를 "오늘의 일은 참으로 계략이 없었으나 대장부가 이런 실패를 겪지 않으면 어떻게 어려움을 알겠는가." 하였다.

혁련발발이 부홍지를 항복시키고자 하였는데 부홍지가 굽히지 않고 큰 소리로 욕을 하며 죽었다. 혁련발발은 晉나라 사람의 머리(해골)를 쌓아 京觀[63]을 만들고 이름을 髑髏臺라 하였다.

---

63) 京觀 : 전쟁에 승리한 자들이 戰功을 과시하기 위해 적군의 시신이나 해골들을 쌓고 그 위에 흙을 높이 덮어 만든 무덤을 말한다. ≪春秋左氏傳≫ 宣公 12년에 "임금께서는 어찌하여 武軍을 築造해 晉나라의 시체를 거두어 京觀을 만들지 않습니까?〔君盍築武軍 而收晉尸以爲京觀〕"라고 보인다.

十一月에 齡石이 至長安하니 義眞將士 大掠而東하여 多載寶貨子女하고 方軌徐行하여 日不過十里라 傅弘之 諫不聽이러니 赫連璝 帥衆追之어늘 弘之, 蒯恩이 斷後하고 力戰連日이로되 至青泥하여 大敗하고 爲夏兵所禽하니 義眞左右盡散이라 獨逃草中이러니 參軍段宏이 追尋得之하여 束之於背하고 單馬而歸하니 義眞曰 今日之事는 誠無算略이어니와 然이나 丈夫不經此면 何以知艱難이리오 勃勃이 欲降傅弘之러니 弘之不屈하고 叫罵而死하다 勃勃이 積人頭爲京觀하고 號髑髏臺라하다

【目】 장안의 백성들이 주영석을 쫓아내니, 주영석은 궁전을 불태우고 潼關으로 달아났는데, 夏나라 군대가 추격하여 그를 죽였다. 혁련발발이 장안에 들어가 장병들에게 크게 연향을 베풀 적에 술잔을 들어 王買德에게 권하며 말하기를 "卿이 지난날에 했던 말이 1년 만에 들어맞았으니, 이 사람은 앞일을 계산함에 주도면밀하여 빈틈이 없다고 이를 만하다."라고 하였다.

劉裕는 青泥의 패전 소식을 듣고 아들인 유의진의 생존 여부를 알지 못하였다. 이에 몹시 노하여 날짜를 잡고 북쪽으로 공격하려고 하였는데. 謝晦가 간하기를 "士卒들이 피폐하니, 다른 해를 기다려야 합니다." 하였고, 鄭鮮之 또한 말하기를 "지금 여러 州에 큰 홍수가 나서 백성들의 식량이 부족하고, 三吳 지역의 도적 떼가 여러 縣을 공격하여 함락하니, 이는 모두 백성들이 부역에 시달렸기 때문입니다. 江南의 선비와 백성들이 목을 늘이고 회군하기를 바라고 있는데, 다시 북쪽으로 출병한다는 말을 들으면 돌아올 시기를 헤아릴 수 없으니, 신은 背後에서 생기는 근심이 또다시 심복에 있을까 두렵습니다." 하였다.

유유는 마침 유의진이 죽음을 면했다는 말을 듣고 마침내 북쪽으로 공격하려던 계획을 중지하고는 다만 城에 올라가 북쪽을 바라보면서 서글피 눈물만 흘릴 뿐이었다. 段宏을 黃門郎으로 삼고 毛德祖로 蒲坂을 지키게 하였다.

長安百姓이 逐朱齡石하니 齡石이 焚宮殿하고 奔潼關이러니 夏兵이 追殺之하다 勃勃이 入長安하여 大饗將士할새 擧觴屬王買德曰 卿往日之言이 一期而驗하니 可謂算無遺策矣로다 裕聞青泥之敗하고 未知義眞存亡이라 怒甚하여 刻日北伐이러니 謝晦諫以士卒疲弊하니 請俟他年이라하고 鄭鮮之亦言① 今諸州大水하여 民食寡乏하고 三吳群盜 攻沒諸縣은 皆由困於征役故也라 江南士庶引領顒顒하여 以望返旆어늘 聞更北出이면 不測還期니 臣恐返顧之憂 更在腹心也②일까하노이다 會에 知義眞得免하고 乃止하고 但登城北望하여 慨然流涕而已러라 以段宏으로 爲黃門郎하고 毛德祖로 守蒲坂하다

① 鄭鮮之는 鄭渾의 玄孫이다.
鮮之, 渾之玄孫也.
② 顒은 魚容의 切이니, 우러러 바라보는 것이다.
顒, 魚容切, 仰也.

【綱】 夏王 赫連勃勃이 皇帝를 칭하였다.

夏王勃勃이 稱皇帝하다

【綱】 彗星이 나타났다.

◑彗星이 見[64]하다

【目】 彗星이 天津에서 나와 太微宮으로 들어가고 北斗星을 지나 紫微宮과 이어져서 80여 일 만에 사라지니, 魏主 拓跋嗣가 다시 儒者들과 術士들을 불러 묻기를 "지금 四海가 분열되었는데, 재앙이 어느 나라에 있겠는가? 朕이 매우 두려워하노니, 卿들은 숨기지 말고 말하라." 하였다. 이에 崔浩가 다음과 같이 말하였다.

"災異가 일어남은 모두 人事를 형상한 것이니, 인사에 허물이 없으면 또 어찌 두려워할 것이 있겠습니까. 옛날 王莽이 장차 찬탈하려 할 적에 별의 변고가 이와 같았습니다. 지금 우리 국가는 군주가 높고 신하가 낮아서 백성들이 반역을 도모하려는 야망이 없고, 晉나라는 침체하여 위태로움과 멸망이 멀지 않았으니, 혜성의 異變은 아마도 劉裕가 장차 찬탈할 징조일 것입니다."

彗星이 出天津하여 入太微하고 經北斗하여 絡紫微하여 八十餘日而滅하니 魏主嗣 復召諸儒術士하여 問之曰 今四海分裂하니 咎在何國고 朕甚畏之하노니 卿其無隱하라 崔浩曰 災異之興는 皆象人事니 人事無釁이면 又何畏焉이리잇고 昔에 王莽이 將簒에 星變如此하니이다 今國家主尊臣卑하여 民無異望하고 晉室陵夷하여 危亡不遠하니 彗之爲異는 其劉裕將簒之應乎인저

【綱】 12월에 宋公 劉裕가 황제(安帝)를 東堂에서 시해하고 琅琊王 司馬德文을

64) 彗星見 : "이때 彗星이 太微宮으로 들어가 北斗星을 지나 紫微宮과 이어진 지 한 달 만에 東堂의 시해가 있었다. 변고가 헛되이 생기지 않는다는 말이 사실이다. ≪資治通鑑綱目≫에 혜성을 쓴 것이 17번이니,(周 顯王 8년(B.C.361)에 자세히 보인다.) 그 응험이 없는 것이 드물다.〔於是彗入太微 經北斗 絡紫微 踰月而有東堂之弑矣 變不虛生 信哉 綱目書彗十有七(詳周顯王八年) 無其應者鮮矣〕" ≪書法≫

받들어 즉위하게 하였다.

十二月에 **宋公劉裕 弑帝于東堂**①하고 **奉琅琊王德文**하여 **卽位**[65)]하다

①〈安帝는〉 향년이 37세이다.
壽三十七.

【目】**劉裕**는 도참설에 "昌明의 뒤에 아직도 두 황제가 있다."라고 했다 하여, 마침내 中書侍郎 王韶之로 하여금 황제의 좌우들과 은밀히 모의하여 황제를 시해하고 司馬德文을 세우려고 하였으나, 사마덕문이 항상 황제의 좌우에 있으니, 왕소지가 기회를 얻지 못하였다. 마침 사마덕문이 신병이 있어서 나가 밖에 거처하자 왕소지가 입고 있던 옷으로 東堂에서 황제의 목을 졸라 시해하니, 유유가 인하여 遺詔를 칭하고 사마덕문을 받들어 즉위하게 하였다.

裕以讖云 昌明之後에 **尙有二帝**라하여 **乃使中書侍郎王韶之**로 **與帝左右**로 **密謀弑帝**하고 **而立德文**호되 **德文**이 **常在帝左右**하니 **韶之不得間**이러니 **會**에 **德文**이 **有疾出居於外**어늘 **韶之以散衣**로 **縊帝於東堂**하니 **裕因稱遺詔**하고 **奉德文卽位**①하다

①《晉書》〈孝武帝紀〉에 이르기를 "'처음에 簡文帝가 圖讖說을 보니, 여기에 '晉나라 국운이 昌明에서 다한다.' 하였다. 孝武帝가 어머니의 뱃속에 잉태되어 있을 적에 李太后의 꿈에 神人이 그녀에게 이르기를 '네가 아들을 낳을 것이니, 昌明으로 字를 삼으라.' 하였다. 해산할 때에 東方이 처음 밝았으므로 인하여 창명이라고 이름하였다. 簡文帝가 뒤에 깨닫고는 마침내 눈물을 흘렸다." 하였다. 또 이르기를 "도참설에 '창명의 뒤에 두 황제가 있다.' 하니, 劉裕가 이에 사람을 시켜 황제의 목을 졸라 시해하고 恭帝를 세워서 두 황제라는 도참설에 응하였다." 하였다. 王韶之는 王廙의 증손이다.
晉書帝紀曰 "初, 簡文帝見讖云 '晉祚盡昌明.' 及孝武帝之在孕也, 李太后夢, 神人謂之曰 '汝生男, 以昌明爲字.' 及產, 東方始明, 因以爲名. 簡文後悟, 乃流涕." 又曰 "讖云 '昌明之後, 有二帝', 裕乃使縊帝而立恭帝, 以應二帝云." 韶之, 廙之曾孫也.

---

65) 宋公劉裕……卽位 : "황제를 시해한 자는 王韶之인데 劉裕라고 쓴 것은 어째서인가. 유유가 그에게 시켰기 때문이다. 이에 유유를 특별히 질책하여 '劉'라고 쓴 것이다.〔弑帝者 王韶之也 書劉裕 何 裕使之也 於是裕特斥書劉〕" 《書法》
《資治通鑑綱目》에서 쓴 劉裕의 반역을 보면 어찌면 그리도 쉬웠는가. 이때 晉나라의 황제가 유유의 손바닥 안에 있었다. 그러므로 그의 소행이 이와 같았고, 또 온 나라 사람들이 유유가 역적질을 하는 것을 편안히 여기고 또한 어기고 이의를 제기하는 자가 없었다. 세태의 변화가 날로 나빠지니, 슬플 만하다.〔觀之綱目所書劉裕之逆 何其易邪 是時晉帝在裕掌握 故其所爲如此 而又擧國之人安於爲逆 亦無有違異之者 世變日下 可哀也哉〕" 《發明》

【綱】〈晉나라(東晉)가〉 北涼王 沮渠蒙遜을 涼州刺史로 삼았다.

以北涼王蒙遜으로 **爲涼州刺史**하다

【目】沮渠蒙遜이 〈晉나라의〉 藩臣을 칭했기 때문에 이러한 명령이 있었다.

蒙遜稱藩이라 故로 有是命하다

己未年(419)

【綱】晉나라(東晉) 恭皇帝 元熙 원년이다.

恭皇帝元熙元年이라

【目】魏나라(北魏) 太宗 拓跋嗣 泰常 4년이다. 夏主 赫連勃勃 眞興 원년이다.

魏泰常四年이라 ○ 夏眞興元年이라

【綱】봄 정월에 〈晉나라(東晉)가〉 皇后 褚氏를 세웠다.

春正月에 **立皇后褚氏**[①]하다

① 褚皇后는 褚裒의 증손녀이다.
后, 裒之曾孫也.

【綱】〈晉나라(東晉)가 安帝를〉 休平陵에 장례하였다.

○ **葬休平陵**하다

【綱】夏나라 사람이 〈晉나라(東晉)의〉 蒲坂을 함락하였다.

◑ **夏人**이 **陷蒲坂**하다

【目】夏나라 사람이 蒲坂을 공격하자, 毛德祖가 제대로 방어하지 못하여 전군을 데리고

彭城으로 돌아오니, 劉裕가 모덕조를 滎陽太守로 삼아 虎牢를 지키게 하였다.

夏人이 攻蒲坂한대 毛德祖不能禦하여 全師歸彭城하니 劉裕以德祖로 爲滎陽太守하여 戍虎牢하다

【綱】 夏主 赫連勃勃이 隱士 韋祖思를 죽였다.

夏主勃勃이 殺隱士韋祖思[66)]하다

【目】 夏主 赫連勃勃이 隱士인 京兆의 韋祖思를 불렀는데, 도착한 뒤에 공손하고 두려워함이 너무 심하였다. 혁련발발이 노여워하여 말하기를 "내가 國士로 너를 대우했는데 너는 도리어 나를 種類가 다른 오랑캐로 대우하는구나. 네가 옛날에 姚興에게는 절하지 않았는데 지금 어찌하여 홀로 나에게 절하는가? 내가 살아 있는데도 네가 오히려 나를 제왕으로 여기지 않으니, 내가 죽으면 너희들이 붓을 희롱하여 마땅히 나를 어떤 상황에 두겠는가." 하고는 마침내 그를 죽였다.

夏主勃勃이 徵隱士京兆韋祖思러니 旣至에 恭懼過甚하니 勃勃이 怒曰 我以國士待汝어늘 汝乃以非類遇我로다 汝昔不拜姚興이러니 今何獨拜我오 我在에 汝猶不以我爲帝王하니 我死에 汝曹弄筆하여 當置我於何地邪아하고 遂殺之하다

【綱】 夏主 赫連勃勃이 統萬으로 돌아갔다.

---

66) 夏主勃勃 殺隱士韋祖思 : "隱士 韋祖思를 죽였다고 쓴 것은 두 사람을 서로(함께) 비난한 것이다. 隱士를 죽였다고 쓴 것은 어째서인가. 비난한 것이다. 韋祖思를 어찌 비난하였는가. 道가 없을 때에 세상에 나타난 것은 위조사의 잘못이니, 〈王莽 때의 은사인〉 龔勝에게 부끄럽다. 은사를 죽였다고 쓴 것은 ≪資治通鑑綱目≫이 끝날 때까지 2번 뿐이니,(夏나라 韋祖思와 唐나라 韋月將이다.) 둘 다 비난한 것이다.〔交譏之也 殺隱士者 何 譏耳 祖思 何譏焉 無道而見 祖思之失也 愧龔勝矣 隱士書殺 終綱目二而已(夏韋祖思 唐韋月將) 皆兩譏之〕" ≪書法≫

아! 천하에 道가 있으면 나타나고 도가 없으면 은둔하는 것이니, 士君子가 불행하게도 衰亂한 세상에 오랑캐의 나라에 태어났으면 반드시 초야에 은둔하여 주머니의 주둥이를 묶듯이 침묵하고 스스로 감추어서 姓名이 세상에 알려지지 않게 하는 것이 옳다. 韋祖思가 京兆에 거주할 적에 姚興에게 예우를 받았으니, 이미 세상을 피해 은둔한 선비가 아니다. 이제 赫連勃勃이 그를 부름에 도리어 공손함과 두려움이 너무 심하여 마침내 그에게 죽임을 당했으니, 흉악하고 포악한 혁련발발은 진실로 사람의 도리로 책망할 수가 없지만 위조사가 은둔에 대처한 것도 오히려 미진한 바가 있지 않겠는가. 혁련발발이 隱士 韋祖思를 죽였다고 썼으니, 은사도 오히려 죽이는데 하물며 그 조정에서 벼슬하는 자에 있어서랴.〔嗚呼 天下有道則見 無道則隱 士君子不幸 生於衰亂之世 戎虜之邦 則必遁迹邱園 括囊自晦 毋使姓名有聞于時 可也 韋祖思之居京兆 嘗見禮於姚興 已非避世之士矣 今焉勃勃召之 而乃恭懼過甚 遂爲所殺 以勃勃之凶暴 固不可責以人理 而祖思之所以處遯者 毋乃猶有所未盡乎 書勃勃殺隱士韋祖思 隱士且猶殺之 況仕於其朝者乎〕" ≪發明≫

夏主勃勃이 還統萬하다

【目】 夏나라의 여러 신하들이 長安에 도읍할 것을 청하자, 夏主 赫連勃勃이 말하기를 "朕이 어찌 장안이 역대 제왕의 도읍지로서 토지가 비옥하고 지형이 험고함을 모르겠는가. 그러나 統萬이 魏나라 경계와 겨우 백여 리 떨어져 있으니, 짐이 장안에 있으면 통만이 반드시 위태로울 것이요, 짐이 만약 통만에 있으면 魏나라가 반드시 감히 黃河를 건너 서쪽으로 長安을 공격해오지 못할 것이니, 卿들은 다만 이러한 점을 보지 못한 것이다." 하고는 마침내 장안에 南臺를 설치하고 赫連璝를 錄尙書事로 삼고 돌아갔다.

혁련발발은 성질이 교만하고 포악하여 백성을 草芥처럼 하찮게 보아서 항상 옆에 활과 검을 두고는 신하들 중에 고개를 쳐들고 똑바로 보는 자는 그 눈을 파내고, 웃는 자는 그 입술을 찢고, 간하는 자는 먼저 혓바닥을 자른 뒤에 참수하였다.

夏群臣이 請都長安한대 夏主勃勃曰 朕이 豈不知長安帝都로 沃饒險固리오 然統萬이 距魏境裁百餘里니 朕이 在長安이면 統萬이 必危요 若在統萬이면 則魏必不敢濟河而西리니 諸卿이 適未見此耳라하고 乃置南臺於長安하고 以赫連璝로 錄尙書事而還하다 勃勃이 性驕虐하여 視民如草芥하여 常置弓劍於側하여 群臣迕視者는 鑿其目하고 笑者는 抉其脣하고 諫者는 先截其舌然後에 斬之①러라

① 迕는 음이 誤이니, 거스름이다.
迕, 音誤, 逆也.

【綱】〈晉나라(東晉)의〉 宗室인 司馬楚之가 長社를 점거하였다.

宗室司馬楚之 據長社[67]하다

【目】 劉裕가 宗室 중에 재주와 명망이 있는 자를 주살하니, 司馬楚之의 숙부와 형이 모두 죽었고 사마초지는 南蠻으로 도망가서 몸을 숨겼다. 從祖인 司馬休之가 秦나라로 달아나자, 사마초지는 마침내 汝水와 潁水 사이로 도망가서 병력을 모아 복수할 것을 도모하였다. 사마초지는 젊었을 때부터 英氣가 있었는데, 무릎을 꿇고 선비들에게 자신을

67) 宗室司馬楚之 據長社 : "宗室에 대해 일찍이 쓴 적이 없는데 이전에 司馬國璠이 秦나라로 달아난 것과 지금 이 司馬楚之가 長社를 점거한 것을 모두 쓴 것은 어째서인가. 劉裕가 晉나라 황실을 약화시켜서 枝葉(支孫)을 제거하였다. 그러므로 특별히 종실에 대해 써서 종실이 세상에 용납되지 못함을 나타냈으니, 유유에게 무엇을 책하겠는가.〔宗室未嘗書也 而前此國璠之奔秦 與今此楚之據長社 皆書之 何歟 劉裕削弱晉室 翦除枝葉 故特書宗室 以見其不容於時爾 於裕乎何誅〕" ≪發明≫

낮추어서 만여 명의 병력을 보유하여 長社에 진을 치고 점거하였다.

유유가 沐謙을 시켜서 가서 그를 찔러 죽이게 하였는데, 사마초지가 목겸을 매우 후하게 대하니, 목겸이 기회를 얻지 못하여 마침내 밤에 병이 났다고 핑계 대고 사마초지가 문병을 온 틈을 타서 찔러 죽이려 하였다. 사마초지가 과연 직접 약을 싸 가지고 와서 문병하되 정성스런 마음이 매우 간곡하고 돈독하니, 목겸이 차마 살해하지 못하고서 마침내 비수를 품에서 꺼내놓고 상황을 말하기를 "장군이 유유에게 많은 시기를 받고 있으니, 원컨대 경솔히 행동하지 말아서 스스로 몸을 보존하십시오." 하고는 마침내 몸을 맡겨 그를 섬겨서 그의 防衛가 되었다. 사마초지는 진영을 옮겨서 柏谷塢에 주둔하였다.

劉裕誅翦宗室之有才望者하니 **楚之叔兄**이 **皆死**하고 **楚之**는 **亡匿蠻中**이러니 **及從祖休之奔秦**에 **楚之乃亡之汝潁間**하여 **聚衆以謀復讐**[①]러라 **楚之少有英氣**러니 **折節下士**하여 **有衆萬餘**하여 **屯據長社**하다 **裕使沐謙**으로 **往刺之**[②]러니 **楚之待謙甚厚**라 **謙**이 **未得間**하여 **乃夜稱疾**하고 **欲因楚之問疾而刺之**러니 **楚之果自齎藥往視**호되 **情意勤篤**하니 **謙**이 **不忍發**하여 **乃出匕首**하고 **以狀告曰 將軍**이 **深爲劉裕所忌**하니 **願勿輕率**하여 **以自保全**하라하고 **遂委身事之**하여 **爲之防衛**러라 **轉屯柏谷塢**하다

① 司馬休之는 宣帝(司馬懿)의 아우인 三國時代 魏나라의 中郎 司馬進의 6세손이고, 司馬楚之는 宣帝의 아우인 太常 司馬馗(사마규)의 8세손이다. 그러므로 사마휴지가 사마초지에게 있어서 從祖가 되는 것이다.
休之, 宣帝弟魏中郎進之六世孫, 楚之, 宣帝弟太常馗之八世孫, 故休之於楚之, 爲從祖.

② 沐은 姓이다.
沐, 姓也.

【綱】 여름 4월에 魏主(北魏) 拓拔嗣가 東廟에 제사를 지냈다.

夏四月에 **魏主嗣 有事於東廟**[①]하다

① 옛날 제도에 왼쪽에는 선조의 사당을 두고 오른쪽에는 社를 세웠다. 魏나라(北魏)는 平城宮의 동쪽에 宗廟를 세우고 인하여 東廟라 하였다. 杜佑가 말하였다. "明元帝 永興 4년(412)에 太祖 道武帝의 사당을 白登山에 세우고 해마다 한 번 제사하였으나 일정한 달이 없었으며, 또 백등산 서쪽에 太祖가 옛날 놀던 곳에 昭成, 獻明, 太祖의 사당을 세우고 항상 9월과 10월 사이에 임금이 직접 제사하였으니, 그렇다면 東廟라는 것은 白登山의 사당인데, 산의 서쪽에 또 사당이 있으므로 이것을 東廟라 한 것이다."
古制, 左祖右社. 魏建宗廟於平城宮之東, 因曰東廟. 杜佑曰 "明元永興四年, 立太祖道武廟於白登山, 歲一祭, 無常月, 又於白登西太祖舊遊之處, 立昭成·獻明·太祖廟, 常以九月十月

之交, 親祀焉, 則東廟者, 白登山廟也, 以山西又有廟. 故以此爲東廟.

【目】 제사를 도운 것이 수백 개의 나라였다.

助祭者 數百國이러라

【綱】 西涼에 지진이 나고 운석이 떨어졌다.

西涼이 **地震**하고 **星隕**[68)]하다

【目】 西涼公 李歆이 형벌을 쓰기를 너무 준엄하게 하고 또 궁실을 짓기 좋아하니, 從事中郎 張顯이 上疏하여 다음과 같이 말하였다.

"涼州의 지역이 셋으로 나누어졌으니, 형세가 오랫동안 버틸 수가 없습니다. 다른 나라를 겸병하는 근본은 농업을 힘쓰는 데 달려 있고, 먼 나라를 회유하는 계책은 너그럽고 소탈한 것만 한 것이 없습니다. 지금 陰陽이 질서를 잃고 風雨가 조화롭지 못하니, 이는 임금이 마땅히 반찬의 가짓수를 줄이고 종과 북의 큰 악기를 철거해서 공경하고 두려워하여 道를 닦아야 합니다. 그런데 다시 형벌을 많이 쓰고 준엄하게 하며 궁궐을 수선하고 건축하는 것을 그치지 않으시니, 이는 자못 국가가 번창하고 융성함을 이루는 방법이 아닙니다. 沮渠蒙遜은 오랑캐의 英傑입니다. 안으로는 정사를 닦고 밖으로는 영웅과 현자들을 예우하며, 공격하고 싸우는 즈음에 자신이 사졸들보다 앞장서니, 백성들이 그를 그리워하여 그를 위해 쓰이는 것을 즐거워합니다. 臣은 생각건대 殿下께서 다만 저거몽손을 평정하여 없애지 못할 뿐만 아니라, 또한 저거몽손이 머지않아 社稷의 우환이 될까 두렵습니다."

涼公歆이 用刑過嚴하고 又好治宮室하니 從事中郎張顯이 上疏曰 涼土三分하니 勢不支久[①]라 兼併之本은 在於務農하고 懷遠之略은 莫如寬簡이니이다 今陰陽失序하고 風雨乖和하니 是宜減膳徹懸하여 側身修道어늘 而更繁刑峻罰하고 繕築不止하시니 殆非所以致興隆也[②]니이다 沮渠蒙遜은 胡夷之傑이라 內修政事하고 外禮英賢하며 攻戰之際에 身先士卒하니 百姓懷之하여 樂爲之用이라 臣謂殿下 非但不能平殄蒙遜이라 亦懼蒙遜이 方爲社稷之憂也하노이다

---

68) 西涼 地震星隕 : "≪資治通鑑綱目≫이 끝날 때까지 운석에 대해 쓴 것이 5번이니, 이 뒤로는 쓴 것이 없다.(漢나라 成帝 永始 2년(15)에 자세히 보인다.)〔終綱目書星隕五 自是無書者矣(詳漢成帝永始二年)〕" ≪書法≫

① 涼州의 지역이 三分된 것은 李氏(西涼)와 沮渠氏(北涼)와 乞伏氏(西秦)를 말한 것이다.
涼土三分, 謂李氏・沮渠・乞伏也.

② 懸은 걸어두는 樂器이니 鐘과 石磬의 등속이다. 음식의 가짓수를 줄이고 악기를 거두는 것은 모두 제왕이 스스로 貶損하여 백성을 근심하는 것이다.
懸, 樂器, 鐘磬之屬. 減膳徹懸, 皆自爲貶損憂民也.

【目】 主簿 氾稱 또한 다음과 같이 간하였다.

"하늘이 人主를 사랑함은 지극히 간곡합니다. 그러므로 정사가 닦여지지 못하면 災異를 내려서 人主에게 경계하여 고하니, 잘못을 고치는 자는 비록 위태로우나 반드시 번창하고, 고치지 않는 자는 비록 편안하나 반드시 망합니다. 근자에 謙德堂이 푹 꺼지고 效穀의 땅이 갈라졌으며, 짙은 안개가 사방에 꽉 차고 해가 붉고 광채가 없으며, 여우가 南門 위로 오르고 땅이 5번 지진이 발생하였으며 운석이 建康에 떨어졌으니, 이는 모두 變異 중에 큰 것입니다. 예전에 西平의 땅이 갈라지고 여우가 궁전 앞으로 들어왔는데 秦나라(前秦) 군대가 쳐들어와서 〈前涼의〉 姑臧의 성문이 무너지고 〈결국 前涼이 멸망하였고〉 朝堂에 운석이 떨어졌는데 〈前秦의 涼州刺史〉 梁熙가 살해당하였고, 〈北涼의〉 段業이 황제의 制命을 칭하자 3년 안에 50여 곳에 지진이 발생하였는데 先王(李暠)이 龍興(興起)하였고, 沮渠蒙遜이 군주(段業)를 시해하고 찬탈하였으니, 이는 모두 눈앞에서 이루어진 일이요, 폐하께서 분명히 아시는 바입니다. 원컨대 궁실을 짓는 부역을 급히 중지하고 놀고 사냥하는 즐거움을 그치시고, 현자를 예우하고 백성을 사랑해서 하늘의 변고에 응하소서."

李歆은 모두 따르지 않았다.

主簿氾稱이 亦諫曰[①] 天之子愛人主 殷勤至矣라 故로 政之不修면 下災異以戒告之하니 改者는 雖危必昌하고 不改者는 雖安必亡이라 屬(촉)者에 謙德堂陷하며 效穀地裂하고 昏霧四塞하며 日赤無光하고 狐上南門하며 地頻五震하고 星隕建康하니 皆變異之大者也[②]라 昔年에 西平地裂하고 狐入殿前이러니 而秦師奄至하여 姑臧門崩하고 隕石於堂이러니 而梁熙見殺[③]하고 及段業稱制에 三年之中에 地震五十餘所러니 而先王龍興하고 蒙遜簒弑하니 此皆目前之成事요 殿下所明知라 願亟罷宮室之役하고 止遊畋之娛하시고 禮賢愛民하여 以應天變하소서 歆이 皆不從하다

① 氾은 음이 凡이다.
氾, 音凡.

② 屬은 음이 燭이니, 가까움(근자)이다. 張駿이 河西를 점거하고 謙光殿을 姑臧에 세우고는

스스로 생각하기를 한 지역을 마음대로 통제하였으나, 晉나라를 섬겨 신하의 예절을 변하지 않았으니, 이는 비록 겸손하나 빛나는 것이라고 여겼다. 李暠가 敦煌을 얻고는 또한 晉나라에 藩屛을 칭하고는 謙德堂을 세웠으니, 그 뜻이 張氏와 같은 것이다. 建康郡은 아마도 장씨가 설치한 듯하니, 張茂가 나누어 涼州에 소속시켰다.

屬, 音燭, 近也. 張駿據河西, 起(諫)〔謙〕[69]光殿於姑臧, 自謂專制一方, 而事晉不改臣節, 雖謙而光也. 李暠得敦煌, 亦稱藩於晉, 起謙德堂, 其志猶張氏也. 建康郡, 蓋張氏所置, 張茂(公)〔分〕[70]屬涼州.

③ ≪資治通鑑≫에 "閑豫堂에 운석이 떨어졌다." 하였다.

通鑑"隕石於閑豫堂."

【綱】가을 7월에 宋公 劉裕가 처음으로 작위를 올리는 명을 받고 壽陽으로 진영을 옮겼다.

秋七月에 **宋公裕 始受進爵之命**하고 **移鎭壽陽**하다

【綱】겨울 10월에 劉義眞을 揚州刺史로 삼았다.

◑**冬十月**에 **以劉義眞**으로 **爲揚州刺史**하다

【目】劉裕가 劉義眞을 揚州刺史로 삼아 石頭城에 진주시키니, 蕭太妃가 유유에게 이르기를 "劉道憐은 너의 布衣의 형제이니, 마땅히 그를 등용하여 양주자사를 삼아야 한다." 하였다. 유유가 말하기를 "揚州는 나라의 근본(중요한 지역)이라서 事務가 지극히 많으니, 유도련이 처리할 수 있는 바가 아닙니다." 하였다. 소태비가 말하기를 "유도련의 나이가 50이 넘었으니, 어찌 너의 10살 먹은 아이만 못하겠는가." 하자, 유유가 말하기를 "유의진이 비록 양주자사가 되었으나 일이 모두 저에게서 나오지만 유도련은 나이가 많으니, 만약 직접 일을 처리하지 않으면 사람들이 듣고 바라봄에 부족하게 여길 것입니다." 하였다.

유도련은 어리석고 비루하고 탐욕스럽고 방종하였다. 그러므로 유유가 그를 등용하려 하지 않은 것이다.

劉裕以義眞으로 **刺揚州**하여 **鎭石頭**하니 **蕭太妃謂裕曰 道憐**는 **汝布衣兄弟**니 **宜用爲揚州**①니라

69) (諫)〔謙〕: 저본에는 '諫'으로 되어 있으나, ≪晉書≫ 〈張駿傳〉에 의거하여 '謙'으로 바로잡았다.
70) (公)〔分〕: 저본에는 '公'으로 되어 있으나, ≪資治通鑑≫ 註에 의거하여 '分'으로 바로잡았다.

裕曰 揚州는 根本이라 事務至多하니 非道憐所了니이다 太妃曰 彼年出五十하니 豈不如汝十歲兒邪아 裕曰 義眞이 雖爲刺史나 而事悉由寄奴어니와 道憐은 年長하니 若不親事면 則於聽望에 不足矣[②]리이다 道憐이 愚鄙貪縱이라 故裕不肯用하니라

① 劉道憐은 蕭太妃의 소생이다.
道憐, 蕭太妃所生也.

② 寄奴는 劉裕의 어렸을 때 字이다. '聽望'은 觀聽이라는 말과 같다.
寄奴, 裕小字. 聽望, 猶言觀聽也.

【綱】 11월 초하루에 일식이 있었다.

十一月朔에 日食하다

【綱】 12월에 〈晉나라(東晉)가〉 宋王 劉裕에게 특별한 예를 가하고 太妃를 올려 太后라 하고 世子를 올려 太子라 하였다.

◑ 十二月에 宋王裕加殊禮하고 進太妃爲太后하고 世子曰太子라하다

附錄

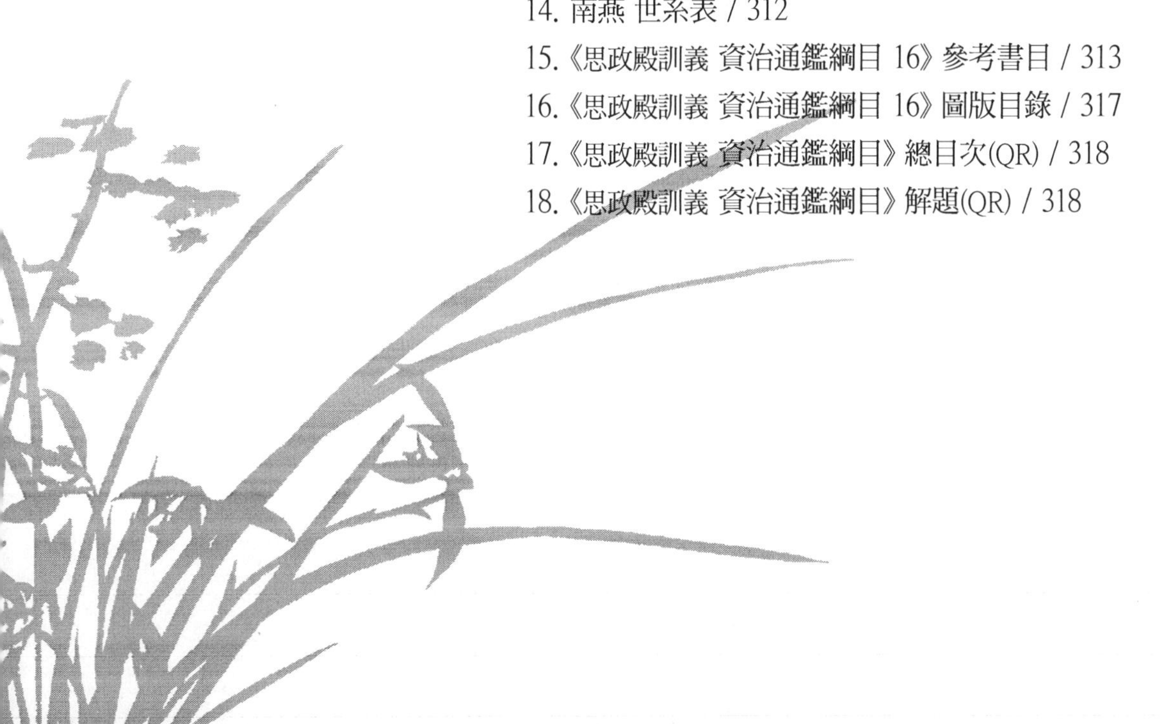

〔附 錄〕

1. ≪思政殿訓義 資治通鑑綱目 16≫ 年表

年度	在位年	역문쪽수	주요 사건
399 己亥年	東晉 安帝(司馬德宗) 隆安 3 後燕 昭武帝(慕容盛) 長樂 1 後秦 文桓帝(姚興) 弘始 1 西秦 武元王(乞伏乾歸) 太初 12 北魏 道武帝(拓跋珪) 天興 2 後涼 靈皇帝(呂纂) 咸寧 1 南涼 武王(禿髮烏孤) 太初 3 北涼 段業 天璽 1 南燕 獻武帝(慕容德) 燕平 2	11	• 南涼이 樂都로 천도함.
		13	• 北魏 拓跋珪가 高車를 공격하여 대파함. • 段業이 涼王을 칭하고, 沮渠蒙遜을 尙書左丞으로 삼고 梁中庸을 右丞으로 삼음. • 北魏가 尙書의 36曹와 外署를 나누어 360曹를 설치하고 이를 八部大人에게 주관하게 하고, 吏部尙書 崔宏에게 36曹를 통괄하게 함. 五經博士를 설치함.
		15	• 南燕의 苻廣이 배반하자 南燕王 慕容德이 공격하여 그를 참수함. 이때 남연의 滑臺가 北魏에 항복함. 이에 모용덕이 青州와 兗州를 침략함.
		17	• 東晉이 安帝의 생모인 陳氏를 추존하여 德皇太后라 함. • 東晉이 會稽王 司馬道子의 世子 司馬元顯을 揚州刺史로 삼음. • 後燕이 公侯들이 금과 비단으로 속죄하는 법을 없앰.
		18	• 後秦의 姚崇이 東晉의 洛陽을 침입하자, 北魏가 구원함.
		19	• 東晉의 郗恢가 北魏에 보낸 서한에 拓跋珪를 '賢兄'이라 하자 북위가 張袞과 崔逞(최정)에게 동진의 임금을 폄하여 답장하게 함. 이 답장에 '貴主'라 한 것을 빌미로 탁발규가 최정을 사사하고 장곤이 천거한 인사를 좌천시킴.
		20	• 南涼王 禿髮烏孤가 사망하자 아우 禿髮利鹿孤가 즉위하여 西平으로 천도함. • 南燕王 慕容德이 廣固를 함락하여 幽州刺史 辟閭渾을 죽이고 광고에 도읍함. 남연이 徐州와 兗州를 장악함.

年度	在位年	역문쪽수	주요 사건
399 己亥年	東晉 安帝(司馬德宗) 隆安 3 後燕 昭武帝(慕容盛) 長樂 1 後秦 文桓帝(姚興) 弘始 1 西秦 武元王(乞伏乾歸) 太初 12 北魏 道武帝(拓跋珪) 天興 2 後涼 靈皇帝(呂纂) 咸寧 1 南涼 武王(禿髮烏孤) 太初 3 北涼 段業 天璽 1 南燕 獻武帝(慕容德) 燕平 2	22	• 後燕 遼西太守 李朗이 모반하자, 慕容盛이 李旱을 보내어 이랑을 토벌하여 주살하게 함.
		23	• 後秦 姚興이 왕으로 칭호를 낮춤.
			• 後秦이 洛陽을 함락시키고 淮水와 漢水 이북을 장악함.
		24	• 東晉의 會稽王의 世子 司馬元顯의 폭정으로 孫恩이 반란을 일으켜 會稽를 함락시키고 內史 王凝之를 죽이자 三吳 지역에서 반란이 일어남.(孫恩의 난) 이에 동진이 徐州刺史 謝琰과 劉牢之에게 토벌하게 하니 이들이 반란군을 격파하고 사염을 會稽太守로 삼음. 이 당시 유뇌지 휘하의 劉裕가 크게 활약함.
		27	• 東晉이 會稽世子 司馬元顯을 錄尙書事로 삼음.
		28	• 東晉의 殷仲堪과 楊佺期가 혼인을 맺고 桓玄을 견제하자 환현이 군대를 일으켜 江陵을 공격해서 은중감과 양전기를 죽임.
		31	• 後涼王 呂光이 사망하자, 太子 呂紹가 즉위하였는데, 庶兄 呂纂과 呂弘이 모반하자 여소가 자살함. 여찬이 天王의 지위에 오르고 여홍을 大都督 錄尙書事로 삼음.
			※이해에 승려 法顯이 불경을 구하고자 장안에서 출발하여 인도로 여행함.
400 庚子年	東晉 安帝 隆安 4 後燕 昭武帝 長樂 2 後秦 文桓帝 弘始 2 西秦 武元王 太初 13 北魏 道武帝 天興 3 後涼 靈皇帝 咸寧 2 南涼 康王(禿髮利鹿孤) 建和 1 北涼 段業 天璽 2 西涼 武昭王(李暠) 庚子 1 南燕 獻武帝 建平 1	34	• 後燕 慕容盛이 貶號하여 庶人天王이라 함.
			• 西秦이 苑川으로 천도함.
			• 後燕 慕容盛이 高句麗王 高安(安臧王)이 후연을 섬기는 것이 태만하다 하여 공격하여 두 성을 함락시킴.
		35	• 北魏 拓跋珪가 中山을 함락시키고 後燕의 임금이었던 慕容寶의 딸을 얻었는데, 이때 그녀를 황후로 삼음.
			• 東晉이 桓玄을 都督荊江八州軍事와 荊·江州刺史로 삼음.
		36	• 後涼의 呂弘이 東苑의 군대를 거느리고 난을 일으키자 임금인 呂纂이 공격하여 여홍을 죽임.
		37	• 北涼이 李暠를 敦煌太守로 삼음.
			• 東晉에서 반란을 일으킨 孫恩이 다시 會稽를

年度	在位年	역문쪽수	주요 사건
400 庚子年	東晉 安帝 隆安 4 後燕 昭武帝 長樂 2 後秦 文桓帝 弘始 2 西秦 武元王 太初 13 北魏 道武帝 天興 3 後涼 靈皇帝 咸寧 2 南涼 康王(禿髮利鹿孤) 建和 1 北涼 段業 天璽 2 西涼 武昭王(李暠) 庚子 1 南燕 獻武帝 建平 1		침략하니 太守 謝琰이 패하여 죽음. 손은이 臨海를 침략하자, 동진 조정에서 桓石才와 高雅之 등을 보내어 토벌하였으나 패함.
		38	• 東晉 太皇太后 李氏가 사망함.
			• 後秦이 西秦을 공격하자 西秦王 乞伏乾歸가 직접 싸웠으나 패하여 南涼으로 달아남. 남량이 걸복건귀를 죽이고자 하자 걸복건귀가 후진으로 도망함.
		40	• 東晉이 劉牢之에게 명하여 孫恩을 토벌하자 손은이 패하여 海島로 들어감.
		41	• 東晉이 會稽世子 司馬元顯을 都督揚豫等十六州軍事로 삼음.
			• 北涼의 晉昌太守 唐瑤가 배반하여 李暠를 추대하여 沙州刺史 涼公으로 삼음. 이고가 군대를 보내 玉門關 이서 지역을 함락함.(西涼 건국)
			• 東晉이 星變으로 會稽世子 司馬元顯에게 錄尙書事에서 물러나게 하고 尙書令을 가함.
		43	• 北魏가 仙人博士를 설치함.
			• 北魏 拓跋珪가 左將軍 李栗을 죽임.
		44	• 南燕王 慕容德이 황제를 칭하고 慕容備德으로 개명함.
401 辛丑年	東晉 安帝 隆安 5 後燕 昭文帝(慕容熙) 光始 1 後秦 文桓帝 弘始 3 北魏 道武帝 天興 4 後涼 末皇帝(呂隆) 神鼎 1 南涼 康王 建和 2 北涼 武宣王(沮渠蒙遜) 永安 1 西涼 武昭王(李暠) 庚子 2 南燕 獻武帝 建平 2	45	• 南涼 禿髮利鹿孤가 河西王을 칭하고 아우 禿髮傉檀을 都督中外 錄尙書事로 삼음.
		46	• 孫恩이 東晉의 句章을 침략하자, 劉牢之가 패주시킴.
		46	• 後秦이 乞伏乾歸를 돌아가게 하여 苑川에 진주하게 함.
			• 後涼의 呂超가 군주 呂纂을 시해하고 그의 형 呂隆을 세우니, 여찬의 后妃인 楊氏가 자살함.
		48	• 孫恩이 東晉의 海鹽을 공격하자, 劉牢之의 參軍 劉裕가 그를 격파함.
		49	• 南涼이 後涼을 공격하여 그 백성 2천 호를 옮겨옴.
			• 北涼의 沮渠蒙遜이 그 군주 段業을 시해함.
		51	• 孫恩이 東晉의 滬瀆을 함락시킴.
			• 孫恩이 東晉의 丹徒를 침략하니 劉裕가 격파

年度	在位年	역문쪽수	주요 사건
401 辛丑年	東晉 安帝 隆安 5 後燕 昭文帝(慕容熙) 光始 1 後秦 文桓帝 弘始 3 北魏 道武帝 天興 4 後涼 末皇帝(呂隆) 神鼎 1 南涼 康王 建和 2 北涼 武宣王(沮渠蒙遜) 永安 1 西涼 武昭王(李暠) 庚子 2 南燕 獻武帝 建平 2	 53 54 55 56	하자 손은이 북쪽으로 달아나 廣陵을 함락시킴. • 北涼의 沮渠蒙遜이 張掖公이라 칭함. • 北魏가 許昌을 순행하여 동쪽으로 彭城에 이름. • 後秦이 後涼을 공격하여 대파하니, 西涼, 南涼, 北涼이 사신을 보내어 후진에 入貢함. • 東晉이 劉裕를 下邳太守로 삼아 孫恩을 郁洲에서 토벌하여 대파함. • 後燕의 段璣가 군주 慕容盛을 시해하니, 太后 丁氏가 모용성의 숙부 慕容熙를 天王에 세우고서 단기와 平原公 慕容元과 태자 慕容定을 죽임. • 後秦의 姚碩德이 姑臧을 장기간 포위하자 後涼 呂隆이 사자를 보내어 후진에 항복함. 이에 후진이 여륭을 涼州刺史로 삼음.(後涼 멸망) • 東晉의 劉裕가 孫恩을 격파함. • 後涼의 呂超가 魏安을 공격하니 南涼이 禿髮傉檀을 보내 구원하였는데, 얼마 후 독발욕단이 위안을 공격하여 함락시킴. • 東晉의 桓玄이 표문을 올려서 형 桓偉를 江州刺史로 삼아 夏口에 진주시키고, 司馬 刁暢으로 8개의 郡을 감독하여 襄陽을 진주시키고, 자기의 장수 馮該를 보내어 湓口를 지키게 하니, 司馬元顯이 환현을 두려워하여 劉牢之와 결탁하여 환현을 토벌하고자 함. ※이해에 鳩摩羅什이 長安에 도착함.
402 壬寅年	東晉 安帝 元興 1 後燕 昭文帝 光始 2 後秦 文桓帝 弘始 4 北魏 道武帝 天興 5 後涼 末皇帝 神鼎 2 南涼 景王(禿髮傉檀) 弘昌 1 北涼 武宣王 永安 2 西涼 武昭王(李暠) 庚子 3 南燕 獻武帝 建平 3	59	• 東晉이 尙書令 司馬元顯을 驃騎大將軍 征討大都督으로 삼아 黃鉞을 가하여 桓玄을 토벌하게 하고 劉牢之를 선봉으로 삼음. • 이전에 北魏 拓跋珪가 後秦에게 혼인을 청하였는데, 탁발규가 慕容后를 세우자 북위와 후진이 틈이 생김. 이에 북위가 후진을 공격하였는데, 柔然의 郁久閭社崙이 후진을 위해 군대를 보냈다가 대패함. 욱구려사륜은 漠北으로 달아나고 高車의 땅을 점거하고 부락을 병탄하여 북방을 제패함. 영토가 焉耆, 朝鮮과 접하자 욱구려사륜은 豆代可汗을 칭함.

年度	在位年	역문쪽수	주요 사건
402 壬寅年	東晉 安帝 元興 1 後燕 昭文帝 光始 2 後秦 文桓帝 弘始 4 北魏 道武帝 天興 5 後涼 末皇帝 神鼎 2 南涼 景王(禿髮傉檀) 弘昌 1 北涼 武宣王 永安 2 西涼 武昭王(李暠) 庚子 3 南燕 獻武帝 建平 3	61	• 南涼이 後涼의 顯美를 공격하여 점령함. • 東晉의 桓玄이 司馬元顯을 討罪하고 군대를 일으킴.
		62	• 北魏가 沒奕干을 기습하니 몰혁간이 後秦으로 도망함. 북위가 河東을 침공하니 長安이 크게 진동함.
		63	• 後秦王 姚興이 姚泓을 태자로 삼음. • 北涼이 後涼의 姑臧을 공격하였으나 점령하지 못함.
		64	• 桓玄의 군대가 姑孰에 이르자 劉牢之가 東晉 조정을 배반하여 환현에게 붙으니, 司馬元顯의 군대가 궤멸함. 환현이 建康에 들어가서 太尉가 되어 국정을 총괄하고 都督中外 錄尙書事 揚州牧이 되고 桓脩를 徐兗刺史로, 桓石生을 江州刺史로, 卞範之를 丹楊尹으로, 王謐을 中書令으로 삼고, 會稽王 司馬道子를 安成郡에 귀양 보내고, 사마원현 등을 죽임. 유뇌지를 會稽內史로 삼으니, 유뇌지가 환현을 공격하려고 하다가 군심을 잃어 도망하다 자살함. 이 당시 劉裕가 유뇌지 휘하에 있다가 유뇌지의 태도에 실망하여 낙향함.
		69	• 孫恩이 東晉의 臨海를 침략하자 태수 辛景이 그를 격파하니 손은은 자살함. 손은의 잔당이 盧循을 추대하니 桓玄은 三吳 지방을 안정시키고자 노순을 永嘉太守로 삼음.(孫恩의 난 종식)
		70	• 南涼 禿髮利鹿孤가 사망하니, 아우 禿髮傉檀이 즉위하여 涼王을 칭하고 樂都로 천도함. • 東晉의 桓玄이 錄尙書事를 사양하고 나가 姑孰에 주둔하니, 고숙에서 정사가 이루어짐. • 三吳 지방이 큰 기근이 듦.
		71	• 東晉 盧循이 東陽을 침략하니, 劉裕가 공격하여 패주시킴. • 後秦王 姚興이 北魏를 공격하자 북위 군주 拓跋珪가 직접 군대를 거느리고 후진의 군대를 크게 격파하니, 후진의 장수 姚平이 전사함. 이에 북위가 蒲坂으로 진격하였는데, 柔然이 북위를 공격할 것을 도모하니 탁발규가 돌아감.

年度	在位年	역문쪽수	주요 사건
402 壬寅年	東晉 安帝 元興 1 後燕 昭文帝 光始 2 後秦 文桓帝 弘始 4 北魏 道武帝 天興 5 後涼 末皇帝 神鼎 2 南涼 景王(禿髮傉檀) 弘昌 1 北涼 武宣王 永安 2 西涼 武昭王(李暠) 庚子 3 南燕 獻武帝 建平 3	73 74 75 76	• 東晉의 桓玄이 劉牢之의 北府軍 장수 출신인 高素와 竺謙之, 劉襲 등을 죽이니, 劉軌가 司馬休之와 劉敬宣과 高雅之를 맞이하여 군대를 일으켜 환현을 공격하였으나 패주함. 이들이 南燕으로 달아남. • 後燕 慕容熙가 예전에 丁太后와 간통하였는데, 이때 모용희가 苻謨의 두 딸을 총애하자 정태후가 원망하니 모용희가 정태후를 자살하게 함. • 東晉 桓玄이 會稽王 司馬道子를 죽임. • 北涼의 西郡太守 梁中庸이 배반하여 西涼으로 달아남. • 後秦이 사신을 보내어 南涼 禿髮傉檀에게 車騎將軍을, 北涼 沮渠蒙遜에게 鎭西將軍을, 西涼 李暠에게 安西將軍 高昌侯를 제수함.
403 癸卯年	東晉 安帝 元興 2 後燕 昭文帝 光始 3 後秦 文桓帝 弘始 5 北魏 道武帝 天興 6 後涼 末皇帝 神鼎 3 南涼 景王 弘昌 2 北涼 武宣王 永安 3 西涼 武昭王 庚子 4 南燕 獻武帝 建平 4	76 77 78 79 80 81 84	• 盧循이 徐道覆에게 東陽을 침략하게 하자, 東晉의 建武將軍 劉裕가 격파함. • 東晉 桓玄이 大將軍이 됨. • 南燕 군주 慕容備德이 사신을 보내어 蔭戶를 은밀히 조사하여 5만 8천 호를 찾음. • 後燕이 龍騰苑을 축조함. • 北魏 道武帝 拓跋珪가 平原太守 和跋을 죽임. • 南涼과 北涼이 後涼의 呂隆을 공격하자 後秦이 여륭을 불러 散騎常侍로 삼고 여륭의 종족 등 1만 호를 長安으로 옮김. 王尙을 涼州刺史로 삼음.(後涼 멸망) • 東晉 劉裕가 盧循을 晉安에서 격파함. • 東晉 桓玄이 相國이 되니 楚王에 봉하고 九錫을 가함. 楚國에 丞相 이하의 관직을 설치함. • 高雅之와 韓範 등이 南燕의 군주 慕容備德에게 桓玄을 토벌할 것을 주청함. 이에 모용비덕이 성 서쪽에서 군대를 동원하여 講武를 행하였으나 결국 환현 토벌은 중지함. • 楚王 桓玄이 황제를 칭하고 東晉 安帝를 폐하여 平固王으로 삼고 尋陽으로 천도함. • 東晉 益州刺史 毛璩가 군대를 일으켜 桓玄을

年度	在位年	역문쪽수	주요 사건
		 85	공격함. • 北魏가 品階에 따라 冠服을 제정함.
404 甲辰年	東晉 安帝 元興 3 後燕 昭文帝 光始 4 後秦 文桓帝 弘始 6 北魏 道武帝 天賜 1 南涼 景王 弘昌 3 北涼 武宣王 永安 4 西涼 武昭王 庚子 5 南燕 獻武帝 建平 5	86 90 91 96 97 99 100	• 東晉 劉裕가 京口를 장악하고 군대를 일으켜 桓玄을 공격하였는데, 환현이 桓謙에게 막게 함. • 南涼의 군주 禿髮傉檀이 後秦의 강성함을 두려워해서 연호를 제거하고 尙書省의 丞과 郎官을 파하고, 후진에 사신을 보내 涼州刺史를 겸하는 것을 요구했으나 후진이 허락하지 않음. • 東晉 劉裕가 覆舟山에서 桓謙과 싸워 대파하니, 환현이 建康에서 달아나 남쪽으로 감. 유유가 건강에 들어가서 留臺를 石頭에 세움. 司徒 王謐을 侍中으로 삼고 揚州刺史 錄尙書事로 삼음. 왕밀이 유유를 추대하여 都督八州 徐州刺史로 삼고, 劉毅를 靑州刺史로, 何無忌를 琅邪內史로, 孟昶을 丹楊尹으로, 劉道規를 義昌太守로 삼음. 유유가 劉穆之를 심복으로 삼고 대사를 처리하게 함. • 北魏가 호구가 100호가 못 되는 縣을 없앰. • 東晉 桓玄이 尋陽에 도착하여 安帝를 핍박하여 서쪽으로 가니 劉毅 등이 군대를 거느리고 추격함. • 東晉 劉裕가 密詔를 받았다 칭하고 司馬遵으로 制命을 받들어 황제의 일을 대행하게 하고 관직을 제수할 적에 制를 칭하고 명령을 내릴 때에 令이라고 칭함. • 劉敬宣과 高雅之가 南燕王 慕容備德을 죽이고 司馬休之를 군주로 추대하려 하였는데, 이 계책이 누설되어 남쪽으로 달아나니, 南燕이 고아지를 죽임. • 桓玄이 東晉 安帝를 위협하여 江陵으로 들어감. • 東晉 何無忌 등이 桓玄의 군대와 桑落洲에서 싸워 대파하고 太廟의 신주를 얻어 建康으로 보냄. • 桓玄이 東晉 安帝를 데리고 동쪽으로 내려감. • 東晉이 劉敬宣을 江州刺史로 삼음. • 後燕이 逍遙宮을 세움.

年度	在位年	역문쪽수	주요 사건
404 甲辰年	東晉 安帝 元興 3 後燕 昭文帝 光始 4 後秦 文桓帝 弘始 6 北魏 道武帝 天賜 1 南涼 景王 弘昌 3 北涼 武宣王 永安 4 西涼 武昭王 庚子 5 南燕 獻武帝 建平 5	101 103 104 105 106 107 108	• 東晉 劉毅 등이 桓玄과 崢嶸洲에서 싸워 대파하자, 환현이 安帝를 데리고 江陵에 들어갔는데 寧州督護 馮遷이 환현을 공격하여 주살하니, 안제가 황제의 지위를 회복함. • 東晉 桓謙과 桓振이 江陵을 기습하여 함락하여 安帝를 사로잡음. 何無忌와 劉道規가 환겸을 馬頭에서 격파하고 강릉으로 진격하다가 환진에게 패하여 尋陽으로 돌아옴. • 東晉 毛璩가 梁州를 공격해서 桓玄의 刺史 桓希를 주살함. • 東晉 永安皇后 何氏 사망. • 北魏가 관제를 개혁하여 6謁官을 두고 사람을 선발하여 官爵을 4등급으로 나누고 王은 大郡을 봉하고 公은 小郡을 봉하고 侯는 大縣을 봉하고 伯은 小縣을 봉하였는데 그 품계는 1~4품이고, 散官은 5등급으로 나누었는데 그 품계는 5~9품이고, 문관과 무관 중에 재능에 따라 5~9품에 견주게 하여 이 가운데서 백관에 결원이 있으면 보임하게 함. • 東晉의 盧循이 番禺를 함락하고 徐道覆가 始興을 함락함. • 東晉의 劉毅 등이 桓振의 여러 성을 공격하여 점령함. • 北魏가 宗室에는 宗師를 八國에는 大師와 小師를 설치하고 州郡에도 각기 師를 설치하여 인재를 등용하게 함. • 後燕 慕容熙가 苻后와 함께 白鹿山을 유람하였는데, 이때 많은 병졸이 죽음. • 東晉의 劉毅 등이 巴陵을 함락함.
405 乙丑年	東晉 安帝 義熙 1 後燕 昭文帝 光始 5 後秦 文桓帝 弘始 7 北魏 道武帝 天賜 2 南涼 景王 弘昌 4 北涼 武宣王 永安 5 西涼 武昭王 建初 1 南燕 末主(慕容超) 太上 1	108 110	• 東晉 劉毅 등이 江陵에 들어가니 桓振은 도망하고 桓謙은 後秦으로 달아남. 조정에서 魯宗之를 雍州刺史로 삼고 毛璩를 征西將軍 督梁益等五州로 삼고 毛瑾을 梁州와 秦州의 刺史로 삼고 毛瑗 등을 寧州刺史로 삼음. • 後燕王 慕容熙가 高句麗의 遼東城을 공격하였다가 함락시키지 못하고 돌아옴.

年度	在位年	역문쪽수	주요 사건
405 乙丑年	東晉 安帝 義熙 1 後燕 昭文帝 光始 5 後秦 文桓帝 弘始 7 北魏 道武帝 天賜 2 南涼 景王 弘昌 4 北涼 武宣王 永安 5 西涼 武昭王 建初 1 南燕 末主(慕容超) 太上 1	110	• 後秦이 鳩摩羅什을 國師로 삼음.
		112	• 西涼 군주 李暠가 大將軍 領秦涼二州牧을 칭하고 東晉에 사신을 보내어 표문을 올림. • 東晉 劉毅와 劉道規는 남아 夏口를 지키고 安帝가 동쪽으로 돌아감. • 東晉 益州參軍 譙縱이 刺史 毛璩를 죽이고 成都王이라 칭함.
		113	• 桓振이 東晉의 江陵을 기습하자, 將軍 劉懷肅이 싸워서 환진을 주살함.
		114	• 東晉 安帝가 建康에 이르러 琅邪王 司馬德文을 大司馬로, 武陵王 司馬遵을 太保로 삼음. 劉裕를 侍中 車騎將軍 都督中外諸軍事 錄尙書事를 삼았으나 유유가 거절함. • 東晉 劉敬宣을 宣城內史로 삼음.
		115	• 東晉이 劉裕를 都督十六州軍事로 삼아 나가 京口에 진주하게 함. • 東晉이 盧循을 廣州刺史로 삼음.
		116	• 南燕 군주 慕容備德이 조카인 慕容超를 봉하여 北海王으로 삼음.
		118	• 東晉 劉毅와 何無忌가 桓玄의 잔당을 멸하니, 荊州, 湘州, 江州, 豫州가 모두 평정됨. • 東晉 劉裕가 後秦에게 사자를 보내 화친을 청해서 南鄕 등 12郡을 얻음.
		119	• 南燕 군주 慕容備德이 사망하니, 太子 慕容超가 즉위함.
		121	• 西涼 군주 李暠가 長史 張邈과 함께 酒泉으로 천도하여 北涼 沮渠蒙遜을 압박할 것을 도모함.
406 丙午年	東晉 安帝 義熙 2 後燕 昭文帝 光始 6 後秦 文桓帝 弘始 8 北魏 道武帝 天賜 3 南涼 景王 弘昌 5 北涼 武宣王 永安 6 西涼 武昭王 建初 2 南燕 末主 太上 2	122	• 北魏가 州·郡·縣에 刺史, 郡守, 令長을 증치하고 功臣으로 州를 다스리던 자들을 京師로 불러들임. • 後燕王 慕容熙가 契丹을 기습하고 陘北에 이르고 치중을 버리고 경무장한 부대로 高句麗를 기습하였는데 이기지 못하고 많은 병사를 잃음.
		123	• 後秦 姚碩德이 上邽에서 長安으로 오자 군주

年度	在位年	역문쪽수	주요 사건
406 丙午年	東晉 安帝 義熙 2 後燕 昭文帝 光始 6 後秦 文桓帝 弘始 8 北魏 道武帝 天賜 3 南涼 景王 弘昌 5 北涼 武宣王 永安 6 西涼 武昭王 建初 2 南燕 末主 太上 2		姚興이 요석덕을 극진히 대우함.
			• 後秦이 南涼의 군주 禿髮傉檀을 涼州刺史로 삼아 姑臧에 鎭守하게 함. 독발욕단은 후진의 爵命을 받았으나 그의 儀仗을 王처럼 함.
		125	• 北魏가 平城에 灅南宮을 축조함.
		126	• 東晉의 劉裕가 毛脩之를 보내어 益州의 譙縱을 토벌하게 함.
			• 南燕의 군주 慕容超가 폭정을 일삼자 段宏과 慕容鍾이 반역을 일으켰다가 이기지 못하고 北魏로 달아나고 慕容鍾이 後秦으로 달아남.
		127	• 東晉이 劉裕를 豫章郡公, 劉毅를 南平郡公, 何無忌를 安成郡公으로 봉하고 나머지는 차등을 두어 봉작과 상을 내림.
			• 西秦의 군주였던 乞伏乾歸가 後秦으로 감.
407 丁未年	東晉 安帝 義熙 3 後燕 昭文帝 建始 1 後秦 文桓帝 弘始 9 北魏 道武帝 天賜 4 南涼 景王 弘昌 6 北涼 武宣王 永安 7 西涼 武昭王 建初 3 南燕 末主 太上 3 夏 武烈帝(赫連勃勃) 龍昇 1 北燕 惠懿帝(高雲) 正始 1	128	• 後秦 군주 姚興은 걸복건귀가 강성해져서 제재하기 어렵다 하여 머물게 하여 主客尙書를 삼고 그의 세자 乞伏熾磐에게 西夷校尉를 행하게 하여 그의 部衆을 다스리게 함.
			• 東晉 劉裕가 東陽太守 殷仲文과 桓沖의 손자 桓胤을 죽이고 그 일족을 멸함.
		130	• 後燕 苻后 사망.
		131	• 後燕 군주 慕容熙가 太后 段氏를 폐위함.
			• 後秦에 복속되어 있던 赫連勃勃이 沒奕干을 죽이고 그 무리를 겸병하고 大夏天王을 칭함.(夏 건국)
		132	• 도망가 있던 馮跋이 後燕의 군주 慕容熙가 폭정을 행하는 것을 듣고 龍城에 잠입하여 반란을 도모하여 慕容雲(高雲)을 추대하고 궁중에 들어가니, 모용운이 모용희를 시해하고 天王에 즉위함. 高氏 姓을 회복하고 풍발을 都督中外諸軍 錄尙書事로 삼음.(後燕 멸망, 北燕 건국, 高雲은 高句麗 출신임)
		133	• 南燕 군주 慕容超의 모친과 아내가 後秦에 잡혀 있었는데, 모용초가 太樂의 기녀 220명을 후진에 바치니, 후진 군주 姚興이 모용초의 모친과 아내를 돌려줌.

年度	在位年	역문쪽수	주요 사건
407 丁未年	東晉 安帝 義熙 3 後燕 昭文帝 建始 1 後秦 文桓帝 弘始 9 北魏 道武帝 天賜 4 南涼 景王 弘昌 6 北涼 武宣王 永安 7 西涼 武昭王 建初 3 南燕 末主 太上 3 夏 武烈帝(赫連勃勃) 龍昇 1 北燕 惠懿帝(高雲) 正始 1	135 136	• 夏王 赫連勃勃이 鮮卑의 薛干 등을 격파하고 後秦을 공격함. 혁련발발이 南涼에 혼인을 요구하였으나 禿髮傉檀이 허락하지 않자, 남량을 공격하여 대패시키니 남량의 명신과 용장이 다수 전사함. 혁련발발은 시신을 쌓아 髑髏臺라 함. • 西涼의 李暠가 東晉에 使者를 보내와서 표문을 올림.
408 戊申年	東晉 安帝 義熙 4 後秦 文桓帝 弘始 10 北魏 道武帝 天賜 5 南涼 景王 嘉平 1 北涼 武宣王 永安 8 西涼 武昭王 建初 4 南燕 末主 太上 4 夏 武烈帝 龍昇 2 北燕 惠懿帝 正始 2	137 139 141 142	• 東晉 王謐이 이미 사망하자, 劉毅 등이 劉裕를 견제함. 이에 유유가 侍中 揚州刺史 錄尙書事가 됨. • 東晉의 반군 成都王 譙縱이 後秦에 藩臣을 칭하고 後秦에 桓謙을 보내줄 것을 청하여 劉裕를 공격하고자 함. 환겸이 초종에게 오자 초종이 얼마 후 환겸을 가둠. • 後秦이 南涼을 기습하고 夏나라를 공격하였는데, 모두 크게 패함. • 東晉 劉裕가 劉敬宣과 毛脩之를 보내 譙縱을 공격하게 하였는데 이기지 못하고 돌아옴. • 南涼이 다시 王을 칭함.
409 己酉年	東晉 安帝 義熙 5 後秦 文桓帝 弘始 11 北魏 明元帝(拓跋嗣) 永興 1 南涼 景王 嘉平 2 北涼 武宣王 永安 9 西涼 武昭王 建初 5 南燕 末主 太上 5 夏 武烈帝 龍昇 3 北燕 文成帝(馮跋) 太平 1 西秦 武元王(乞伏乾歸) 更始 1	144 145 147 154 155 156	• 後秦이 譙縱을 蜀王에 봉함. • 南燕이 東晉의 宿豫를 침입함. • 乞伏乾歸가 後秦에서 도망하여 苑川으로 돌아옴.(西秦 재건) • 劉裕가 표문을 올리고 南燕을 공격해서 남연의 군대를 臨朐에서 대파하고 남연의 도성인 廣固를 포위함.(劉裕의 제1차 북벌) • 西秦이 다시 王을 칭함. • 後秦 姚興이 夏나라를 공격하였는데, 夏王 赫連勃勃이 기습하여 요흥을 크게 격파함. • 西秦이 焦遺를 太子太師로 삼음. • 北燕 군주 高雲의 총신인 離班과 桃仁이 고운을 시해하니 馮跋이 이들을 죽이고 天王에 즉

年度	在位年	역문쪽수	주요 사건
			위함. 范陽公 馮素弗을 錄尙書事로 삼음.
		157	• 北魏 拓跋紹가 군주 拓跋珪를 시해하니, 齊王 拓跋嗣가 탁발소를 죽이고 즉위함. 長孫嵩과 安同, 奚斤, 崔宏 등 8명(八公)에게 정사를 다스리게 함.
410 庚戌年	東晉 安帝 義熙 6 後秦 文桓帝 弘始 12 北魏 明元帝 永興 2 南涼 景王 嘉平 3 北涼 武宣王 永安 10 西涼 武昭王 建初 6 南燕 末主 太上 6 夏 武烈帝 龍昇 4 北燕 文成帝 太平 2 西秦 武元王 更始 2	161	• 北魏가 柔然을 정벌함.
		162	• 北魏의 각 지역에서 도적들이 일어나니, 拓跋嗣가 용서하고 따르지 않은 자들을 토벌함.
		163	• 東晉 劉裕가 南燕의 수도 廣固를 함락하고 군주 慕容超를 사로잡아 建康으로 보내어서 참수함.(南燕 멸망)
		166	• 東晉의 반군 盧循과 徐道覆가 長沙, 南康, 廬陵, 豫章을 침입하여 함락하니, 劉裕가 군대를 이끌고 돌아옴.(盧循의 난)
		168	• 東晉의 江荊都督 何無忌가 徐道覆를 토벌하다가 패하여 전사함.
		169	• 南涼이 北涼을 공격하다가 패하고 姑臧에서 樂都로 천도함. 고장 사람들이 焦朗을 추대하여 군주로 삼고 북량에 복속함.
		170	• 東晉의 劉裕가 建康에 도착함.
		171	• 東晉 劉毅가 盧循과 桑落洲에서 싸워 크게 패하니, 노순이 전진하여 建康을 압박함.
		176	• 柔然이 北魏의 군대를 牛川에서 포위하자 북위 군주 拓跋嗣가 우천을 구원하였는데, 유연의 可汗 郁久閭社崙이 패주하여 죽고 아우 郁久閭斛律이 可汗이 됨. • 東晉 劉裕가 太尉 中書監 加黃鉞이 됨. • 南燕에 있던 東晉의 종실 司馬國璠이 後秦으로 달아남.
		177	• 東晉의 반군 盧循이 후퇴하여 尋陽으로 돌아가니, 劉裕가 군대를 보내어 추격함.
		177	• 東晉 劉裕가 孫處 등을 보내어 番禺를 습격함.
		178	• 後蜀의 譙縱이 桓謙에게 後秦의 군대와 함께 東晉을 공격하게 하였는데, 荊州刺史 劉道規가 대파하고 환겸을 참수함. 檀道濟가 이때 활약함.

年度	在位年	역문쪽수	주요 사건
410 庚戌年	東晉 安帝 義熙 6 後秦 文桓帝 弘始 12 北魏 明元帝 永興 2 南涼 景王 嘉平 3 北涼 武宣王 永安 10 西涼 武昭王 建初 6 南燕 末主 太上 6 夏 武烈帝 龍昇 4 北燕 文成帝 太平 2 西秦 武元王 更始 2	180 181 182	• 西秦이 後秦의 略陽과 隴西의 여러 郡을 공격하여 점령함. • 東晉 劉裕가 盧循을 공격함. • 東晉의 반군 徐道覆가 江陵을 침략하자, 劉道規가 격파함. • 東晉 孫處가 番禺를 함락시킴. • 東晉 劉裕가 大雷와 左里에서 盧循과 싸워 그를 대파하니, 노순과 徐道覆가 도망가자 유유가 劉藩 등을 보내어 추격하게 함.
411 辛亥年	東晉 安帝 義熙 7 後秦 文桓帝 弘始 13 北魏 明元帝 永興 3 南涼 景王 嘉平 4 北涼 武宣王 永安 11 西涼 武昭王 建初 7 夏 武烈帝 龍昇 5 北燕 文成帝 太平 3 西秦 武元王 更始 3	184 185 186 187 188 189 190	• 後秦 姚興이 아들 姚弼을 尙書令으로 삼음. 요필이 태자 姚泓을 위태롭게 함. • 後秦이 太尉 索稜을 隴西에 진주시키고 西秦을 불러 어루만지자, 乞伏乾歸가 다시 항복하니, 후진은 걸복건귀를 河南王에, 태자 乞伏熾磐을 平昌公에 임명함. • 夏나라가 後秦의 杏城을 공격하여 姚詳을 참수하고, 安定과 東鄕을 공격하여 점령함. 이때 서진의 鎭北參軍 王買德이 하나라로 도망해오자 軍師中郎將으로 삼음. • 劉藩 등이 始興을 함락하고 徐道覆를 참수함. • 北涼王 沮渠蒙遜이 姑臧을 함락하여 焦朗을 사로잡고 南涼을 공격하여 樂都를 포위하였으나, 함락시키지 못하고 돌아옴. • 南涼王 禿髮傉檀이 北涼을 공격하다가 대패하고 도망가자 沮渠蒙遜이 전진하여 樂都를 포위하고서 禿髮染干을 잡아 인질로 삼고서 돌아감. • 東晉이 劉裕를 太尉 中書監으로 삼음. 유유가 劉穆之를 司馬로 삼고 謝晦를 參軍으로 삼음. • 東晉의 반군 盧循이 番禺를 침략하여 포위하였으나 沈田子의 공격을 받아 패하여 交州로 달아남. 交州刺史 杜慧度가 노순을 공격하여 죽임.(盧循의 난 종식) • 東晉이 京口에 있던 劉毅에게 都督江州軍事를 겸하게 함. • 柔然의 可汗 郁久閭斛律이 北燕에게 혼인을 청하자 北燕王 馮跋이 허락하고 자기 딸 樂浪

年度	在位年	역문쪽수	주요 사건
411 辛亥年		 191 192	公主를 시집보냄. • 北涼王 沮渠蒙遜이 輕騎兵을 거느리고 西涼을 기습하자 西涼公 李暠가 격퇴함. • 西秦이 後秦의 柏陽堡와 水洛城을 공격하여 점령함.
412 壬子年	東晉 安帝 義熙 8 後秦 文桓帝 弘始 14 北魏 明元帝 永興 4 南涼 景王 嘉平 5 北涼 武宣王 玄始 1 西涼 武昭王 建初 8 夏 武烈帝 龍昇 6 北燕 文成帝 太平 4 西秦 文昭王(乞伏熾磐) 永康 1	192 194 195 198 200	• 東晉이 劉毅를 都督荊·寧·秦·雍軍事로 삼음. 유의가 上流인 荊州를 차지하자, 은밀히 劉裕를 도모할 생각을 품고 僕射 謝混 등과 결탁하고 交州와 廣州를 겸하여 都督할 것을 요구하고, 郗僧施를 南蠻校尉로 삼고 毛修之를 南郡太守로 삼겠다고 하니, 유유가 허락함. • 西秦 乞伏公府가 군주 乞伏乾歸를 시해하자, 世子 乞伏熾磐이 토벌하여 그를 죽이고 즉위하여 河南王이 되고 枹罕으로 천도함. • 東晉 皇后 王氏 사망. • 東晉이 僖皇后 王氏를 장례함. • 東晉 太尉 劉裕가 군대를 거느리고 荊州를 습격하여 江陵城을 함락시키자 都督 劉毅가 자살함. 유유가 江陵에 이르러 郗僧施를 죽이고 毛修之를 용서함. • 後秦 雍州刺史 楊佛嵩이 夏나라를 공격하였는데, 赫連勃勃이 양불숭을 격파함. • 北涼의 沮渠蒙遜이 姑臧으로 천도하고 河西王을 칭하고 官僚를 배치함. • 東晉이 益州刺史 朱齡石을 보내어 군대를 거느리고 後蜀을 공격하게 함. • 東晉 太尉 劉裕가 太傅 揚州牧을 더하였는데 사양함.
413 癸丑年		200 203	• 東晉 太尉 劉裕가 荊州를 정벌할 적에 豫州刺史 諸葛長民을 남겨 留府를 관장하게 하였는데, 제갈장민이 반란을 일으키고자 하니, 이 소식을 들은 유유가 建康으로 돌아와 제갈장민을 죽임. • 東晉의 劉裕가 土斷法을 시행하여 僑置郡縣을

年度	在位年	역문쪽수	주요 사건
413 癸丑年	東晉 安帝 義熙 9 後秦 文桓帝 弘始 15 北魏 明元帝 永興 5 南涼 景王 嘉平 6 北涼 武宣王 玄始 2 西涼 武昭王 建初 9 夏 武烈帝 鳳翔 1 北燕 文成帝 太平 5 西秦 文昭王 永康 2		합병하여 재정을 증대시킴.
		204	• 後秦의 太尉 索稜이 隴西를 가지고 西秦에 항복함.
		204	• 夏王 赫連勃勃이 朔方의 黑水 남쪽에 統萬城을 축조함.(統萬城 건설)
			• 赫連勃勃이 기존의 劉氏를 따른 것을 고쳐 赫連氏로 하고, 정통이 아닌 자는 鐵伐氏라 함.
		206	• 東晉 朱齡石이 成都로 쳐들어가니, 後蜀王 譙縱이 패하여 죽음. 동진이 주영석을 監梁秦州六郡諸軍事로 삼음.(後蜀 멸망)
		207	• 北魏가 後秦에 혼인을 청함.
		208	• 東晉이 索邈을 梁州刺史로 삼음.
			※이해에 高句麗 廣開土大王 사망, 長壽王 즉위.
414 甲寅年	東晉 安帝 義熙 10 後秦 文桓帝 弘始 16 北魏 明元帝 神瑞 1 南涼 景王 嘉平 7 北涼 武宣王 玄始 3 西涼 武昭王 建初 10 夏 武烈帝 鳳翔 2 北燕 文成帝 太平 6 西秦 文昭王 永康 3	208	• 東晉 太尉 劉裕가 荊雍都督 司馬休之가 해당 지역의 민심을 얻고 그의 아들 譙王 司馬文思는 建康에 있었는데, 사마문사가 관리를 죽였다 하여 유유가 사마휴지에게 사마문사를 죽이게 함. 그러나 사마휴지가 표문을 올려 사마문사를 폐하여 庶人으로 삼음. 이에 유유가 사마휴지에게 앙심을 품음.
		209	• 後秦의 寵臣 尙書令 姚弼이 姚興이 병에 들자 반란을 일으키고자 하였는데, 劉羌이 이를 아뢰자 요흥이 요필을 면직시킴.
		211	• 唾契汗과 乙弗 등의 부락이 南涼을 배반하니, 南涼王 禿髮傉檀이 이들을 토벌하였는데, 西秦 乞伏熾磐이 남량을 기습하여 멸망시키고 독발욕단을 죽임.(南涼 멸망)
		214	• 柔然의 郁久閭步鹿眞이 可汗 郁久閭斛律을 축출하고 즉위하였는데, 郁久閭大檀이 그를 죽이고 즉위함.
		215	• 北魏가 于什門을 北燕에 사신으로 보내었는데, 北燕王 馮跋이 그를 억류시킴.
		216	• 柔然의 可汗 郁久閭大檀이 北魏를 침략하자 魏主 拓拔嗣가 공격하니, 욱구려대단이 패하여 달아남. 북위의 군대가 추격하였는데, 욱구려대단은 추위와 눈 때문에 많은 병사를 잃음.

年度	在位年	역문쪽수	주요 사건
415 乙卯年	東晉 安帝 義熙 11 後秦 文桓帝 弘始 17 北魏 明元帝 神瑞 2 北涼 武宣王 玄始 4 西涼 武昭王 建初 11 夏 武烈帝 鳳翔 3 北燕 文成帝 太平 7 西秦 文昭王 永康 4	216	• 東晉 太尉 劉裕가 荊州를 공격하니, 都督인 司馬休之가 항거하여 싸우다가 패함.
		220	• 後秦이 姚弼을 보내어 秦州를 지키게 함.
		221	• 夏나라가 後秦의 杏城을 공격하여 함락시킴. • 北涼이 西秦을 공격하여 廣武를 함락시킴. • 東晉의 靑冀參軍 司馬道賜가 그 刺史 劉敬宣을 죽이고 司馬休之에게 호응하였는데, 사마도사가 유경선의 부하에게 죽임을 당함. • 東晉의 司馬休之가 魯宗之, 魯軌 등과 함께 後秦으로 달아나니, 후진이 그를 揚州刺史로 삼음. 후진이 노종지에게 동진을 공격하게 하였는데, 노종지가 중도에 죽음.
		222	• 東晉이 太尉 劉裕가 劍을 차고 신을 신고서 궁전에 오르고, 조정에 들어갈 때 종종걸음을 걷지 않고, 贊拜할 때 이름을 부르지 않게 함. • 北涼이 東晉에 사신을 보내 內附함.
		223	• 東晉이 劉穆之를 左僕射로 삼음. • 北魏의 雲中과 代郡에 기근이 들자 鄴으로 천도하자는 논의가 있었는데, 崔浩와 周澹이 이를 반대하자 군주 拓跋嗣가 이를 받아들임. 이후 탁발사는 최호를 중용하여 군국의 기밀에 참여하게 함.
		225	• 後秦 姚弼이 난을 일으킬 것을 꾀하다가 後秦王 姚興이 요필의 도당인 唐盛 등이 伏誅하고 요필을 용서함.
		228	• 後秦이 딸을 北魏로 보냈는데, 북위가 그녀를 后로 삼지 않고 夫人으로 삼음.
416 丙辰年	東晉 安帝 義熙 12 後秦 末皇帝(姚泓) 永和 1 北魏 明元帝 泰常 1 北涼 武宣王 玄始 5 西涼 武昭王 建初 12 夏 武烈帝 鳳翔 4 北燕 文成帝 太平 8 西秦 文昭王 永康 5	228	• 東晉이 太尉 劉裕가 都督二十二州軍事가 됨.
		229	• 後秦의 姚興이 華陰에 갔다가 병들어 長安으로 돌아오는데, 姚弼의 도당인 尹沖이 요흥을 죽이려 하다가 결행하지 못함. 요흥의 병이 위독해지자 윤충과 姚愔이 난을 일으켜 궁성을 공격하였는데, 요흥이 요필을 賜死하고 요음 등을 물리치고서 太子 姚泓에게 遺書를 내리고 죽음. 요흥이 유서를 받고 요음 등을 죽

年度	在位年	역문쪽수	주요 사건
416 丙辰年	東晉 安帝 義熙 12 後秦 末皇帝(姚泓) 永和 1 北魏 明元帝 泰常 1 北涼 武宣王 玄始 5 西涼 武昭王 建初 12 夏 武烈帝 鳳翔 4 北燕 文成帝 太平 8 西秦 文昭王 永康 5	 230 231 231 233 234 236 237 238	이고 즉위함. • 東晉 太尉 劉裕가 中外大都督을 더하고 계엄령을 내려 後秦을 공격하니, 詔書를 내려 琅邪王 司馬德文을 보내어 洛陽에 있는 山陵을 수리하고 공경을 표하게 함.(劉裕의 제2차 北伐) • 氐王 楊盛이 後秦을 공격하여 祁山을 함락하고 장수 姚嵩을 죽임. • 東晉이 後秦을 공격하여 上邽와 陰密, 安定과 雍城을 점령함. 후진이 군대를 보내어 동진의 군대를 공격하여 퇴각시키고 다시 안정을 점령함. • 東晉의 太尉 劉裕가 世子 劉義符를 中軍將軍으로 삼아 留府의 일을 감독하게 하고, 劉穆之에게 軍司를 겸하여 들어와 東府에 거처하면서 內外를 총괄하게 함. 이후 建康에서 출진하여 장군 王鎭惡과 檀道濟, 朱超石과 胡藩, 沈田子와 傅弘之, 王仲德 등에게 각 방면에서 後秦을 향해 진격하게 함. • 東晉 王仲德이 北魏의 滑臺로 진격함. • 東晉 檀道濟가 後秦의 洛陽을 점령함. • 東晉이 司空 高密과 王恢之를 보내어 洛陽의 五陵을 수리하고 알현하게 함. • 東晉이 太尉 劉裕에게 相國 揚州牧을 더하고 宋公에 봉하고 九錫을 갖추게 하였는데, 유유가 사양하고 받지 않음. • 西秦이 東晉에 內附하자 劉裕가 西秦王 乞伏熾磐을 平西將軍 河南公으로 삼음. • 北魏 丁零의 翟猛雀이 亂을 일으키자, 북위가 토벌하여 평정함.
417 丁巳年		240 241	• 後秦 安定의 장수 姚恢가 반란을 일으켜 長安으로 쳐들어오니, 後秦王 姚泓이 요회를 공격하여 죽임. • 東晉 太尉 劉裕가 수군을 이끌고 彭城에서 출발함. • 西涼公 李暠가 사망하자, 世子 李歆이 즉위함. 長史 宋繇를 錄三府事로 삼고, 이고를 武昭王

年度	在位年	역문쪽수	주요 사건
417 丁巳年	東晉 安帝 義熙 13 後秦 末皇帝 永和 2 北魏 明元帝 泰常 2 北涼 武宣王 玄始 6 西涼 後主(李歆) 嘉興 1 夏 武烈帝 鳳翔 5 北燕 文成帝 太平 9 西秦 文昭王 永康 6		이라 諡號함.
		242	• 吐谷渾의 拓拔樹洛干이 죽으니, 아우 拓拔阿柴가 즉위함. 탁발아시가 주변 종족들을 침탈하여 겸병하니, 영토가 수천 리가 됨. • 東晉의 將軍 王鎭惡과 檀道濟 등이 潼關을 공격하여 後秦의 太宰 姚紹와 싸워 크게 격파함.
		244	• 東晉 太尉 劉裕가 北魏에 사신을 보내어 後秦으로 가는 길을 빌리려 함. 後秦主 姚泓 또한 북위에 구원을 청함. 이에 북위가 황하 北岸에 군대를 주둔하여 대비함. 이때 崔浩가 유유에게 길을 빌려줄 것을 주청함.
		247	• 東晉의 太尉 劉裕가 군대를 보내어 北魏를 黃河 가에서 공격하여 격파함.
		248	• 東晉의 將軍 沈林子가 後秦 姚紹를 공격하여 격파하니 요소가 病死함. • 東晉의 太尉 劉裕가 洛陽에 들어가자 北魏 拓拔嗣가 彭城을 공격하고자 하였는데, 崔浩가 만류하니, 탁발사가 그 계책을 따름. 그러나 실제로는 유유가 서쪽으로 가자 팽성 등을 침략함.
		251	• 北魏가 天地와 四方(東・西・南・北)으로 칭호를 삼아 諸公을 명하여 직함으로 삼게 하니, 이를 六部大人이라 함. • 東晉의 沈田子가 武關으로 쳐들어가니, 後秦의 군주 姚泓이 군대를 거느리고 공격하였는데 크게 패하고 돌아감.
		253	• 東晉의 太尉 劉裕가 潼關에 이르러 王鎭惡을 보내어서 水軍을 거느리고 黃河에서 渭水로 들어가 後秦의 군대를 크게 격파하고 마침내 長安으로 들어가니, 後秦의 군주 姚泓이 나와 항복함.(後秦 멸망)
		255	• 東晉 太尉 劉裕가 長安에 이르러 姚泓을 建康으로 보내어 참수하게 함. 이때 유유가 낙양으로 천도할 것을 의논하였는데, 王仲德이 이를 반대함.
		257	• 夏王 赫連勃勃이 安定을 점거함. • 北魏가 東晉의 降將 刁雍을 보내어 徐州와 兗

年度	在位年	역문쪽수	주요 사건
417 丁巳年	東晉 安帝 義熙 13 後秦 末皇帝 永和 2 北魏 明元帝 泰常 2 北涼 武宣王 玄始 6 西涼 後主(李歆) 嘉興 1 夏 武烈帝 鳳翔 5 北燕 文成帝 太平 9 西秦 文昭王 永康 6		州를 침략하게 하니, 東晉의 劉裕가 군대를 보내어 조옹을 공격하게 하였으나 이기지 못함. 이에 조옹이 固山에 주둔함.
		258	• 東晉이 太尉 劉裕를 王에 봉하고 10개 郡을 추가로 봉하였는데, 유유가 사양함.
			• 東晉 劉穆之 사망.
			• 東晉 劉裕는 劉穆之가 사망했다는 소식을 듣자 劉義眞을 남겨두어 安西將軍 都督雍梁秦州軍事로 삼아 關中을 지키게 하고 徐羨之를 丹陽尹으로 삼아서 留府를 관장하게 하고, 동쪽으로 돌아감. 유유는 도중에 汴渠를 개통함.
		261	• 秦州와 雍州의 유민이 北魏로 들어가자 북위가 南雍州을 설치함.
			• 夏王 赫連勃勃이 劉裕가 동쪽으로 돌아갔다는 소식을 듣고 長安으로 진격함.
418 戊午年	東晉 安帝 義熙 14 北魏 明元帝 泰常 3 北涼 武宣王 玄始 7 西涼 後主 嘉興 2 夏 武烈帝 昌武 1 北燕 文成帝 太平 10 西秦 文昭王 永康 7	262	• 東晉의 王鎭惡과 沈田子가 夏나라 군대를 막았는데, 심전자가 劉裕의 명을 사칭하여 왕진악을 죽이니, 安西長史 王修가 심전자를 토벌하여 참수하고, 參軍 傅弘之가 夏나라 군대를 공격하여 물리침.
		263	• 東晉의 太尉 劉裕가 彭城에 이르러 계엄령을 해제하니, 琅邪王 司馬德文이 建康으로 돌아옴.
			• 東晉이 劉裕의 아들 劉義隆을 荊州刺史로 삼고 到彦之와 張邵, 王曇首와 王華 등을 參佐로 삼고, 장소에게 府의 일을 다스리게 함.
		264	• 東晉이 北魏에 사신을 보냄.
			• 北魏가 北燕를 습격하였으나 이기지 못함.
		265	• 東晉 太尉 劉裕가 相國과 宋公, 九錫의 명을 받음. 유유는 繼母 蕭氏를 높여 太妃라 하고 孔靖을 尙書令으로 삼고 王弘을 僕射로, 傅亮과 蔡廓을 侍中으로, 謝晦를 右衛將軍으로, 殷景仁을 秘書郎으로 삼음.
		266	• 西涼公 李歆이 東晉에 사신을 보내와 지위를 세습한다고 고하니, 동진이 이흠을 酒泉公에 봉하고 鎭西大將軍으로 삼음.
		266	• 北魏 天部大人인 白馬公 崔宏 사망.

年度	在位年	역문쪽수	주요 사건
418 戊午年	東晉 安帝 義熙 14 北魏 明元帝 泰常 3 北涼 武宣王 玄始 7 西涼 後主 嘉興 2 夏 武烈帝 昌武 1 北燕 文成帝 太平 10 西秦 文昭王 永康 7	 269 271	• 東晉 劉義眞이 長史 王修를 죽이니, 關中이 혼란해짐. 夏王 赫連勃勃이 長安을 함락하니, 유의진이 도망하여 돌아옴. 이때 傅弘之가 靑泥에서 夏나라 군대와 싸우다가 사로잡혀 죽임을 당함.(靑泥의 전투) 혁련발발이 晉나라 사람의 머리를 쌓아 京觀을 만들고 髑髏臺라 명명함. 또한 朱齡石이 장안을 떠나 潼關으로 달아났다는데, 하나라 군대가 추격하여 그를 죽임. • 夏王 赫連勃勃이 皇帝를 칭함. • 東晉 宋公 劉裕가 安帝를 東堂에서 시해하고 琅琊王 司馬德文을 즉위시킴. • 東晉이 北涼王 沮渠蒙遜을 涼州刺史로 삼음.
419 己未年	東晉 恭帝(司馬德文) 元熙 1 北魏 明元帝 泰常 4 北涼 武宣王 玄始 8 西涼 後主 嘉興 3 夏 武烈帝 眞興 1 北燕 文成帝 太平 11 西秦 文昭王 永康 8	271 272 273 274 277 278	• 東晉이 皇后 褚氏를 세움. • 東晉이 安帝를 休平陵에 장례함. • 夏나라가 東晉의 蒲坂을 함락시킴. • 夏나라 군주 赫連勃勃이 隱士 韋祖思를 죽임. • 夏나라 군주 赫連勃勃이 長安에 南臺를 설치하고 赫連璝를 錄尙書事로 삼고 統萬으로 돌아옴. • 東晉의 宗室인 司馬楚之가 長社를 점거하고 진을 세움. • 北魏가 平城宮 동쪽에 宗廟를 세우고 東廟라 하고 拓拔嗣가 東廟에 제사를 지냄. • 東晉 宋公 劉裕가 壽陽으로 진영을 옮김. • 東晉이 劉義眞을 揚州刺史로 삼음. • 東晉이 宋王 劉裕에게 특별한 예를 가하고 太妃를 올려 太后라 하고 世子를 올려 太子라 함.

2. ≪思政殿訓義 資治通鑑綱目 16≫ 地圖

1) 元興 3년(404) 桓玄 패망

2) 義熙 원년(405) 각국의 영역

3) 義熙 3년(407) 각국의 영역

4) 義熙 6년(410) 盧循의 반란 토벌

5) 義熙 13년(417) 劉裕의 後秦 정벌

6) 義熙 13년(417) 각국의 영역

※ 이 지도는 ≪柏楊白話版 資治通鑑≫(北岳文藝出版社, 2006)을 참조하여 本書를 이해하는 데 도움이 되도록 수정 편집하였다.

1) 元興 3년(404) 桓玄 패망

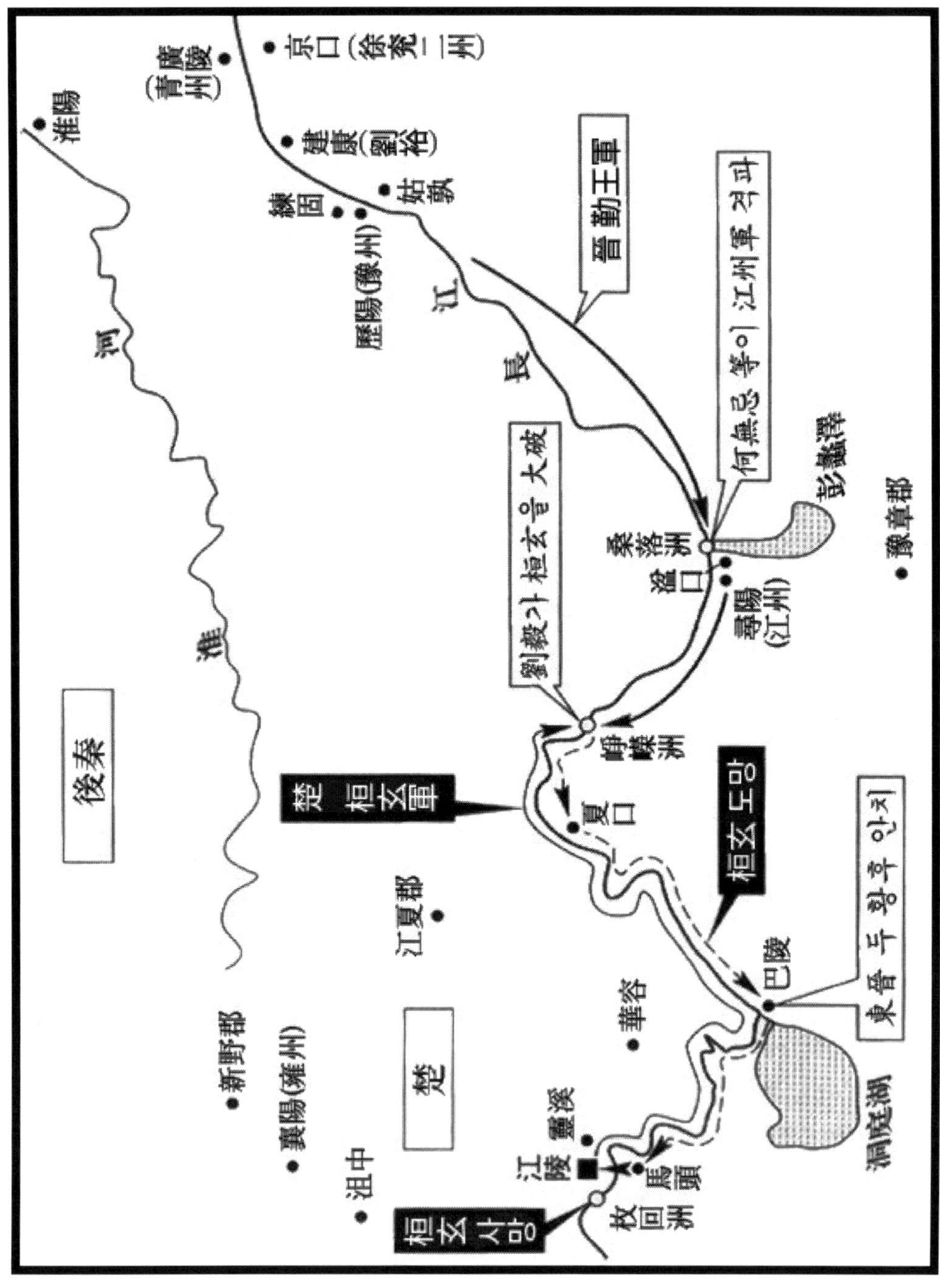

2) 義熙 원년(405) 각국의 영역

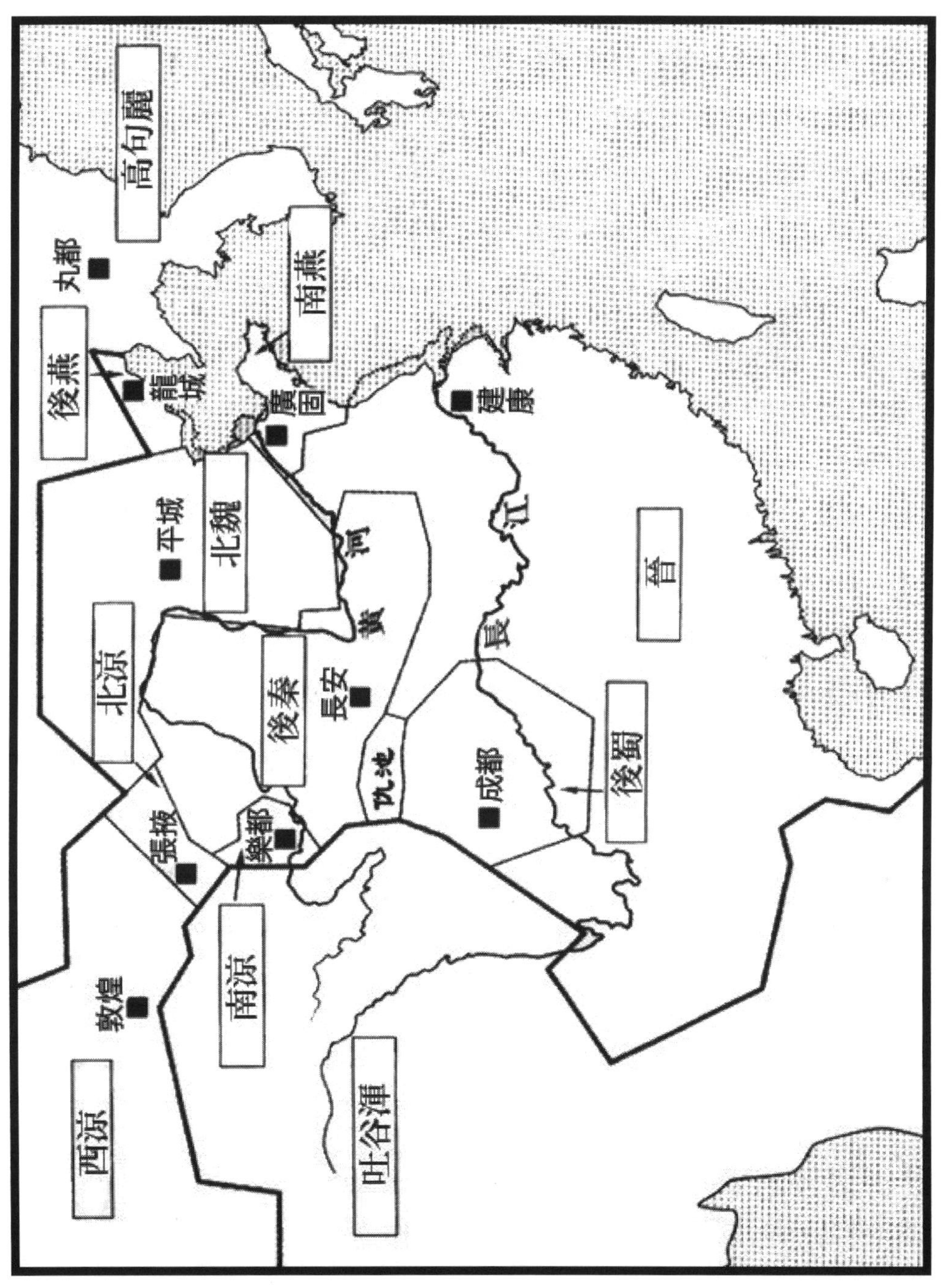

3) 義熙 3년(407) 각국의 영역

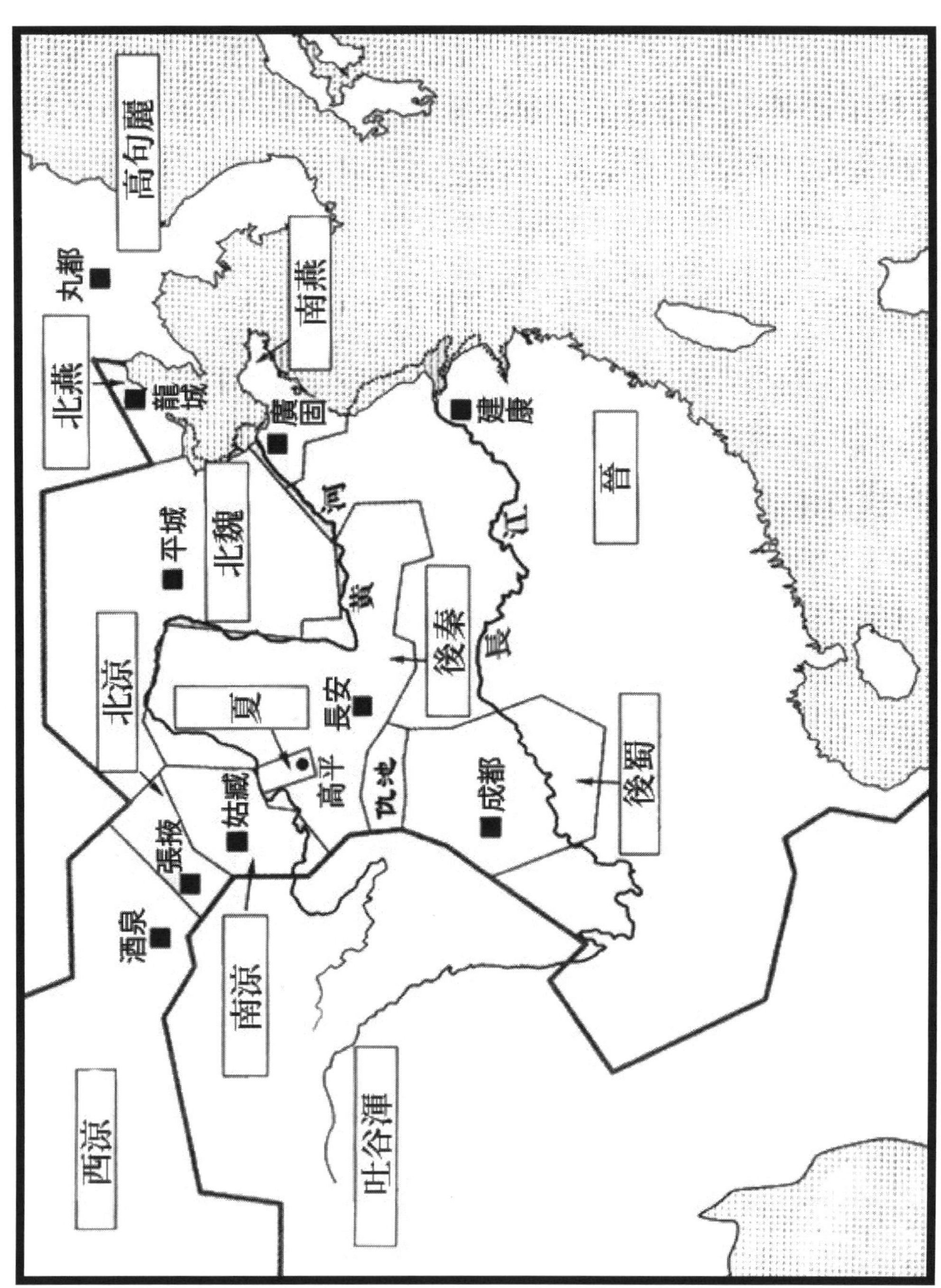

4) 義熙 6년(410) 盧循의 반란 토벌

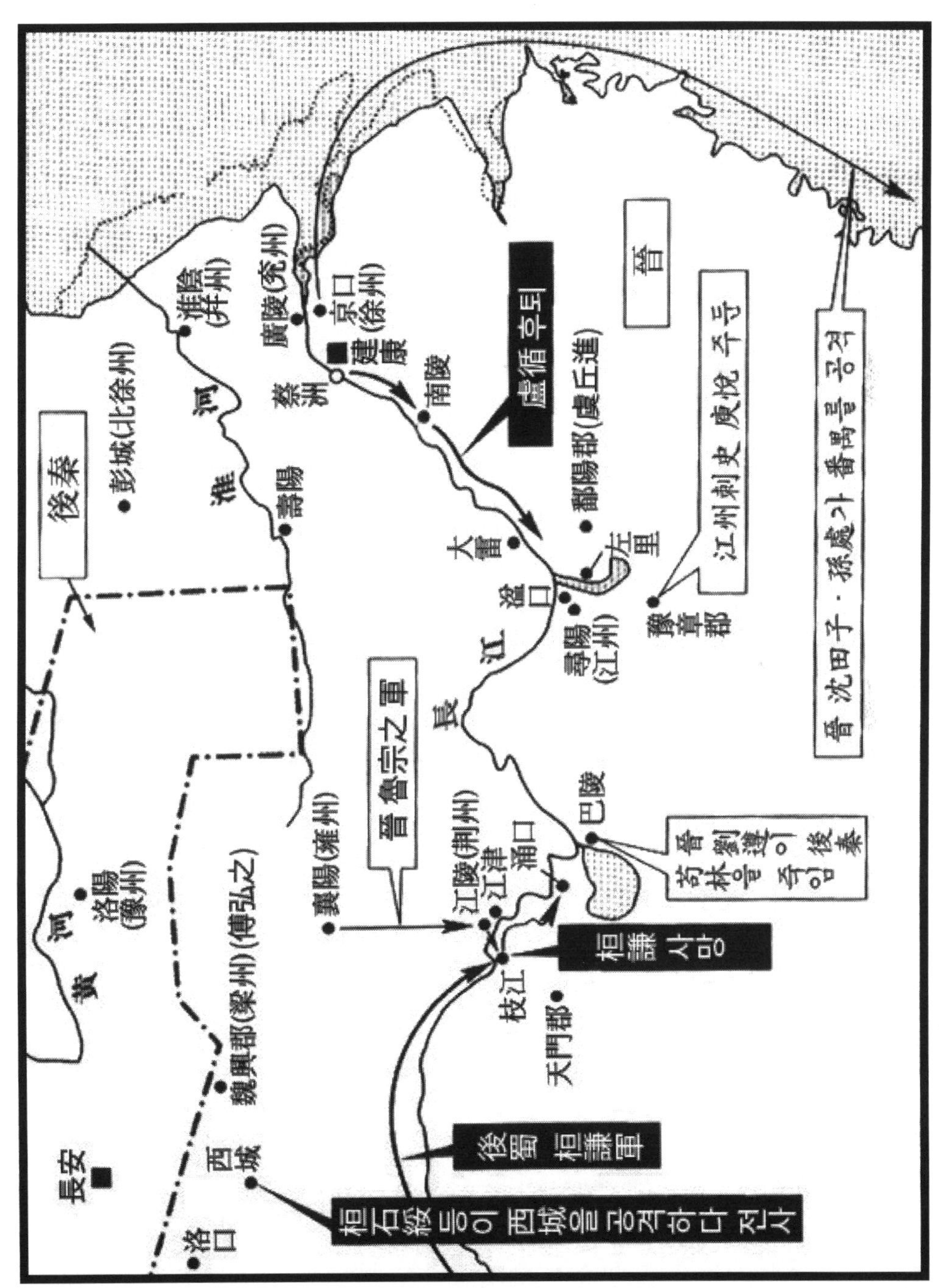

5) 義熙 13년(417) 劉裕의 後秦 정벌

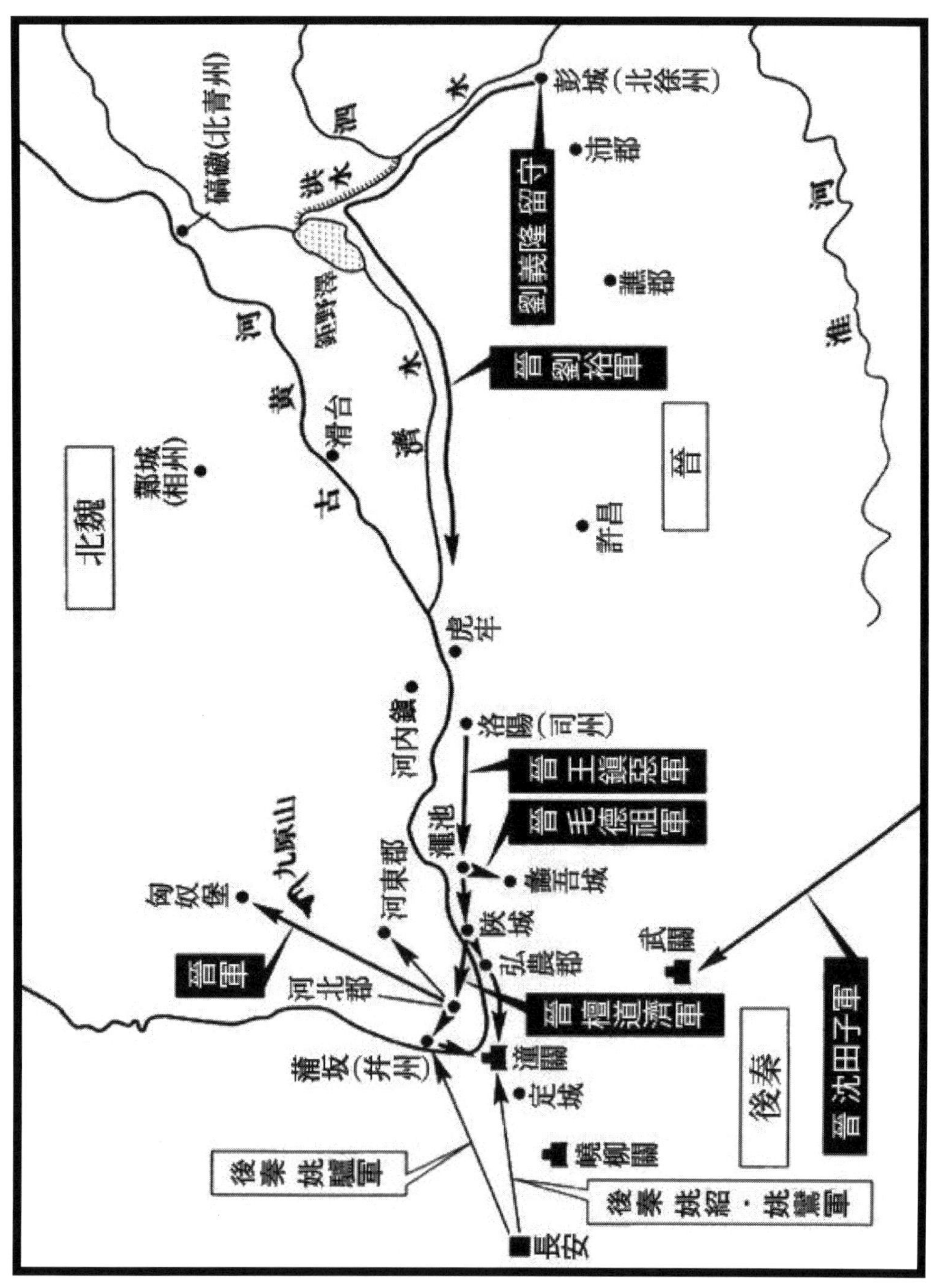

6) 義熙 13년(417) 각국의 영역

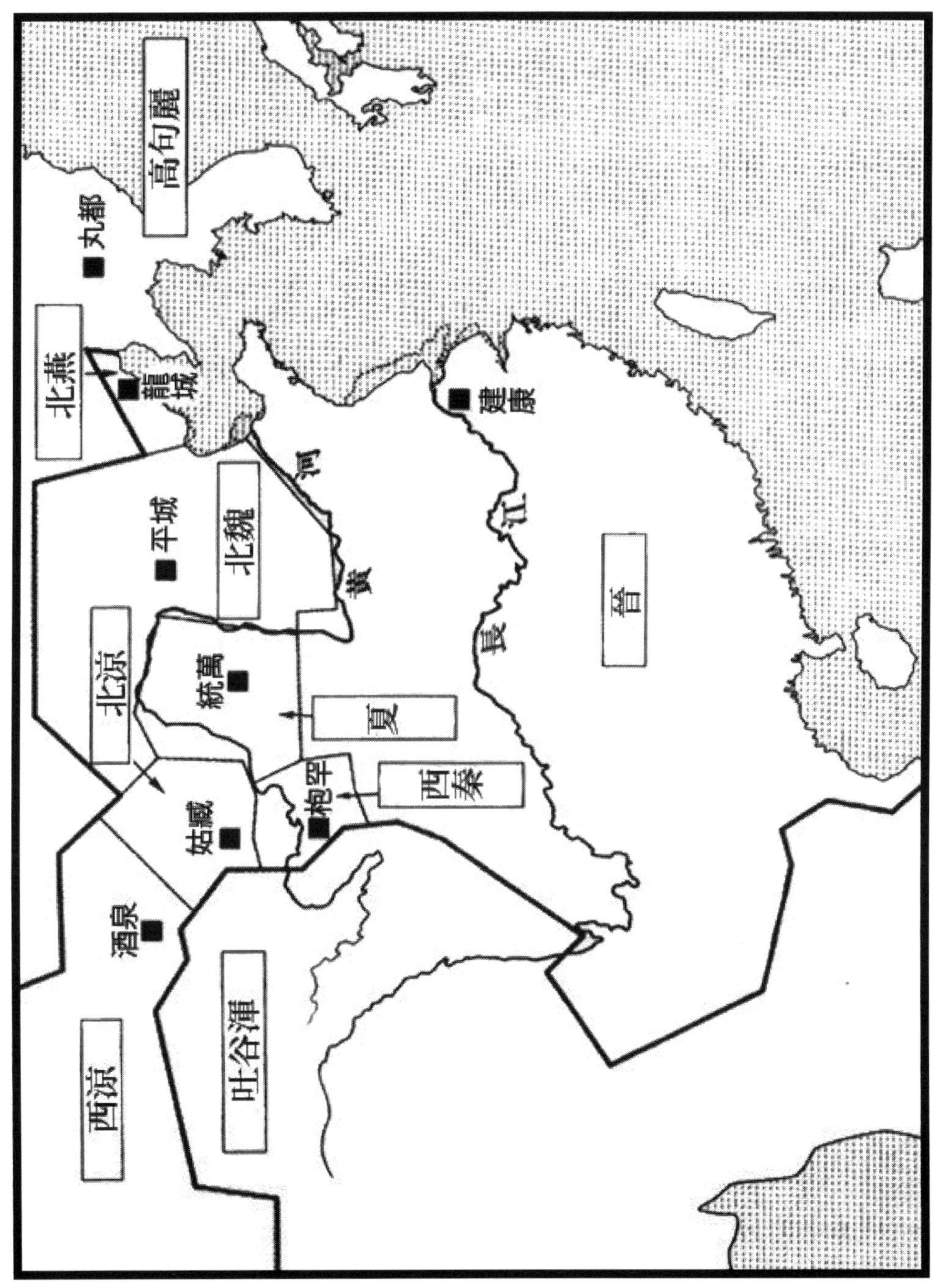

3. 東晉 世系表

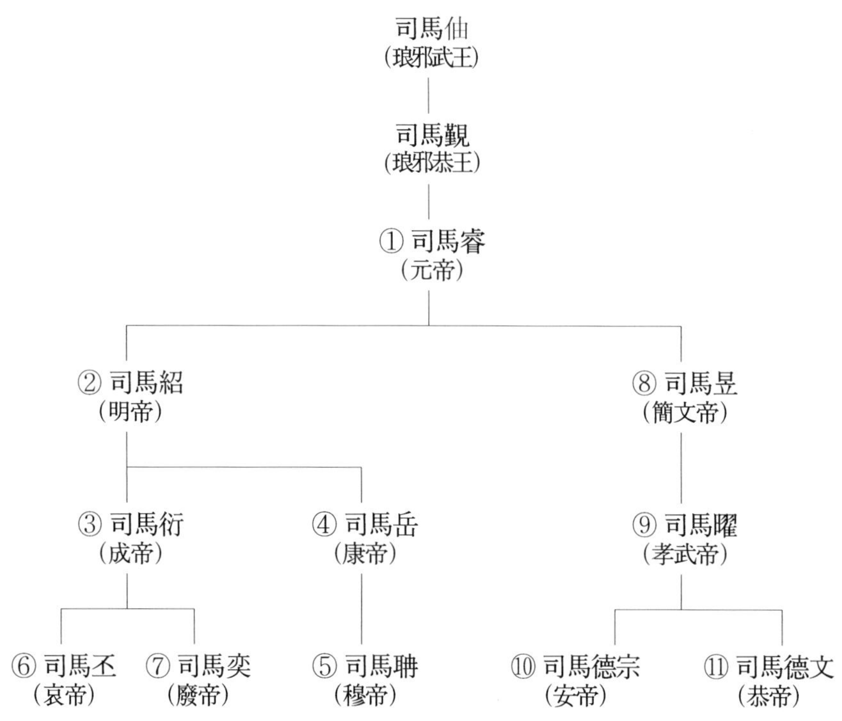

4. 後燕 世系表

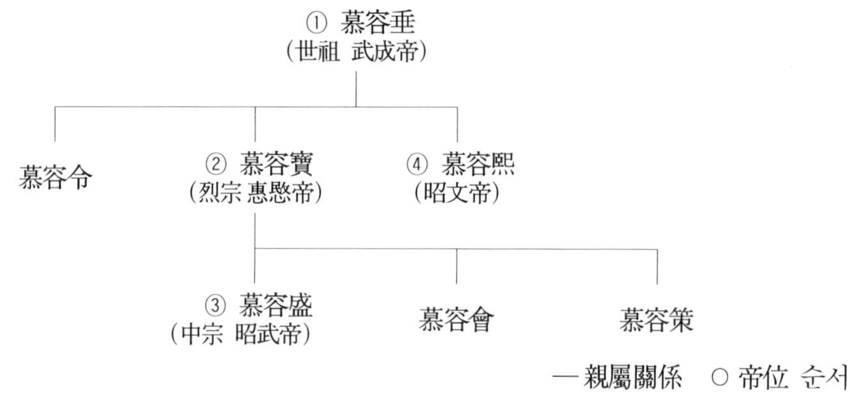

— 親屬關係 ○ 帝位 순서

5. 北燕 世系表

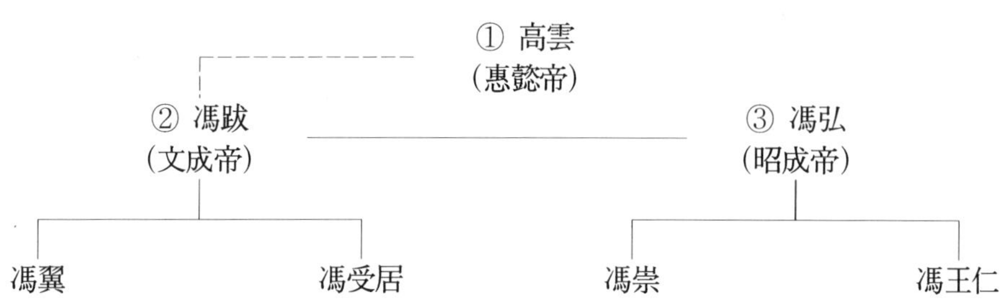

6. 後秦 世系表

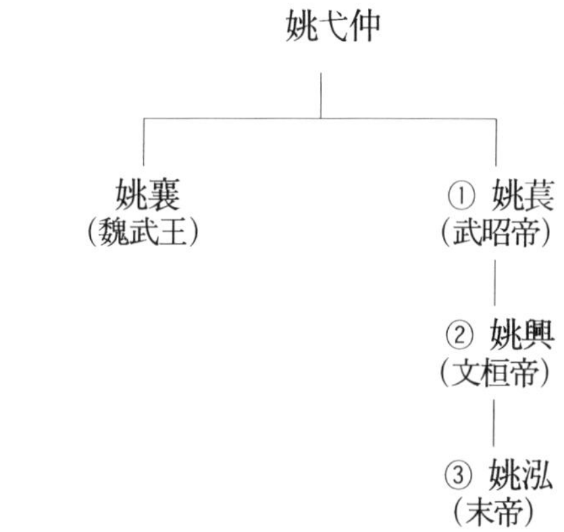

7. 夏나라 世系表

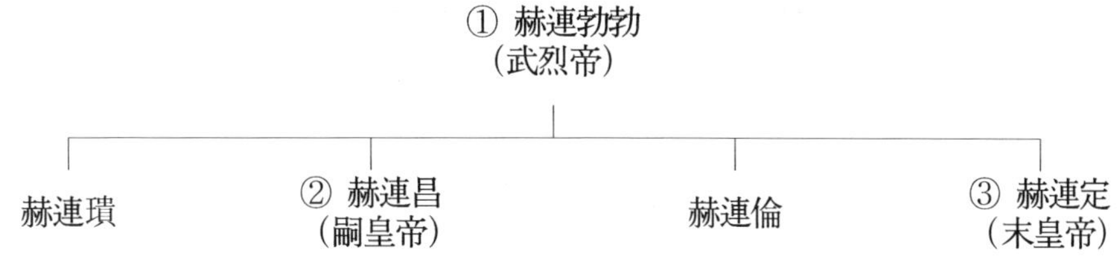

--- 高雲이 弑害된 후 계승 —親屬關係 ○帝位 순서

8. 北魏 世系表

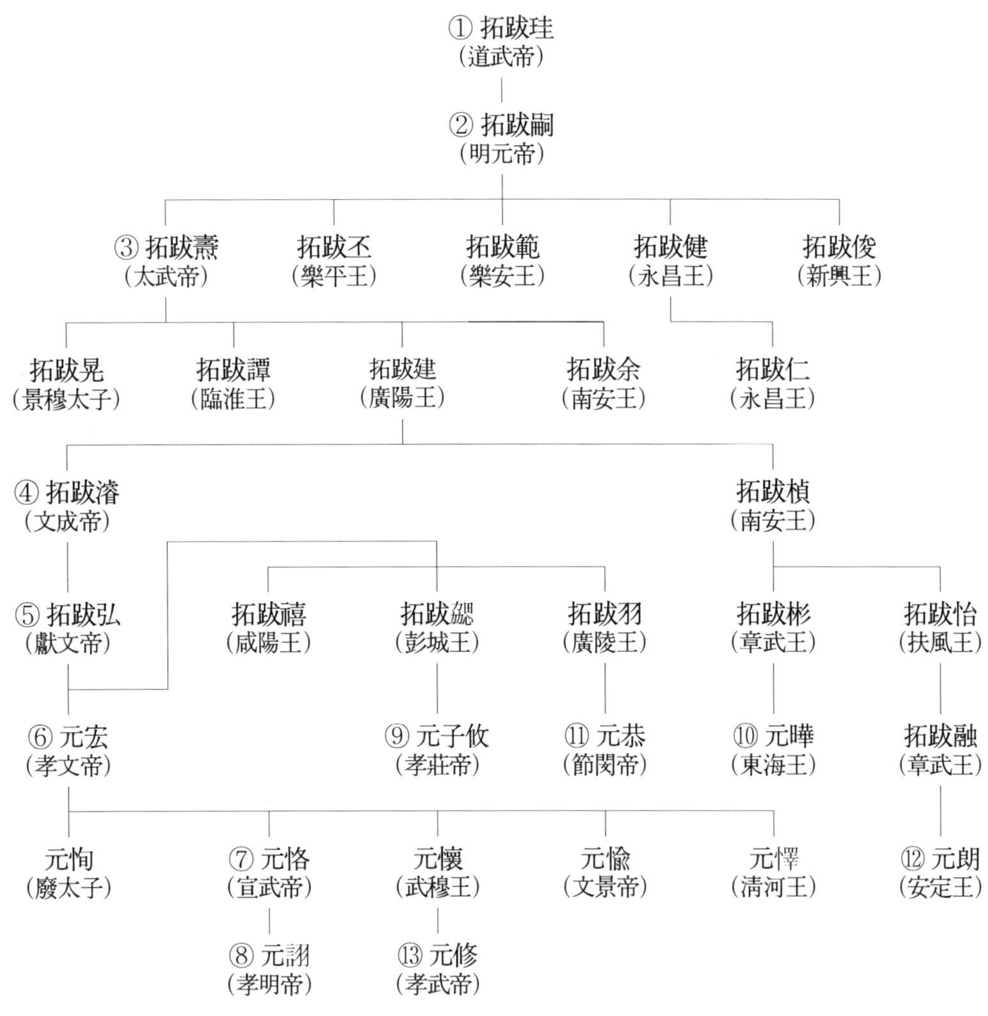

○ 帝位 순서　— 親屬關係

9. 後涼 世系表

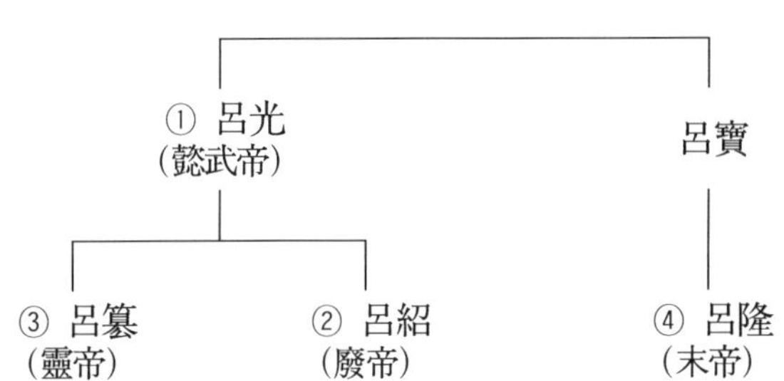

10. 南涼 世系表

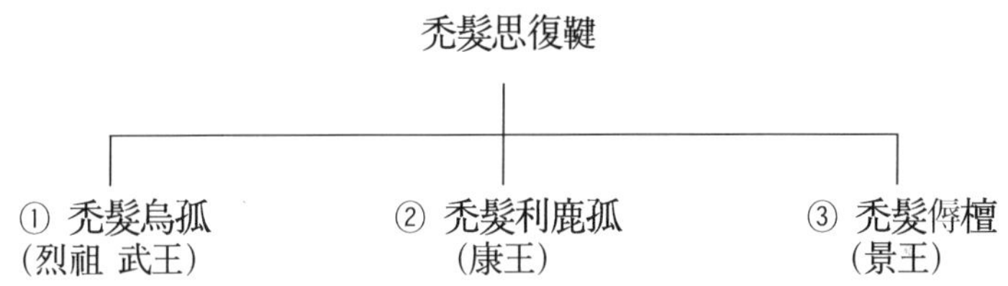

11. 北涼 世系表

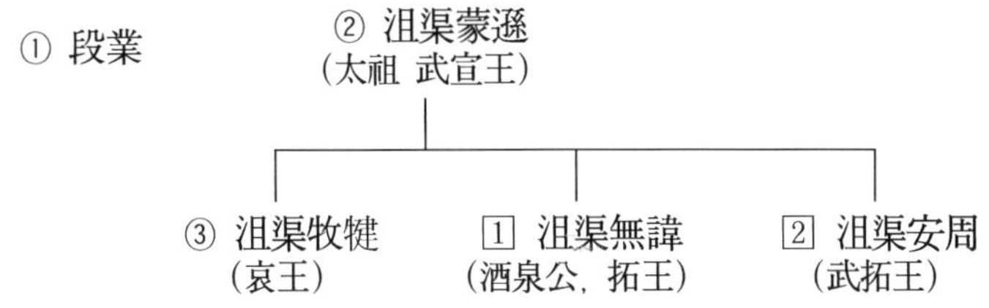

— 親屬關係 ○ 帝位 순서 □ 高昌北涼의 王位 순서

12. 西涼 世系表

13. 西秦 世系表

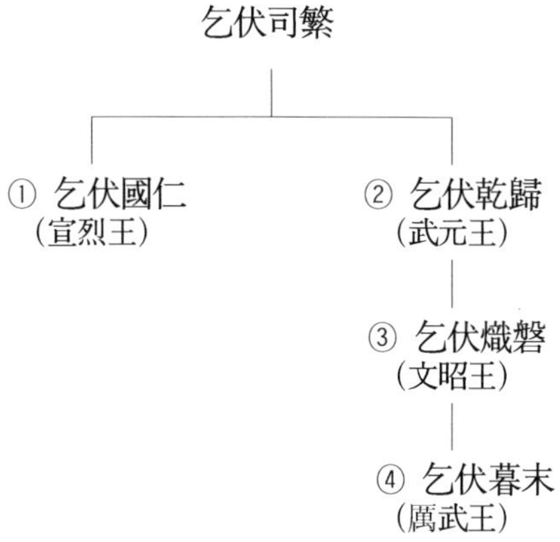

14. 南燕 世系表

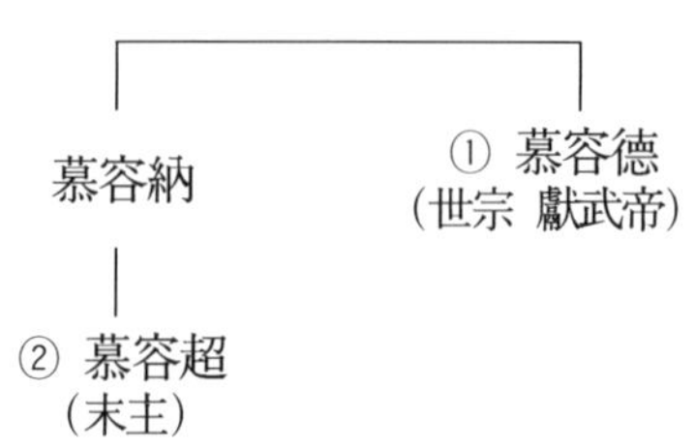

— 親屬關係 ○ 帝位 순서

15. ≪思政殿訓義 資治通鑑綱目 16≫ 參考書目

◇ 底本

- ≪資治通鑑綱目≫, 朱熹(宋) 撰, 思政殿 訓義, 규장각 소장본.(奎7500)

◇ 底本 관련자료

- ≪資治通鑑綱目≫, 朱熹(宋) 撰, 思政殿 訓義, 규장각 소장본.(奎7512)
- ≪資治通鑑綱目≫, 朱熹(宋) 撰, 思政殿 訓義, 국립중앙도서관 소장본.(한古朝50-5)
- ≪資治通鑑綱目≫(≪朱子全書≫ 8~11), 朱熹(宋) 撰, 嚴文儒・顧宏義 校點, 上海古籍出版社・安徽教育出版社, 2002.
- ≪御批資治通鑑綱目≫, 朱熹(宋) 撰, 聖祖(淸) 批, 文淵閣四庫全書 제689~692책 史部447~450, 臺灣商務印書館, 1983~1986.
- ≪資治通鑑≫, 司馬光(北宋) 撰, 思政殿 訓義, 국립중앙도서관 소장본.(일산古221-43)
- ≪資治通鑑≫, 司馬光(北宋) 撰, 胡三省(元) 音註, 中華書局, 1992.(제5판)

◇ 原典 및 字典類

〔經部〕

- ≪論語集註大全≫, 朱熹(宋) 集註, 胡廣(明) 等 編, 朝鮮 內閣本, 影印本, 學民文化社.
- ≪詩傳大全≫, 朱熹(宋) 集傳, 胡廣(明) 等 編, 朝鮮 內閣本, 影印本, 學民文化社.
- ≪周禮注疏≫, 鄭玄(後漢) 注, 賈公彦(唐) 疏, 阮元(淸) 校刻, 十三經注疏(淸 嘉慶刊本), 中華書局, 1980.
- ≪周易傳義大全≫, 程頤(宋) 傳, 朱熹(宋) 本義, 胡廣(明) 等 編, 朝鮮 內閣本, 影印本, 學民文化社.
- ≪春秋經傳集解≫, 左丘明(周) 傳, 杜預(晉) 註, 林堯叟(宋)・朱申(宋・元) 附註, 朝鮮 金屬活字本(戊申字), 影印本, 保景文化社.
- ≪尙書全解≫ , 林之奇(宋) 著, 陳良中 点校, 人民出版社, 2019.
- ≪釋名≫, 劉熙(漢), 中華書局, 2016.

〔史部〕

- ≪史記≫, 司馬遷(漢) 撰, 點校本二十四史修訂本, 中華書局, 2013.
- ≪北史≫, 李延壽(唐) 撰, 中華書局, 1974.
- ≪水經注≫, 酈道元(北魏) 撰, 文淵閣四庫全書 제573책, 臺灣商務印書館, 1983~1986.
- ≪魏書≫, 魏收(北齊) 撰, 點校本二十四史修訂本, 中華書局, 2017.
- ≪晉書≫, 房玄齡(唐) 等 撰, 中華書局, 1974.
- ≪通典≫, 杜佑(唐) 撰, 文淵閣四庫全書 제603~605책 臺灣商務印書館, 1983~1986.
- ≪漢書≫, 班固(後漢) 撰, 中華書局, 2002.
- ≪後漢書≫, 范曄(南朝 宋) 撰, 中華書局, 1965.
- ≪史記索隱≫, 司馬貞(唐) 編, 文淵閣四庫全書 제246책, 臺灣商務印書館, 1983~1986.

〔子部〕

- ≪六韜直解≫, 呂尙(周) 著, 文淵閣四庫全書 제726책 臺灣商務印書館, 1983~1986.

〔集部〕

- ≪翰苑集≫, 陸贄(唐) 著, 上海古籍出版社, 1993.

〔字典類〕

- 戴逸 主編, ≪二十六史大辭典≫, 吉林人民出版社, 1993.
- 山腰敏寬, ≪中國歷史公文書讀解辭典≫, 汲古書院, 2004.
- 施丁 · 沈志華 共譯, ≪資治通鑑大辭典≫ 上 · 下, 吉林人民出版社, 1994.
- 呂宗力 主編, ≪中國歷代官制大辭典≫, 北京出版社, 1994.
- 日中民族科學研究所 編, ≪中國歷代職官辭典≫, 國書刊行會, 1980.
- 中國大百科全書總編輯委員會 編, ≪中國大百科全書≫, 中國大百科全書出版社, 2009.
- 中國歷史大辭典編纂委員會 編, ≪中國歷史大辭典≫, 上海辭書出版社, 2000.
- 陳振江, ≪二十六史典故辭典≫ 上 · 下, 天津人民出版社, 1994.
- 倉修良 主編, ≪史記辭典≫, 山東教育出版社, 1991.
- ―――――, ≪漢書辭典≫, 山東教育出版社, 1996.
- 貝塚茂樹 等 編, ≪アジア歷史事典≫, 平凡社, 1952~1962.

◇ 研究論著 및 飜譯書

〔韓國〕

- 權重達, ≪資治通鑑≫ 1~32, 삼화, 2007~2010.
- ———, 〈≪資治通鑑≫의 사학사적 의미〉, 한국사학사학보 21, 2010.
- 노요한, 〈조선전기 관찬 역사서의 주해 방식에 대하여 : ≪資治通鑑綱目思政殿訓義≫를 중심으로〉, ≪규장각≫ 50, 규장각한국학연구원, 2017.
- ———, 〈조선전기 관찬 역사서의 주해 방식에 대하여 : ≪資治通鑑綱目思政殿訓義≫를 중심으로(2)〉, ≪진단학보≫ 129, 진단학회, 2017.
- 동북아역사재단 편, ≪三國志·晉書 譯註≫ 上·下, 동북아역사재단, 2009.
- ——————, ≪魏書 譯註≫ 上·下, 동북아역사재단, 2010.
- 成百曉 譯註, ≪譯註 通鑑節要≫ 1~9, 傳統文化硏究會, 2005~2011.
- 오항녕, 〈朝鮮 世宗代 ≪資治通鑑思政殿訓義≫와 ≪資治通鑑綱目思政殿訓義≫의 編纂〉, ≪태동고전연구≫ 15, 태동고전연구소, 1998.
- 池松旭, ≪詳密註釋 通鑑諺解≫, 學民文化社, 1992.

〔日本〕

- 加藤繁·公田連太, ≪國譯 資治通鑑≫, 景仁文化社, 1996.
- 岡崎文夫, ≪魏晉南北朝通史≫, 平凡社, 1989.
- 松丸道雄 等 編, ≪中國史 2 -三國~唐-≫, 山川出版社, 1996.
- 窪添慶文, ≪魏晉南北朝官僚制硏究≫, 汲古書院, 2003.
- ——— 編, ≪魏晋南北朝史のいま≫, 勉誠出版社, 2017.
- 川勝義雄, ≪中國の歷史3 -魏晉南北朝-≫, 講談社, 1974.
- 川本芳昭, ≪中國の歷史 中華の崩壞と擴大(魏晉南北朝)≫, 講談社, 2005.

〔中國·臺灣〕

- 馬建石 主編, ≪文白對照 資治通鑑輯覽≫ 1~36, 國際文化出版公司, 2002.
- 柏楊 編譯, ≪柏楊白話版 資治通鑑≫, 北岳文藝出版社, 2006.
- 孫通海·李巨泰 主編, ≪文白對照 資治通鑑綱目≫ 1~5, 長征出版社, 1996.
- 李國祥 等, ≪資治通鑑全譯≫, 貴州人民出版社, 1994.

• 李宗侗・夏德儀 等 校註, ≪資治通鑑今註≫ 1~15, 臺灣商務印書館, 1985.
• 資治通鑑新注編纂委員會 編, ≪資治通鑑新注≫ 1~10, 陝西人民出版社, 1998.
• 張宏儒・沈志華 主編, ≪文白對照全譯 資治通鑑≫ 1~3, 改革出版社, 1991.
• 張大可・韓兆琦 注譯, ≪新譯 資治通鑑≫ 1~40, 三民書局, 2017.
• 許嘉璐 主編, ≪晉書全譯≫(二十四史全譯) 1~4, 漢語大詞典出版社, 2004.
• ————, ≪宋書全譯≫(二十四史全譯) 1~3, 漢語大詞典出版社, 2004.
• ————, ≪魏書全譯≫(二十四史全譯) 1~4, 漢語大詞典出版社, 2004.
• 黃惠賢, ≪中國政治制度通史4 魏晉南北朝≫, 人民出版社, 1996.

〔英美〕

• Achilles, Fang, *The chronicle of the Three Kingdoms(220~265) Chapters 69~78 from the Tzŭ chih t'ung chien*, Harvard University Press, 1952~1965.
• Yap, Joseph, *Wars With The Xiongnu, A Translation from Zizhi tongjian*, AuthorHouse, 2009.
• ————, *Zizhi tongjian: Warring States and Qin*, CreateSpace, 2016.

◇ 데이터베이스(DB) 자료

• 한국고전종합DB(http://db.itkc.or.kr)
• 동양고전종합DB(http://db.cyberseodang.or.kr)
• 상우천고(http://www.s-sangwoo.kr)
• 電子版 文淵閣四庫全書, 上海古籍出版社.

◇ 年表 관련 자료

• 柏楊, ≪中國歷史年表 上・下≫, 南海出版社, 2006.
• 松丸道雄 等 編, ≪中國史 2 -三國~唐-≫, 山川出版社, 1996.
• 沈起煒, ≪中國歷史大事年表≫, 上海辭書出版社, 2001.
• 川本芳昭, ≪中國の歷史 中華の崩壞と擴大(魏晉南北朝)≫, 講談社, 2005.

16. ≪思政殿訓義 資治通鑑綱目 16≫ 參考圖版 目錄

17. ≪思政殿訓義 資治通鑑綱目≫ 總目次

總目次

※ 總目次는 QR코드를 통해 스마트 기기로만 이용 가능

18. ≪思政殿訓義 資治通鑑綱目≫ 解題

解題

※ 解題는 QR코드를 통해 스마트 기기로만 이용 가능

譯註者 略歷

成百曉

忠南 禮山 出生
家庭에서 父親 月山公으로부터 漢文 修學
月谷 黃璟淵, 瑞巖 金熙鎭 先生 師事
民族文化推進會 國譯硏修院 修了
高麗大學校 敎育大學院 漢文敎育科 修了
한국고전번역원 부설 고전번역교육원 名譽漢學敎授(現)
傳統文化硏究會 副會長(前) 해동경사연구소 소장(現)
古典國譯賞 受賞

論文 및 譯書

〈艮齋의 性理說小考〉〈燕岩의 學問思想硏究〉
四書集註 ≪詩經集傳≫ ≪書經集傳≫ ≪周易傳義≫
≪古文眞寶≫ ≪牛溪集≫ 등 數十種 國譯
≪宣祖實錄≫ ≪宋子大全≫ ≪茶山集≫ ≪退溪集≫ 등 共譯

成昌勳

忠南 靑陽 出生
公州大學校 漢文敎育科 卒業
成均館大學校 一般大學院 漢文學科 碩士 및 博士課程 修了
韓國古典飜譯院 硏修課程 및 硏究課程Ⅰ 卒業
韓國古典飜譯院 飜譯委員(現)

論文 및 譯書

〈進菴 李遂浩의 ≪小學集註增解≫ 硏究〉, 〈≪靑城雜記≫에 표출된 고문 인용과 그 의미〉
≪承政院日記≫, ≪山堂集≫, ≪與猶堂全書≫ 등 共譯

譯註 思政殿訓義 資治通鑑綱目 16　　28,000원

2021년 12월 31일 초판 인쇄
2022년 04월 30일 초판 2쇄

企劃編輯　東洋古典飜譯編輯委員會
編　　著　朱 熹
責任飜譯　成百曉
共同飜譯　成昌勳
常任原文校閱　吳圭根
飜譯研究管理　南賢熙
潤　　文　南賢熙
校　　訂　李孝宰
裝　　幀　김진디자인
發 行 人　朴洪植
發 行 處　社團法人 傳統文化研究會
서울시 종로구 삼일대로 428 낙원빌딩 411호
전화 : (02)762-8401　전송 : (02)747-0083
전자우편 : juntong@juntong.or.kr
홈페이지 : juntong.or.kr
사이버書堂 : cyberseodang.or.kr
온라인서점 : book.cyberseodang.or.kr
등록 : 1989. 7. 3. 제1-936호

인쇄처 : 한국법령정보주식회사(02-462-3860)
총　판 : 한국출판협동조합(070-7119-1750)

ISBN 979-11-5794-502-3 94910
979-11-5794-061-5(세트)

※ 이 책은 2021년도 교육부 고전문헌 국역지원사업 지원비에 의해 초판(비매품) 간행.